글로벌

증권투자의 이해

-성공적인 증권투자를 위한 지침서-

최정일 · 이옥동 · 이준호 공저

남두도서

남두(南斗) : 남두육성(南斗六星)

은하의 중심인 사수자리에 있는 국자모양의 여섯 개의 별로서, 인간의 탄생을 결정하는 별로 알려져 있다.

머리말

Preface

이번에는 증권투자에 관심이 있는 일반 투자자나 대학에서 증권에 대해 공부하고 있는 학생들을 찾아가고자 《글로벌 증권투자의 이해》를 출간하게 되었습니다. 이 책을 읽는 모든 분들에게 행운이 깃들기를 바라는 마음으로 정성을 다해 자료들을 정리하였습니다.

비행기 타는 것이 무서울 때가 있지요.
심지어 비행기보다 더 무서운 바이킹
바이킹보다 더 무서운 번지점프
때로는 번지점프보다 더 무서운 증권투자!

번지점프를 앞두고 많은 사람들이 무서움에 고민을 하듯이 증권투자로 인한 두려움에 잠시 망설일 수도 있습니다. 때로는 증권투자에 대한 두려움 보다는 큰 수익을 얻을 수 있다는 막연한 기대감이 먼저 앞서는지도 모릅니다. 알면 알수록 멀어지는 증권투자를 두려움과 기대감을 가지고 가까이 다가서고 싶습니다.

서울에서 부산까지 가장 빨리 가는 방법을 알고 계십니까?
여러 가지 방법이 나올 수 있습니다.
비행기를 타고 가는 방법
KTX를 타고 가는 방법
자가용이나 고속버스를 타고 가는 방법
하지만 애인과 함께 간다면 가장 빠르겠지요.

이 책은 증권투자에 앞서 알아두어야 할 투자방법이나 증권분석에 필요한 내용들을 자세히 다루고 있습니다. 증권투자에 필요한 증시지표 그리고 기본적 분석과 기술적 분석에 관한 내용들이 포함되어 있습니다. 이러한 내용들을 미리 파악하고 공부한다면 증권투자가 즐거워지게 될 것입니다.

사실 증권투자는 책을 통한 이론은 물론이고 실전매매를 통한 경험도 중요한 몫을 차지하고 있습니다. 이론을 실전매매에 적응해 보고 실전에서 얻어지는 시행착오를 이론을 통해 해결할 수 있다면 유능한 투자자로 거듭나게 될 것입니다. 바람직한 증권투자는 안전을 먼저 생각하는 투자 자세를 요구하고 있습니다.

끝으로 이 책을 출간하면서 이 책이 많은 분들에게 도움을 줄 수 있기를 진심으로 바라는 마음이며, 이 책이 나오기까지 수고해주신 많은 분들께 깊이 감사를 드립니다.

더 좋은 내일을 기대하면서

저자 일동

차 례

Contents

| 제1장 | 증권투자 지표

| 제2장 | 경제 및 산업 분석

| 제3장 | 경영 분석

| 제4장 | 시장의 효율성 분석

| 제5장 | 기술적 분석의 이해

| 제6장 | 캔들 차트 분석

| 제7장 | 추세 분석

| 제8장 | 이동평균선 분석

| 제 9 장 | 패턴 분석

| 제 10 장 | 갭, 반전일, 되돌림

| 제 11 장 | 지표 분석

제1장

증권투자 지표

1-1 주가지수

1-2 주가관련 지표

▸ 연습문제

1-1 주가지수

주식시장을 언급할 때마다 가장 먼저 나오는 말이 주가지수일 것이다. 투자자들은 투자에 앞서 주가지수를 보면서 현 상황을 파악하고 있다. 어느 종목을 투자하기에 앞서 현 주식시장의 수준을 먼저 알고 싶어하기 때문이다. 주가지수는 현재 경기동향이나 주식시장 등을 나타내는 중요한 지표로 이용되고 있다.

1. 주가지수의 의미

주가지수는 종합주가지수를 나타내며 주식시장에서 거래되고 있는 주식가격의 변동을 종합적으로 표시하는 지수를 말한다. 어떤 기준시점을 100으로 정하고 비교시점의 주가수준을 비교하여 지수화한 것이다.

우리나라 주가지수는 1980년 1월 4일을 기준으로 주가수준을 100으로 하여 오늘날까지 계속 사용되어 왔다. 예를 들어 2004년 5월 20일의 주가지수가 830라 하면, 지난 1980년 1월 4일의 주가를 기준으로 2004년 5월 20일의 주가가 8.3배 되었다는 것을 의미한다.

주가지수의 의미를 크게 두 가지로 구분해 볼 수 있다.

첫째, 주가지수는 특정시점의 경제상황을 나타내는 지표이다. 주가지수는 단순히 기업들의 주가동향만 반영하는 것이 아니라 한 나라의 경제상황을 대표하는 지표로서 미래의 경제예측까지 반영하고 있다.

둘째, 주가지수는 주식에 투자한 결과인 투자성과의 평가기준이 된다. 투자자들이 투자결과를 평가할 때 단순히 해당주식의 이익만 고려하는 것이 아니라 시장전체의 등락을 나타내는 주가지수까지 고려해야 한다.

2. 주가지수의 작성방법

주가지수의 작성방법은 종목의 선정방법에 따라 또는 각 종목별 가중치 선정방법에 따라 크게 두 가지로 구분하고 있다.

(1) 종목의 선정방법에 따라

주식시장에 거래되고 있는 주식 중에서 몇 개의 종목을 선정하느냐에 따라 주가지수가 변하게 된다. 일부 종목만 선정할 수도 있고 모든 종목을 대상으로 주가지수를 계산할 수도 있다. 선정된 종목은 시장전체의 가격수준을 대변할 수 있어야 한다.

(2) 가중치 선정방법에 따라

주가지수를 계산하기 위해 선정된 종목 중에서 각 종목이 갖고 있는 주가, 거래량, 시가총액 등을 어떻게 고려하는 것이 시장전체를 잘 설명할 수 있는가를 판단해야 한다. 이 방법은 주가평균식과 시가총액식 등의 두 가지로 나누어 볼 수 있다.

1) 주가평균식 주가지수

① 개념

- 대상종목의 주가합계를 종목수로 나누어 산출하는 단순주가평균 개념을 그대로 사용한 지수이다.
- 권리락 등의 주가 단층요인이 발생하면 연속성을 유지시키기 위해 종목수 대신 항상제수를 사용한다.
- 미국의 Dow 30, 일본의 Nikkei225, 한경지수 등이 있다.

② 산출방법

- 대상종목의 주가합계를 항상제수로 나누어 산출

$$\text{주가평균식 주가지수} = \frac{\text{대상종목의 주가합계}}{\text{대상종목수(항상제수)}}$$

③ 이용방법

- 시간이 경과함에 따라 항상제수가 점차 감소되어 주가가 소폭 변동해도 주가평균은 그 이상으로 확대되는 경향이 있다.

– 화폐단위에 의한 표시로 실제시장가격과 혼동될 가능성이 있다.
– 지수를 일부종목만 편입하여 산출하기 때문에 시장전체의 흐름을 적절히 반영하는데 미흡하므로 시가총액식 지수를 참고할 필요가 있다.
– 가격변동이 심한 종목과 고주가 종목의 영향이 크다.

2) 시가총액식 주가지수

① 개념
– 일정시점의 시가총액과 현재시점의 시가총액을 대비하여 현재 주가수준을 판단하는 주가지수이다.
– 미국의 NYSE 종합, S&P500, 일본의 TOPIX, 영국의 FTSE 100, 프랑스의 CAC40, 독일의 DAX, 홍콩의 HangSeng
우리나라 주가지수(KOSPI), 한국주가지수200(KOSPI200)

② 산출방법

$$-\text{시가총액식 주가지수} = \frac{\text{비교시점의 시가총액}}{\text{기준시점의 시가총액}} \times 100$$

③ 이용방법
– 시가총액이 큰 종목의 영향을 많이 받는다.

3. 주가지수의 종류

주가지수의 종류는 작성방법에 따라 여러 가지가 존재한다. 외국에는 다우존스산업평균지수, S&P500지수, NYSE종합지수 등이 있고 우리나라에는 종합주가지수, KOSPI200지수, 코스닥지수, 한경다우지수, 매경지수 등이 있다.

(1) 종합주가지수

종합주가지수(KOSPI)는 주가에 상장주식수를 가중한 지수로서 기준시가총액에 대한 비교시가총액의 비율을 표시하고 있는데 주식자산가치의 변동을 통해 시장전체의 주가변동을 파악할 수 있도록 하는 지표이다.

KOSPI는 상장된 모든 보통주로 산출하고 있으며 기준시점인 1980년 1월 4일 이후 증권거래소가 발표하고 있다. KOSPI의 산출방법은 기준시점의 시가총액을 100으로 하고 비교시점의 시가총액과 비교하여 지수화한 것이다.

$$\text{KOSPI} = \frac{\text{비교시점의 시가총액}}{\text{기준시점의 시가총액}} \times 100$$

유상증자, 신규상장, 상장폐지, 합병 등이 발생하면 비교시점의 시가총액은 증가하거나 줄어든다. 주가지수는 주식수가 적은 고주가의 영향을 적게 받으며 상장된 보통주 모두를 대상으로 하고 있어 증권시장 전체의 동향을 나타내는데 유용한 지표이다.

(2) KOSPI200지수

KOSPI200지수는 1996년 5월부터 시작된 주가지수선물의 대상지수이다. 증권거래소에 상장된 종목 중에서 가장 거래가 활발하며 시가총액이 일정 규모 이상인 종목 200개를 선별하여 구성한 지수이다.

산출방법은 기준시점 1990년 1월 3일을 100으로 하고 비교시점의 시가총액과 비교하여 지수화한 것이다.

$$\text{KOSPI} = \frac{\text{선물지수 구성종목 200개의 비교시점의 시가총액}}{\text{선물지수 구성종목 200개의 기준시점의 시가총액}} \times 100$$

KOSPI200지수의 산정기준은 유동성, 시가총액, 시장대표성, 업종대표성 등을 고려하여 시가총액비중이 70% 수준인 200종목으로 구성되어 있다. 참고로 주요국 선물지수의 시가총액비중도 70% 내외로 S&P500 73%, 일경300 66%, FTSE100 65%로 구성되어 있다.

(3) 자본금 규모별 주가지수

주가지수는 시장에 상장된 모든 종목을 가중평균한 것으로 대기업과 중소기업이 모두 포함되어 있다. 증권거래소는 자본금 규모에 따라 750억 이상을 대형주, 350억 이상 700억 미만을 중형주, 350억 미만을 소형주로 구분하여 대형주, 중형주, 소형주의 주가지수를 발표하고 있다.

(4) 업종별 주가지수

각각의 업종별로 주가지수를 계산하여 발표하고 있다. 동일업종의 종목끼리 함께 묶어서 업종별 주가지수를 산출하게 된다. 업종별지수는 업종별로 주가가 동시에 상승하거나 하락할 경우에 중요한 정보를 제공해 주고 있다. 투자자는 자신이 투자할 종목이 어느 업종에 속하는지 살펴볼 경우 업종별 주가지수는 유용한 투자지표가 될 수 있다.

1-2 주가관련 지표

경제신문의 주식시세표를 보면 주식에 관한 여러 가지 용어를 볼 수 있다. 1부종목, 2부종목, 관리대상종목에서 시가 · 고가 · 저가 · 종가와 거래량 및 거래대금에 대한 항목을 볼 수 있다.

1. 주식지표

경제신문의 주식시세표를 보면 주식에 관한 여러 가지 용어를 볼 수 있다. 1부종목, 2부종목, 관리대상종목에서부터 주가와 거래량, 거래대금에 대한 항목을 볼 수 있다.

(1) 기준가격과 가격제한폭

가격제한폭은 당일 중 주가가 변동될 수 있는 상한가와 하한가의 폭을 의미한다(정률제 가격제한폭제도 운용). 현행 가격제한폭은 거래소시장 15%이고 코스닥시장 12%이다.

기준가격은 가격제한폭을 적용할 때 기준이 되는 가격을 말하며 특수한 경우를 제외하고 전일종가로 한다. 특수한 경우는 신규상장시, 권리락과 배당락시, 신주상장시 등을 의미한다.

(2) 시가 · 고가 · 저가 · 종가

① 시가 : 하루 중 형성되는 최초가격
② 고가 : 당일 중 형성되는 가장 높은 가격
③ 저가 : 당일 중 형성되는 가장 낮은 가격
④ 종가 : 하루 중 형성되는 최종가격

(3) 상한가와 하한가

① 상한가 : 일별로 상승할 수 있는 최고가격
② 하한가 : 일별로 하락할 수 있는 최저가격

(4) 보 합

보합은 시세가 특별한 변동을 보이지 않고 일정수준에서 계속 유지되는 것을 말한다. 시세가 상승한 상태에서 보합을 유지하는 것을 강보합, 시세가 하락한 상태에서 보합을 유지하는 것을 약보합이라 한다.

주가가 오랫동안 보합상태를 유지하다가 어느 순간 보합권을 벗어나 움직이게 되면 한동안 추세가 지속될 수 있으므로 향후 주가추이를 예고하기도 한다.

(5) 기 세

기세는 전장 및 후장 종료시까지 매매거래가 성립되지 아니한 경우 기준가격에 비해 낮은 매도호가가 있는 경우에는 가장 낮은 매도호가의 가격을, 높은 매수호가가 있는 경우에는 가장 높은 매수호가의 가격을 말한다.

(6) 대용증권과 대용가격

대용증권은 유가증권의 활용도를 높이기 위해 현금에 갈음하여 사용할 수 있도록 별도로 거래소가 지정한 유가증권을 말한다. 대용가격은 대용증권의 사정가격(대용가격=기준시세×사정비율)을 말한다.

여기서 사정비율은 상장주권 70%, 등록주권 70%, 수익증권의 경우 공사채형 80%, 주식형 70%, 채권의 경우 보증채 90%, 무보증채 80%이다.

(7) 1부종목 · 2부종목 · 관리대상종목

1부종목은 우량기업이 소속되며 2부종목은 주식분산요건이나 상장기간 등의 요건을 충족하지 못한 기업들이 소속되어 있다. 우량기업이 2부종목에 상장되는 경우가 있는데 그 이유는 1부종목에 소속될 지정조건을 충족시키지 못하기 때문이다.

관리대상종목은 상장된 기업이 상장요건을 충족시키지 못하게 되거나 영업정지 또는 부도발생 등으로 주권의 상장폐지기준에 해당하는 사유가 발생할 경우 관리종목으로 지정하여 증권거래소가 특별관리하게 된다.

(8) 신고가와 신저가

신고가는 현재까지 거래된 가격 중에서 최고가를 의미하고 있다. 연중신고가는 연중 최고가격을 의미한다. 신저가는 현재까지 거래된 가격 중에서 최저가를 의미하며 연중신저가는 연중 최저가격을 의미한다.

2. 시장지표

(1) 시가총액

시가총액은 상장주식을 일정한 시점에서 현재 시장가로 평가했을 때 어느 정도의 금액이 되는지 나타내는 지표다. 시가총액은 시장규모뿐만 아니라 GDP 대비 시가총액 비중을 계산하여 경제지표로도 활용한다. 종목별 시가총액은 회사의 현재가치를 측정하는 척도로 M&A에 이용되기도 한다. 또한 거래대금과의 비율을 계산하여 회전율 등에 이용하고 있다.

$$시가총액 = (각\ 종목의\ 주가 \times 상장주식수)의\ 합계$$
$$= P_1S_1 + P_2S_2 + \cdots + P_nS_n$$

여기서 P는 주가, S는 상장주식수, 1, 2, 3 …, n은 종목

시가총액 산출시 적용되는 주가는 다음의 우선순위를 따른다.

① 산출시점의 매매가격(기세포함)
② 권리락 또는 배당락 기준가격

〈표 1-1〉 시가총액별 상장회사 분포

시가총액	회사수	회사수 구성비(%)	시가총액 (십억원)	시가총액 구성비(%)	거래대금 (십억원)	거래량 (백만주)
10조 이상	27	3.35	645,201	56.5	1,234,559	20,177
5조 이상~10조 미만	28	3.48	195,897	17.15	569,570	10,626
2조 이상~5조 미만	46	5.71	143,071	12.53	447,797	13,013
1조 이상~2조 미만	39	4.84	55,830	4.89	151,944	8,544
5,000억 이상~1조 미만	43	5.34	29,882	2.62	90,725	9,363
3,000억 이상~5,000억 미만	63	7.83	24,352	2.13	74,721	11,105
1,000억 이상~3,000억 미만	179	22.24	31,758	2.78	123,705	34,452
500억 이상~1,000억 미만	145	18.01	10,453	0.92	71,055	31,678
300억 이상~500억 미만	81	10.06	3,370	0.30	30,908	18,607
100억 이상~3,00억 미만	102	12.67	1,968	0.17	17,988	15,397
100억 미만	51	6.34	179	0.02	8,148	18,223
전체	804	99.88	1,141,967	100.00	2,821,123	191,191

자료 : 증권선물거래소, 2010년 12월말 기준
참고 : 거래량/거래대금 합계 항목은 주식(외국주, DR포함), 증권투자회사, REITs, 선박투자회사, 사회간접자본투융자회사 포함

(2) 상장회사수

상장회사는 유가증권이 증권거래소에 상장되어 있는 기업을 말한다. 유가증권이 상장되기 위해서는 그 기업이 일정요건을 갖추고 있어야 한다. 따라서 상당기업은 비상장기업에 비해 여러 면에서 신뢰가 높다고 할 수 있다. 상장기업은 증권거래소에 상장수수료 등을 제공해야 한다.

〈표 1-2〉 연도별 상장회사수, 상장종목수, 시가총액 추이

연도	상장회사수	상장종목수	시가총액(십억원)
2010	777	927	1,141,885
2009	770	925	887,935
2008	765	928	576,927
2007	746	907	951,917
2006	731	885	704,587
2005	702	858	655,074
2004	683	844	412,588
2003	684	856	355,362
2002	683	861	258,680
2001	689	884	255,850
2000	704	902	188,041

자료 : 증권선물거래소

2010년 12월 현재 유가증권시장에 회사수 777사와 종목수 927개가, 코스닥시장에는 회사수 1,029사와 종목수 1,034개가 상장되어 있다.

(3) 거래량과 거래대금

거래량은 거래가 성립된 주식의 총수량으로 일정기간 매매된 개별종목의 주식수 또는 시장전체의 총주식수를 말한다.

〈표 1-3〉 연도별 거래량과 거래대금

연도	거래량(백만주)	거래대금(십억원)
2000	73,785	627,132
2001	116,417	491,365
2002	209,167	742,150
2003	133,876	547,509
2004	92,850	555,795
2005	116,439	786,257
2006	68,936	848,489
2007	89,506	1,362,877
2008	88,149	1,287,164
2009	122,871	1,466,274
2010	95,595	1,410,561

자료 : 증권선물거래소

거래대금은 거래된 매매대금으로 개별종목의 매매가격에 주식수를 곱하여 합계한 것으로 개별종목 또는 전체의 매매대금을 표시한 것이다.

(4) 거래량회전율

거래량회전율은 개별종목의 회전율과 전체시장의 회전율로 구분하고 있다. 거래량회전율은 일정기간동안 상장된 주식수 중에서 매매된 거래량이 얼마나 되는가를 나타내는 지표이다. 당일거래량에 거래일수를 곱하여 연간거래량을 계산하는 것으로 증권의 시장성을 측정하는 지표로 이용된다.

$$\text{거래량회전율} = \frac{\text{당일거래량} \times \text{연간거래일수}}{\text{전체상장주식수}} \times 100(\%)$$

거래량회전율이 높을수록 시장은 강세를 나타내는 것으로 인식한다. 일반적으로 우리나라는 100% 이상이면 천정권으로 인식하여 시장이 과열된 것으로 보고 20% 이하이면 바닥권으로 인식하여 시장이 침체된 것으로 본다.

거래량회전율이 높다는 것은 해당 주식의 시장성이 높고 투자자간에 손바뀜이 활발했음을 말해준다. 일반적으로 발행주식수가 많은 대형주는 회전율이 낮고 소형주는 회전율이 높은 경향이 있다.

(5) 거래대금회전율

주식은 가격이 모두 다르기 때문에 주식의 거래량이 같다고 하더라도 거래대금은 서로 다르게 나타난다. 따라서 거래량회전율과 거래대금회전율을 동시에 살펴보는 것이 바람직하다. 거래대금회전율은 일정기간 시가총액의 평균으로 나누어 계산한다.

$$\text{거래대금회전율} = \frac{\text{일정기간 거래량} \times \text{주가}}{\text{일정기간 시가총액의 평균}} \times 100(\%)$$

거래량회전율과 거래대금회전율이 높게 나타나면 주식시장에서 매매가 활발하여 시장성이 높은 것으로 인식할 수 있다. 거래량회전율이 높고 거래대금회전율이 낮게 나타나면 저가주 거래가 활발하고 거래량회전율이 낮고 거래대금회전율이 높으면 고가주 거래가 활발하다고 볼 수 있다.

(6) 상장주식회전율과 시가총액회전율

상장주식회전율은 일정기간동안 상장된 주식수 중에서 매매된 주식수가 얼마나 되는가를 나타내는 지표이다.

$$\text{상장주식회전율} = \frac{\text{당해기간 중 거래량합계}}{\text{당해기간 중 평균상장주식수}} \times 100(\%)$$

$$\text{여기서, 평균상장주식수} = \text{기초상장주식수} + \text{기말상장주식수}$$

시가총액회전율은 일정기간동안 시가총액 중 거래된 거래대금이 어느 정도 되는가를 나타내는 지표이다.

$$\text{시가총액회전율} = \frac{\text{당해기간 중 거래대금합계}}{\text{당해기간 중 평균시가총액}} \times 100(\%)$$

$$\text{여기서, 평균시가총액} = \frac{\text{기초시가총액} + \text{기말시가총액}}{2}$$

〈표 1-4〉 연도별 상장주식회전율과 시가총액회전율

연도	상장주식회전율(%)	시가총액회전율(%)
2010	292.03	146.20
2009	408.77	199.56
2008	296.69	172.63
2007	344.44	156.72
2006	286.20	128.74
2005	503.94	154.40
2004	397.03	148.25
2003	571.92	193.18
2002	881.07	248.86
2001	599.83	220.66
2000	387.45	233.14

자료 : 증권선물거래소

시가총액회전율이 상장주식회전율에 비해 높게 나타나면 고가주 거래가 활발하고 반대로 시가총액회전율이 상장주식회전율에 비해 낮게 나타나면 저가주 거래가 활발한 것으로 인식한다. 국제간 유동성을 비교할 때는 각 국간 주당 주가수준 차이 때문에 일반적으로 시가총액회전율을 사용한다.

(7) 거래체결률

거래체결률은 시장에 제시된 주문들이 얼마나 원활하게 거래가 체결되는지 측정하는 지표이다. 하루 중 거래기간을 5분 간격으로 구분하여 매시간 마다 거래량을 당해 시간대에 신규로 유입된 주문량으로 나눈 비율을 말한다.

$$\text{거래체결률} = \frac{\text{거래량}}{\dfrac{(\text{신규유입 매수주문량} + \text{신규유입 매도주문량})}{2}} \times 100$$

〈표 1-5〉 거래체결률

(단위 : %)

연도	2001	2002	2003	2004	2005	2006	2007	2008	2009	2010
거래체결률	77.16	83.96	78.78	76.48	77.33	74.60	78.48	80.95	77.15	75.61

자료 : 증권선물거래소

(8) 1거래당 거래크기

1거래당 거래크기는 투자자들이 제출한 주문 중에서 실제로 주식시장에

〈표 1-6〉 1거래당 거래량 규모 분포

(단위 : %)

연도	100주 미만	100 이상~ 500 미만	500 이상~ 1,000 미만	1,000 이상~ 5,000 미만	5,000 이상~ 10,000 미만	10,000 이상~ 50,000 미만	50,000 이상
2011	9.77	22.47	14.28	32.05	9.6	10.11	1.72
2010	7.48	18.80	12.74	31.68	10.81	13.72	4.76
2009	5.93	18.14	12.72	32.14	11.56	15.15	4.36
2008	6.43	19.19	13.08	32.64	11.4	14.12	3.14
2007	5.10	17.73	13.35	35.09	11.93	13.64	3.16

자료 : 증권선물거래소, 2011년 1월 기준

서 매매거래된 건별 거래량을 말한다. 투자자들의 평균적인 주식투자규모를 파악하고 주문량 결정에 참고지표로 이용된다.

(9) 거래형성률

거래형성률은 주가의 상승이나 하락과 관계없이 거래가 성립된 종목이 증권시장에 상장된 주식수와 비교해서 어느 정도인지 비율로 나타낸 것이다. 즉, 매매시간 중에 거래가 성립되어 가격이 형성된 종목의 비율을 말한다.

이 비율이 80% 정도면 보통 수준이고, 90% 정도면 높은 수준으로 매도시점이며, 70% 정도면 낮은 수준으로 매입시점이 된다.

$$\text{거래형성률} = \frac{\text{거래형성종목수}}{\text{전 상장종목수}} \times 100(\%)$$

〈표 1-7〉 거래형성률

연 도	2001	2002	2003	2004	2005	2006	2007	2008	2009	2010
거래형성률(%)	95.58	96.21	95.44	93.99	94.75	92.60	94.09	94.38	94.52	96.02

자료 : 증권선물거래소

3. 자금지표

(1) 신용거래잔고

투자자들은 일정한 위탁증거금을 담보로 증권회사로부터 돈을 빌려 주식을 살 수 있으며(신용매입) 또한 주권을 빌려 주식을 팔 수 있는데(신용매도) 이러한 제도를 신용거래라 한다. 신용거래에는 융자와 대주가 있다.

신용거래로 현금을 빌려 주식을 산 사람이나 주권을 빌려 판 사람은 각각 소정의 기한까지 변제를 해야만 하는데 아직 변제하지 않은 주권의 수량이나 금액을 신용거래잔고라 한다.

신용융자잔고는 투자자가 증권회사로부터 융자받은 주식매입대금 중 상환하지 않고 남아있는 융자잔액을 뜻한다. 신용융자잔고가 늘어나면 향후 매도주문이 증가할 것이기 때문에 주가를 하락시킬 수 있는 잠재적인 매도세력이라 할 수 있다.

〈표 1-8〉 고객예탁금, 미수금, 신용융자잔고, 신용대주잔고

(단위 : 백만원)

연도	고객예탁금	미수금	신용융자잔고	신용대주잔고
2000	6,057,559	174,011	131,319	53
2001	9,557,885	502,889	213,960	54
2002	8,140,594	564,798	220,465	0
2003	9,543,693	525,982	233,948	0
2004	8,130,850	494,548	173,328	1,240
2005	11,895,560	2,045,437	530,990	1,760
2006	8,448,888	887,077	497,740	1,385
2007	9,508,721	179,926	4,464,597	3,262
2008	9,240,571	142,533	1,506,043	44
2009	11,786,521	240,875	4,382,917	32,980
2010	13,702,433	188,153	5,974,074	25,576

자료 : 한국은행 경제통계시스템

신용대주잔고는 투자자가 증권회사로부터 주식을 빌린 후 아직 상환하지 않고 남아있는 물량을 말한다. 대주잔고가 늘어나면 향후 매수주문이 증가할 것이기 때문에 주가를 상승시킬 수 있는 잠재적인 매수세력이라 할 수 있다. 대주잔고가 증가한다는 것은 많은 투자자들이 향후 주가하락을 예상하고 있다고 볼 수 있다.

(2) 신용거래보증금과 미상환융자금

신용거래보증금은 신용거래를 하고자 할 때 투자자가 증권회사로부터 신용거래융자 또는 신용거래대주를 받기 위해 미리 제공하는 현금담보를 의미한다. 미상환융자금은 신용거래 상환만기일까지 신용거래융자금을 상환하지 않은 금액을 말한다.

미상환융자금은 상환만료인 익일에 투자자의 의사와 관계없이 증권회사가 강제적으로 매도(반대매매)하도록 되어 있다. 따라서 미상환융자금은 단기간 내에 매도될 대기매물이므로 미상환융자금이 증가할 때는 주가하락을 예상해야 한다.

(3) 고객예탁금

고객예탁금은 투자자들이 주식을 사기 위해 증권회사에 예탁해 놓은 대기성자금을 말한다. 고객예탁금은 투자자들이 주식을 매입하고자 맡겨둔 일시적인 자금이기 때문에 향후 증권시장에 유입될 수 있는 자금이다. 따라서 고객예탁금이 많다는 것은 향후 주식을 매수할 수 있는 여력이 많다는 것을 의미한다.

고객예탁금은 향후 장세를 예측하는데 중요한 지표로 사용한다. 따라서 예탁금의 증가는 주식시장의 상승을 의미하고 예탁금의 감소는 주식시장의 하락을 예고하는 지표가 된다. 일반투자자는 주식시장이 과열된 상태에서 진입하는 것이 일반적이므로 지나친 고객예탁금의 증가는 조만간 주식시장이 하락세로 반전될 시기가 가까워지고 있음을 의미하고 있으므로 주의해야 한다.

(4) 위탁증거금과 미수금

위탁증거금은 증권회사가 고객으로부터 매매거래의 위탁을 받았을 때 징수하는 증거금으로 결제이행을 확보하기 위한 담보기능을 하고 시장안정화의 수단으로 운용되고 있다.

미수금은 증권사의 고객이 주식투자와 관련하여 증권회사에 납부해야 할 매수대금의 미납분, 신용거래의 결제부족분, 유상증자 청약대금의 미납분 등을 말한다. 미수금이 발생하면 증권회사는 고객에게 상환할 것을 통보하고 수탁계약원칙에 의거하여 강제로 반대매매를 처리한다. 따라서 미수금이 증가하는 경우에는 대기성 매도물량이 증가하여 조만간 주가하락이 나타날 수 있으므로 장세흐름을 파악하는데 중요한 지표가 된다.

4. 배당지표

배당금이 어떤 형태로 지급되느냐에 따라 현금배당과 주식배당으로 구분한다. 또한 대주주와 소액주주를 구분하여 배당금을 달리 지급할 수 있는데 지급되는 배당률이 같은 경우에는 균등배당이라 하고 다른 경우에는 차등배당이라 한다.

(1) 배당수익률

배당수익률은 주식에 투자한 최초의 투자자금과 배당수익과의 비율을 나타내는 지표를 말한다. 주당배당금을 주가로 나눈 값으로 주가에 대한 주당배당금의 비율이다. 실전투자에서 가장 의미 있는 지표로 사용되고 있다.

$$\text{배당수익률} = \frac{\text{주당배당금}}{\text{주가}} \times 100(\%)$$

여기서, 배당금은 현금배당금만을 대상으로 하고 주식배당금은 포함되지 않는다.

〈표 1-9〉 배당수익률 추이

(단위 : %)

연도	KOSPI	KOSPI200	대형주	중형주	소형주
2010	1.12	1.08	1.09	1.33	1.53
2009	1.17	1.15	1.15	1.39	1.46
2008	2.58	2.62	2.66	2.21	2.99
2007	1.39	1.43	1.48	1.09	1.52
2006	1.66	1.63	1.72	1.51	2
2005	1.74	1.8	1.88	1.45	1.61
2004	2.06	2.02	2.08	2.5	3.47
2003	2.09	2	1.96	3.03	3.41
2002	1.77	1.56	1.6	3.46	3.35
2001	1.73	1.67	1.68	3.03	2.88

자료 : 증권선물거래소

(2) 배당률

배당률은 주당배당금을 액면가로 나눈 값으로 현재 우리나라에서 배당지급의 기준으로 사용하고 있는 지표이다. 배당률은 투자결정에 중요한 지표로 이용되고 있으며 차입금평균이자율, 적립금비율 등과 검토하여 이해집단간의 분배수준을 대비하는 지표로도 이용할 수 있다.

$$배당률 = \frac{주당배당금}{액면가} \times 100(\%)$$

(3) 배당성향

배당성향은 주당순이익 중에서 배당금이 차지하는 비율이다. 기업의 당기순이익 중에서 주주에게 지급한 배당금이 어느 정도 되는지 나타내고 있다.

배당성향은 기업이 당기순이익 중에서 어느 정도나 배당금으로 지급할 것인가를 미리 예측해 볼 수 있는 지표로서 기업의 배당률만으로 배당금의 크기를 알 수 없기 때문에 배당률과 함께 중요한 지표로 이용된다.

$$배당성향 = \frac{배당금}{당기순이익} \times 100(\%)$$

연 습 문 제

1. 주가지수의 의미와 작성방법에 대해 설명하세요.

2. 우리나라에서 사용하고 있는 주가지수의 종류에 대해 설명하세요.

3. 기준가격과 가격제한폭에 대해 설명하세요.

4. 1부종목, 2부종목, 관리대상종목에 대해 설명하세요.

5. 시가총액의 의미와 산출방법에 대해 설명하세요.

6. 거래량회전율과 거래대금회전율의 의미와 공식에 대해 설명하세요.

7. 거래체결률과 거래형성률의 의미와 공식에 대해 설명하세요.

8. 신용거래잔고와 고객예탁금의 의미와 중요성에 대해 설명하세요.

9. 신용거래보증금과 미수금이 시장에 미치는 영향에 대해 설명하세요.

10. 배당금과 배당지표에 대해 종류별로 구분하여 설명하세요.

제2장

경제 및 산업 분석

2-1 경제 · 산업 분석의 체계

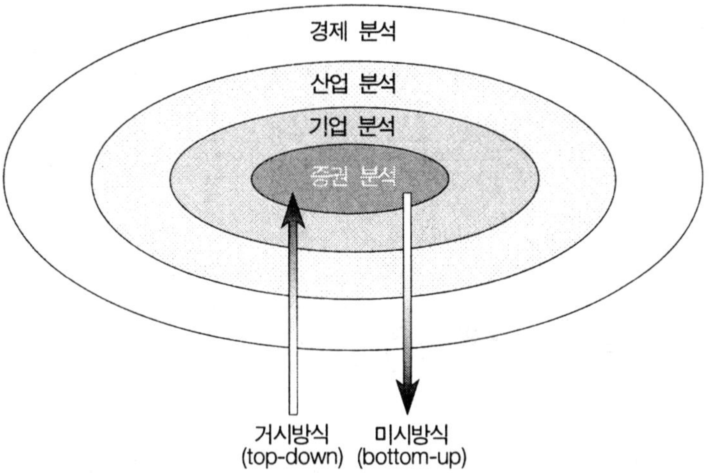

[그림 2-1] 경제 분석의 틀

주식투자를 위해 주식의 내재가치를 평가하고 주가의 적정성을 식별해야 한다. 그러나 주식에 대한 투자가치를 결정하는 요인에는 기업 내부적인 요인뿐만 아니라 경제적인 요인과 산업의 내부적인 요인 등과 같은 기업 외적 요인도 영향을 미치기 때문에 이들 요인들도 포함하여 분석해야 한다.

예를 들어 그 나라 경제의 경기순환국면, GNP 성장률, 1인당 국민소득, 주요 원자재 가격, 인플레이션, 이자율 수준 등과 같은 경제적인 요인들은 개별기업의 매출액과 매출원가에 영향을 미쳐 궁극적으로는 기업의 주가에 영향을 주게 된다.

또한, 기업이 속해 있는 산업의 성장성, 시장규모, 경쟁관계, 비용구조, 제품 수명사이클의 단계, 정부의 지원, 노사관계 등의 요인들도 그 산업의 미래 전망을 다르게 하고 궁극적으로는 특정기업의 이익흐름에 영향을 주게 된다.

경제 · 산업 · 기업 분석의 체계로 이루어지는 투자 분석은 투자결정에 있어 다양하게 활용될 수 있다. 경제상황에 따라 채권·주식·부동산 등 개별 투자대상의 선택을 결정하고 투자자산의 비중을 조절할 수 있다. 주식을 투자대상으로 결정했다면 어떤 산업의 주식이 유망한지 판단해야 하는데 이를 위해 산업 분석이 중요해진다. 투자결정의 마지막 판단은 특정산업 내 어떤 주식에 투자를 할 것인지 결정하는 것이다. 산업 내에서 투자가치가 높은가를 판단하기 위해 시장점유율, 수익성, 성장성 등 다양한 지표를 이용하여 기업 분석을 해야 한다.

2-2 경제 분석

주가는 경제의 전체적인 움직임과 밀접한 관련이 있으므로 주가변동의 대세를 파악하기 위해 현재의 경제상황을 면밀히 분석하고 장래의 경제상황 변화를 예측할 수 있어야 한다.

1. 국민총생산과 주가

국민총생산(GNP)은 한 나라 국민이 1년 동안 생산한 최종생산물의 가치로 그 나라의 경제력, 경제성장률, 국민소득 평가의 기초가 된다. 기업 역시 경제의 한 단위로 국민총생산의 구성요소가 된다. 따라서 기업의 성장은 국민총생산의 성장률과 깊은 연관성을 가지게 되며 재화에 대한 수요 역시 국민소득에 의해 영향을 받는다고 볼 때 높은 경제성장률은 기업의 성장을 의미하게 된다.

장기적으로 볼 때 연평균 주가상승률은 이론적으로 명목GNP성장률(실질GNP성장률과 물가상승률의 합)에 접근할 것으로 기대할 수 있다. 일반적으로 주가는 기업의 미래 예상이익을 적정할인율로 할인한 가치로 보는데 국민경제 전체로 확대하면 이론적으로 주가는 명목GNP성장률만큼 상승할 것으로 보기 때문이다.

2. 이자율과 주가

주식의 가격은 주식투자를 통해 투자자들이 기대할 수 있는 미래현금흐름을 그 주식의 요구수익률로 할인한 현재가치라고 할 수 있다. 그런데 요구수익률은 위험프리미엄이 반영된 시장금리, 즉 이자율로 볼 수 있으므로 이자율이 상승하면 주가는 하락하게 된다. 또한 금리변동은 기업의 금융비용을 변동시켜 기업의 미래이익에도 큰 영향을 미치게 되는데 타인자본 의존도가 높은 기업의 경우 금리상승으로 금융비용이 증가하면 수익은 감소하게 되므로 궁극적으로 주가가 하락하는 방향으로 영향을 미치게 된다.

그런데 시장이자율은 투자자들의 소비에 대한 선호도, 기업들의 투자효율, 국민총생산, 통화량, 기대인플레이션과 같은 다양한 요인들의 영향을 받는다. 시장이자율과 역의 상관관계를 갖는 주가 역시 이자율에 영향을 미치는 이들 요인들의 영향을 받는다고 볼 수 있다.

3. 인플레이션과 주가

인플레이션은 물가가 지속적으로 상승하거나 화폐가치가 지속적으로 하락하는 현상을 말한다. 인플레이션이 발생하면 동일한 화폐로 물건을 살 수 있는 구매력은 감소하지만, 부채가 있거나 부동산 등 실물을 보유하고 있는 자산보유자의 부를 상대적으로 증가시키는 효과가 나타난다. 물가가 상승하게 되면 채권 · 은행예금과 같은 금융자산의 실질가치는 하락하기 때문에 금융자산 보다는 부동산 · 귀금속 · 상품과 같은 실물자산에 투자하는 것이 바람직하다.

물가가 상승하면 기업보유 자산의 명목가치가 상승하게 되고, 따라서 자산의 재평가를 통한 무상증자가 가능해질 수 있다. 즉, 인플레이션이 발생할 때에도 주가가 물가상승분을 보전하는 역할을 할 수 있다고 믿어져왔다.

그런데 피셔(Fisher)의 방정식에 따르면 명목이자율은 실질수익률과 인플레이션과의 합에 근사치 관계를 가지는 것으로 알려져 있다. 피셔 방정식에 따르면 인플레이션이 발생할 때 실질수익률의 감소가 없기 위해서는 명목수익률이 인플레이션율 이상 상승해야 한다. 따라서 인플레이션율 상승이 명목수익률 상승보다 클 경우에는 주식이 인플레이션의 방어수단이 될 수 없기 때문에 투자자의 자금은 부동산 등의 실물자산으로 흘러가게 되고 그 결과 주가는 하락하게 된다.

최근의 실증 분석에서는 주식투자가 인플레이션의 방어자산이 될 수 없으며 인플레이션은 주가에 부정적인 영향을 미친다는 주장들이 많이 제시되고 있다.

현재 원가주의 회계제도 하에서 물가가 급등하게 되면 기업의 과세대상 소득이 인플레이션 효과만큼 과대 계상되기 때문에 기업의 조세지출이 늘어나게 되고, 결국은 기업의 실질가치를 감소시켜 주가도 하락한다는 것이다.

기업의 내재가치는 그 기업의 장래 예상되는 현금흐름을 불확실성을 반영한 자본비용으로 할인함으로써 산출된다. 그런데 인플레이션이 발생하게 되면 할인율이 되는 자본비용이 증가하여 기업의 내재가치를 감소시키고 그 결과 주가도 하락한다는 것이다.

인플레이션이 주가에 영향을 미치는 영향은 물가상승의 절대적 크기가 아니라 물가상승이 발생하는 경기상황과 보다 더 관련이 되어 있다고 볼 수 있다.

예를 들어 경기가 호황국면일 때는 수요증가에 따른 물가상승이 유발되는 것으로 경제성장 및 기업 이윤 향상이 이루어지고 있어 물가상승률을 상회할 정도의 주가상승이 가능하다. 그렇지만 경기가 하락하면서 물가가 상승하는 스태그플레이션(stagflation) 하에서는 비용증가에 따른 인플레이션이기 때문에 기업의 비용증가와 시장의 수요감소가 나타나기 때문에 주가는 하락하게 된다.

4. 환율과 주가

자국통화의 타국통화에 대한 교환비율인 환율은 기본적으로 외환시장에서의 수요 · 공급에 의해 결정되지만 실제로는 국제수지 · 물가 · 금리 등 복합적인 요인에 의해 결정된다. 우리나라와 같이 대외 의존적인 경제구조를 지닌 경우, 환율의 변동은 수출과 수입, 경제성장, 국제수지, 물가 등 경제

전반에 영향을 미치게 되고, 더불어 기업의 채산성, 대외경쟁력을 변화시키고 결국은 주가에도 영향을 미친다.

환율의 평가절하는 자국의 화폐가치가 하락하게 되므로 자국민의 구매력은 줄어들게 되고 상대국의 구매력은 향상시키는 효과를 가지기 때문에 수입은 감소시키고 수출을 증가시키는 경향이 있다. 따라서 환율이 상승(평가절하)하면 수출비중이 높은 기업은 대외경쟁력 및 채산성이 개선되며 주가는 상승하게 된다.

그러나 환율이 상승(평가절하)하면 수입원자재의 원가를 상승시키게 되므로 제품가격이 상승하여 인플레이션율을 높인다. 특히 외화표시 부채가 큰 기업은 급격한 환율상승으로 인하여 상당한 환차손을 입게 된다.

한 나라의 무역불균형은 환율의 움직임에 의해 영향을 받기도 하지만, 반대로 무역적자나 흑자가 환율의 움직임에 영향을 미치기도 한다. 예를 들어 무역적자가 계속되면 무역결제에 있어서 자국통화에 대한 수요보다도 타국통화에 대한 수요가 많은 것을 뜻하므로 자국통화의 가치를 하락시키게 된다. 결과적으로 제품가격과 물가를 변화시키며 기업채산성에 악영향을 주게 된다.

결국 환율변화는 주식지수와는 서로 상반되는 관계가 있다고 말할 수 있다. 그러나 개별기업에 미치는 영향은 그 기업이 수출지향적인지, 수입의존적인지에 따라 달라진다. 수출비중이 높은 산업이나 기업은 환율이 상승하게 되면 수출채산성이 개선되어 매출이 증가하고 주가에는 긍정적인 영향을 미친다. 그러나 수입비중이 높은 기업의 경우 환율이 상승하면 수입비용 증가로 수익구조가 악화되며 결국은 주가에 부정적인 영향을 미친다.

5. 정부의 경제정책과 주가

거시경제에 대한 예측을 위해서는 경제변수에 대한 분석도 중요하지만 거시경제에 영향을 주는 정부의 경제정책에 대한 충분한 분석도 필요하다.

정부의 거시정책은 정부지출, 세제변화 등과 관련되는 재정정책과 통화량, 이자율 조절을 통해 궁극적으로 소비와 투자에 영향을 주는 금융정책으로 구분해볼 수 있다.

재정정책은 정부가 사회간접자본에 투자를 확대하거나, 세율을 인상하는 등의 방법을 통해 경제의 수요측면에 영향을 주는 정책을 말한다. 예를 들어 소비가 감소하여 생산이나 성장이 둔화되는 경우 사회간접자본 투자나 세율 인하를 통해 소비와 투자를 확대하는 정책을 사용한다. 그러나 경기가 과열 양상을 보일 경우에는 세율을 인상하여 소비를 줄이는 정책을 수행한다.

금융정책은 시중통화량이나 이자율의 조절을 통해 궁극적으로 투자와 소비수요에 영향을 미치는 정책이다. 금융정책의 수단에는 시중은행의 지불준비율의 변경, 중앙은행의 재할인율의 변경 등이 있는데 궁극적으로는 이자율이나 통화량을 조절하여 투자와 소비에 영향을 미치는 것이다.

재정정책이나 금융정책은 경제전체에 영향을 미치게 되고 이로 인해 기업이 접하는 환경이 변하게 된다. 즉, 정부가 투자나 소비를 활성화시키는 정책을 수행하면 기업들의 매출이 증가하게 되고 결국은 주가를 상승시키는 방향으로 영향을 미친다.

반대로 정부가 경기과열을 우려하여 투자와 소비를 줄이는 정책을 수행하게 되면 기업의 매출이 감소하게 되고 주가는 하락하게 된다.

6. 경기순환과 주가

한 나라의 국민경제는 일정한 규칙성을 지니며 움직이는 경향을 갖는데 이를 경기순환(business cycle)이라 한다. 주가는 경기순환과 밀접한 관계를 가지고 있으며, 주가는 경기에 선행하여 움직이는 경향이 있는 것으로 알려지고 있다.

이러한 주가와 경기순환과의 관계로 인해 향후의 경기전망을 통해 주가를 예측하려는 시도가 많이 이루어지고 있다.

경기변동은 경제활동수준의 전환점이 정점과 저점을 기준으로 하여 저점에서 정점에 이르는 확장국면과 정점에서 저점에 이르는 수축국면을 포함하고 있다. 확장국면은 회복기와 활황기로 나눌 수 있고 수축기는 다시 후퇴기와 침체기로 구분할 수 있다. 경기순환상 일반적으로 정점에 가까운 활황기와 후퇴기를 호황국면이라 하고, 저점에 가까운 침체기와 회복기를 불황국면이라 한다. 경기는 침체기에서 회복기 · 활황기 · 후퇴기를 반복하며 순환하고 있다.

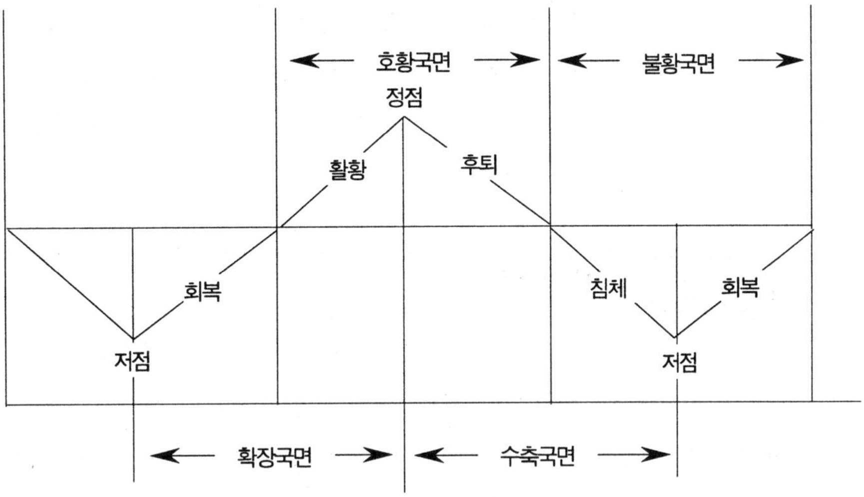

[그림 2-2] 경기순환의 국면

경기침체기에서는 재고가 최고조에 달하고 매출은 매우 낮은 수준에 머물러 국민경제 전체적으로 상당한 규모의 초과설비 능력이 존재하게 된다. 경기침체가 계속되면 통화당국은 신용공급을 확대하고 이자율을 낮춘다. 또한, 정부는 재정지출을 확대하면서 주식시장도 어느 정도 폭락사태를 겪고 난 후 안정되어 곧 회복하기 시작한다. 위축된 소비자의 소비도 늘면서 경기가 회복의 기미를 보이고, 기업들의 매출액이 증가하기 시작한다. 경기호전을 기대하는 기업들은 생산을 확대하기 위해 고용을 늘린다. 기업의 생산증가는 근로자의 소득증가로 연결되고 소비지출도 늘어난다.

경기회복이 본격화되면 기업들은 자본재 구입을 늘리는 등 경제의 확장상황은 계속된다. 설비투자 확대로 생산능력이 시장의 수요를 초과하게 되면 재고는 증가하게 되고, 기업들은 재고를 줄이기 위해 설비투자 계획을 축소하고 생산도 줄이게 된다. 결국 경제상황은 다시 경기수축을 거치며 침체상황으로 움직이게 된다.

주식시장은 통상 경기변동보다 6개월에서 9개월 정도 선행하는 것으로 알려지고 있다. 결국 현재의 실적이 양호하다고 하더라도 주식시장이 침체된 양상을 보인다면 이것은 6개월 내지 9개월 후의 경제상황이 침체상황을 나타낼 것이라는 점을 의미한다.

증권투자에 있어 경제상황에 대한 예측이 의미를 갖는 것도 이와 같은 주식시장이 경제상황을 선행하여 반영한다는 특징 때문이다.

2-3 산업 분석

주식투자를 위한 산업 분석은 여러 산업 중에서 경쟁력이 있고 장래 전망이 좋은 산업이 무엇인지를 선별하는 평가기준을 마련하기 위한 것이다. 산업 분석을 위해 경쟁구조 분석, 제품수명주기 및 수요공급 결정요인에 대하여 살펴보자.

1. 경쟁구조 분석

한 기업의 성장성과 수익성은 그 기업이 속해 있는 산업 내의 경쟁 강도, 산업의 성장가능성 등의 영향을 받는다. 경쟁이 치열하지 않은 산업에 속해 있는 기업은 수익성과 안정성이 양호한데 반해 경쟁이 치열하고, 구조적으로 취약한 산업에 속해 있는 기업들은 양호한 경영성과를 기대하기 힘들 것이다. 따라서 기업의 미래성과를 전망하기 위해서는 산업의 경쟁에 영향을 미치는 요인에 대한 분석이 필요하다.

포터(M.E. Porter)에 따르면 산업의 경쟁은 시장 진입장벽, 대체상품의 존재, 산업 내 기존업체간의 경쟁 정도, 구매자의 교섭력(bargaining power), 공급자의 교섭력과 같은 구조적 요인의 영향을 받는다고 보고 있다.

진입장벽이 높은 산업에 진입해 있는 기업들은 수익성이 높고 영업환경이 안정적인데 반해 진입장벽이 존재하지 않는 산업에 진입해 있는 기업들은 수익성이 낮고 다양한 위험에 노출되어 있게 된다.

일반적으로 규모의 경제가 존재하여 생산규모를 늘임에 따라 비용이 감소하는 경우 새로운 기업의 진입은 쉽지 않을 것이다. 또한 제품이 차별화되어 있어 어느 정도 독점적 지위를 유지하고 있거나 그 산업에 진입하기 위해서는 대규모의 자본 투자가 필요한 경우도 진입의 장벽이 존재한다고 할 수 있다. 기존판매망이 견고하여 새로 진입한 기업이 그 판매망과의 경쟁이 어렵거나 정부의 제도적 진입규제가 있는 경우도 진입장벽이 높다고 할 수 있다.

또한, 어떤 기업이 개발한 제품이 특정산업에서 생산하는 제품과 대체가능성이 높은 경우, 그 대체상품의 존재가 특정산업 제품의 가격을 결정하는 데 영향을 미친다. 즉, 기존의 상품가격을 과도하게 인상하게 되면 소비자는 기존 제품보다는 대체가 가능한 상품으로 자신의 수요를 변경하게 된다. 따라서 대체상품의 품질이 우수하면 할수록 기존 상품의 가격은 올리기가 힘들게 되며, 기존 상품과 대체관계가 있는 상품 간에는 경쟁관계는 심해진다.

기존 기업간의 경쟁이 심해도 이들 기업들의 수익성은 좋다고 볼 수 없다. 기존 기업간의 경쟁이 심한 산업에 속해 있는 기업들은 가격, 품질, 대고객 서비스 등 다양한 방법으로 시장의 점유율을 확보하려고 경쟁을 벌일 것이다.

산업 내 기업간 경쟁이 심하다고 하는 것은 산업 내 경쟁기업의 수가 많거나 산업 자체의 성장이 둔화되고 있는 경우이다. 또한, 기업간 가격경쟁의 가능성이 높고 변동비용보다는 고정비용이 높은 비중을 차지하고 있어 원가절감이 어려운 산업이나 제품의 차별화가 힘들고 시설 확장을 위해 대규모 투자가 필요한 경우에도 산업 내의 경쟁이 치열하다고 할 수 있다.

원료나 제품을 구매할 때 독점적 지위를 갖는 구매자는 소규모의 공급기업들을 서로 경쟁시킴으로써 구매가격을 낮추거나 품질향상 및 서비스 증대 등을 요구할 수 있다. 교섭력에 있어 우위를 점하고 있는 산업이 가격·품질의 결정이나 결제방법의 결정에 있어 큰 영향력을 행사할 수 있어 높은 수익을 얻으나 교섭력이 열위에 있는 산업은 수익성이 좋지 못하게 된다.

그런데 원료나 제품의 공급자가 독점공급자인데 반해 구매자가 다수라고 하면 공급자는 공급가격 인상, 제품 및 서비스의 질 하락 등 다양한 방법을 통해 상대산업의 이익을 잠식시킬 수 있다. 반면, 교섭력에 있어 열위에 있는 구매업자는 코스트 상승분을 제품가격 인상에 반영시킬 수 없어 우위에 있는 공급자의 결정에 영향을 받게 된다.

2. 제품수명주기이론

일반적으로 모든 제품은 시간의 경과에 따라 시장 내에서의 경쟁 정도, 제품의 기술적 우열, 소비자의 선호도 변화 등으로 인해 도입기 · 성장기 · 성숙기 · 쇠퇴기의 4단계를 거치게 되는데 이를 제품수명주기(Product Life Cycle : PLC)라 한다.

도입기에는 제품의 품질은 열악하고 기술수준이 낮은 반면, 생산원가는 높은 편이다. 시장의 경쟁은 심하지 않아 높은 가격을 유지할 수 있으나 높은 원가로 인해 수익성은 그다지 크지 못하다.

제품이 성장기에 진입하게 되면 기술수준이 높아지고 제품간 차별화가 진행된다. 또한, 기존의 기업들은 조업률을 높이고 대량생산체계를 구축하는 한편, 신규업체의 진입은 계속되어 산업의 성장률은 증가한다. 이 시기에도 가격은 높은 수준을 유지하여 수익성은 높아진다.

제품의 성숙기에 이르게 되면 품질이 최고조에 이르게 되나 제품간 차별성은 줄어들어 디자인 · 포장 등과 같은 비품질경쟁이 심화된다. 조업도는 약간 낮아지고 부분적으로 잉여설비가 발생하며, 가격경쟁은 격화된다. 경쟁의 격화로 가격이 하락하기 때문에 수익성은 감소하게 된다.

제품이 쇠퇴기에 도달하게 되면 제품간 차별화는 거의 없으며 조업도는 낮아진다. 과잉설비의 문제가 발생하며 시장에서 퇴출되는 기업들이 증가하는 한편, 낮은 가격, 낮은 마진으로 수익성은 악화된다.

결국 투자대상 기업이 속해 있는 산업이 어느 단계에 있는지를 분석함으로써 그 산업의 장래 수익성을 평가하고 전망해볼 수 있을 것이다.

3. 수요와 공급요인 분석

특정산업의 성공여부는 그 제품에 대한 수요와 공급에 의해서 결정된다. 따라서 그 산업의 성장 가능성을 평가하고 예측하는 데에는 수요와 공급에 영향을 미치는 요인들에 대한 산업의 변화 가능성을 분석함으로써 투자의 평가기준으로 사용할 수 있을 것이다.

제품에 대한 수요기반이 안정적이고 국내외적으로의 진출 가능성이 높다고 하면 당연히 그 산업의 미래전망은 밝다. 예를 들어 경기변화나 가격변화에 대해 수요가 크게 변하지 않는다면 그 제품에 대한 수요는 안정적이라고 할 수 있으며, 수입 대체로 인해 내수 수요가 증가할 가능성이 있거나 해외시장으로의 진출 가능성이 높은 경우에도 당연히 그 산업의 미래성장은 매우 높을 것이다.

따라서 국내외 수요기반의 안정성, 국내외 추가 진출 가능성 등을 살펴봄으로써 산업 분석에 도움을 받을 수 있다.

한편, 공급요인 측면에서는 기업들이 생산 · 공급하는 제품의 생산원가가 낮아 가격경쟁력을 가지고 있거나 품질 및 디자인의 우수성과 기술의 독창성을 지니고 있어 비가격부문에서 경쟁력을 가지고 있으면 그 산업의 전망은 밝을 것이다.

산업의 가격경쟁력은 일반물가의 변화, 원자재 가격의 변화, 인건비, 금융비용 등의 영향을 받으며, 대외 의존적인 산업인 경우는 환율의 변화에도 민감하게 영향을 받는다. 가격경쟁력에 영향을 미치는 이러한 요인들에 대한 분석과 전망을 통해 그 산업의 가격경쟁력이 강화될 것인지 약화될 것인지 분석해볼 수 있다.

제품의 품질이나 디자인, 그리고 기술수준에 있어 경쟁력을 가지고 있는지에 대해서는 시장점유율이나 소비자 인지율, 특허권 및 상표권의 소유유무 등에 대한 분석을 통해 그 산업이 비가격 부문에서 경쟁력을 보유하고 있는지 분석해볼 수 있다.

결국 가격경쟁력이나 비가격경쟁력에 영향을 미치는 요인들에 대한 분석을 통해 그 산업의 유망한지 여부를 판단해볼 수 있다.

연습문제

1. 경제 및 산업 분석의 체계인 거시방식과 미시방식에 대해 설명하세요.
2. 경제성장률과 이자율이 주가에 어떠한 영향을 미치는지 설명하세요.
3. 인플레이션과 환율이 주가에 어떠한 영향을 미치는지 설명하세요.
4. 경기순환 과정의 특성 및 경기순환과 주가와의 관계에 대해 설명하세요.
5. 산업 내 경쟁구조가 기업의 수익성에 어떠한 영향을 미치는지 설명하세요.
6. 제품수명주기의 각 단계별 과정과 기업의 수익성에 대해 설명하세요.
7. 수요와 공급요인이 기업의 수익성에 미치는 영향에 대해 설명하세요.
8. 정부의 재정정책과 금융정책에 대해 설명하세요.
9. 주가에 영향을 미치는 경제변수의 요인에 대해 설명하세요.
10. 주가에 영향을 미치는 산업변수의 요인에 대해 설명하새요.

제3장

경영 분석

기본적 분석(fundamental analysis)은 주식의 내재가치를 평가하기 위한 증권 분석이다. 기본적 분석에서 주식의 내재가치를 평가하기 위해서는 미래의 기대이익 및 배당을 예측해야 한다. 따라서 미래의 본질가치를 예측하여 시장가격과 비교함으로써 어떤 증권이 과소 또는 과대평가되어 있는지를 분석하는 방법이다.

3-1 배당성장모형

1. 배당성장모형의 이해

주식의 현재가치는 미래의 현금흐름에 따르게 되는데 미래의 현금흐름은 배당수익과 매각수익으로 구성된다. 그러나 주식을 영구히 보관하게 되면 주식의 미래 현금흐름은 배당흐름만으로 구성하게 된다. 따라서 주식의 현재가치는 미래 배당의 현재가치의 합으로 정의된다. 이를 배당성장모형(dividend growth model)이라 하며, 다음과 같은 방법으로 산출된다.

먼저, 주식의 현재가치는 다음과 같이 표현한다.

$$P_0 = \frac{D_1}{1+r} + \frac{P_1}{1+r} \tag{3-1}$$

여기서, P_0 = 주식의 현재가치
D_1 = 1기 후 지급되는 배당
P_1 = 1기 후 주가
r = 요구수익률(할인율)

1기 후, 주식의 현재가치는 다음과 같다.

$$P_1 = \frac{D_2}{1+r} + \frac{P_2}{1+r} \tag{3-2}$$

P_0 식에 P_1식을 대입하면 다음과 같다.

$$P_0 = \frac{D_1}{(1+r)^1} + \frac{D_2}{(1+r)^2} + \frac{P_2}{(1+r)^2} \qquad (3\text{-}3)$$

2기 후, 3기 후, …… 계속해서 영속적으로 주식의 현재가치를 확장하여 계산할 수 있다. 이 경우 무한대로 시간을 확장하면 미래주가의 현재가치는 제로가 된다. 따라서 주식의 현재가치는 첫 기에 시작해서 영구히 산출되는 배당의 현금흐름만으로 구성된다.

$$P_0 = \frac{D_1}{(1+r)^1} + \frac{D_2}{(1+r)^2} + \cdots + \frac{D_\infty}{(1+r)^\infty} \qquad (3\text{-}4)$$

배당성장모형은 영구히 산출되는 배당을 할인해서 주식의 현재가치를 구하고 있으나 모든 시점의 배당을 예측해야 하므로 현실적으로 가능성이 적다. 따라서 배당흐름에 대한 가정을 달리하여 몇 가지 단순한 패턴으로 유형화하였다.

① 배당이 일정한 율로 성장하는 경우 : 일정성장모형
② 배당이 제로 성장률을 나타내는 경우 : 제로성장모형
③ 배당이 일정한 기간 후 일정한 율로 성장하는 경우 : 다단계성장모형

2. 일정성장모형

일정성장모형(constant growth model)은 주당배당이 매년 일정한 비율(g)로 영구히 성장하는 경우로서 일명 고든(Gordon) 모형이라 부른다. 주식의 현재가치는 다음과 같이 표시한다.

$$P_0 = \frac{D_1}{(1+r)^1} + \frac{D_2}{(1+r)^2} + \cdots \frac{D_\infty}{(1+r)^\infty}$$

$$= \frac{D_0(1+g)^1}{(1+r)^1} + \frac{D_0(1+g)^2}{(1+r)^2} + \cdots + \frac{D_0(1+g)^\infty}{(1+r)^\infty} \qquad (3\text{-}5)$$

여기서 D_0 = 현재배당, g = 배당성장률

성장률 g가 할인율 r보다 작은 경우($r>g$) 현금흐름의 현재가치를 정리하면 다음과 같다.

$$P_0 = \frac{D_0(1+g)}{r-g} = \frac{D_1}{r-g} \tag{3-6}$$

예제 1

현재 배당이 2,000원, 요구수익률이 10%, 배당성장률이 5%라 한다. 이 경우 주식의 현재가치는 얼마나 될까? 5년 후 주가는 얼마나 될까?

해답

① 주식의 현재가치

배당이 일정한 율로 성장하는 경우이므로 식 (3-6)을 이용하여

$$\text{주식의 현재가치} = \frac{2{,}000\text{원}(1+0.05)}{0.10-0.05} = 42{,}000\text{원}$$

② 5년 후 주가

먼저 6년 후 배당금을 구한다.

$$D_6 = 2{,}000\text{원} \times (1+0.05)^6$$
$$= 2{,}000\text{원} \times 1.3401$$
$$= 2{,}680\text{원}$$

따라서

$$P_6 = \frac{2{,}680\text{원}}{0.10-0.05} = 53{,}600\text{원}$$

3. 제로성장모형

제로성장모형(zero-growth model)은 기업이 성장하지 않고 미래의 배당성장률이 0%인 것으로 가정하는데, 이 경우 배당은 $D_1 = D_2 = \cdots\cdots = D$이 성립되어 항상 일정하다는 것을 나타낸다. 제로성장모형은 식 (3-6)에서 성장률 $g=0$인 경우로서 다음과 같이 나타낼 수 있다.

$$P_0 = \frac{D}{(1+r)^1} + \frac{D}{(1+r)^2} + \cdots + \frac{D}{(1+r)^\infty}$$
$$= \frac{D}{r} \qquad (3\text{-}7)$$

예제 2

M사는 매년 주당 1,000원의 배당을 지급하고 있다. 만일 이 배당을 무한히 유지하고 요구수익률이 20%라 하면 이 주식의 현재가치는 얼마나 될까?

해답

식 (3-7)에 의해 현재가치를 구한다.

주식의 내재가치 $= \frac{1{,}000\text{원}}{0.2} = 5{,}000\text{원}$

4. 다단계성장모형

성장률이 할인율을 초과하거나 같으 면 일정성장모형에 의해 주가는 무한히 커지게 되어 현실성이 떨어지게 된다. 이 경우 일정성장모형을 사용할 수 없다. 따라서 기업의 라이프사이클에 따라 도입기 · 성장기 · 성숙기 등 몇 단계로 나누어 성장률 변화를 반영하는 것이 필요하다.

다단계성장모형(multiple growth model)은 현실성 있는 다양한 모형을 설계할 수 있다는 장점이 있다. 현실적인 기업의 성장패턴에 따라 2단계, 3단계 또는 4단계로 성장모형을 설계하여 기업의 내재가치를 정확하게 추정할 수가 있다.

예를 들어, 첫번째 단계에서 성장률이 g_1로 나타나고 다음 단계에서 성장률이 g_2로 일정하게 증가하는 2단계성장모형을 가정해보자. 이 경우 현재가치를 구하는 공식은 다음과 같다.

$$P_0 = \sum_{t=0}^{\infty} \frac{D_1(1+g_1)^t}{(1+r)^t} + \frac{\dfrac{D_n(1+g_2)}{r-g_2}}{(1+r)^n} \qquad (3\text{-}8)$$

예제 3

현재는 배당을 지급하지 않고 있는 M사가 있다. 앞으로 5년 후 처음 배당을 지급할 것이며 그 배당은 주당 500원이 될 것으로 예상된다. 그리고 첫 배당 후 영속적으로 10%씩 성장할 것으로 예상된다. 이 회사에 대한 요구수익률은 20%이다. 이 주식의 현재가치는 얼마일까?

해답

현재 배당을 지급하지 않으므로 $D_1=0$이다. 또한 $g_1=0$, $g_2=0.1$, $r=0.2$이다.
4년째 주가는 다음과 같다.

$$P_4 = D_4 \times \frac{(1+g_2)}{(r-g_2)}$$

$$= \frac{D_5}{(r-g_2)}$$

$$= \frac{500\text{원}}{(0.20-0.10)}$$

$$=5{,}000\text{원}$$

이 금액을 4년간 20% 이자율로 할인하여 현재가치를 구한다.

$$P_0 = \frac{5{,}000\text{원}}{1.20^4} = \frac{5{,}000\text{원}}{2.0736} = 2{,}411\text{원}$$

예제 4

기업 A는 앞으로 3년간 다음과 같은 배당을 지급하고자 한다.

연	예상배당
1	1,000원
2	2,000원
3	3,000원

3년 후 배당은 연 10%로 일정하게 성장할 것이다. 이 회사의 요구수익률은 20%이다. 주식의 현재가치는 얼마일까?

해답

① 먼저 P_3을 구한다.

$$P_3 = D_3 \times \frac{(1+g)}{(r-g)}$$

$$= 3{,}000\text{원} \times \frac{(1+0.10)}{(0.20-0.10)}$$

$$= \frac{3{,}300\text{원}}{0.10}$$

$$= 33{,}000\text{원}$$

② 각기 배당과 P_3를 각 기에 해당하는 할인요소로 할인하여 P_0을 구한다.

$$P_0 = \frac{D_1}{(1+r)^1} + \frac{D_2}{(1+r)^2} + \frac{D_3}{(1+r)^3} + \frac{P_3}{(1+r)^3}$$

$$= \frac{1{,}000\text{원}}{(1+0.2)^1} + \frac{2{,}000\text{원}}{(1+0.2)^2} + \frac{3{,}000\text{원}}{(1+0.2)^3} + \frac{33{,}000\text{원}}{(1+0.2)^3}$$

$$= 1{,}000\text{원} \times 0.833 + 2{,}000\text{원} \times 0.694 + 3{,}000\text{원} \times 0.579 + 33{,}000\text{원} \times 0.579$$

$$= 23{,}065\text{원}$$

5. 요구수익률의 의미

요구수익률(r)의 의미에 대해 살펴보자. 식 (3-6)에서 P_0의 공식을 다음과 같이 표현하였다.

$$P_0 = \frac{D_1}{(r-g)}$$

이 식을 요구수익률 r로 다시 정리하면 다음과 같다.

$$r = \left(\frac{D_1}{P_0}\right) + g \qquad (3\text{-}9)$$

요구수익률 r은 두 개의 요소로 구성되어 있다.

① $\frac{D_1}{P_0}$는 배당수익률이다. 예상배당을 현재가격으로 나누어 구하기 때문에 현재수익률을 나타내기도 한다.

② 또 하나는 성장률 g이다. 성장률은 자본이익률이라 하며 투자가치 성장률이라 부르기도 한다.

예제 5

주당 30,000원에 거래되는 주식이 있다. 다음 배당은 1,500원이 될 것으로 예상하고 있다. 이후 배당은 계속 10%씩 성장할 것으로 예상하고 있다. 이 주식의 요구수익률은 얼마일까?

해답

$$
\begin{aligned}
r &= \text{배당수익률} + \text{자본이익률} \\
&= \left(\frac{D_1}{P_0}\right) + g \\
&= \left(\frac{1{,}500\text{원}}{30{,}000\text{원}}\right) + 10\% \\
&= 5\% + 10\% \\
&= 15\%
\end{aligned}
$$

이 주식의 수익률은 15%이다.

3-2 주가관련비율 분석

실무에서 자주 사용하고 있는 주가관련비율로 주가수익비율(PER), 현금흐름비율(PCR), 주당장부가치(PBR), 주가매출액비율(PSR), 배당수익률(dividend yield), 토빈의 q 비율, BE/ME 비율 등이 있다.

1. 주가수익비율

주가수익비율(Price-Earning Ratio : PER)은 주가를 주당순이익(Earning Per Share : EPS)으로 나눈 값으로 주가가 주당순이익의 몇 배인지 나타낸다. 즉, 주당순이익 1원이 주식시장에서 얼마의 가격으로 평가되고 있는지를 의미한다. PER의 공식은 다음과 같다.

$$\text{PER} = \frac{P_0}{\text{EPS}} \tag{3-10}$$

여기서 EPS는 주식의 수익력을 의미하므로, PER은 수익력에 비해 주가가 상대적으로 저평가 또는 고평가되어 있는지를 판단하는 지표로 해석한다. 예를 들어, 다른 조건은 모두 동일한데 PER가 낮은 주식은 수익력에 비해 시장가격이 저평가되어 있으므로 향후 주가의 상승가능성이 높을 것으로 판단한다.

예제 6

주식 A와 B는 주당순이익과 주가만 다르고 다른 조건은 모두 동일하다.

- 주식 A : 주당순이익 1,000원 주가 10,000원
- 주식 B : 주당순이익 2,000원 주가 30,000원

이 경우 A, B 중에서 어느 주식이 더 저평가되어 있는가?

해답

주식 A의 $\text{PER} = \dfrac{10{,}000\text{원}}{1{,}000\text{원}} = 10$

주식 B의 $\text{PER} = \dfrac{30{,}000\text{원}}{2{,}000\text{원}} = 15$

따라서, 주식 A가 더 저평가되어 있다.

PER의 공식 식 (3-10)에, 식 (3-6)을 대입하면 다음과 같은 식을 얻을 수 있다.

$$\text{PER} = \frac{P_0}{\text{EPS}} = \frac{D_0}{\text{EPS}} \times \frac{1+g}{r-g} = \frac{(1-b)(1+g)}{r-g} \tag{3-11}$$

여기서, b는 내부유보율이고 $(1-b)$는 배당성향을 나타낸다.

위 식 (3-11)에 의하면 PER은 다음과 같은 요인들에 의해 영향을 받는다. PER은 성장률 g와 배당성향$(1-b)$이 증가할수록 높아지고, 요구수익률 r이 작아질수록 높아지는 것으로 나타났다. 따라서 PER은 성장률 g와 배당성향$(1-b)$, 그리고 요구수익률 r에 의해 결정되며 이 요인들을 각각 추정하여 PER을 해석하게 된다.

2. 현금흐름비율

PER은 어떤 주식의 주가가 그 주식의 수익력(EPS)에 비해 저평가 또는 고평가되어 있는지를 나타내는 지표이다. 그러나 여기서 사용하는 EPS는 미래의 예상순이익이 아니라 과거의 순이익을 기준으로 계산된 것이다. 따라서 과거의 순이익을 기준으로 계산된 PER는 주식의 수익력을 제대로 반영했다고 볼 수 없다.

PER의 공식에서 분자를 구성하는 주가의 경우 종가를 사용할지 아니면 평균주가를 사용할지도 결정해야 한다. 또한 장부가치에 따른 감가상각은 인플레이션이 있을 경우 순이익을 과다하게 계상할 수도 있다. 인플레이션이 심할 경우 PER가 낮아지는 경향이 있다.

따라서 PER가 갖고 있는 이러한 문제점을 보완하기 위해 다음과 같이 현금흐름비율(Price Cash-flow Ratio : PCR)을 사용하고 있다. PCR은 주가를 주당현금흐름(Cash-flow Per Share : CPS)으로 나눈 비율이다. CPS에 비해 주가가 낮으면 낮을수록 주가가 저평가되어 있으므로 투자가치가 높은 것으로 판단한다.

$$\mathrm{PCR} = \frac{P_0}{\mathrm{CPS}} \tag{3-12}$$

여기서 CPS는 기업의 영업활동으로 얻어진 현금흐름을 의미하고 있다. 즉, 단기순이익에 각종 비현금비용을 공제하고 비현금수익을 더한 값이다. PCR은 순이익에 영향을 주는 회계처리의 조작과 오류를 어느 정도 제거해 준다는 점에서 PER보다 신뢰할 수 있는 지표이다.

3. 주가순자산비율

기업의 미래 수익력과 더불어 기업이 보유하고 있는 자산도 주식가치를 결정하는 데 영향을 주고 있다. 1주의 주식이 보유하고 있는 순자산(net worth)에 의해 주식가치를 평가할 수 있는데 이를 자산가치(worth value)라 부른다.

기업의 순자산은 대차대조표 상의 자기자본을 나타내며 총자산에서 부채 총액을 차감한 것이기 때문에 주식의 자산가치는 장부가치(book value)를 의미한다. 주당 장부가치(Book value Per Share : BPS)는 순자산을 발행주식수로 나눈 값으로 주당 순자산이라 부르기도 하는데, 다음 식으로 표현한다.

$$\text{BPS} = \frac{\text{순자산}}{\text{발행주식수}} \tag{3-13}$$

BPS를 이용하여 주식가치를 구할 수는 있으나 BPS는 기업의 미래 수익력을 무시하고 있으며 시장에서 결정되는 기업가치를 제대로 설명하지 못한다. 그러나 BPS를 주가의 최저 수준으로 인식하고 있다. 이는 주가수준이 BPS 이하로 내려갈 수 없다는 것을 의미하는데, 만일 내려갈 경우에는 저평가된 것으로 볼 수 있다.

주가순자산가치(Price Book-value Ratio : PBR)는 주가를 BPS로 나누어 구하는데 주가가 BPS의 몇 배 수준인지를 나타내는 지표이다.

$$\text{PBR} = \frac{P_0}{\text{BPS}} \tag{3-14}$$

PER은 기업의 미래 수익력을 기초로 나타낸 투자지표이고, PBR은 자기자본을 기초로 나타낸 투자지표이다.

4. 주가매출액비율

주가매출액비율(Price to Sale Ratio : PSR)은 현 주가수준이 주당매출액(Sale Per Share : SPS)의 몇 배인지를 나타내는 지표로서 주가를 주당매출액으로 나누어 계산한다.

$$\text{PSR} = \frac{P_0}{\text{SPS}} \tag{3-15}$$

여기서 SPS는 매출액을 발행주식수로 나누어 구한다. PER은 기업의 미래 수익력을 기초로 나타낸 투자지표이고, PSR은 기업의 매출액을 기초로 나타낸 투자지표이다. 매출액은 기업의 성장성이나 경쟁력을 나타내는 수치로서 PSR이 낮을수록 기업의 외형이나 성장성에 비해 주가가 상대적으로 저평가된 것으로 인식한다.

5. 배당수익률

배당에 관한 지표로는 배당률, 배당수익률, 배당성향이 있다.

배당률(dividend ratio)은 주당배당금을 액면가로 나눈 값으로 현재 우리나라에서 배당지급의 기준으로 사용하고 있는 지표이다.

$$\text{배당률} = \frac{\text{주당배당금}}{\text{액면가}} \times 100(\%) \tag{3-16}$$

배당수익률(dividend yield)은 주당배당금을 주가(시장가)로 나눈 값으로 주가에 대한 주당배당금의 비율이다. 실전투자에서 배당수익률이 배당률에 비해 의미있는 지표로 사용되고 있으며, 식으로 나타내면 다음과 같다.

$$\text{배당수익률} = \frac{\text{주당배당금}}{\text{주가}} \times 100(\%) \tag{3-17}$$

배당성향(dividend payout ratio)은 주당순이익 중에서 배당금이 차지하는 비율이다.

$$\text{배당성향} = \frac{\text{배당금}}{\text{순이익}} \times 100(\%) \tag{3-18}$$

6. 토빈의 q 비율

토빈의 q 비율(Tobin's q ratio)은 1주당 시장가격과 대체원가 사이의 관계를 나타낸 비율이다. 여기서 1주당 대체원가는 자산의 대체원가에서 부채를 제외한 나머지의 1주당 가치를 말한다. 만일 어떤 기업의 시장가격이 대체원가보다 너무 높게 형성되어 있으면 동일한 자산구조와 자본구조를 모방한 경쟁회사가 출현할 가능성이 높아진다.

따라서 자본시장이 충분히 경쟁적이라면 q 비율은 장기적으로 1에 가까이 형성될 것이다. 이 원리를 이용하여 토빈이 q 비율을 제안하였다.

$$\text{토빈의 q 비율} = \frac{\text{주당시장가격}}{\text{주당대체원가}} \quad (3\text{-}19)$$

q 비율이 높은 기업은 성장가능성이 높거나 경쟁우위에 있는 기업을 의미하고, q 비율이 낮은 기업은 성장가능성이 낮거나 경쟁열세에 있는 기업을 의미한다. 반면 q 비율이 1보다 현저히 낮을 경우에는 그 기업의 시장가격이 대체원가에 비해 저평가되어 있으므로 그 기업은 인수·합병(M&A)의 표적이 될 수도 있다.

7. BE/ME 비율

주식의 대체원가를 평가하는 것은 현실적으로 어려운 일이다. 따라서 BE/ME 비율(book equity to market equity ratio)은 주식의 시장가격이 자산가치에 비해 얼마나 높게 또는 낮게 평가되어 있는지를 나타내는 지표로 사용한다.

$$\text{BE/ME 비율} = \frac{\text{주당 장부가치}}{\text{주가}} \quad (3\text{-}20)$$

BE/ME 비율은 실전에서 자주 사용하는 투자지표로서 이 비율이 높은 주식들을 보통 자산주(value stock)라 부른다. BE/ME 비율이 1보다 낮으면 주당 장부가치에 비해 주가가 높게 형성되어 있다는 것을 의미한다.

반면 BE/ME 비율이 낮게 형성되는 것은 장부에 나타낼 수 없는 미래 성장기회의 가치가 현재 주가에 반영되어 있는 것으로 해석하며, 이런 주식을 성장주(growth stock)라 부른다. BE/ME 비율은 PBR의 역수로서 동일한 의미로 사용되고 있다.

3-3 재무비율 분석

재무비율 분석(financial ratio analysis)은 재무제표상의 항목을 서로 대응하는 항목으로 분류하여 각 항목간 연관비율을 산출하고, 이를 서로 비교함으로써 기업의 재무상태와 경영성과를 분석하기 위한 방법이다. 실전에서 널리 사용되는 재무비율 분석으로는 수익성 비율, 성장성 비율, 안전성 비율, 유동성 비율, 활동성 비율, 레버리지 비율 등이 있다.

1. 수익성 비율

수익성 비율(profitability ratio)은 일정기간 동안 기업의 경영성과를 종합적으로 측정하는 비율을 말하며 이익창출 능력을 평가할 수 있는 지표이다. 수익성 비율은 투자자본과 매출액 관련 이익률로 구성되어 있다.

수익성 비율(%)	내 용
총자산 이익률 $= \frac{\text{순이익}}{\text{총자산}} \times 100$	총자산을 투자하여 얼마나 효율적으로 순이익을 올렸는지를 나타내는 지표이다.
자기자본 이익률 $= \frac{\text{순이익}}{\text{자기자본}} \times 100$	자기자본을 투자하여 얼마나 효율적으로 순이익을 올렸는지를 나타내는 지표이다.
매출액 총이익률 $= \frac{\text{매출총이익}}{\text{매출액}} \times 100$	매출액 중에서 매출총이익이 차지하는 비율을 나타내는 지표이다. 매출총이익은 매출액에서 매출원가를 차감하여 구한다.
매출액 영업이익률 $= \frac{\text{영업이익}}{\text{매출액}} \times 100$	매출액 중에서 영업이익이 차지하는 비율을 나타내는 지표이다. 영업이익은 매출총이익에서 판매비와 관리비를 차감하여 구한다.
매출액 경상이익률 $= \frac{\text{경상이익}}{\text{매출액}} \times 100$	매출액 중에서 경상이익이 차지하는 비율이며 기업의 경영활동 성과를 종합적으로 나타내는 지표이다. 경상이익은 영업이익에서 영업외비용을 차감하고 영업외수익을 더하여 구한다.
매출액 순이익률 $= \frac{\text{순이익}}{\text{매출액}} \times 100$	매출액 중에서 순이익이 차지하는 비율을 나타내는 지표이다. 순이익은 경상이익에서 특별이익을 더하고 특별손실과 법인세비용을 차감하여 구한다.

2. 성장성 비율

성장성 비율(growth ratio)은 일정기간 동안 기업의 경영성과가 얼마나 증가했는지를 나타내는 지표이다. 성장성 비율로 기업의 경쟁력이나 성장 잠재력 등을 간접적으로 판단할 수 있다.

성장성 비율(%)	내 용
매출액 증가율 $= \frac{\text{단기매출증가액}}{\text{전기매출액}} \times 100$	일정기간 매출액이 얼마나 증가했는지 나타내는 비율이다.
순이익 증가율 $= \frac{\text{단기순이익증가액}}{\text{전기순이익}} \times 100$	일정기간 순이익이 얼마나 증가했는지 나타내는 비율이다.

3. 안정성 비율

안정성 비율(stability ratio)은 투자자본이 얼마나 적절히 배분되어 있는지를 나타내는 지표이다. 일반적으로 고정자산에 대한 투자는 가능한 한 장기자본으로 이루어져야 안정성이 높은 것으로 인식한다.

안정성 비율(%)	내 용
고정비율 $= \frac{\text{고정자산}}{\text{자기자본}} \times 100$	자기자본에 대한 고정자산의 비율을 말하며 일반적으로 100% 이하일 때 양호한 것으로 인식한다.
고정장기적합률 $= \frac{\text{고정자산}}{\text{자기자본} + \text{고정부채}} \times 100$	장기자본(자기자본+고정부채) 중 어느 정도가 고정자산에 투자되었는지를 나타내는 지표로 고정비율에 대한 보조비율로 이용된다.

4. 유동성 비율

유동성 비율(liquidity ratio)은 기업의 단기채무에 대한 지급능력을 나타내는 비율을 말한다. 수익성과 성장성이 뛰어난 기업이라도 유동성이 부족해지면 단기채무의 지급능력이 떨어지게 되어 흑자부도의 가능성이 높아진다.

유동성 비율(%)	내 용
유동비율 $= \frac{\text{유동자산}}{\text{유동부채}} \times 100$	단기채무에 충당할 수 있는 유동자산이 단기부채에 비해 몇 배가 되는지를 나타내는 비율이다. 일반적으로 200% 이상이면 유동성이 양호한 것으로 판단한다.
당좌비율 $= \frac{\text{유동자산} - \text{재고자산}}{\text{유동부채}} \times 100$	재고자산의 처분 없이 단기채무를 지불할 수 있는 능력을 나타내는 비율이다. 당좌비율은 유동비율보다 유동성 정도를 더 정확하게 나타내며 100% 이상이면 양호한 것으로 인식한다.

5. 활동성 비율

활동성 비율(activity ratio)은 기업이 투자자산을 얼마나 효율적으로 운용했는지를 나타내는 지표로서 회전율비율로 표시하기도 한다.

활동성 비율(%)	내 용
총자산회전율 $= \frac{\text{매출액}}{\text{총자산}} \times 100$	총자산이 일정기간 동안 몇 번 회전되었는지를 나타내며 자산운용의 효율성을 나타낸 비율이다.
재고자산회전율 $= \frac{\text{매출액}}{\text{재고자산}} \times 100$	재고자산이 일정기간 동안 몇 회에 걸쳐 현금 · 매출채권 등 당좌자산으로 전환되었는지를 나타낸 비율이다.
매출채권회전율 $= \frac{\text{매출액}}{\text{매출채권}} \times 100$	매출액을 매출채권(외상매출금+받을어음)으로 나누어 매출채권의 현금화 속도를 측정하는 지표이다.
고정자산회전율 $= \frac{\text{매출액}}{\text{고정자산}} \times 100$	매출액을 고정자산으로 나누어 고정자산이 매출액에 기여하는 정도를 나타내는 지표이다.

6. 레버리지 비율

레버리지 비율(leverage ratio)은 타인자본 또는 장기부채에 대한 지급능력 수준을 나타내는 지표로서 부채성 비율로 표현하기도 한다.

레버리지 비율(%)	내 용
부채비율 $= \frac{\text{부채}}{\text{자기자본}} \times 100$	자기자본에서 부채(유동부채+고정부채)가 차지하는 비율을 말하며, 기업의 재무구조를 나타낸다.
자기자본비율 $= \frac{\text{자기자본}}{\text{총자본}} \times 100$	총자본에서 자기자본이 차지하는 비율이다. 은행에서 대출심사시 중요한 기준으로 삼고 있어 은행지도비율이라 부르기도 한다.
이자보상비율 $= \frac{\text{영업이익}}{\text{이자비용}} \times 100$	영업이익을 이자비용으로 나누어 영업이익이 이자비용의 몇 배나 되는지를 나타낸다.

3-4 경영평가지표

앞서 살펴본 재무비율 분석은 서로 상반된 결과가 나타날 수 있어 기업의 재무상태나 경영성과를 종합적으로 평가하기에 한계가 있다. 따라서 기업의 재무상태나 경영성과를 종합적으로 분석하여 기업의 내실화에 치중하고 가치를 중시하는 전략이 필요하다. 경영평가지표로 널리 사용되고 있는 투자자본 이익률(ROI), 경제적 부가가치(EVA), 시장부가가치(MVA) 등의 지표에 대해 살펴보자.

1. 투자자본 이익률

투자자본 이익률(Return on Invested Capital : ROI)은 듀퐁(Du Pont)사에서 개발한 재무분석지표로서 기업이 자본을 투자하여 얼마의 당기순이익을 올렸는지를 나타내는 지표이다.

$$\text{투자자본 이익률(ROI)} = \frac{\text{당기순이익}}{\text{투자자본}}$$

$$= \frac{\text{매출액}}{\text{투자자본}} \times \frac{\text{당기순이익}}{\text{매출액}}$$

$$= (\text{투자자본 회전율}) \times (\text{매출액 순이익률})$$

투자자본 이익률은 당기순이익을 투자자본으로 나누어 구하는데, 활동성을 나타내는 투자자본 회전율과 수익성을 나타내는 매출액 순이익률의 곱으로 구성되어 있다. 따라서 투자자본 이익률을 높이기 위해서는 투자자본 회전율(활동성)을 높이거나 매출액 순이익률(수익)을 높이는 것이 필요하다.

2. 경제적 부가가치

경제적 부가가치(Economic Value Added : EVA)는 영업이익에서 법인

세와 자본비용을 차감한 값으로 회계적 이익이 가지고 있는 한계성을 보완하기 위해 만든 경영성과지표이다. EVA의 공식은 다음과 같이 구한다.

EVA = 영업이익 − 법인세 − 자본비용
= 세후영업이익 − 자본비용
= 투자자본 × [투자자본 이익률(ROI) − 가중평균 자본비용(WACC)]
〈양적 측면〉 〈질적 측면 : 초과수익률〉

여기서, 투자자본 = 영업자산 − 비이자발생부채
자본비용 = 이자비용 + 자기자본비용

회계적 이익은 자기자본에 대한 비용을 비용으로 인식하지 않고 있어 기업의 진정한 경영성과를 나타내주지 못한다. 반면 EVA는 자기자본에 대한 비용을 비용으로 인식하고 있어 기업이 부담해야 할 모든 비용을 차감하고도 영업활동을 통해 이익을 얻었는지를 파악할 수 있는 개념이다.

따라서 EVA는 주주의 입장에서 기업의 수익성을 좀더 정확하게 파악할 수 있는 경영성과의 지표라 할 수 있다. 즉, EVA는 주가에 아직 반영되지 못하고 있는 기업의 수익력을 나타내고 있다.

어떤 기업의 EVA 값이 양(+)이면 투자자본 이익률이 가중평균자본비용을 초과하므로 경영활동을 통해 경제적 부가가치를 창출하여 효과적인 경영을 하고 있다는 것을 의미한다. 따라서 EVA가 높은 기업은 영업활동을 통해 기본적인 수익력을 가지고 있음을 나타낸다.

3. 시장부가가치

시장부가가치(Market Value Added : MVA)는 기업의 시장가치에서 장부가치를 차감한 값으로 장부가치를 이용하여 순가치를 창출하고 있음을 의미한다. 즉, MVA가 양(+)이면 기업가치가 증가하고 있음을 나타낸다. 따라서 MVA가 높으면 그만큼 기업가치의 증가가 크다는 것을 의미한다.

MVA = 기업의 시장가치 − 장부가치 = EVA의 현재가치

EVA는 특정연도의 장부가치에 대한 순가치를 나타내므로 MVA는 미래의 EVA를 가중평균자본비용으로 할인한 현재가치와 일치한다. 일반적으로 MVA와 EVA는 높은 상관관계를 유지하고 있다.

연 습 문 제

1. 기본적 분석에 대해 설명하세요.

2. 배당성장모형의 산출과정에 대해 설명하세요.

3. 일정성장모형과 제로성장모형, 다단계성장모형에 대해 설명하세요.

4. 요구수익률의 두개의 구성요소에 대해 설명하세요.

5. 대표적인 비율분석의 종류에 대해 설명하세요.

6. PER과 PCR의 계산공식과 의미하는 바를 설명하세요.

7. PBR과 PSR의 계산공식과 무엇을 나타내는 지표인지 설명하세요.

8. 배당수익률 지표인 배당률, 배당수익률, 배당성향의 차이점에 대해 설명하세요.

9. 재무비율을 나타내는 수익성 비율, 성장성 비율, 안전성 비율, 유동성 비율, 활동성 비율, 레버리지 비율 등에 대해 설명하세요.

10. 투자자본 이익률(ROI)의 의미와 계산공식에 대해 설명하세요.

11. 경제적 부가가치(EVA)의 계산공식과 의미에 대해 설명하세요.

12. 한국과 일본의 제조업 평균재무비율이다.

평균재무비율(%)	한국	일본
(A) 매출액 영업이익률	3	5
(B) 매출액 경상이익률	8	4
(C) 금융비용/매출액	5	2

(1) 위 (A) (B) 두 비율을 상호비교하고 그 차이가 나는 이유를 설명하세요.

(2) 한국의 낮은 매출액 경상이익률을 높이기 위한 방안들을 정책당국과 기업의 입장에서 설명하세요.

제4장

시장의 효율성 분석

4-1 자본시장의 효율성

자본시장의 효율성(market efficiency)은 자산의 시장가격이 이용가능한 모든 정보를 충분히 반영한 상태로 정의하며, 정보의 효율성(informational efficiency)이라고도 한다. 만일 자본시장이 비효율적이라면 자본의 효율적 배분이 저해되고, 일부 소수의 투자자들이 비정상 성과를 얻게 되어 부의 배분이 불공평하게 될 것이다.

자본시장 효율성의 정의에서 시장가격이 이용가능한 정보를 '충분히(fully)' 반영한다는 것은 관련된 정보가 자본시장에 즉시적으로(in-stantaneously), 비용이 없이 공평하게(costlessly and fairly), 과민반응이나 과소반응 없이 정확하게(accurately) 반영되어야 한다는 것을 의미한다.

여기서 '즉시적'의 의미는 정보가 생성되자마자 곧바로 자본시장에 전달되어 주가에 반영될 수 있어야 한다는 것을 의미한다. 이러한 자본시장 효율성을 실제 시장에서도 기대한다는 것은 상당히 비현실적으로 보이지만 자본시장에서 충분한 시장경쟁이 이루어지고 있다면 그 시장은 효율적일 수 있다.

경쟁적 시장에서 정보획득이 양(+)의 NPV(Net Present Value)를 갖는 투자일 경우, 투자자들은 그 정보를 획득하려 할 것이다. 그리고 그 정보를 이용한 거래를 행하게 되어 시장가격이 결국 그 정보를 반영할 것이다.

이러한 투자자들의 행위로 인해 시장에는 정보를 가진 투자자(informed investor)들이 증가할 것이고, 이로 인해 정보획득에 따른 NPV가 감소하게 될 것이다. 결국 투자자들은 정보획득에 따른 NPV가 0이 될 때까지 정보획득 행위를 지속할 것이다.

이는 결국 시장의 균형 하에서 Profit(marginally informed) = Profit (marginally uninformed)가 성립한다는 것을 의미한다. 물론 투자자별로 정보획득에 소요되는 비용, 동일한 비용에서 얻을 수 있는 정보의 질 등이 다르므로 우월한 투자자는 보다 높은 이익을 얻어낼 수 있을 것이다.

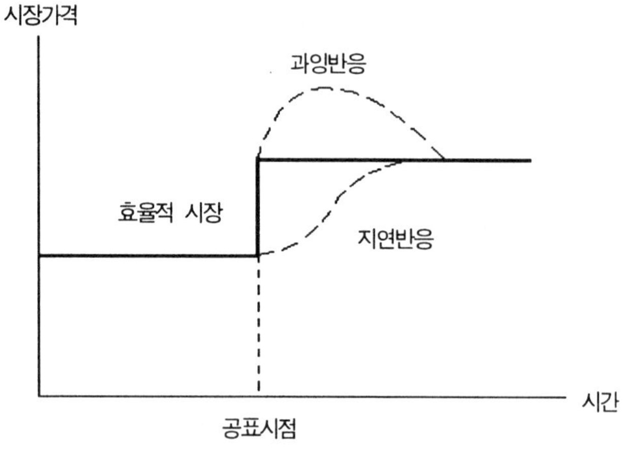

[그림 4-1] 효율적 시장

[그림 4-1]은 새로운 정보에 대해 시장의 반응을 나타낸 대표적인 형태이다. 직선으로 표시된 것이 효율적 시장에서의 주가반응을 나타낸 것이다. 주가에 긍정적 사건이 발생했을 때 주가반응이 사건발생과 동시에 이루어지고 있다. 사건발생 정보가 즉각 주가에 반영됨으로써 어느 누구도 그 사건에 대한 정보로 인해 초과수익을 달성할 수 없게 된다.

하단에 있는 점선은 사건에 대한 정보가 주가에 뒤늦게 반영되는 지연반응(delayed reaction)을 나타내고 있다. 지연반응시장에서는 사건정보를 먼저 인지한 투자자가 그렇지 못한 투자자에 비해 초과수익을 얻게 된다. 특정정보가 특정 투자자에게만 전달되어 일부 특정 투자자만이 초과수익을 달성하게 되므로 이상적인 시장이라 볼 수 없다.

상단에 있는 점선은 주가의 과잉반응(overreaction) 모습을 보여주고 있다. 과잉반응시장에서는 사건정보가 과다하게 주가에 반영되었다가 시간이 지나면서 제 가격으로 복귀하는 모습을 보여주고 있다. 이 또한 주가의 왜곡현상으로 인해 특정 투자자만이 초과수익을 얻을 수 있기 때문에 효율적 시장으로 볼 수 없다.

4-2 효율적 시장가설

효율적 시장가설(EMH)은 "자본시장의 시장가격은 이용가능한 모든 정보를 충분히 반영하고 있다"라는 가설로 정의하였다. 이 효율적 시장가설은 현실적으로 자본시장의 효율성 정도를 검증하기 위한 것이다. 효율적 시장에서 주가는 이용가능한 모든 정보를 즉각 반영하고 있다.

파마(E. Fama)는 증권가격에 반영되는 정보의 내용에 따라 다음과 같이 세 가지로 효율적 시장가설을 구분하였다.

1. 약형 효율적 시장가설(weak-form of EMH)

현재의 모든 증권가격은 그 증권의 가격과 거래량에 관한 과거의 정보를 즉시 그리고 충분히 반영한다는 가설이다. 따라서 가격이나 거래량에 관한 과거의 정보를 이용하더라도 초과수익을 얻을 수 없다.

2. 준강형 효율적 시장가설(semistrong-form of EMH)

현재의 모든 증권가격은 공식적으로 이용가능한 정보를 즉시 그리고 충분히 반영한다는 가설이다. 여기서 공식적으로 이용가능한 정보란 과거의 정보를 포함하여 발표된 회계정보, 정부의 경제정책, 재무정책 및 투자자료 등 누구나 이용가능한 공개된 정보를 말한다. 따라서 이러한 공개된 정보를 이용하더라도 초과수익을 얻을 수 없다.

3. 강형 효율적 시장가설(strong-form of EMH)

현재 모든 증권가격은 이용가능한 모든 정보를 충분히 반영한다는 가설이다. 여기서 이용가능한 모든 정보란 과거의 정보와 공식적으로 이용가능한 정보를 포함하고 공식적으로 이용 불가능한 내부정보까지를 포함하고 있다.

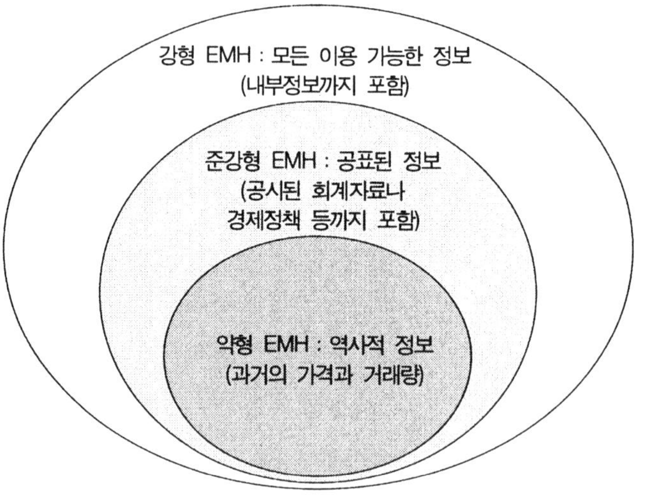

[그림 4-2] 효율적 시장가설

따라서 모든 정보를 이용하더라도 초과수익을 얻을 수 없다. 이를 도식화하면 [그림 4-2]와 같다.

4-3 효율적 시장가설의 실증 분석

효율적 시장가설은 포함하고 있는 정보에 따라 세 가지 유형으로 나누고 있음을 보았다. 이제는 효율적 시장가설의 세 가지 유형을 검증하는 검증 방법론과 그 검증결과 등을 살펴보자.

1. 약형 효율적 시장가설의 검증

현재 주가는 과거의 이용가능한 정보를 완전히 반영하고 있어 과거 주가 관련 자료를 분석하여 초과수익률을 얻을 수 없다는 주장이다. 따라서 약형 EMH에서는 주가변동은 독립적으로 이루어지며, 과거와 미래 주가 사이에는 아무런 관계가 없음을 입증하고자 한다.

약형 EMH에 대해 연속되는 각 시점에서의 주가변화가 과거의 주가변화와 아무런 관련이 없다는 것을 입증하고자 하며, 이를 확인하는데 시계열 상관분석, 필터기법, 연의 검증 등이 이용된다.

(1) 시계열상관분석

연속적인 두 기간의 주가변화가 서로 관계가 있는지 없는지를 검증해서 증권가격 변화의 무작위성을 입증하고자 하는 방법이다. 연속적인 두 기간에 있어 가격변화 사이의 자기상관계수를 구해 검증하는데, 자기상관계수가 0에 가깝다면 두 기간 사이의 주가변동은 시계열상에서 독립적이라 할 수 있다.

여러 기간에 걸친 자기상관검증에서 대부분 낮은 값을 나타내고 있어 통계적 유의성이 없는 것으로 나타나고 있다. 따라서 과거 주가를 분석하여 미래 주가변화를 예측할 수 없다는 증거로 볼 수 있다.

(2) 필터기법

필터기법(filter technique)은 주가수익률 사이에 양의 상관계수를 가정하며 주가가 저점으로부터 X%만큼 상승하면 매입하고, 고점에서 X%만큼 하락하면 매도하는 투자전략이다. 이때 미리 정해놓은 변동폭 X%를 필터라 부른다. 이는 주가가 상승할 때나 하락할 때 당분간 상승 또는 하락추세를 형성한다는 가정하에 성립하는 투자기법이다.

이러한 필터법이 단순히 무작위로 주식을 선택하여 보유하는 방법보다 우수한 실적을 낼 수 있는가를 검증하게 된다. 검증결과 알렉산더(Alexander, 1964)는 5% 필터에서 비정상성과를 실현한다는 것을 발견하였다. 그러나 거래비용을 고려하면 모든 X값에서 0의 초과수익률을 갖게 되어 약형 EMH를 지지하는 증거라 할 수 있다.

(3) 연의 검증

주가의 상승(+)과 하락(−)에 규칙성이 있는지를 검증하는 방법이다. 이 방법은 가격이 상승하면 '+', 가격이 하락하면 '−', 가격변화가 없으면 0으로 표시되고 동일한 부호의 연속을 연(run)이라 부른다.

만일 주가변동 사이에 상관관계가 있다면 일정기간 우연에 의해 가격변동이 생기는 경우에 비해 보다 긴 동일 부호의 연속과 적은 수의 연이 나타날 것이다. 과거 주가변동과 미래 주가변동이 서로 시계열 독립적임을 관찰하고, 과거의 주가자료를 분석하여 초과수익을 달성할 수 없음을 검증함으로써 약형 EMH를 설명하고 있다.

2. 준강형 효율적 시장가설의 실증 분석

주가에 영향을 주는 정보가 발표되었을 때 주가에 반영되는 시간을 관찰하여 시장의 효율성 여부를 검정하려는 분석방법이다. 정보가 포함되지 않은 수익률과 정보가 포함된 수익률 차이를 계산하고, 그 변화를 시간의 흐름에 따라 누적하여 사건발생 전후 어떤 움직임을 나타내는지 관찰하는 기법이다.

준강형 EMH가 성립하면 공표된 정보에 의해 미래주가 예측이 불가능하므로 초과수익률 획득이 불가능하다.

이는 $E[P_{j,t+1} - E_t(P_{j,t+1}|\eta_t)|\eta_t] = 0$에서 정보집합 η_t가 공표된 정보를 의미한다는 것이다. 준강형 EMH의 검증에는 사건연구(event study)의 방법을 흔히 사용한다. 사건연구는 어떤 사건의 공표시점을 중심으로 증권가격이 어떻게 반응하는가를 관찰하는 검증방법이다.

준강형 EMH 하에서는 가격반응이 즉시적이어야 하며 지연되거나 과잉반응하지 않아야 한다. 사건연구를 행하려면 어떤 사건의 발생으로 어느 정도의 비정상수익이 발생하였는가를 측정하여야 하는데 이때 다른 주식의 주가변동을 통제해주어야 할 필요가 있다. 즉, 시장전체의 변동을 고려한 후의 가격반응을 확인하여야 한다는 것이다. 이를 위해 다음과 같은 절차를 거친다.

(1) 증권특성선의 추정

사건의 발생과 공표의 영향을 받지 않은 시기의 수익률 자료를 이용하여 증권특성선($R_{j,t} = \hat{\alpha}_j + \hat{\beta}_j R_{M,t} + \hat{\varepsilon}_{j,t}$)을 추정한다. 만일 검증기간이 공표일을 전후하여 10일 전부터 10일 후까지라면 증권특성선은 160일 전부터 11일 전까지 150일간의 자료로 추정한다.

(2) 검증기간의 잔차수익률 추정

위와 같이 증권특성선을 얻으면 이를 이용하여 검증기간(−10일부터 +10일까지)의 기대수익률을 구할 수 있으며, 실제 수익률과 비교하여 잔차수익률을 구할 수 있다. 이때 기대수익률은 어떤 사건이 공표되지 않았을 경우에 기대되는 수익률이며, 잔차수익률은 비정상 성과를 의미한다.

기대수익률 : $E(R_{j,t}|R_{M,t}) = \hat{\alpha}_j + \hat{\beta}_j R_{M,t}$

잔차수익률 : $\varepsilon_{j,t} = R_{j,t} - \left[\hat{\alpha}_j + \hat{\beta}_j R_{M,t}\right] \Rightarrow$ 비정상 성과

실제 검증에서 잔차수익률은 사건의 영향만이 아니라 주식 고유요인의 영향도 반영할 수 있으므로, 다른 고유요인의 영향을 배제하기 위해 동일한 사건이 일어난 여러 개의 주식을 표본으로 하여 사건공표 전후의 잔차수익률을 평균한다.

평균 잔차수익률(Average Residual) : $AR_{j,t} = \frac{1}{N}\sum_{j=0}^{\infty} \varepsilon_{j,t}$

(3) 누적 비정상 수익률의 계산

공표시기 전후의 주가반응을 보다 분명히 식별하기 위해 평균 잔차수익률을 누적하여 계산한 값을 사용한다. 이 값은 어떤 사건의 공표로 얻어진 비정상 성과의 지표로 사용되므로 누적 비정상 수익률(cumulative abnormal return) 혹은 비정상 성과지수라고 한다.

$$CAR_T = \sum_{t=-10}^{T} AR_{j,t} \quad (t = -10\text{부터} \; +10\text{까지})$$

사건연구는 주식분할 및 무상증자의 공표에 대한 시장의 반응, 배당공표, 이익공표, 합병에 대한 시장의 반응, 재고자산 평가방법 변경 등의 회계변경에 관한 시장의 반응 등 매우 다양한 형태로 이루어졌다.

3. 강형 효율적 시장가설의 실증 분석

기업내부의 미공개정보에 쉽게 접근할 수 있을 것으로 판단되는 전문투자기관의 투자성과와 일반투자가의 투자성과 차이를 관찰하여 판단하는 방법을 취한다. 많은 실증연구에서 이 가설을 지지하는 연구와 기각하는 연구가 나타나 현상황에서 강형 EMH에 대해 명확한 결론을 내릴 수 없는 상태이다.

강형 EMH는 자본시장에서 형성된 증권가격이 모든 이용가능한 정보를 반영하여 결정된다는 것이다. 따라서 비밀정보 또는 사적 정보를 이용하여 비정상 성과를 얻을 수 있는가를 검증함으로써 강형 EMH의 성립여부를 확인할 수 있다.

(1) 내부자거래의 투자성과

자페(J. Jaffe, 1974)는 미국의 내부자거래에 관한 861개의 표본을 수집하여 관찰한 결과 내부자거래로 비정상 투자수익이 실현되고 있으며, 강형의 EMH는 성립하지 않는다고 주장하였다. 국내에도 이에 대한 실증검증으로 강종만(1994)의 연구가 있다. 그는 1989년 1월~1992년 12월의 내부자거래(매입 1,575건, 매도 5,779건)에 관하여 누적 비정상 수익률을 구했는데, 내부자가 주식을 매도한 경우 누적 비정상 수익률이 큰 폭으로 하락(−19.73%)하였으며, 매입한 경우는 상승(6.22%)한 것으로 나타났다.

(2) 투자신탁의 성과

투자신탁 관리자들이 공식적으로 이용할 수 없는 내부정보를 쉽게 이용할 수 있을 것이라 가정한다면 그들은 이를 이용하여 비정상적 투자성과를 실현할 수 있을 것이다. 젠센(M. Jensen, 1969)은 이처럼 투자신탁의 관리자들이 내부정보를 쉽게 사용할 수 있을 것으로 가정하여 투자신탁의 성과를 측정하였다. 그는 다음과 같은 성과 척도를 개발하였다.

$$\alpha_P = \overline{R}_{P,t} - \left[\overline{R}_{f,t} + \beta_P (\overline{R}_{M,t} - \overline{R}_{f,t})\right]$$

우변의 첫째 항은 포트폴리오 P가 실현한 평균수익률을 말하며, 두번째 항은 CAPM에 의한 평균수익률을 말한다. 따라서 이 성과척도의 값이 0이라면 비정상 성과가 존재하지 않는다는 것을 의미한다. 젠센의 결과에 따르면 이 성과척도의 값은 −1.1%로 투자신탁의 성과가 시장평균보다 높지 않다는 것을 보여주고 있다.

4-4 시장의 이상현상

일부 특정 주식들이 정상수익률보다 더 높은 수익률을 계속 산출함으로써 자본시장의 효율성에 맞지 않은 결과를 보이고 있는데 이러한 현상을 이상현상(anomalies)이라 한다.

1. PER 효과

PER(Per-Earning Ratio)은 기업의 실적이 주가에 반영된 정도를 나타내는 투자지표로 국제간 증권시장의 상황을 비교하는 데 유용한 개념이다. 저PER로 구성된 포트폴리오가 고PER로 구성된 포트폴리오보다 더 높은 수익률을 산출하는 것으로 조사되는데 이를 PER효과(PER effect)라 한다.

이 현상은 모든 주가가 정보를 신속하고 정확하게 반영하여 초과수익을 올릴 수 없다는 자본시장의 효율성을 부인하는 것으로 볼 수 있다.

2. 소규모 기업효과

반즈(1981)는 처음으로 소형주 효과를 발견하여 자본금이 작은 소형주에 투자할수록 대형주에 투자하는 것보다 더 높은 초과수익률을 얻는 것으로 조사되었다. 효율적 시장이라면 오직 체계적 위험에 의존할 따름이지만 소형주의 초과수익 효과는 자본시장에 비효율성이 존재하고 있다는 것을 나타내고 있다.

3. 주말효과와 1월효과

주초에는 낮은 수익률, 주말에는 높은 수익률이 지속적으로 산출되는 것이 발견되는데 이를 주말효과(weekend effect)라 한다. 월별분석에서 1월이 다른 달보다 가장 높은 수익률을 산출하는 현상이 관찰되고 있는데 이 현상을 1월효과(January effect)라 한다.

4. 기 타

그 외 기업정보가 부족하고 전문투자가들의 관심이 부족한 소외기업들의 투자수익률이 정보가 풍부한 기업보다 더 높게 나타난다는 소외기업효과(neglected firm effect)가 있다.

또한 유동성이 낮은 기업의 주식들이 그렇지 않은 기업들보다 지속적으로 더 높은 투자수익률을 보인다는 유동성효과(liquidity effect) 등은 비효율성의 가능성을 보여주는 연구이다.

자본시장의 효율성은 자본시장이 제 기능을 발휘하기 위해 갖추어야 할 필요조건이나 그 효율성 정도는 시간과 장소에 따라 다르게 나타날 수 있고 또 그 정도의 확인은 실증적 연구의 과제이다.

연 습 문 제

1. 자본시장 효율성의 정의에 대해 설명하세요.
2. 효율적 시장가설인 약형, 준강형, 강형 시장가설에 대해 설명하세요.
3. 약형 효율적 시장가설의 검증방법인 시계열상관분석과 필터기법, 연의 검증 등에 대해 설명하세요.
4. 준강형 효율적 시장가설의 검증방법인 사건연구에 대해 설명하세요.
5. 강형 효율적 시장가설의 실증 분석인 내부자거래와 투자신탁의 성과에 대해 설명하세요.
6. PER 효과란 무엇이며, 나타나는 이유에 대해 설명하세요.
7. 소규모 기업효과란 무엇이며, 나타나는 이유에 대해 설명하세요.
8. 주말효과와 1월효과란 무엇이며, 나타나는 이유에 대해 설명하세요.
9. 증권시장에 나타나는 이상현상에 무엇이 있는지 살펴보고, 그 이유에 대해 설명하세요.
10. 우리나라 자본시장의 효율성은 미국에 비해 상대적으로 낮다고 볼 수 있다.
    (1) 그 원인에 대해 알아보고 설명하세요.
    (2) 우리나라 자본시장의 효율성이 향상될 경우 기업이 기대할 수 있는 효과에 대해 설명하세요.

제5장

기술적 분석의 이해

5-1 기술적 분석의 개념

1. 기술적 분석의 정의

주가는 모든 사람들의 의사결정에 의해 이루어지고 있으며, 일정한 간격을 두고 끊임없이 변해가고 있다. 즉 어느 투자자는 앞으로 주가가 하락할 것으로 예상하여 주식을 팔고, 또 다른 투자자는 앞으로 주가가 상승할 것으로 예상하여 주식을 사게 되는데 그 결과로 주가가 형성되는 것이다.

따라서 주가가 형성되는 과정을 예측하기 위해 수요와 공급에 영향을 미치는 요인들로 나타나는 주가 그 자체를 그래프를 통해서 분석할 필요가 있는 것이다. 기술적 분석은 주가의 매매시점을 파악할 수 있도록 과거의 시세 흐름과 그 패턴을 파악해서 정형화하고 이를 분석하여 향후 주가를 예측하고자 하는 데 그 목적이 있다.

2. 기술적 분석의 종류

(1) 추세 분석

추세 분석은 주가가 일정 기간 일정한 추세를 보이며 움직이는 성질을 이용한 기법이다. 주가란 제멋대로 움직이는 것처럼 보이지만 주가 움직임을 도표화하면 상승이나 하락 또는 수평 중에서 어느 하나의 추세선을 따라 움직인다는 것을 알 수 있다.

추세선이란 한번 형성되면 상당 기간 지속되는 것이 일반적이다. 하지만 한 방향으로만 지속되는 것이 아니라 상승에서 하락으로, 또는 보합으로 계속해서 움직이며 새로운 추세선을 형성한다. 추세 분석은 이와 같이 변화하는 주가의 움직임으로부터 추출되는 추세선을 관찰하여 주식의 매매시점을 포착하고자 하는 기법이다.

(2) 패턴 분석

패턴 분석은 추세선이 변화될 때에 나타나는 여러 가지의 주가변동 모형을 미리 정형화해 놓고 실제로 나타나는 주가 움직임을 주가변동 모형에 맞추어 봄으로써 앞으로의 주가추이를 미리 예측하고자 하는 기법이다. 추세 분석은 주가 움직임을 동적으로 관찰하여 주가 흐름의 방향을 예측하지만, 패턴 분석은 주식시장의 정적인 관찰에 역점을 둠으로써 주가의 전환시점을 포착하는 데 목적이 있다고 할 수 있다.

(3) 장세 분석

현재의 시장수급 상태가 과열권인지 또는 침체권인지를 파악해 매매시점을 판단하고자 하는 분석방법이다. 즉 현재 주가수준이 과다매도 상태인지 또는 과다매수 상태인지를 판단해 매수·매도 시점을 파악할 수 있도록 보조지표들을 이용하는 분석방법이다. 장세 분석에 필요한 지표들로는 투자심리선, 주가와 거래량 상관곡선, 삼선전환도, Point & Figure 차트, Stochastic, RSI, Sonar, MACD, Envelope, MA-Oscillator 등이 있다.

(4) 시장구조이론

오랜 기간 동안 시장의 움직임을 분석·연구해 시장의 변동 논리를 해석하는 방법으로 엘리어트 파동 이론, 태양흑점 이론, 엘리뇨 현상 등이 있다. 예를 들어 엘리뇨 현상이 발생하게 되면 지구상의 온도가 높아지고 농산물 생산에 막대한 영향을 주게 되어 농산물 가격에 커다란 변화가 나타나게 된다.

물론 선물시장 및 주식시장에도 많은 영향을 주게 된다. 따라서 이러한 현상들을 미리 예측하여 주가 및 선물 가격의 움직임을 파악하고자 하는 분석 방법이다.

이외에도 주초효과, 주말효과, 휴일효과, 연초효과, 연말효과, 각 계절별 랠리 현상 또한 여성들의 치마 길이에 따른 주가 예측 등이 모두 구조적 이론에 속한다.

(5) 심리적 분석법

시장 참여자들의 심리를 읽고자 하는 방법으로 반대의견 기법 등이 있다. 예를 들어 투자자들을 대상으로 설문 조사해본 결과 70~80% 이상이 주식시장에 참여해 주식 매수를 원하면 매도시점으로 판단하는 분석방법이다. 반대로 70~80% 이상이 주식시장을 떠나기 위해 주식 매도를 원하면 매수시점으로 판단하는 분석방법이다.

3. 기술적 분석의 원리

(1) 주가 움직임에는 모든 정보가 반영되어 있다

주가 움직임은 수요와 공급의 수급현상에 의해 나타난다. 따라서 주가 움직임의 이유가 경제적이든 정치적이든 또는 심리적이든 그것은 별로 중요하지 않다. 그래프 상에 나타나는 주가 움직임은 투자자들의 모든 정보와 행위가 총체적으로 반영된 결과이다. 따라서 주가 움직임을 나타내는 그래프를 연구하는 것만으로도 충분한 의미가 있다.

(2) 주가는 추세를 가지고 움직인다

주가는 사소한 변동을 무시할 경우 추세선을 따라 움직이는 경우가 많다. 일단 추세가 형성되면 그 반대방향으로 움직이려는 힘보다 계속 진행하려는 힘이 강하기 때문이다. 추세를 찾아내려고 하는 이유 중의 하나는 이러한 주가의 추세 변화를 조기에 감지하여 이에 적합한 매매를 하려는 데 있다.

(3) 역사는 반복된다

그래프 상에 나타나는 패턴들을 분석할 경우 각 패턴들은 그 당시의 시장 참여자들의 심리상태를 잘 나타내주고 있음을 발견할 수 있다. 그래프는 주가의 움직임을 객관적으로 나타낸 것에 불과하지만, 그래프 상에 나타나는 주가 움직임이란 결국 투자자들에 의해 비롯된 것이다.

그러므로 주가 움직임을 자세히 관찰해보면 투자자들의 심리가 반영된 과거의 패턴들이 투자자들의 투자심리가 바뀌려 하지 않는 한 이러한 패턴들은 미래에도 지속될 가능성이 높은 것이다.

4. 기술적 분석의 필요성

주식시장·선물시장·외환시장을 포함하는 금융시장 내에서 기술적 분석에 대한 관심이 점점 높아지고 있다. 기술적 분석에 관한 신뢰도뿐만 아니라 무엇인가 투자자들에게 도움을 주는 다음과 같은 요소들이 있기 때문이다.

- 그래프는 주가 움직임을 쉽게 알 수 있게 해준다. 그래프를 보지 않고 주식투자를 하는 것은 마치 기상예보관이 일기도와 위성사진을 보지 않고 진단하는 것과 같다.
- 그래프를 분석해보면 현재 주가 수준을 판단하기가 쉽다. 즉 그래프를 살펴보면 현재 거래되고 있는 위험의 정도를 판단하기가 쉽다.
- 기술적 분석으로도 기본적 분석을 검증할 수 있다. 즉 과거의 그래프와 그 당시의 경제적 요인들을 대비·분석해보면 앞으로 보다 정확한 분석이 가능하게 된다.
- 그래프는 어떤 상황에서도 지속·반복적인 패턴을 보여주므로 시장의 분위기를 알아내는 데 아주 유용하다.
- 그래프를 전혀 믿지 않는 투자자들에게도 그래프는 유용하다. 역설적으로 기술적 분석을 불신한다면 그래프와 정반대 거래를 하면 된다.

5. 주가 차트의 종류

주가 차트는 크게 선 차트와 점 차트로 구분한다. 선 차트에는 선형과 봉형 차트(미국식·일본식)가 있으며, 세로축에 주가를, 가로축에 거래량을 주로 나타낸다. 점 차트에는 Point & Figure, 주가와 거래량 상관곡선, Equivolume 차트 등이 있으며, 시계열을 무시하고 한쪽에 주가만을 나타내어 선 차트와 구분하고 있다.

(1) 선 차트

1) 선형 차트

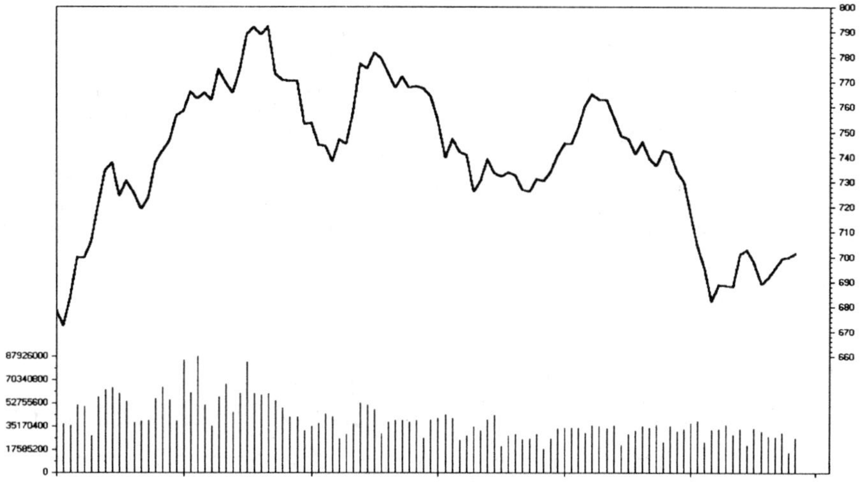

[그림 5-1] 선 차트 : 종가만을 가지고 그림

2) 바 차트

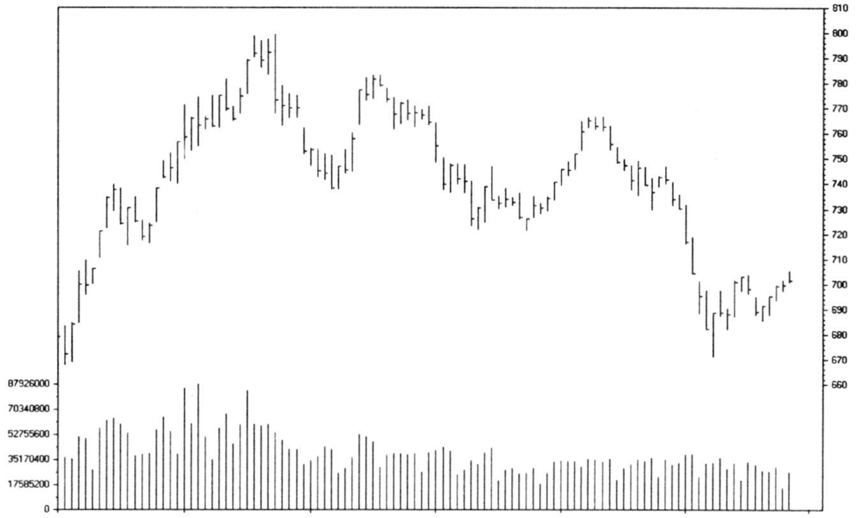

[그림 5-2] 바 차트 : 고가 · 저가 · 종가를 포함하고 있음

3) 캔들 차트

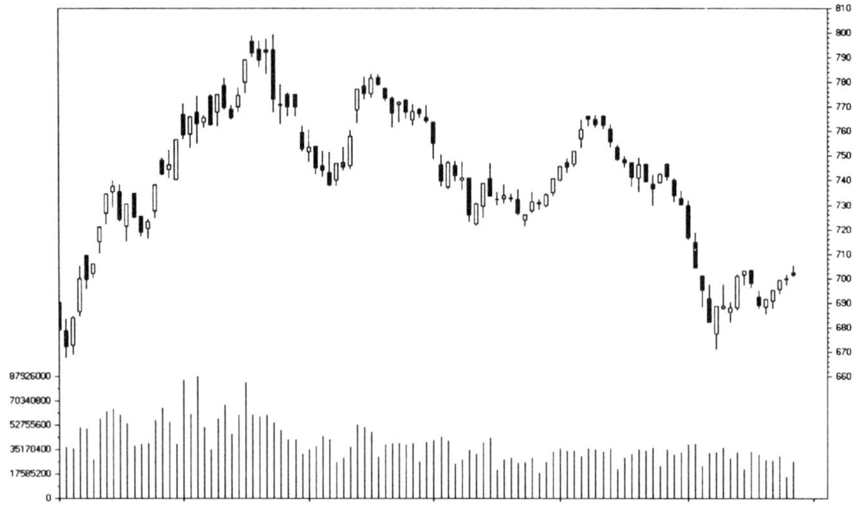

[그림 5-3] 봉 차트 : 시가 · 고가 · 저가 · 종가를 모두 포함하고 있음

(2) 점 차트

1) Point & Figure 차트

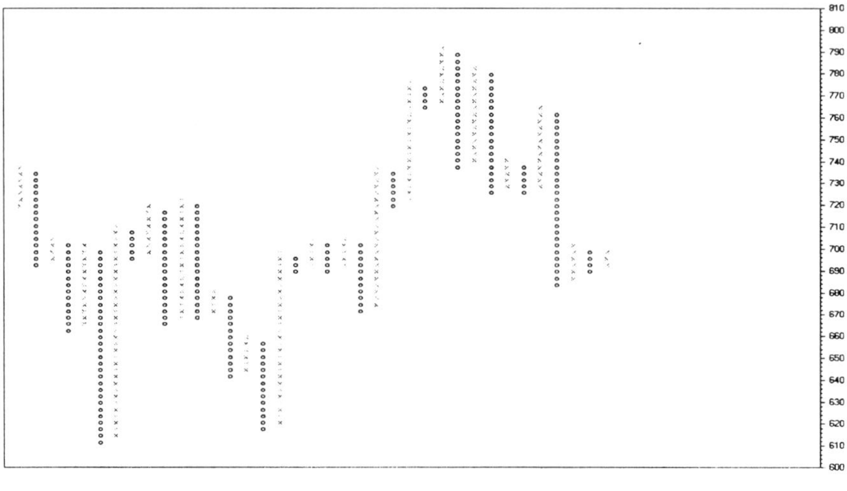

[그림 5-4] Point & Figure 차트 : 주가만을 가지고 그림

2) 주가와 거래량 상관곡선(역시계곡선)

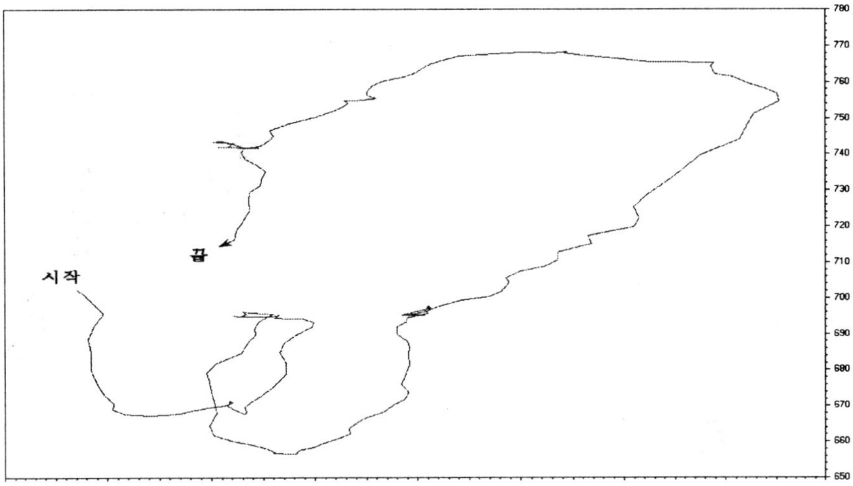

[그림 5-5] 주가와 거래량 상관곡선 : 세로—주가, 가로—거래량을 나타냄

3) Equivolume 차트

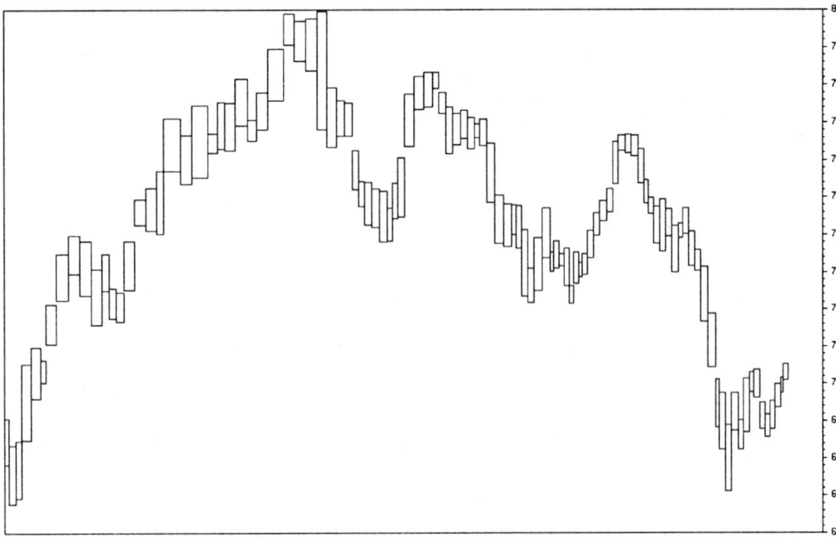

[그림 5-6] Equivolume 차트 : 높이는 주가, 밑변은 거래량을 나타냄

4) 삼선 전환도

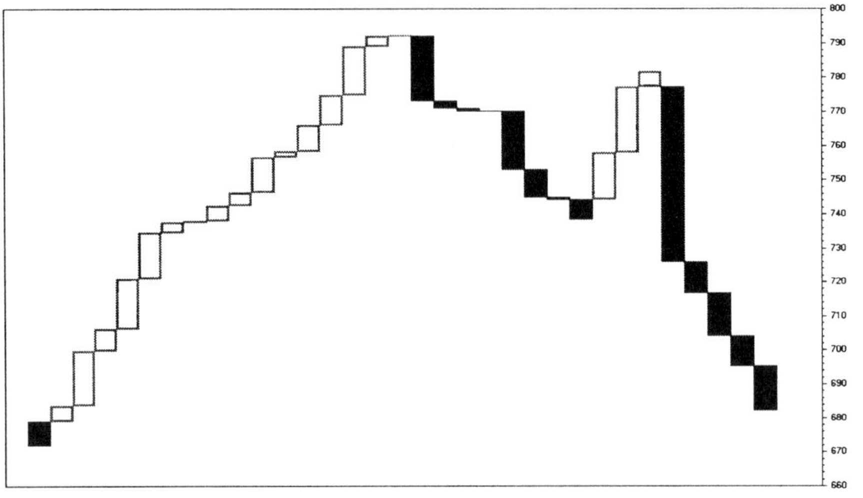

[그림 5-7] 삼선 전환도 : 주가만을 나타냄

5-2 기술적 분석의 이론

1. 다우 이론

다우 이론은 기술적 분석의 창시자이며 미국의 《월스트리트 저널》을 창간한 찰스 다우(Charles H. Dow)가 제창한 이론이다. 찰스 다우는 19세기 말부터 20세기에 걸쳐 주식시장을 분석한 결과 주식시장은 제멋대로 움직이는 것이 아니라 주식시장 전체의 흐름 방향이 다음과 같은 세 가지 종류의 주기적인 추세에 의해 영향을 받는다는 가설을 정립하였다.

첫째, 장기 추세(primary cycle or major trend)
둘째, 중기 추세(secondary cycle or intermediate trend)
셋째, 단기 변동(minor cycle or short-run movement)

(1) 다우 평균

다우 이론에는 두 가지의 평균 주가가 있다.

1) 철도주 평균

그 당시에는 철도회사가 대표적인 기업이었으며, 그 중 20개사를 선정하여 평균한 것이다.

2) 공업주 평균

여러 종목 중에서 대표적인 주식을 선정하여 평균한 것이다.

최근 다우 주가 평균의 채용 종목은 철도주 20사, 공업주 30사, 공익사업주 15사로 종합 65사로 알려지고 있다.

(2) 단기 · 중기 · 장기 추세의 변동

추세의 종류	내 용
장기 추세	1년~수년간에 걸쳐 형성된 증권시장의 흐름을 말한다.
중기 추세 (2차 동향)	수주일~수개월에 걸친 주가 추세이며, 장기 추세를 예측하고 추세가 전환되는 시점을 포착하는 데 주목적이 있다.
단기 변동 (일일 변동)	일별 주가 움직임을 말하며, 단기적이고 불규칙적인 주가 변동으로 분석 가치는 없다.

다우 이론은 중 · 장기 추세를 이용하여 다음과 같이 미래 상황을 예측한다.

- 새로운 중기 추세의 최고점이 장기 추세의 최고점을 상향 돌파하지 못하면 장기 추세는 하락국면에 있다.
- 새로운 중기 추세의 저점이 그 이전의 저점보다 높으면 장기 추세는 상승국면으로 들어가고 있음을 의미한다.

(3) 장기 추세의 진행

장기 추세의 진행 과정을 국면별로 나누어보면 다음 표와 같이 나타낼 수 있다.

강 세 시 장			약 세 시 장		
제1국면	제2국면	제3국면	제1국면	제2국면	제3국면
매집국면	마크 업 국면	과열국면	분산국면	공황국면	침체국면

1) 강세시장의 3국면

① 제1국면(매집국면)

강세시장의 초기 단계에서는 경제 · 산업 · 기업 환경 · 주식시장 등 모든 여건이 회복되지 못하고 장래에 대한 어두운 전망만 예상된다. 불안감을 느낀 대다수 일반 투자자들은 장기간 지속된 약세시장에 지쳐서 보유주식을 매도해 버리고자 하지만, 경기호전을 미리 예측한 전문투자자들은 매도물량을 매수하기 시작해 점차 거래량이 증가하게 된다. 이러한 시장 내부의 변화과정을 매집국면이라고 한다.

② 제2국면(마크 업 국면)

강세시장의 제2국면에서는 전반적인 경제 여건 및 기업의 영업수익이 호전됨으로써 일반 투자자들의 관심이 고조되어 주가가 상승하고 거래량도 증가하게 되는데, 이러한 국면을 마크 업 국면(mark · up phase)이라고도 한다. 이 국면에서는 기술적 분석을 이용하여 주식투자를 하는 사람이 가장 많은 수익을 올릴 수 있다.

③ 제3국면(과열국면)

강세시장의 제3국면에서는 경제 전반에 걸쳐 각종 통계자료가 호조를 보이면서 투자가치가 미세한 종목에까지 인기가 확산되기 시작한다. 또한 신문이나 매스컴에서 주식시장에 관한 내용이 톱뉴스로 부상할 만큼 과열 기미를 보이게 된다. 따라서 이 국면을 과열국면이라고 한다. 보통 일반 투자자나 주식투자에 경험이 없는 사람들이 뒤늦게 확신을 가지고 적극 매입에 나서기 때문에 장세는 과열되지만, 이 국면에서 매수자는 흔히 손해를 보기 때문에 조심해야 한다.

2) 약세시장의 3국면

① 제1국면(분산국면)

강세시장의 제3국면에서는 주식시장이 지나치게 과열된 것을 감지한 전문투자자들이 투자수익을 취한 후 빠져나가는 단계로서, 이 단계에서는 주가가 조금만 하락해도 거래량이 증가하므로 이를 분산국면(distribution phase)이라고 한다.

② 제2국면(공황국면)

경제 전반에 관한 각종 통계자료가 악화됨에 따라 주식을 매도하려는 일반투자자들의 마음이 조급해지면서 매수세력이 상대적으로 크게 위축된다. 주가는 거의 수직 하락을 하게 되며 거래량도 급격히 감소하는데, 이러한 상태를 공황국면(panic phase)이라 한다. 이후에는 상당히 긴 회복국면이나 보합상태가 이어진다.

③ 제3국면(침체국면)

공황국면에서 미처 처분하지 못한 일반투자자들의 실망 매물이 출회됨으로써 투매양상이 나타난다. 투매현상이 나타남에 따라 주가는 계속 하락하지만 시간이 경과할수록 주가의 낙폭은 작아진다. 주식시장의 침체와 기업의 수익성 악화 등 좋지 못한 정보가 주식시장 전체에 널리 퍼져 있기 때문에 이를 침체국면이라 한다. 약세시장은 발생 가능한 모든 악재가 전부 시세에 반영될 때 끝이 난다고 보는데, 보통 이런 악재가 전부 소멸되기 전에 주식시장은 반전된다.

(4) 다우 이론에 의한 투자전략

찰스 다우는 수십년간의 통계자료를 이용하여 다음과 같은 시장원리를 제시하였다.

1) 철도주 및 공업주 평균지수의 추세 확인

철도주 평균지수가 상승추세로 전환하게 되면 일반적으로 공업주 평균지수도 더불어 상승추세로 전환하게 된다.

2) 거래량의 변화

일반적으로 거래량은 주가의 상승과 하락에 따라 증가하고 감소한다.

3) 수평추세선의 대용원리

주가의 5% 범위 내에서 다우 공업평균이 2~3주에서 몇 달 동안 움직인 후 상향 또는 하향돌파하는데, 이때 그 크기는 수평추세선이 길면 길수록 또는 가격변동폭이 작으면 작을수록 그 크기는 크다.

4) 추세의 반전 확인

주가의 추세전환이 확인될 때까지는 이전의 추세대로 진행을 계속한다는 이론이다. 또한 다우 이론에서는 개별종목 및 업종의 선택은 전체 주식시장(종합주가지수)의 추세와 일치하는 종목으로 선정하여 매매하는 것이 바람직한 매매전략이라 하였다.

한편 그랜빌(J.E. Granville)은 강세시장과 약세시장에서 일반투자자와 전문투자자는 서로 상반되는 매매를 하게 된다고 하였다. 일반투자자는 강세시장의 제1, 2국면과 약세시장의 제3국면에서 공포심을 갖고 강세시장의 제3국면과 약세시장의 제1, 2국면에서는 확신을 가지고 매매를 하게 된다는 것이다.

〈표 5-1〉 투자자에 따른 각 국면별 투자심리

시장국면 / 투자자	강 세			약 세		
	제1국면	제2국면	제3국면	제1국면	제2국면	제3국면
대 중	공포심	공포심	확 신	확 신	확 신	공포심
전 문 가	확 신	확 신	공포심	공포심	공포심	확 신
투자 전략	–	점진적 매도	매 도	–	점진적 매수	매 수

2. 사까다 전법

사까다 전법은 일본 도꾸가와 시대 사까다 항구에서 활동하였던 유명한 거래인 홈마가 창출한 이론을 구체화하여 실전에 적용시킨 전통적 투자 기법으로, 주가의 기본적인 패턴을 분석하는 데 필수적인 과정이 되고 있다. 사까다 전법은 3산(三山), 3천(三川), 3공(三空), 3병(三兵), 3법(三法)으로 구성되어 있다.

(1) 삼산형

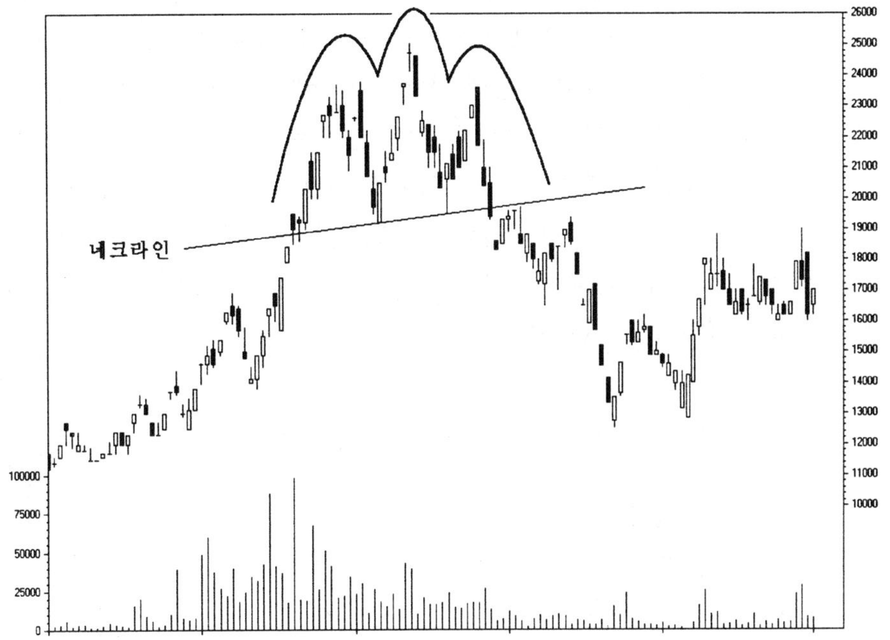

[그림 5-8] 삼산형

삼산형은 대표적인 반전 패턴으로서 지속적인 주가 상승 이후 주식을 사고자 하는 매수세력은 계속 유입되지만 더이상 상승하지를 못하는 경우에 종종 발생한다. 삼산형이 형성되기 위해서는 1개월에서 3개월 이상의 기간이 소요되며 기간이 오래될수록 신뢰도는 높아진다. 그래프 상에서 흔히 볼 수 있는 삼산형은 그래프 분석의 기본 패턴으로 널리 알려져 있다.

삼산형 중에서 가운데 봉우리가 다른 봉우리보다 높은 경우를 삼봉형이라고 부르는데, 가장 자주 나타나는 반전 패턴 중의 하나이다. 삼산형은 헤드 앤 쇼울더형과 유사하며, 왼쪽 어깨 · 머리 · 오른쪽 어깨로 가면서 점점 거래량이 줄어드는 현상을 보인다. 일반적으로 삼산형이 나타나면 향후 주가가 상승추세에서 하향추세로 전환이 예상되기 때문에 네크라인을 하향돌파하는 시점을 매도시점으로 판단해야 한다.

(2) 삼천형

삼천형은 삼산형을 그대로 뒤집어놓은 모양으로 하향추세에서 상승추세로 전환할 때 종종 발생한다. 삼천형은 세 개의 바닥을 형성하는데 역 헤드 앤 쇼울더형과 같이 가운데 바닥이 가장 낮은 경우도 종종 발생한다. 이때 거래량은 왼쪽 어깨 · 머리 · 오른쪽 어깨로 갈수록 점점 거래량의 증가현상이 나타나는 특징이 있다. 삼천형은 주가가 수개월 이상 하락한 후에 나타나는 패턴으로, 이 패턴에서는 저항선인 네크라인을 상향돌파할 때가 매수시점이 된다. 이때는 분할 매수에 의해 주식의 보유 비중을 늘려가는 것이 바람직한 투자전략이다.

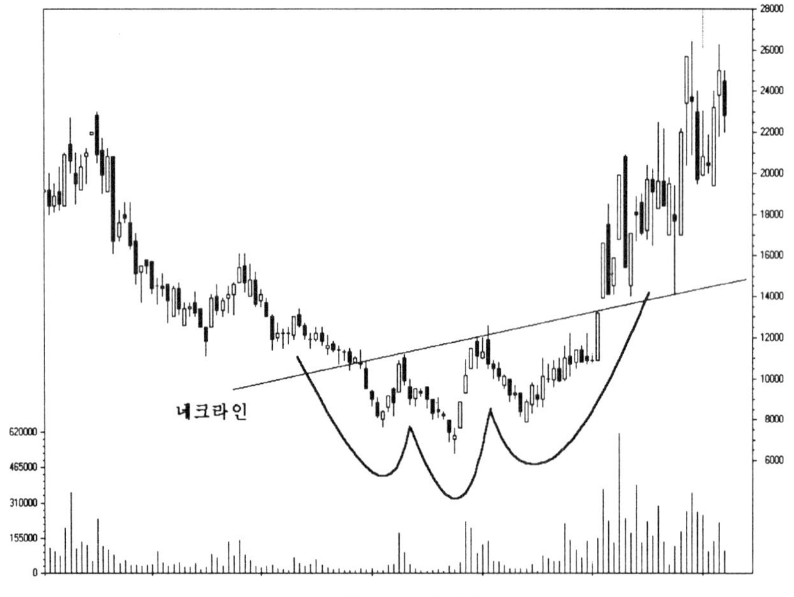

[그림 5-9] 삼천형

(3) 삼공형

삼공은 미국식 차트에서 말하는 갭(gap)을 의미한다. 삼공은 주가가 하루 사이에 갑자기 폭등하거나 폭락함으로써 어제의 주가와 오늘의 주가 사이에 빈 공간이 나타나는데, 이 빈 공간이 3회 연속 발생하는 경우를 삼공이라 부른다. 이때 거래량은 1공에서부터 증가하기 시작해서 2공에 이르러 더욱 증가한 후 3공에 이르러서는 큰 폭으로 증가하여 대량 거래를 이루게 된다. 주가가 큰 폭으로 상승한 후에 천장권에서 삼공이 발생하면 주가는 더이상 추가적인 상승을 하지 못하고 하락 및 조정 국면에 접어들게 된다. 따라서 보유 주식을 축소하면서 현금 비중을 늘려야 하며, 이후에는 약세장을 예상하고 투자전략을 세우는 것이 바람직한 방법이다.

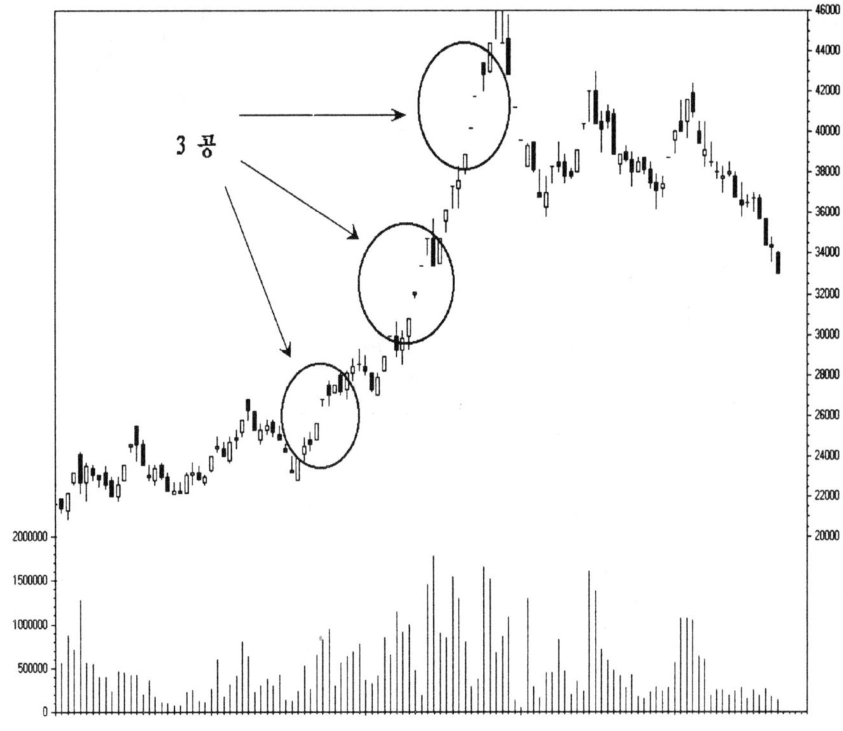

[그림 5-10] 삼공형

(4) 삼병형 : 적삼병과 흑삼병

삼병형은 주가 흐름의 대세 반전을 암시해주는 패턴으로 적삼병과 흑삼병으로 구분이 된다. 적삼병은 주가 하락이 멈추고 상승 반전되어 앞으로 상승추세가 지속될 것을 예고해주며, 이와 반대로 흑삼병은 주가 상승이 멈추고 하락 반전되어 앞으로 하락추세가 지속될 것을 예고해준다. 따라서 삼병형이 출현하게 되면 대세반전의 전환시점을 예상해볼 수 있으며, 동시에 향후 주가추이를 예상해볼 수도 있다.

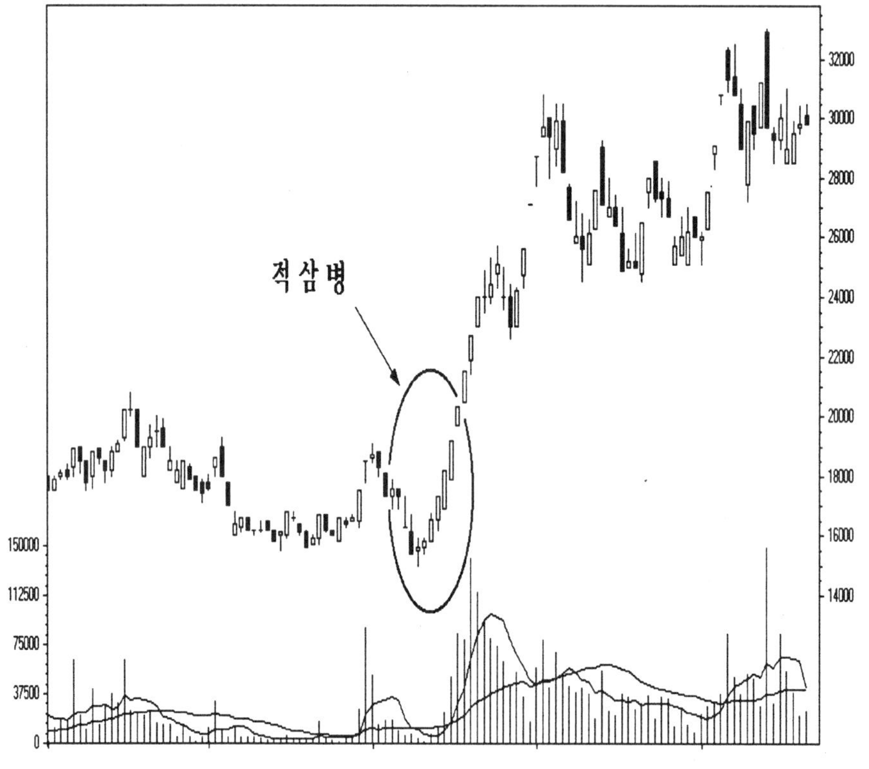

[그림 5-11] 적삼병

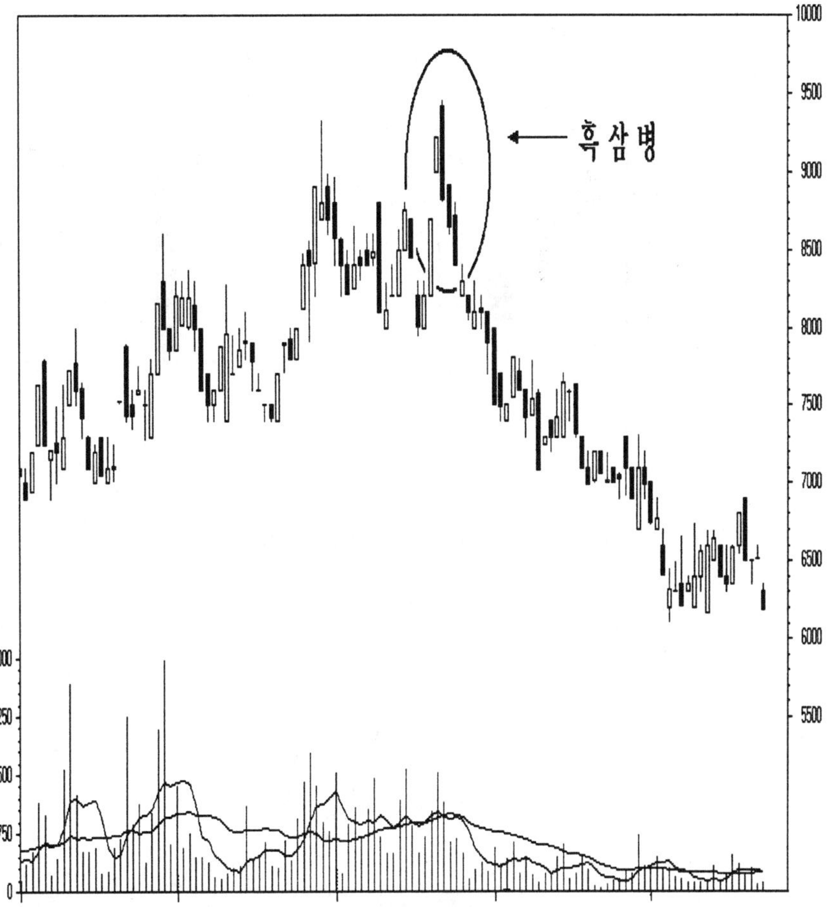

[그림 5-12] 흑삼병

(5) 삼법형

삼법이란 매(賣)·매(買)·휴(休)를 말하는 것으로, 여기서는 특히 휴를 강조한 것이다. 삼법형은 "쉬는 것도 곧 투자다"라는 주식에 관한 격언처럼 매수·매도가 불확실한 상황에서 주가가 움직이는 방향을 기다리며 일정 기간 휴식이 필요하다는 것을 말해준다.

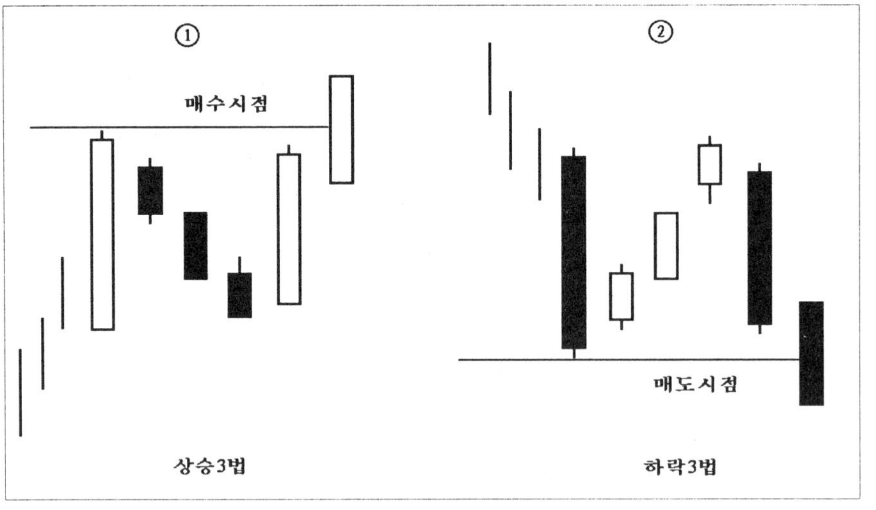

[그림 5-13] 삼법형 : 상승3법과 하락3법

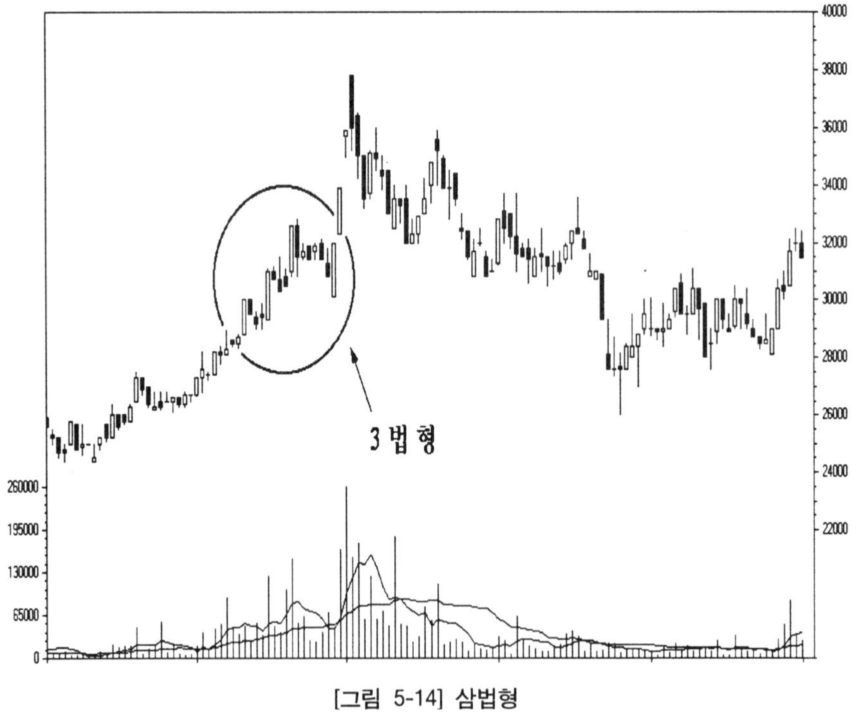

[그림 5-14] 삼법형

3. 엘리어트 파동이론

(1) 엘리어트 파동개념

엘리어트는 1939년 《파이넨셜 월드》지를 통해 "주가는 상승5파와 하락3파에 의해 끝없이 순환한다"는 가격순환 법칙을 주장하였다.

이 법칙의 요점은 주가는 연속적인 파동에 의해 상승하고 다시 하락함으로써 상승5파와 하락3파의 8개 파동으로 구성된 하나의 사이클을 형성하며, 이후에는 새로운 상승5파와 하락3파에 의해 또다른 사이클을 형성한다는 것이다. 큰 사이클인 주순환파를 완성하기까지는 보통 3년 정도가 소요된다.

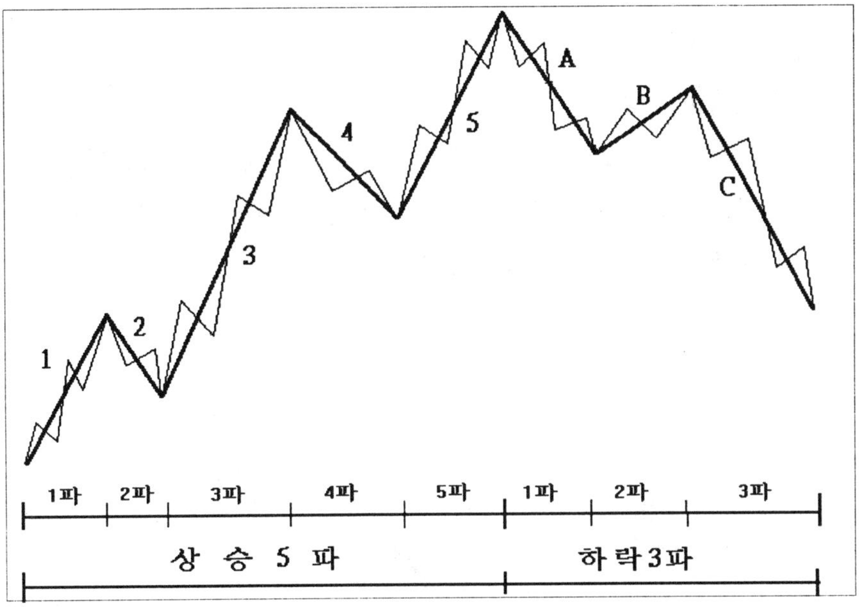

[그림 5-15] 엘리어트 파동 : 충격파동은 5개 파동으로, 조정파동은 3개 파동으로 세분되며 다시 8개 파동은 모두 21개의 작은 파동으로 구성됨을 알 수 있다.

1) 상승5파

1번, 3번, 5번은 상승파동으로 충격파동(impulse wave)이며 2번, 4번은 하락파동으로 조정파동(corrective wave)이다. 충격파동이라 부르는 이유는 1번, 3번, 5번 파동이 주가의 진행방향과 같은 방향으로 움직이기 때문이고, 조정파동은 주가의 진행방향과 반대방향으로 움직이기 때문이다.

2) 하락3파

1번에서 5번까지의 상승국면이 끝나면 하락국면이 시작되는데, 하락국면은 다시 3개 파동으로 나뉘어진다. 이 파동들은 각각 A번, B번, C번 파동으로 불리어진다.

(2) 각 파동의 특징

각 파동은 상승5파와 하락5파로 구성된 큰 사이클 내에서 또다른 작은 사이클을 이루고, 작은 사이클 내에는 보다 더 작은 사이클이 형성됨으로써 이러한 순환과정이 지속되는 것으로 나타난다.

1) 상승5파

① 1번 파동

추세가 전환되는 시점으로 이제까지의 추세가 끝나고 새로운 추세가 시작되는 시점이며 5개의 파동 중 가장 짧다. 1번 파동은 충격파동이므로 반드시 5개의 파동으로 구성된다.

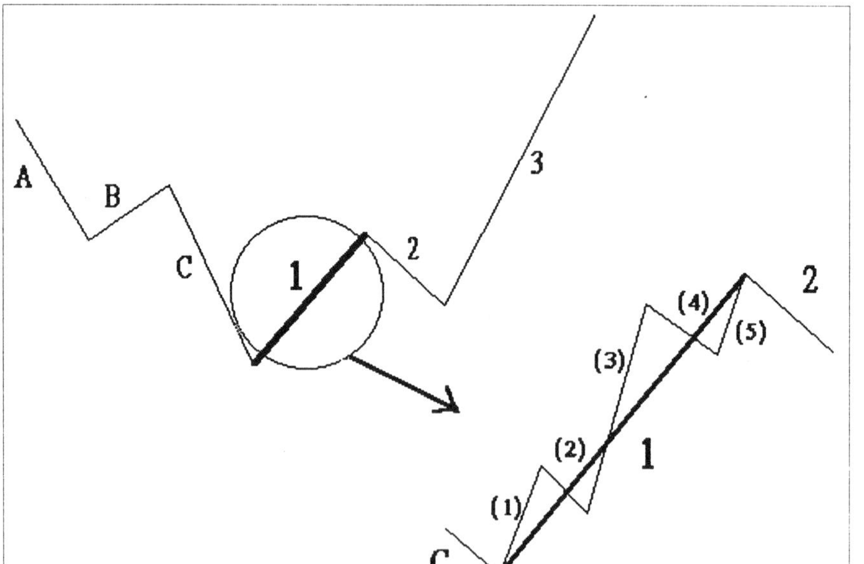

[그림 5-16] 1번 파동

② 2번 파동

2번 파동은 조정파동으로 1번 파동과는 반대방향으로 형성된다. 2번 파동은 1번 파동의 38.2% 또는 61.8% 비율만큼 되돌리는 경향이 높다. 만일 2번 파동이라 예상되는 파동이 1번 파동을 100% 이상 되돌려 형성되면 이제까지 1번 및 2번이라 예상하던 파동이 결코 1번 및 2번 파동이 아니라는 것이다.

또한 2번 파동은 성격상 조정파동이므로 반드시 3개의 파동으로 구성되어야 한다. 1번과 2번 파동은 이중바닥형의 두번째 바닥이나 역 헤드 앤 쇼울더 패턴의 오른쪽 어깨를 형성하는 것이 일반적이다.

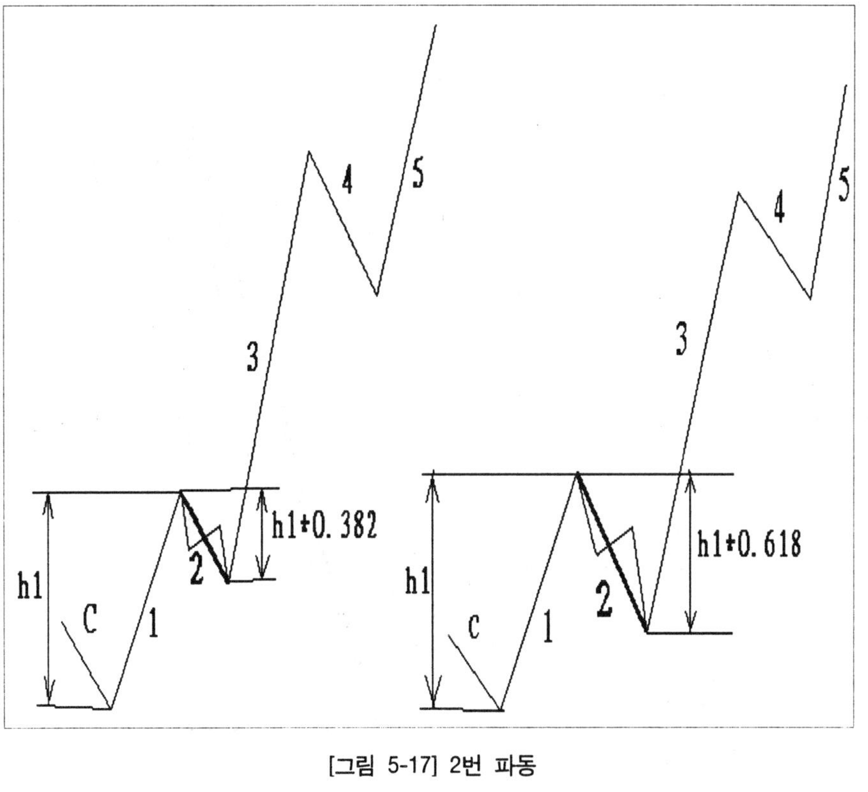

[그림 5-17] 2번 파동

③ 3번 파동

3번 파동은 5개의 파동 중에서 가장 강력하고 가격변동도 활발하게 일어나는 파동으로, 이 파동은 다섯 개의 파동 중에서 가장 긴 것이 일반적이다. 다른 파동의 길이가 3번 파동보다 길 수는 있어도 3번 파동이 가장 짧은 파동일 수는 없다. 반드시 3번 파동은 1번 파동에 비해 길이가 길어야 하는데, 일반적으로 3번 파동은 1번 파동의 1.618배의 길이가 된다. 그리고 3번 파동은 충격파동이므로 5개의 작은 파동으로 구성되어야 하며, 다른 형태로 연장되는 수도 있다.

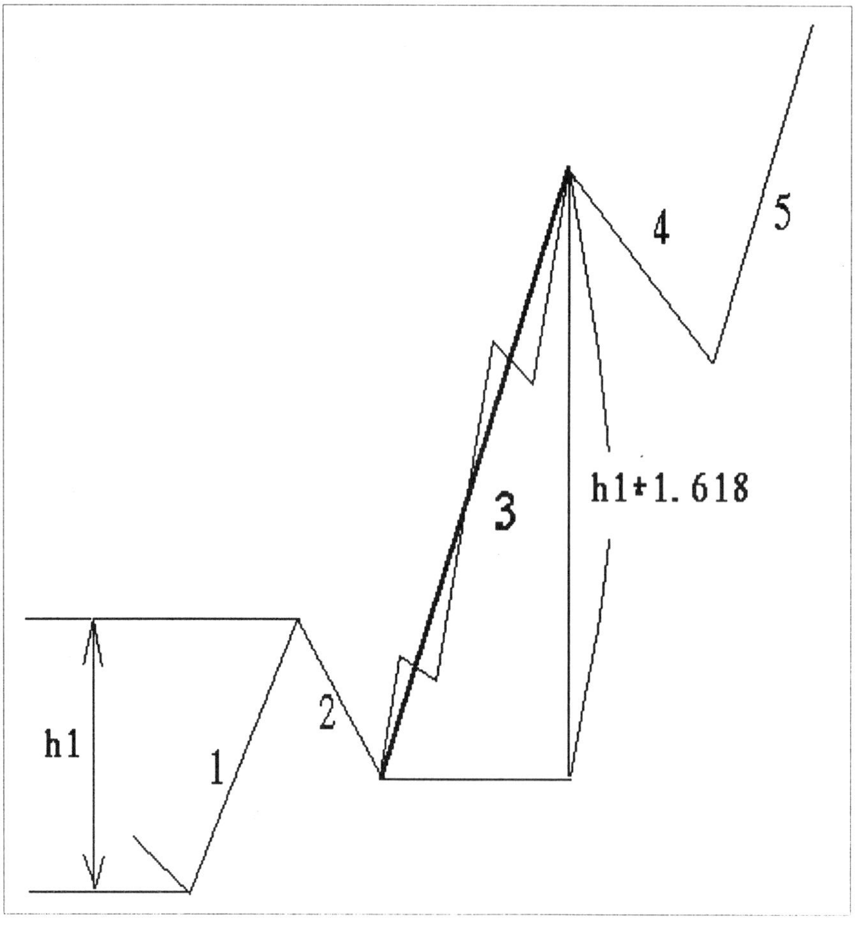

[그림 5-18] 3번 파동

④ 4번 파동

4번 파동은 3번 파동을 38.2% 되돌리는 경우가 많으며, 3번 파동을 다섯 개의 작은 파동으로 나누었을 때 그 중에서 네번째 파동만큼 되돌아가는 경우가 많다. 엘리어트 파동이론에서 4번 파동은 결코 1번 파동과 겹치지 않는 불가침법칙이 있다. 따라서 4번 파동의 최저점은 반드시 1번 파동의 최고점보다 높아야 한다.

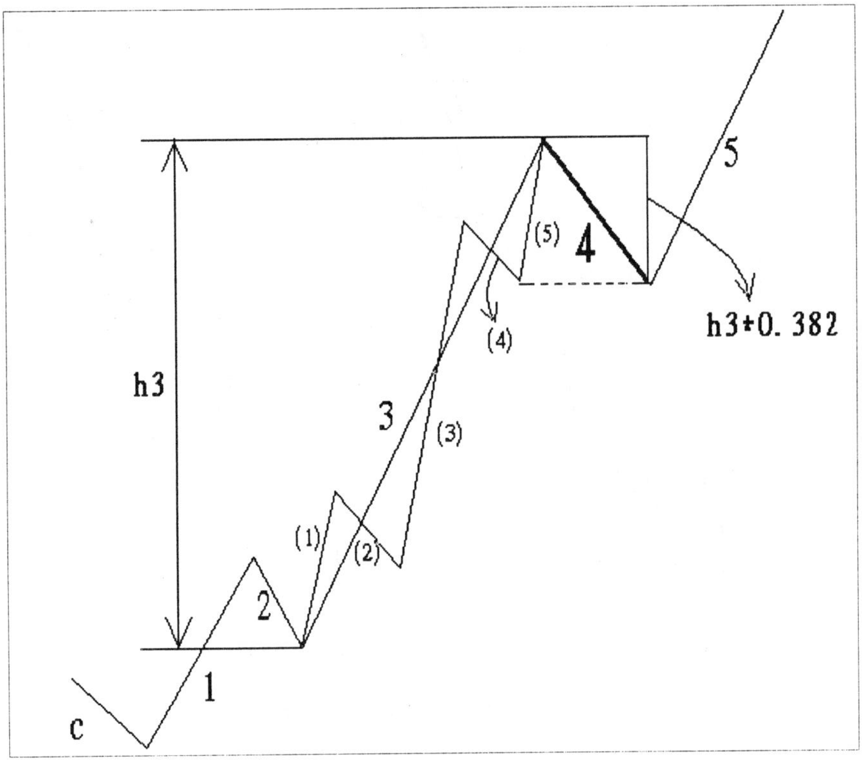

[그림 5-19] 4번 파동

⑤ 5번 파동

5번 파동은 이제까지 진행되어온 추세가 막바지에 이르는 국면으로서, 3번 파동에 비해 가격 움직임이 그리 활발하지 못하며 거래량도 3번 파동에 비하여 적게 형성된다. 5번 파동 역시 충격파동이므로 5개의 작은 파동으로 세분된다. 5번 파동은 일반적으로 1번 파동과 똑같은 길이로 형성되거나 1번에서 3번 파동까지 길이의 61.8%만큼 형성되는 경향이 높다.

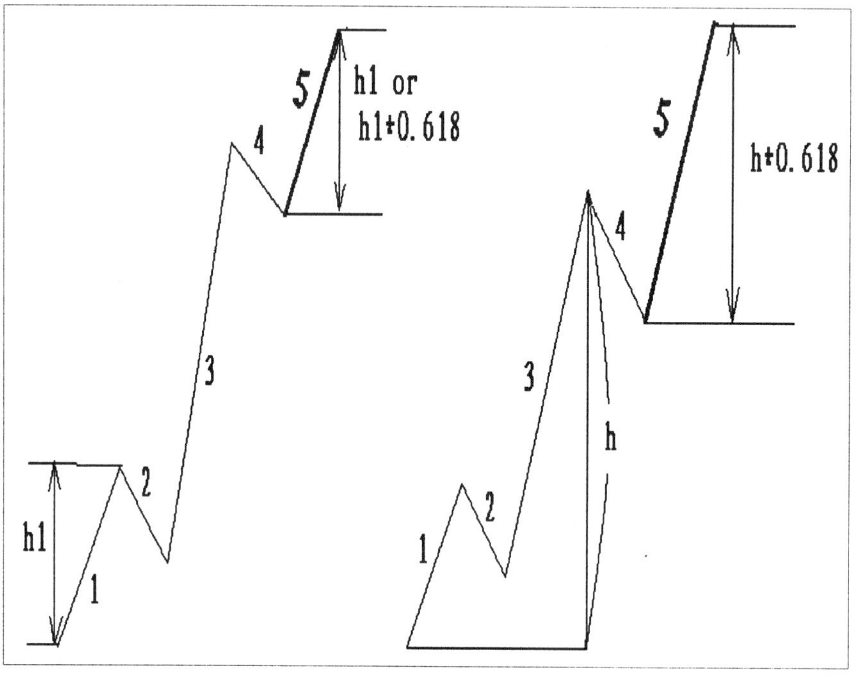

[그림 5-20] 5번 파동

2) 하락3파

① A 파동

A 파동부터는 이제까지의 추세와는 반대방향의 새로운 추세가 시작된다. A 파동으로 생각되는 파동은 새로운 추세가 시작되는 충격파동이므로 반드시 5개 파동으로 구성되어야 한다. 따라서 A 파동이라고 생각되었던 파동이 3개 파동만 구성하고 기존의 움직임이 재개된다면, 이는 A 파동이 아니고 5번 파동이 지속되고 있는 것으로 보아야 한다.

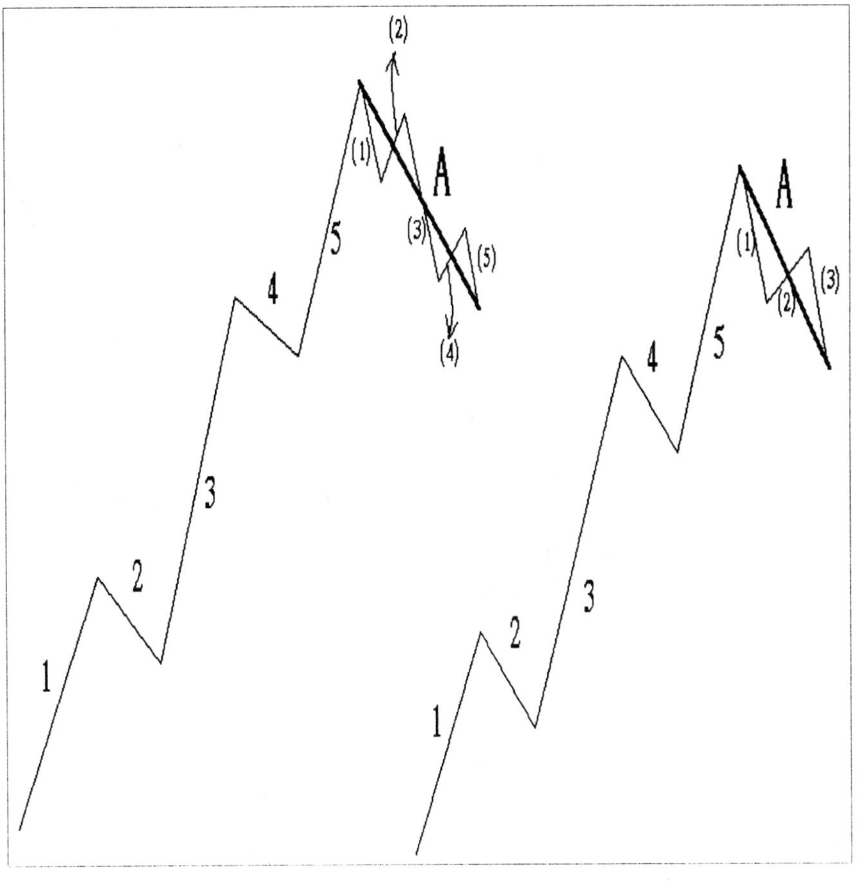

[그림 5-21] A 파동

② B 파동

B 파동은 하락 추세의 시작인 A 파동에 반대하는 매입세력으로 인해 상승추세가 잠시 이어지는 조정파동이며, 3개의 작은 파동으로 구성된다.

B 파동은 1번 파동의 상승추세가 다시 시작되는 것으로 믿기 쉬우나 이제까지의 보유주식을 매도할 마지막 기회로 이 시기를 놓치면 매도기회를 찾기가 어렵다.

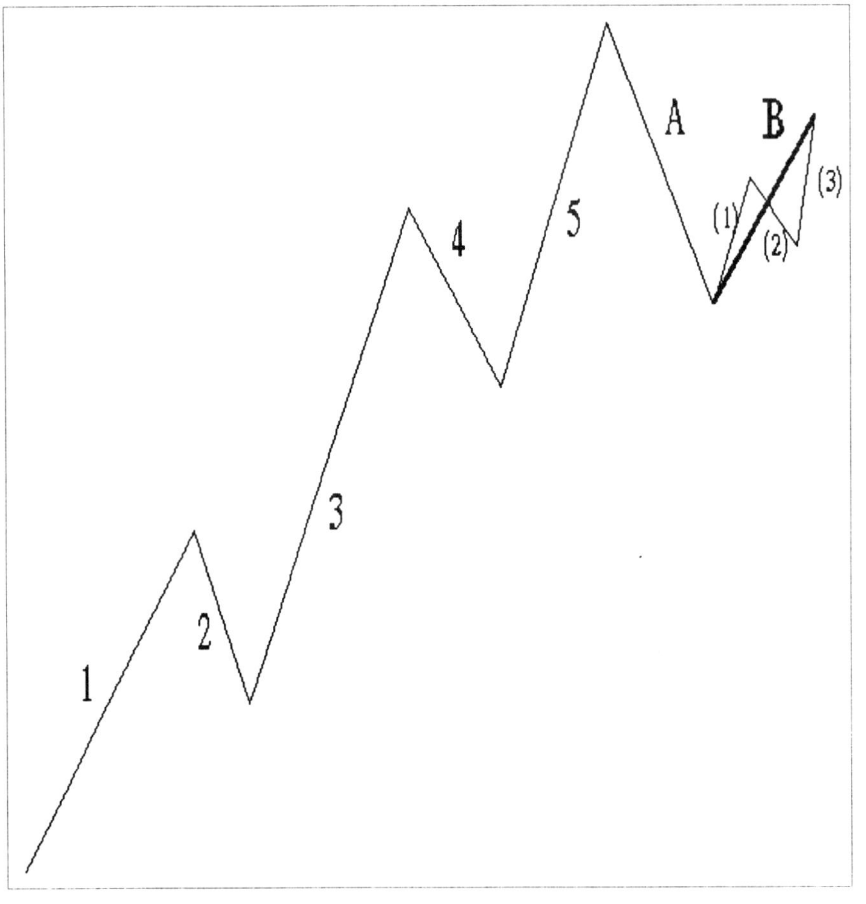

[그림 5-22] B 파동

③ C 파동

C 파동은 하락파동의 마지막 파동으로 거래는 활발하고 가격의 변동폭도 크게 나타난다. 가격의 하락추세가 지속될 것이라는 두려움이 투자자들의 마음을 지배하는 시기이다. 보통 C 파동은 A 파동의 최저점을 돌파하여 진행되는데, 패턴 분석의 관점에서 보면 5번 파동과 A 파동으로 구성되는 머리를 중심으로 헤드 앤 쇼울더 패턴의 오른쪽 어깨가 형성되는 것으로 나타난다. 이 파동은 충격파동이므로 5개의 작은 파동으로 구성된다.

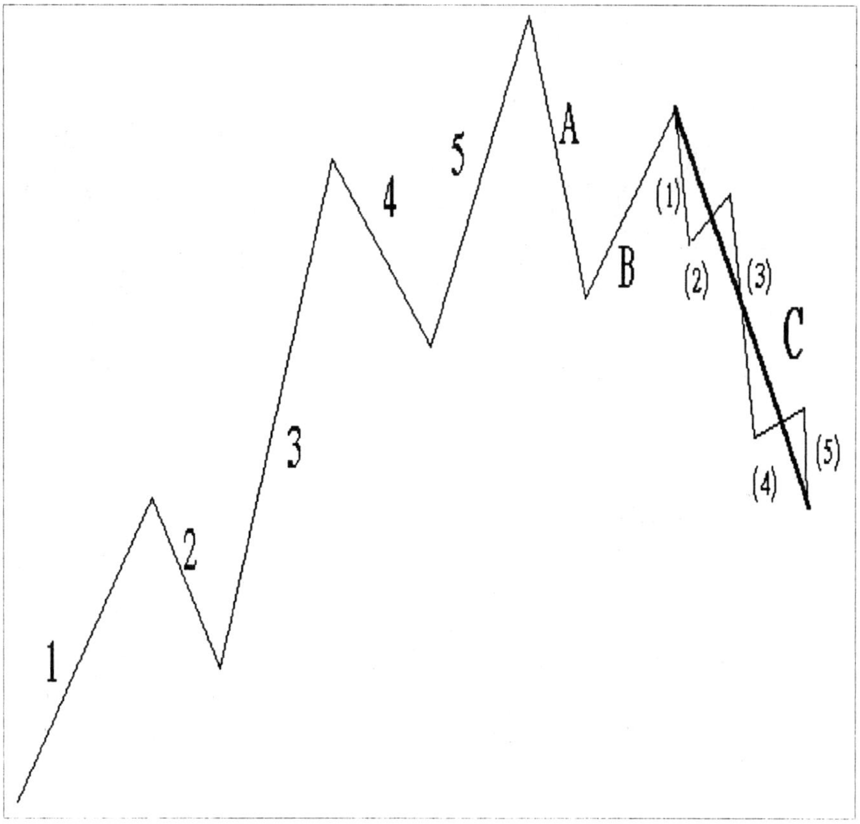

[그림 5-23] C 파동

3) 하락3파의 특징

A－B－C 파동으로 연결되는 하락3파의 패턴은 크게 지그재그형, 플랫형, 불규칙 조정형, 삼각형 등 네 가지 종류로 구분된다.

① 지그재그형

지그재그형은 5－3－5개의 작은 파동을 갖는 가장 일반적인 형태로서 조정파동인 B 파동은 A 파동의 시점, 즉 5번 파동의 고점보다 낮아 A 파동의 61.8% 정도 상승한다. C 파동의 저점은 A 파동의 저점보다 낮게 형성되며 길이는 A 파동과 비슷한 것이 특징이다.

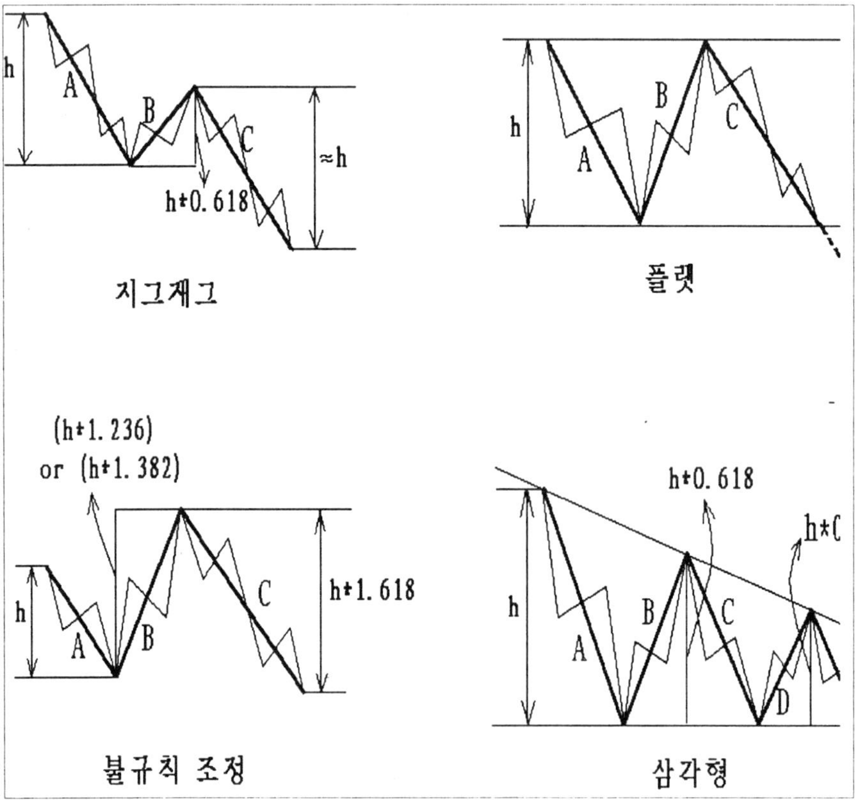

[그림 5-24] 하락3파의 유형

② 플랫형

플랫형은 A－B－C 세 개의 파동이 하락하기보다는 오히려 횡보하는 형태로 나타나는 경우로, 세 개의 파동이 각각 3－3－5개의 작은 파동으로 세분된다. 따라서 B, C 파동의 길이가 모두 A 파동의 길이와 비슷하나 C 파동은 A 파동보다 다소 낮을 수 있다.

③ 불규칙 조정형

불규칙 조정형은 플랫형이 변형된 형태로서 B, C 파동의 길이가 모두 A 파동보다 길어 B 파동은 A 파동의 1.382배 혹은 1.236배, C 파동은 A 파동의 1.618배로 결정되는 것이 일반적이다.

④ 삼각형

삼각형은 각각 3개의 작은 파동으로 구성된 파동이 모두 다섯 개 모인 형태로, 각각의 파동들은 서로 61.8%만큼 조정되는 형태로 나타난다.

(3) 엘리어트 이론의 법칙

1) 절대불변의 법칙

엘리어트 파동 이론의 적용시 누구나가 느끼는 어려움은 파동의 정확한 계산이다. 엘리어트 파동 이론에는 수많은 예외가 존재하고 있다. 하지만 다행히도 엘리어트 파동 이론을 신뢰하게 하고, 61.8%이니 38.2%이니 하는 비율을 적용할 수 있는 3대 절대불변의 법칙이 있어 파동 계산에 결정적 도움을 주고 있다. 따라서 이 3대 법칙은 반드시 알아두어야 한다.

① 법칙 1

2번 파동이 1번 파동을 절대로 100% 이상 되돌리는 경우는 없으며, 대개의 경우 2번 파동은 1번 파동의 38.2% 혹은 61.8% 되돌리는 경향이 있다.

② 법칙 2

1번, 3번, 5번의 충격 파동중 3번 파동이 가장 짧은 파동일 수는 없다. 보통 3번 파동은 가장 강력한 파동이어서 파동의 길이가 가장 길고 거래량도 활발한 경우가 많다.

③ 법칙 3

4번 파동은 결코 1번 파동과 겹치지 않는다. 즉 4번 파동의 최저점이 1번 파동의 최고점보다 높아야 한다.

④ 절대불변의 법칙에 있어서의 단 한 가지 예외

조정파동에서만 나타나는 삼각형의 파동이 변형되어 충격파동인 5번 파동에서 나타나는 경우가 있는데, 이것이 바로 삼각쐐기 형태라는 것이다. 이것은 지지선과 저항선이 모두 상향으로 형성되는 경우이다. 이 삼각쐐기형은 모두 5개의 작은 파동으로 구성되는데, 이 중 4번 파동이 1번 파동과 겹치는 형태로 나타나므로 절대불변의 법칙 3의 유일한 예외가 된다.

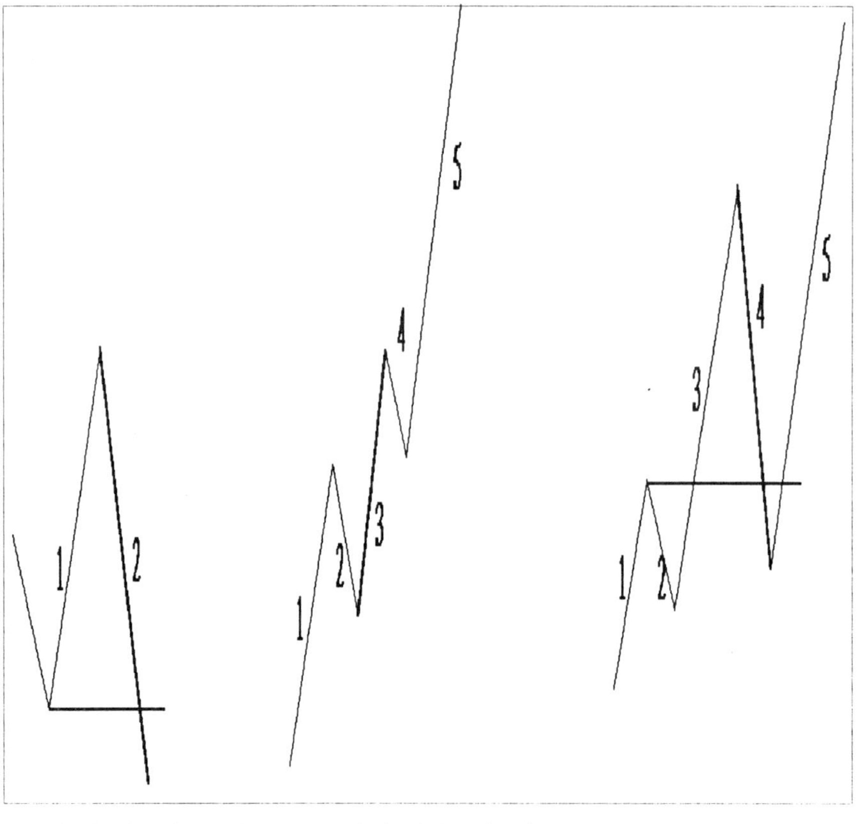

(1) 2번 파동이 1번 파동을 100% 이상 되돌릴 수 없다.

(2) 3번 파동이 가장 짧은 파동일 수 없다.

(3) 4번 파동은 1번 파동과 겹치지 않는다. 즉, 1번 파동의 고점 이하로 내려갈 수 없다.

[그림 5-25] 절대불변의 법칙에 위배되는 사례

2) 그밖의 원칙

엘리어트 파동이론의 적용상 위에서 설명한 세 가지 절대적 법칙보다 강력하지는 않지만 파동 계산에 도움을 주는 몇 가지 원칙이 있다.

반드시 지켜지는 원칙은 아니나 이 원칙들이 성립하는 경우가 많으므로 알아두어야 한다.

① 파동 변화의 원칙

파동 변화의 원칙은 각 파동을 세분하였을 때 동일한 패턴이 지속되기보다는 서로 다른 패턴을 가지고 변화하는 경향이 높다는 것이다. 예를 들어 2번 조정파동이 플랫형을 보이면 4번 조정파동은 지그재그형이 나타나고, 반대로 2번 파동이 지그재그형을 보이면 4번 파동은 플랫형을 보이는 등 두 파동은 서로 변화된 패턴을 갖고 움직일 확률이 높다는 것이다.

② 파동 연장의 원칙

충격파동은 그 움직임이 활발해 때로는 정상적으로 나타나는 파동의 길이보다 길고 강력하게 파동이 연장되는 경우가 있다.

파동 연장은 1번, 3번, 5번 파동의 충격파동에만 나타나며 2번, 4번의 조정파동과 A－B－C의 하락3파에는 나타나지 않는다.

연장파동은 한 사이클에서 단 한번만 나타나므로 1번, 3번, 5번 파동 중 하나만이 연장될 수 있다. 또한 파동연장은 대량 거래량을 동반하는 경우가 많다. 1번 파동은 추세의 시작단계이므로 연장될 확률이 매우 작다. 따라서 3번과 5번 파동이 연장되는 경우가 일반적이다.

③ 파동 균등의 원칙

파동 균등의 법칙이란 충격파동인 1번, 3번, 5번 파동 중 두 개의 파동은 그 길이가 같을 확률이 높다는 것이다. 특히 3번 파동이 연장되었을 경우 1번 파동과 5번 파동의 길이가 거의 비슷하게 나타나는 경우가 많다.

향후 주가 목표치 계산에 상당한 도움을 줄 수가 있다.

3) 적용상의 문제점

① 한 파동이 어디서 끝나고 어디서 시작되는지에 대한 언급이 없다. 즉 파동의 정점과 바닥 혹은 정점과 정점 사이의 시간 예측에 대한 어떠한 지표도 없기 때문에 파동이 오기는 오지만 언제 올지는 전혀 예측할 수 없다.

② 각 단계의 전환점을 확인하기 어렵다. 다시 말해 어느 한 파동이 끝나 다른 파동이 진행중이라고 믿고 있다 하더라도, 사후에 그것이 이전 파동의 연장이었지 새로운 파동의 진행이 아닌 경우가 있다는 점이다.

연습문제

1. 기술적 분석의 정의와 원리에 대해 설명하세요.
2. 기술적 분석의 종류와 필요성에 대해 설명하세요.
3. 다우 이론의 강세시장 3국면과 약세시장 3국면에 대해 설명하세요.
4. 다우 이론에서 투자자에 따른 각 국면별 투자심리에 대해 설명하세요.
5. 사까다 전법의 3산, 3천, 3공, 3병, 3법형을 구분하여 설명하세요.
6. 엘리어트 파동의 개념과 각 파동의 특징에 대해 설명하세요.
7. 엘리어트 파동의 절대불변의 법칙에 대해 설명하세요.
8. 엘리어트 파동의 장점과 적용상의 문제점에 대해 설명하세요.
9. 주가 차트의 종류인 선 차트와 점 차트에 대해 설명하세요.
10. 기본적 분석과 기술적 분석을 비교하여 각 특징에 대해 설명하세요.

제6장

캔들 차트 분석

6-1 캔들 차트의 개요

1. 캔들 차트의 역사

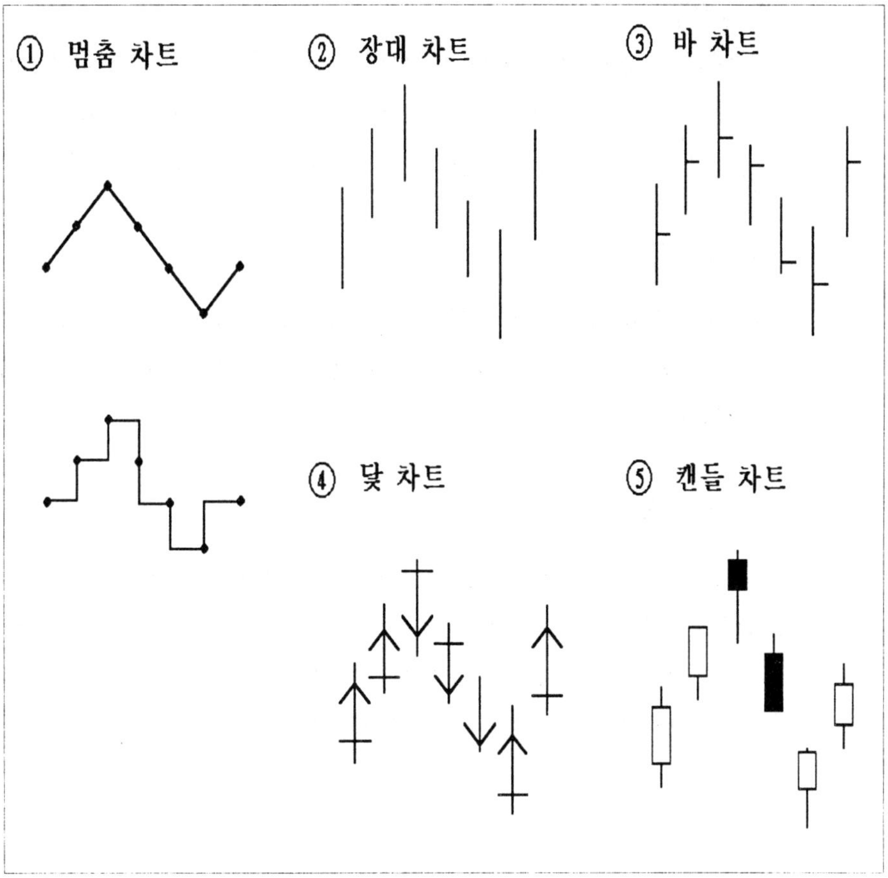

[그림 6-1] 캔들 차트의 변화과정

캔들(candlestick) 차트의 변화과정을 살펴보면 다음과 같다.

(1) 멈춤 차트

점 차트, 선 차트 또는 별 차트라 부르기도 한다. 멈춤 차트(stopping chart)는 차트의 초기 형태로 오직 종가만을 연결하여 그리며, 종가를 대각선 또는 수평으로 연결하여 그렸다.

(2) 장대 차트

장대와 비슷한 모양을 하고 있으며, 장중의 고가와 저가를 연결함으로써 멈춤 차트와 차별화를 두었다. 따라서 장대 차트(pole chart)는 주가의 이동방향을 보여줄 뿐만 아니라 장중 주가 변동을 보여주기도 한다.

(3) 바 차트

바 차트(bar chart)란 장대 차트의 고가와 저가, 그리고 멈춤 차트의 종가를 결합하여 만든 차트이다. 주가 움직임의 추세 변화를 보는 데 유익한 차트이다.

(4) 닻 차트

닻 모양을 하고 있으며 장중 고가와 저가뿐만 아니라 시가와 종가까지도 포함하고 있다. 차트 변화에 매우 중요한 변화를 주었다. 종가가 시가보다 높으면 닻 차트(anchor chart)의 화살선은 위로 향하고 있으며, 종가가 시가보다 낮으면 화살선은 아래로 향하게 된다.

(5) 캔들 차트

캔들 차트(candlestick chart)는 닻 차트의 다음 단계로서 장중 시가 · 고가 · 저가 · 종가를 모두 포함하고 있다. 대략 17세기 초반 일본 에도 시대 초기부터 시작된 것 같다. 종가가 시가보다 낮으면 검은색 몸통으로 표현하며, 종가가 시가보다 높으면 흰색 몸통으로 표시한다. 따라서 수요와 공급 상태를 나타냄으로써 분석을 용이하게 하였다.

2. 캔들 차트의 구조

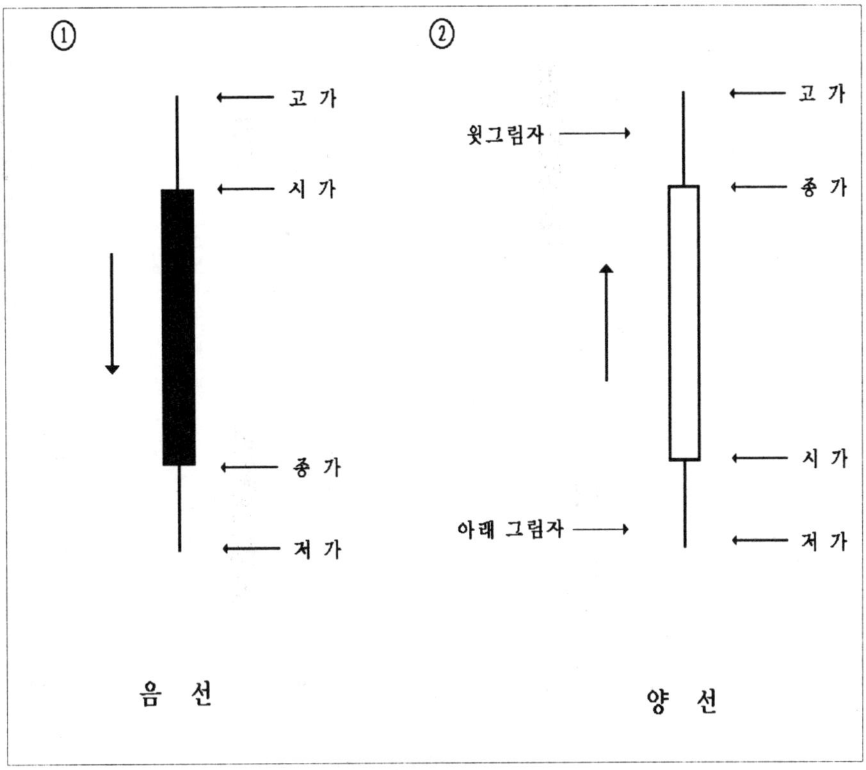

[그림 6-2] 캔들 차트의 구조

캔들 차트의 구조를 살펴보면 직사각형 부분과 그 위아래 가는 선으로 구성되어 있다. 캔들 차트의 직사각형 부분을 몸통(real body)이라고 부르는데, 장중 시가(open)와 종가(close) 사이의 거래 범위를 나타낸다.

몸통이 양선(white candlestick)이면 종가가 시가보다 높은 상승신호를, 몸통이 음선(black candlestick)이면 종가가 시가보다 낮은 하락신호를 나타낸다. 몸통의 위아래 가는 선을 그림자(shadow)라고 하며, 장중 고가(high)와 저가(low)를 나타낸다. 몸통 위에 있는 그림자를 윗그림자(upper shadow)라 하며, 몸통 아래에 있는 그림자를 아래 그림자(lower shadow)라 한다.

3. 캔들 차트의 종류

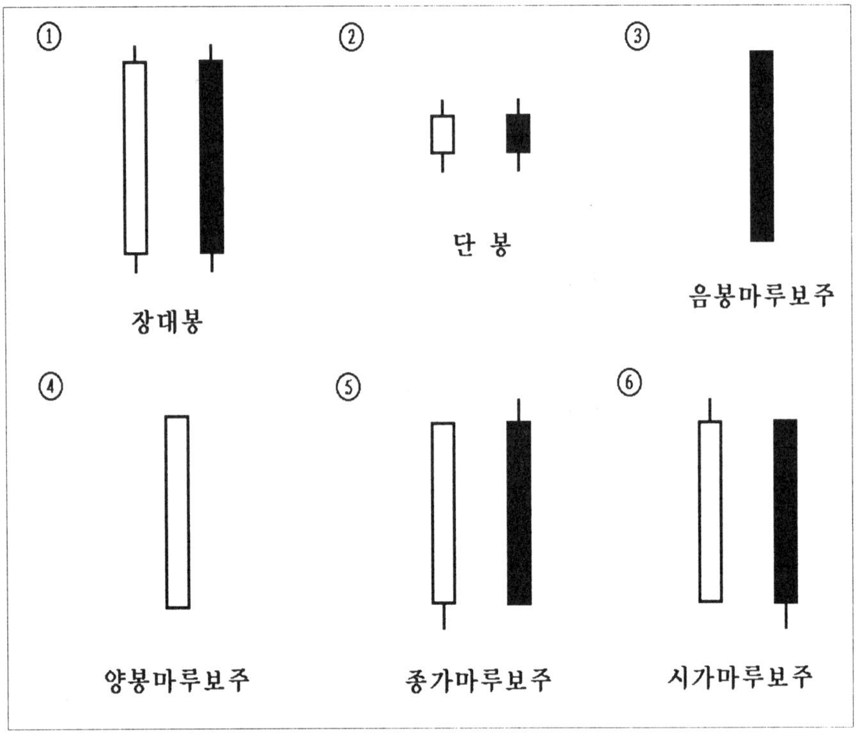

[그림 6-3] 캔들 차트의 종류

(1) 장대봉

장대봉(long days)이란 장중 시가와 종가의 등락폭을 뜻하는 표현으로 캔들 차트의 몸통 길이가 길다는 것이다. 즉 장대봉은 장중 큰 폭의 주가 등락으로 시가와 종가 사이에 많은 차이가 있음을 뜻한다.

얼마나 시가와 종가 사이에 차이가 생겨야 장대봉이라 부를 수 있을까 하는 문제는 가장 최근에 생긴 차트를 보고 비교하여 결정할 수가 있을 것이다.

(2) 단 봉

단봉(short days)은 장대봉과 같은 개념인데, 장중 시가와 종가의 등락폭을 뜻하는 표현으로 캔들 차트의 몸통 길이가 짧다는 것이다. 즉 단봉은 장중 등락폭이 작아 시가와 종가 사이에 차이가 별로 없음을 뜻한다.

(3) 음봉 마루보주

음봉 마루보주(black marubozu)는 그림자가 어느 한쪽에도 없는 긴 음선을 뜻하며 매우 취약한 하락장세를 반영한다. 음봉 마루보주는 종종 하락지속형으로 또는 하락추세가 진행되는 도중 출현하여 상승반전형으로 작용하기도 한다. 음선인 음봉 마루보주는 이제까지 지속되어온 하락추세가 약해지고 있음을 보여준다. 긴 음선은 하락추세의 마지막 투매(sell off)로 판단할 수 있다. 즉 음봉 마루보주가 종종 상승반전형의 첫번째날 출현하는 이유가 될 수 있다.

(4) 양봉 마루보주

양봉 마루보주(white marubozu)는 그림자가 어느 한쪽에도 없는 긴 양선을 뜻하며 매우 강한 상승 장세를 반영한다. 양봉 마루보주 경우는 양봉 마루보주와는 반대로 종종 상승지속형 패턴으로 또는 상승추세가 진행되는 도중 출현하여 하락반전형 패턴으로 작용하기도 한다.

(5) 종가 마루보주

종가 마루보주(closing marubozu)는 몸통의 종가 쪽에 그림자가 전혀 없는 경우로 음선이나 양선과는 관계가 없다. 만일 양선이라면 종가 위에 윗그림자가 없는 경우이고, 만일 음선이라면 종가 밑에 아래 그림자가 없는 경우이다. 음선 종가 마루보주는 약세시장을 반영하고 양선 종가 마루보주는 강세시장을 반영하고 있다.

(6) 시가 마루보주

시가 마루보주(opening marubozu)는 몸통의 시가 쪽에 그림자가 전혀 없는 경우로 음선이나 양선과는 관계가 없다. 만일 양선이라면 시가 밑에 아래 그림자가 없는 경우이고, 음선이라면 시가 위에 윗그림자가 없는 경우이다. 음선 종가 마루보주는 약세시장을 양선 종가 마루보주는 강세시장을 반영하고 있지만 시가 마루보주는 종가 마루보주만큼 강하게 작용하지는 않는다.

6-2 얼 래

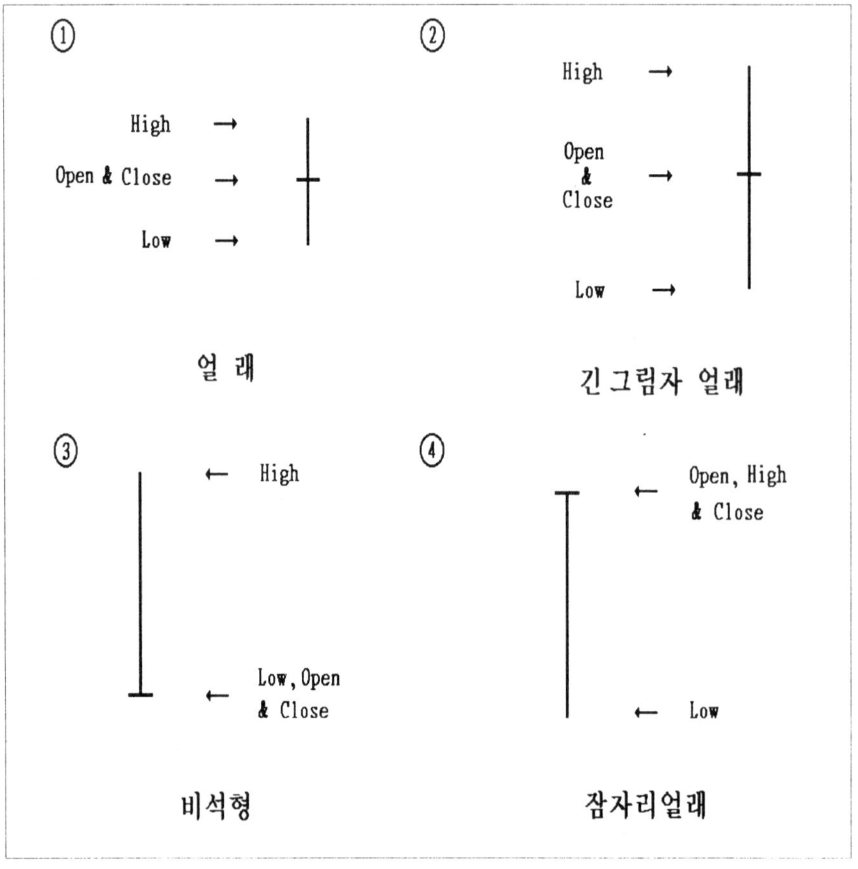

[그림 6-4] 얼래의 여러 가지 종류 1

1. 개 요

(1) 얼 래

얼래(doji)는 몸통이 매우 작고 시가와 종가가 일치하는 경우에 발생한다. 시가와 종가가 일치하거나 또는 시가와 종가가 거의 일치할 정도로 매우 근접한 경우에 얼래가 발생한다. 그림자의 길이는 매우 다양하게 나타난다. 완벽한 얼래는 시가와 종가가 일치해야만 한다.

그러나 시가와 종가가 일치하는 경우는 그리 많지가 않다. 따라서 시가와 종가의 차이가 최소 거래단위 정도의 차이라면 얼래로 포함할 수도 있다. 오랜 기간 얼래 발생에 대한 해석이 많이 있었지만 이에 엄격한 규칙은 없으며, 오직 주가 향방에 대한 신호 정도로 인식해오고 있다.

만일 얼래가 홀로 발생하였다면 중요한 신호로 인식할 필요가 없으며 무시할 수도 있다. 대부분의 경우 얼래 그 자체는 주가의 추세 변화를 예측하는 데 별로 도움이 되지는 못하지만, 단지 추세 변화가 임박했음을 알려주는 신호 정도로 작용할 수는 있다.

상승추세가 지속되는 도중 긴 양선 다음에 얼래가 발생하였다면 하락반전 패턴인 저녁별(evening star)이 출현한 것으로 판단할 수가 있어 중요한 의미를 줄 수가 있다. 일반적으로 얼래는 하락추세의 바닥에서보다 상승추세의 고점에서 발생하였을 경우 추세전환 신호로 더 유익하게 작용한다.

(2) 긴 그림자 얼래

긴 그림자 얼래(long-legged doji)는 시가와 종가가 당일 거래 중간에 위치하며 위·아래 그림자를 가지고 있다. 매수세력과 매도세력이 서로 확신을 갖지 못하고 뇌동매매하고 있음을 보여주고 있다. 하루중에 급상승하였다가 급하락하였거나 또는 급하락하였다가 급상승하였을 경우로, 종가가 시가와 일치하거나 또는 근접해서 형성되는 경우이다. 만일 시가와 종가가 당일 거래 범위의 중간에 위치할 경우 이를 긴 그림자 얼래라 부른다.

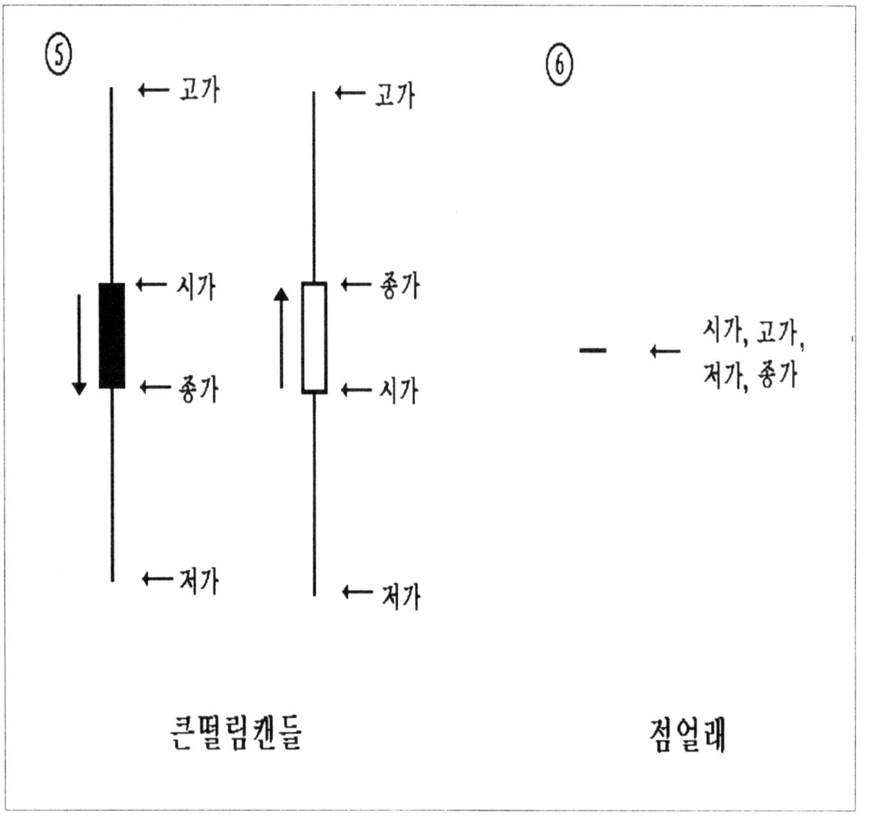

[그림 6-5] 얼래의 여러 가지 종류 2

(3) 비석형

비석형(gravestone)은 여러 가지 얼래 형태 중 하나로서 당일 종가와 시가가 저가에 근접하거나 일치하는 경우에 형성된다. 비석형에 관한 여러 가지 표현이 있지만, 그 중에서도 전투에서 죽은 사람들 무덤의 비석을 표현하기도 한다.

만일 긴 윗그림자가 매우 길면 길수록 비석형은 더욱 더 하락전환될 가능성이 높아진다. 시초가 이후 장중에 상승세를 보이다가 종가가 장중 저가인 시가와 일치하거나 또는 근접해서 마감할 경우에 형성된다.

비석형이 상승추세의 고점에서 출현하였을 경우에는 유성(shooting star)형과 유사하게 작용을 한다. 단지 유성형과 차이가 있다면 유성형은 작은 몸통을 가지고 있지만 비석형은 거의 몸통을 가지고 있지 않다는 점이다.

비석형에 관한 다른 의견으로는 비석형은 공중에서가 아닌 지상에서만 형성된다는 것이다. 다른 말로 표현하면 상승 이후 하락반전 신호로서가 아니라 횡보 국면이나 하락 이후 바닥에서 출현하여 상승반전 신호로 작용한다는 설명이다.

(4) 잠자리 얼래

잠자리 얼래(dragonfly doji)는 시가와 종가가 장중 고가와 일치하는 경우에 형성된다. 여러 가지 다른 얼래처럼 잠자리 얼래도 주로 주가의 전환 시점에서 출현한다. 잠자리 얼래는 다음에 언급할 해머나 행잉맨의 특별한 경우로서 몸통이 거의 없다. 만일 잠자리 얼래가 하락추세의 막바지에서 출현하게 되면 급속한 상승반전형으로 작용하게 된다.

(5) 큰떨림 캔들

큰떨림 캔들(high-wave candle)은 작은 몸통과 작은 몸통보다 훨씬 더 긴 위 · 아래 그림자를 가지고 있다. 큰떨림 캔들은 상승과 하락이 불확실할 경우에 즉 매수세와 매도세 사이에 균형이 팽팽한 경우에 주로 발생한다. 큰떨림 캔들의 몸통 색깔은 중요하지가 않으며 실제로 그림자의 크기도 중요하지가 않다.

(6) 점 얼래

점 얼래(four price doji)는 시가 · 고가 · 저가 · 종가가 모두 같을 경우에 발생한다. 점 얼래는 유동성이 매우 적은 경우로서 종가 이외에는 어떤 시세도 성립되지 않을 때 형성된다. 이와 같은 상황은 향후 주가 향방을 전혀 예측할 수 없게 만든다.

2. 사 례

(1) 사례 1

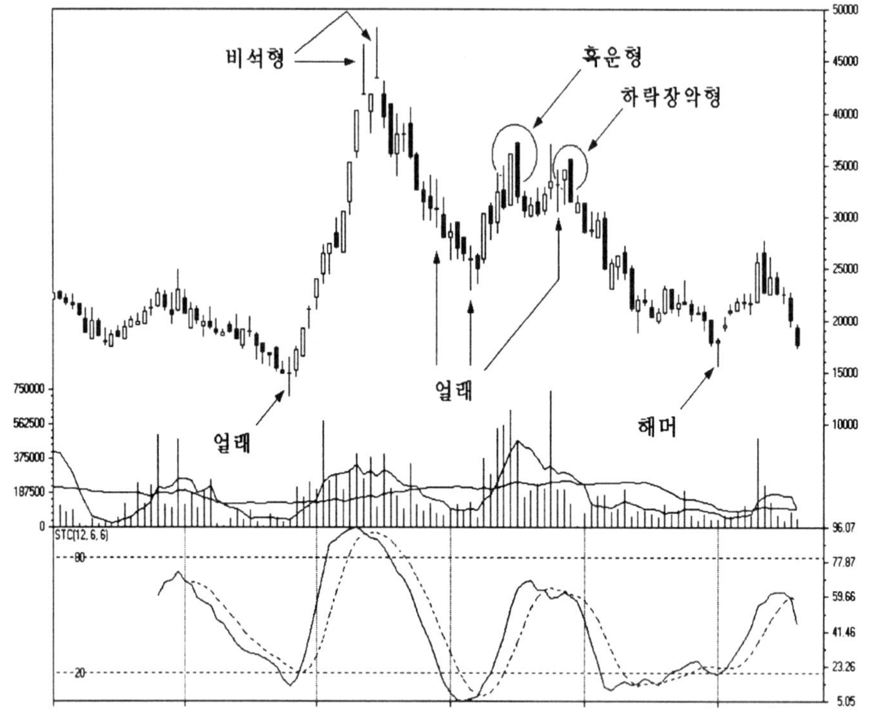

[그림 6-6] 얼　래

얼래가 출현하면서 추세가 전환되고 있음을 볼 수가 있다. 첫번째 하락세가 멈추는 15,000원대에서 위 · 아래 긴 그림자를 갖는 얼래가 출현하고 있으며, 이후 주가가 큰 폭으로 상승반전하고 있다. 이 시점을 전후로 거래량도 큰 폭으로 증가하고 있다. 큰 폭의 상승세를 보이며 40,000원대를 돌파한 이후 긴 윗그림자를 갖는 비석형이 연속 출현하고 있다. 이 시점 이후 거래량이 감소하고 있으며, 보조지표도 하락전환하고 있어 향후 주가 하락을 미리 예고해주고 있다.

(2) 사례 2

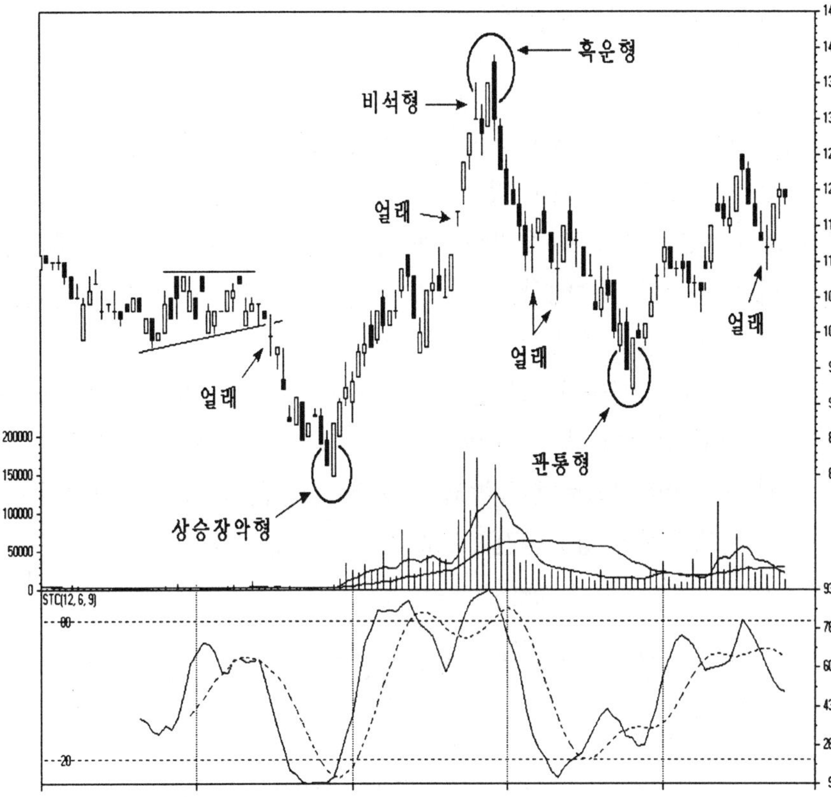

[그림 6-7] 얼 래

위 그래프에서 얼래는 추세가 전환되는 반전형으로 때로는 추세가 지속되는 지속형으로도 작용하고 있음을 볼 수가 있다. 그림 중앙의 11,500원대에서 나타난 얼래와 같이 얼래가 출현한 다음 얼래의 고가를 상향돌파하게 되면 상승추세가 가속화되고, 그림 좌측의 10,000원대에서 나타난 얼래와 같이 얼래의 저가를 하향이탈하게 되면 하락추세가 가속화된다. 따라서 추세가 진행되는 도중에 나타나는 얼래는 일반적으로 추세 진행을 가속화시키는 역할을 한다.

6-3 반전형

캔들 차트로 구성된 패턴들은 단일 캔들 차트이거나 또는 두 개 이상의 캔들 차트로 구성되어 있다. 때로는 다섯 개 이상의 캔들 차트로 구성된 패턴도 있다. 이번에 설명하고자 하는 반전형들은 그 패턴들의 중요성이나 예측 능력이 우수해서가 아니라, 그래프 상에서 자주 볼 수 있는 빈도수가 높은 패턴들을 중심으로 설명하였다.

대부분의 캔들 차트들은 반전형으로 작용하고 있다. 또한 상승반전형들은 그와 유사한 하락반전형들을 가지고 있다. 장악형의 경우는 상승장악형과 하락장악형으로 분류하고 있을 뿐 이름은 같으나 하락반전형으로 작용하는 흑운형은 상승반전형으로 작용하는 관통형과 유사한 모양을 하고 있지만 서로 다른 이름을 가지고 있다.

이번에 설명하고자 하는 반전형들의 종류는 다음과 같다.

- 우산형 : 해머와 행잉맨
- 장악형 : 상승장악형과 하락장악형
- 흑운형과 관통형

1. 우산형 : 해머와 행잉맨

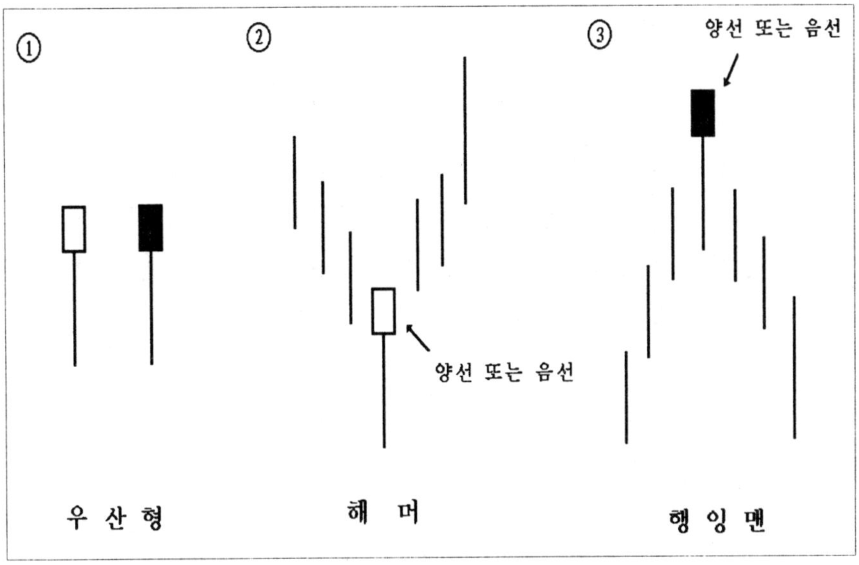

[그림 6-8] 우산형 : 해머와 행잉맨

(1) 요 약

우산형(umbrella)은 ①과 같이 몸통의 윗부분에 윗그림자가 거의 없고 몸통 밑에 긴 아래 그림자가 몸통 길이의 두 배 이상인 우산 모양의 형태를 말한다. ②와 같이 하락장에서 나타나는 우산형을 해머(hammer)라 하며, 이 형태는 과도매도 상태를 나타내고, 시장이 거의 바닥권에 위치하고 있음을 암시하고 있어 향후 상승반전될 가능성이 높다.

③과 같이 상승장에서 나타나는 우산형을 행잉맨(hanging man)이라 하며, 이 형태는 과도매수 상태를 나타내고, 시장이 거의 정상권에 위치하고 있음을 암시하고 있어 향후 하락장세로의 반전 가능성이 높다. 특히 장기상승 장세의 꼭대기에서 이 형태가 나타나면 더이상의 매수를 삼가야 할 것이다.

우산형이 하락하는 도중에 나타나면 해머라 판단하고 상승장세로 전환을, 상승하는 도중에 나타나면 행잉맨이라 판단하고 하락장세로 전환을 예상해볼 수 있다. 즉 주가가 큰 폭으로 하락한 이후에 바닥에서 해머가 나타나면 매입시점으로 판단하고, 주가가 큰 폭으로 상승한 이후에 꼭대기에서 행잉맨이 나타나면 매도시점으로 판단해야 한다.

(2) 분석법

해머와 행잉맨은 다음과 같은 특징이 있다.

첫째, 몸통이 장중 거래 범위 중 윗부분에 위치하고 있다. 즉 장중 고점 가까이 종가가 형성된다. 이때 몸통의 색깔은 중요하지가 않다.

둘째, 긴 아래 그림자의 길이는 몸통 길이의 두 배 이상이 된다.

셋째, 윗그림자는 거의 없거나 또는 전혀 없을 수 있다.

(3) 사 례

1) 사례 1

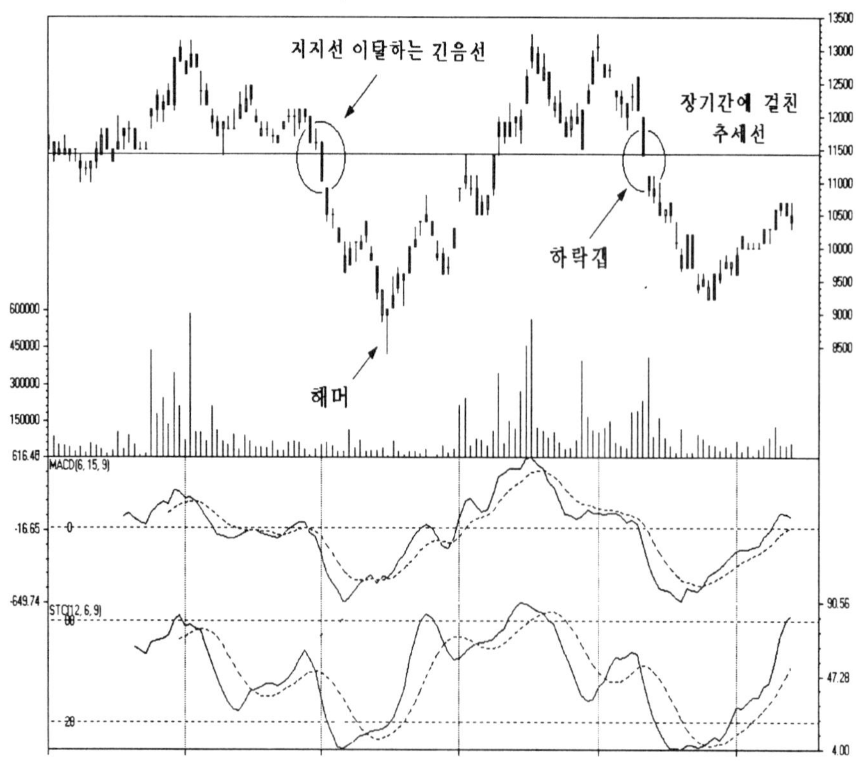

[그림 6-9] 해 머

첫번째 고점인 13,000원대에서 9,000원대까지 단기간에 큰 폭으로 하락하는 도중 해머가 출현하고 있다. 큰 폭 하락한 이후에 해머가 발생하게 되면 일반적으로 추세전환으로 인식하고 있지만 쉽게 결론을 내릴 수는 없다. 따라서 거래량과 보조지표(MACD, Stochastics)들의 움직임을 함께 살펴보면서 추세전환에 대한 신뢰성을 높여나가야 하겠다.

2) 사례 2

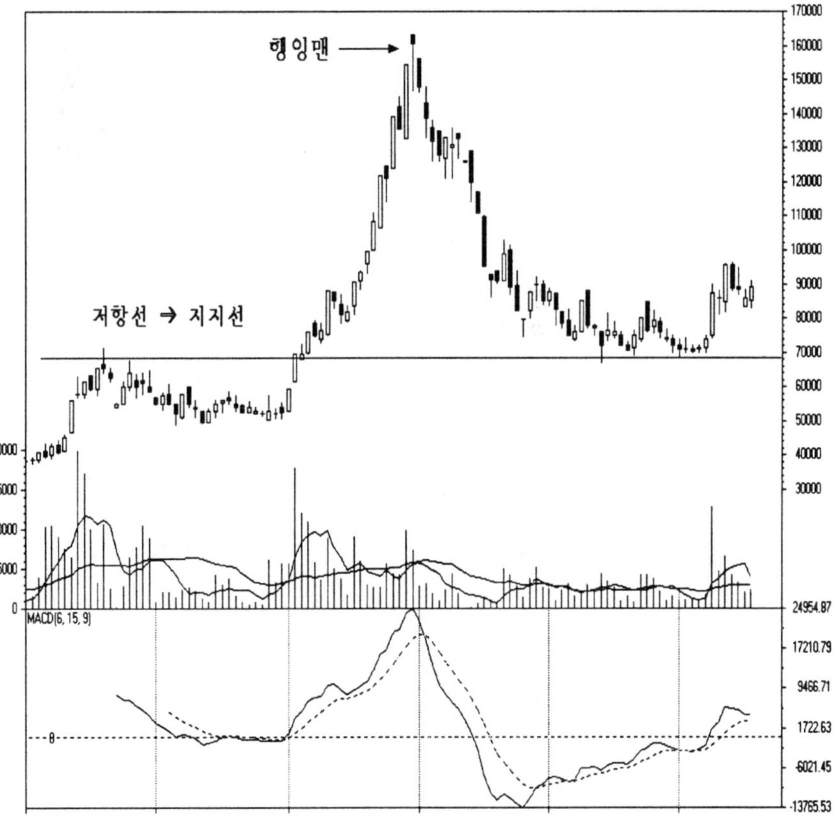

[그림 6-10] 행잉맨

5만 원대에서 상승하기 시작한 주가가 16만 원대에서 행잉맨이 발생하고 있다. 행잉맨은 과다매수 상태를 뜻하고 있어 하락반전에 대한 가능성이 상존하고 있다. 따라서 행잉맨이 발생했을 경우 그 당시의 거래량과 보조지표(MACD)를 보게 되면 거래량이 감소하고 있고 보조지표도 하락 반전하면서 데드 크로스가 발생하고 있어 조만간 하락추세로의 전환 가능성을 예상해볼 수가 있다. 68,000원대에 저항선이 지지선으로 작용하는 추세선이 장기간에 걸쳐 형성되어 있다.

2. 장악형 : 상승장악형과 하락장악형

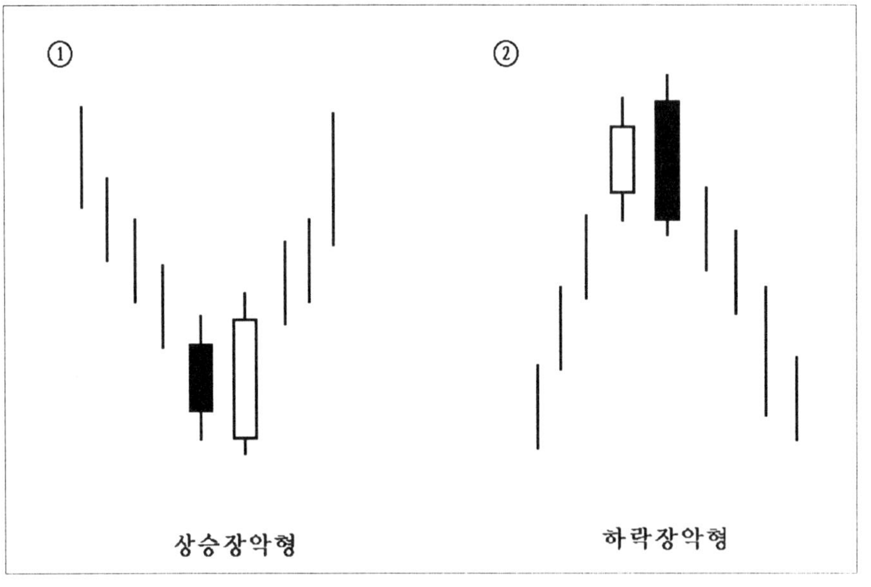

[그림 6-11] 장악형 : 상승장악형과 하락장악형

(1) 요 약

장악형(engulfing pattern)은 서로 상반된 색깔의 몸체로 구성되어 반전 신호로 작용하고 있으며, 상승장악형과 하락장악형 두 가지가 있다. 상승장악형은 ①과 같이 하락장세에서 형성되며 양선이 음선을 둘러싸고 있고, 하락장악형은 ②와 같이 상승장세에서 형성되며 음선이 양선을 둘러싸고 있다.

(2) 분석법

장악형은 다음과 같은 세 가지 특징이 있다.

- 비록 추세가 단기간에 형성되었다 하더라도 상승추세와 하락추세가

명확하게 설정되어야 한다.

- 두번째 형성된 몸체는 앞선 첫번째 몸체를 장악해야 한다. 이때, 그림자는 무시해도 된다.
- 장악형의 두번째 몸체는 앞선 첫번째 몸체와 반대 색깔을 가지고 있어야 한다.

물론 예외가 존재하고 있어, 첫번째 형성된 몸체가 매우 작아 얼래에 가까울 경우에는 예외로 인정한다. 또한 하락추세에서 작은 음선 몸체가 매우 큰 양선 몸체에 의해 장악된 경우 상승전환으로 예상할 수 있으며, 상승추세에서 작은 양선 몸체가 매우 큰 음선 몸체에 의해 장악된 경우 하락전환으로 예상해볼 수 있다.

(3) 패턴 분석

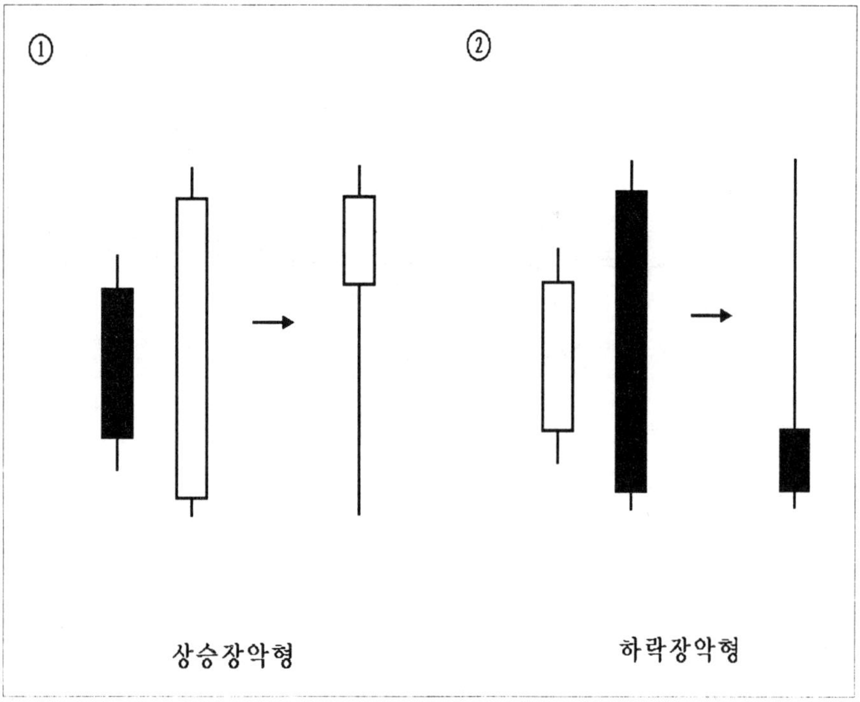

[그림 6-12] 장악형의 패턴 분석 : 상승장악형과 하락장악형

상승장악형은 주가의 상승전환 시점을 나타내는 해머형으로 변경할 수가 있다. 또한 하락장악형은 주가의 하락전환 시점을 나타내는 유성(shooting star)형으로 변경할 수가 있으며, 만일 몸통이 매우 작다면 비석형으로도 변경될 수가 있다. 즉 두 개의 캔들 차트로 구성된 상승장악형과 하락장악형은 그 역할을 충분히 수행하는 단일 캔들 차트로 축소될 수 있다.

(4) 사 례

1) 사례 1

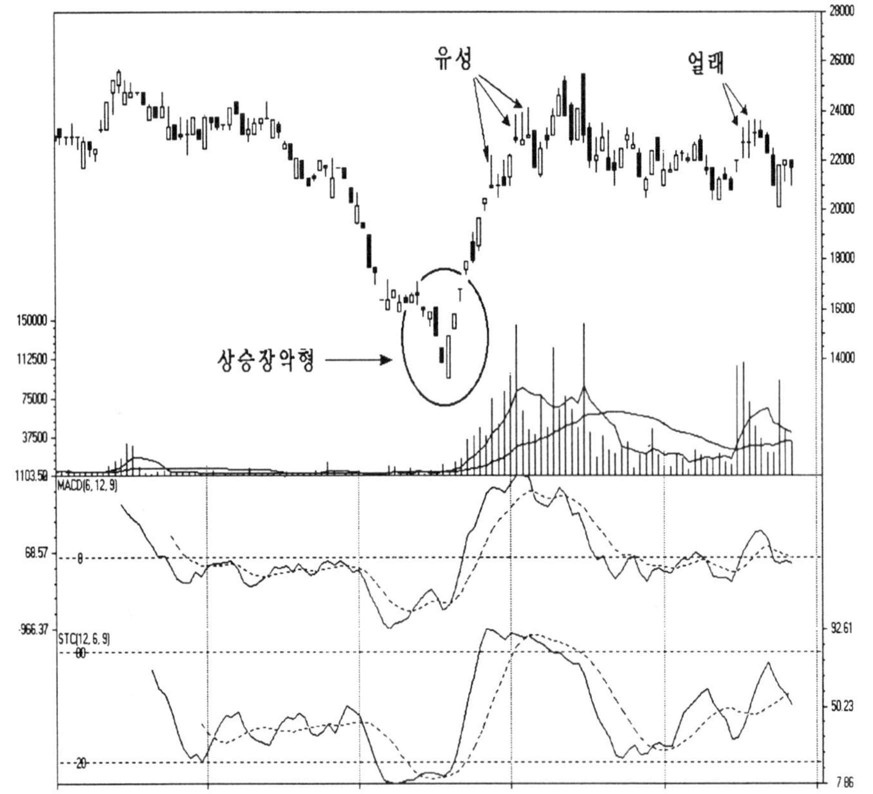

[그림 6-13] 상승장악형

주가가 큰 폭으로 하락한 이후 14,000원대에서 작은 음선에 이어 긴 양선이 출현하면서 상승장악형이 출현하고 있다. 이 시점 이후 거래량이 큰 폭으로 증가하고 있으며, 보조지표들도 상승추세를 보이면서 골든크로스가 발생하고 있다. 상승장악형은 앞선 작은 음선을 긴 양선이 장악하면서 하락추세를 상승추세로 반전시키는 패턴을 말한다.

2) 사례 2

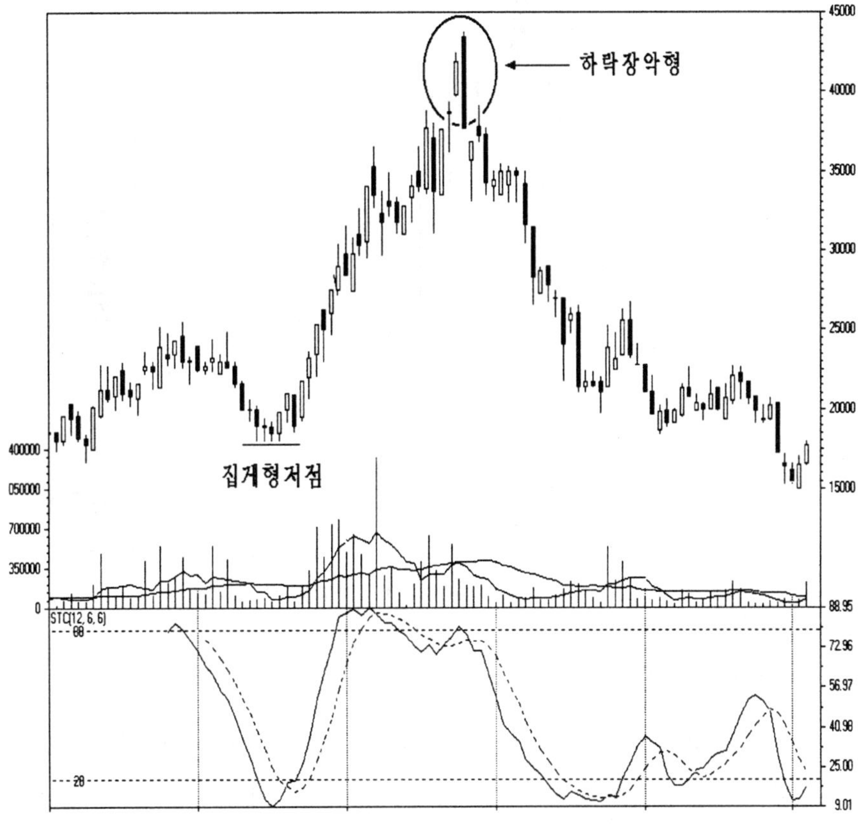

[그림 6-14] 하락장악형

주가가 18,000원대에서 집게형 저점이 형성되며 상승하기 시작하여 40,000원대까지 큰 폭 상승하고 있다. 상승 막바지 주가의 고점에서 작은 양선에 이어 긴 음선이 나타나면서 하락장악형이 발생하고 있다. 이 시점을 전후하여 거래량이 감소하고 있으며, 보조지표인 Stochastics도 고점이 낮아지고 있어 추세전환의 가능성을 높여주고 있다. 이후 주가는 20,000원대까지 큰 폭으로 하락하였다.

3. 흑운형과 관통형

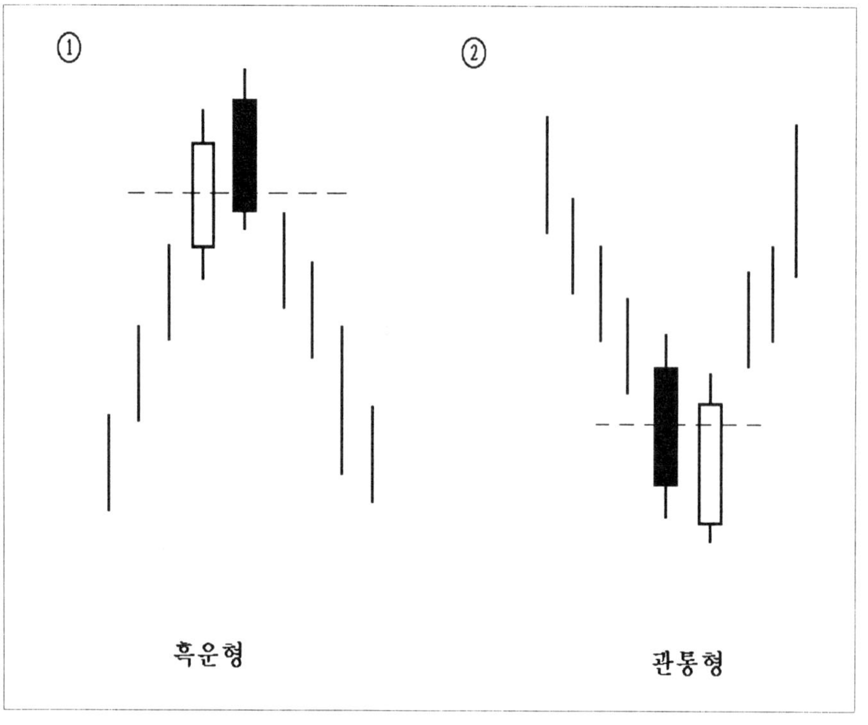

[그림 6-15] 흑운형과 관통형

(1) 요 약

흑운형(dark-cloud cover)과 관통형(piercing pattern)은 중요한 반전신호이다. 흑운형은 상승추세에서 하락전환 신호로 관통형은 하락추세에서 상승전환 신호로 나타난다.

흑운형은 시장에서 상승세력이 약화되었음을 의미한다. 흑운형은 ①과 같이 두 개의 캔들 차트로 이루어지는데, 첫번째는 강한 양선이고 두번째는 음선으로 앞선 양선의 고점 위(윗 그림자를 포함)에서 시가가 형성된다. 일반적으로 두번째 종가는 첫번째 양선의 저가를 하향하지 않고 근접한 수준에서 형성된다.

이때 두번째 종가가 첫번째 양선의 저가에 많이 근접하면 할수록 하락가능성은 더욱 높아진다. 그러나 만일 두번째 음선이 첫번째 양선의 50%

이상을 하향하지 못할 경우에는 하락장세가 확인될 때까지 기다리는 것이 바람직하다.

흑운형이 상승에서 하락으로 전환될 때 나타나는 패턴이라면 관통형은 하락에서 전환될 때 나타나는 패턴이다. 즉, 관통형은 흑운형의 반대 경우로서 양선의 종가가 앞선 음선의 범위 안에 있게 된다. 이 패턴은 시장에서 하락세력이 약화되면서 저가의 매입세력이 새로이 생성되고 있음을 의미한다.

관통형은 ②와 같이 두 개의 캔들 차트로 이루어진다. 첫번째는 음선이고 두번째는 긴 양선으로, 앞선 음선의 저점 아래(상위 그림자를 포함)에서 시가가 형성된다. 일반적으로 두번째 종가는 첫번째 음선의 고가를 상향하지 않고 근접한 수준에서 형성된다. 이때 두번째 종가가 첫번째 음선의 고가에 많이 근접하면 할수록 상승 가능성은 더욱 높아진다. 이상적인 관통형은 두번째 양선이 첫번째 음선의 50% 이상을 상향하여 겹치는 경우이다.

흑운형은 관통형에 비해 더욱 신뢰도가 높다고 볼 수 있다. 또한 관통형은 상승장악형과 비교될 수가 있는데, 바닥에서 상승장세로의 전환 가능성이 관통형에 비해 상승장악형의 경우가 훨씬 더 높다고 볼 수 있다.

(2) 분석법

흑운형의 특징은 다음과 같다.

- 첫째날은 상승이 지속되는 가운데 긴 양선이 출현한다.
- 둘째날은 첫째날의 고가보다 높은 가격으로 시가가 시작되는 음선이다.
- 둘째날의 종가는 첫째날 양선의 중간 이하와 저가 사이에서 형성된다.

관통형의 특징은 다음과 같다.

- 첫째날은 하락이 지속되는 가운데 긴 음선이 출현한다.
- 둘째날은 첫째날의 저가보다 낮은 가격에서 시가가 형성되는 양선이다.
- 둘째날의 종가는 첫째날 양선의 중간 이상과 고가 사이에서 형성된다.

(3) 패턴 분석

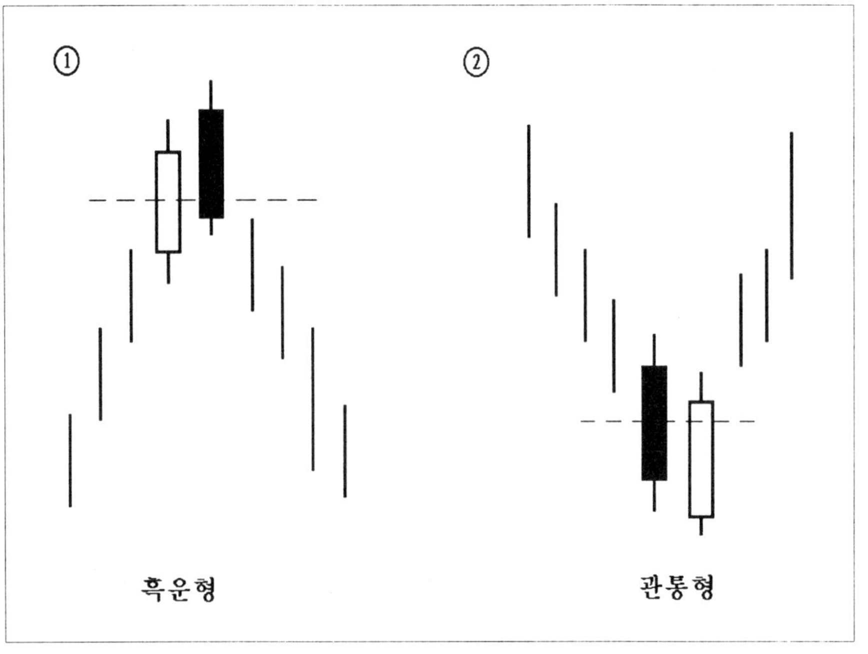

[그림 6-16] 흑운형과 관통형의 패턴 분석

흑운형은 주가의 하락전환 시점을 나타내는 유성형으로 변경될 수가 있으며, 만일 두번째 음선이 길게 나타나 첫번째 양선을 포개버리면 완벽한 하락전환 신호인 비석형으로 변경될 수도 있다.

관통형은 주가의 상승반전 및 상승전환 시점을 나타내는 해머형으로 변경될 수가 있다. 두 개의 캔들 차트로 구성된 관통형이 단일 캔들 차트로 축소 변경되었다 하더라도 그 역할은 충분히 수행할 수가 있다.

(4) 사 례

1) 사례 1

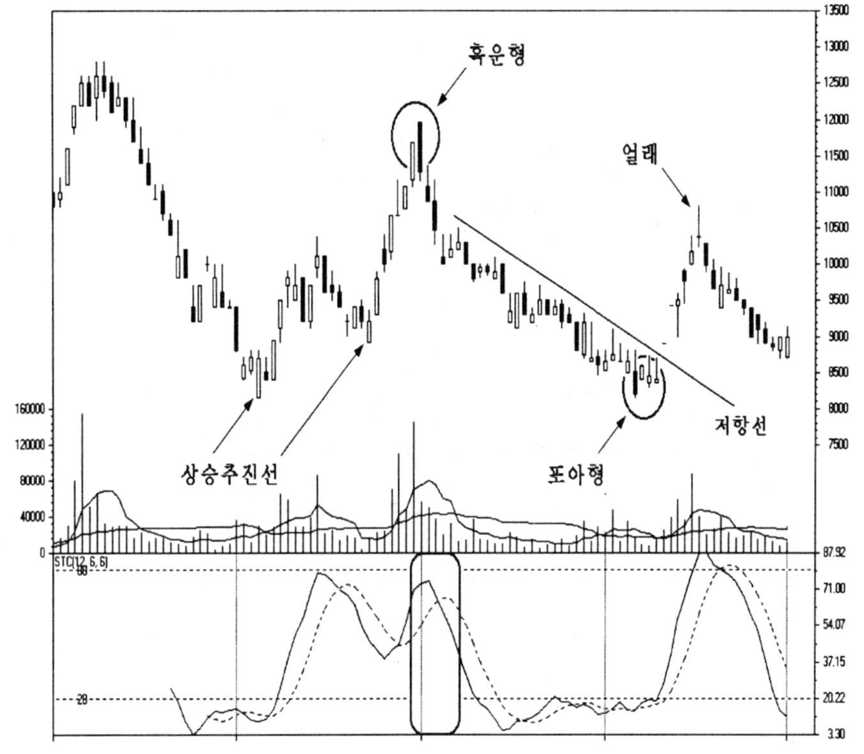

[그림 6-17] 흑운형

그림 중앙에서 12,000원대 가까이 상승한 주가가 긴 양선에 이어 이를 짓누르는 긴 음선의 흑운형이 나타나면서 상승세가 멈추고 있다. 이후 하락 반전한 주가가 하락폭이 점점 커지면서 8,000원대까지 하락하고 있다. 동일 시점에서 거래량이 감소하고 있으며, 보조지표인 Stochastics를 보면 상승세가 하락세로 반전되고 있어 흑운형 출현이 하락반전을 예고하는 패턴임을 알 수 있다.

2) 사례 2

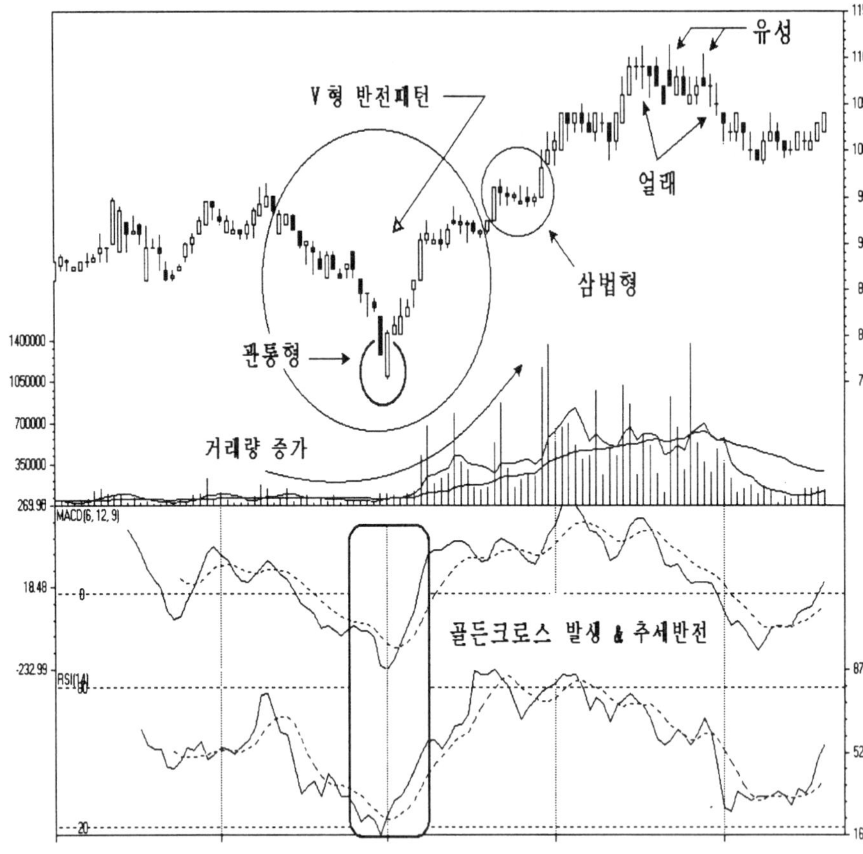

[그림 6-18] 흑운형 및 관통형

흑운형이 상승추세를 하락추세로 전환시키는 반전형이라면 반대로 관통형은 하락추세를 상승추세로 전환시키는 반전형이다.

그림 중앙에서 급속히 하락추세가 진행되는 도중 긴 음선 밑에서 긴 양선이 떠오르며 관통형이 출현하고 있다. 이 시점 이후 거래량이 증가하기 시작하면서 하락추세가 상승추세로 급반전하며 V형 반전 패턴을 형성하고 있다. 또한 보조지표인 MACD와 RSI도 추세전환하며, 골든크로스가 발생하고 있어 향후 주가 상승 가능성을 높여주고 있다.

6-4 별 형

별형(star)은 대표적인 전환 패턴 중 하나이다. 별형은 긴 양선 또는 음선과 일정 갭(gap)을 두고 발생한 작은 몸체로서 서로 겹치지 않는다. 별형의 몸체 색깔은 양선 또는 음선이 될 수 있으므로 몸체의 색깔은 중요하지가 않다. 별형은 상승추세의 막바지인 꼭대기나 하락추세의 막바지인 바닥에서 발생한다. 때로는 작은 몸체 대신에 +(얼래 : doji)가 발생할 수도 있는데 이 형태를 +별형(doji star)이라 부른다. 별형, 특히 +별형은 이제까지의 상승 및 하락 추세가 막바지에 이르고 있음을 알려주는 경고신호이다. 별형의 작은 몸체는 매수세와 매도세 사이의 줄다리기가 마무리되어가고 있음을 나타낸다.

상승추세에서 긴 양선 이후 별형이 출현하는 것은 매수세·매도세가 서로 교착상태로 인해 매수세력이 변해가고 있다는 신호이다. 이런 상황은 매수세력의 감소와 매도세력의 증가로 인해 발생하는데, 결론적으로 별형은 이제까지의 매수세력이 사라져 없어지고 시장이 하락으로 역전되어가고 있음을 말해준다.

하락추세에서 긴 음선 이후 별형이 출현하는 것은 매수세·매도세가 서로 교착상태로 인해 매도세력이 변해가고 있다는 신호이다. 이런 상황은 매도세력의 감소와 매수세력의 증가로 인해 발생하는데, 결론적으로 별형은 이제까지의 매도세력이 사라져 없어지고 시장이 상승으로 역전되어가고 있음을 말해준다. 별형은 다음 6가지 전환 패턴으로 구성되어 있다.

- 샛별
- 저녁별
- +샛별
- +저녁별
- 유성
- 반전해머

1. 샛별과 저녁별

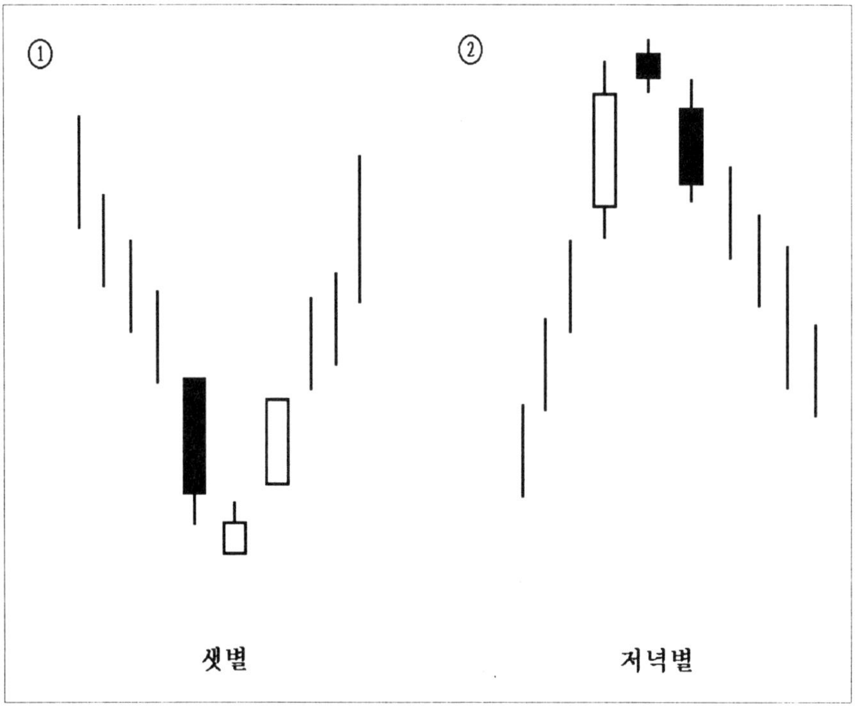

[그림 6-19] 샛별과 저녁별

(1) 요 약

샛별(morning star)은 하락추세에서 상승추세로 전환될 때 발생하며, 저녁별(evening star)은 상승추세에서 하락추세로 전환될 때 발생한다. 샛별이라 부르는 이유는 샛별(the planet Mercury)이 일출을 예고하듯이 샛별이 가격의 상승을 예고하기 때문이다. 샛별은 그림 ①과 같이 긴 음선 이후에 일정 갭을 두고 발생한 작은 몸통(양선 또는 음선)과 첫번째 음선의 영역 안에서 움직인 양선으로 구성되어 있다.

긴 음선을 보게 되면 하락추세가 지속되고 있는 과정으로 판단할 수 있으나 작은 양선 또는 음선의 몸통이 나타나게 되면 매도세력이 더이상 낮은 가격으로 매도를 원하지 않는 경우이다. 곧이어 강한 양선이 출현함으로써 시장이 상승세로 전환되었음을 예고해준다.

저녁별은 샛별과 반대의 경우로서 어두워지기 전에 저녁별(the planet Venus)이 막 나타나는 데서 붙여진 이름이다. 저녁별은 그림 ②와 같이 상승하는 도중에 긴 양선이 출현하고, 곧 이어 양선 또는 음선의 작은 몸체가 출현하는 경우이다. 세번째는 음선으로 두번째의 작은 몸통과는 서로 겹치지 않고 첫번째의 긴 양선의 범위 안에서 종가가 형성된다.

(2) 분석법

저녁별과 샛별의 특징은 다음과 같다.

- 상승추세일 때는 저녁별의 첫째날로서 긴 양선이 나타나며, 하락추세일 때는 샛별의 첫째날로서 긴 음선이 나타난다.
- 둘째날은 항상 첫째날과 갭을 두고 형성되나 색깔은 중요하지가 않다.
- 셋째날은 항상 첫번째 날과 반대 색깔을 가진다.
- 첫째날과 셋째날은 대부분 긴 음선 및 양선으로 형성된다.

(3) 패턴 분석

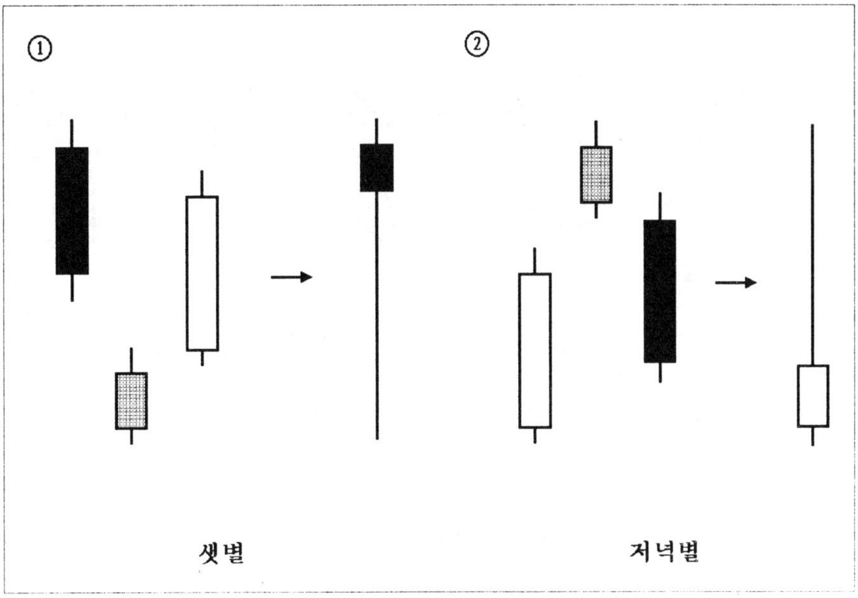

[그림 6-20] 샛별과 저녁별의 패턴 분석

저녁별은 주가의 하락전환 시점을 나타내는 유성형으로 변경될 수가 있으며, 만일 세번째 음선이 길게 나타나 첫번째 양선을 포개버리면 완벽한 하락전환 신호인 비석형으로 변경될 수도 있다.

샛별형은 주가의 상승반전 및 상승전환 시점을 나타내는 해머형으로 변경될 수가 있다. 세 개의 캔들 차트로 구성된 샛별형과 저녁별형이 단일 캔들 차트로 축소 변경되었다 하더라도 그 역할은 충분히 수행할 수가 있다.

(4) 사 례

1) 사례 1

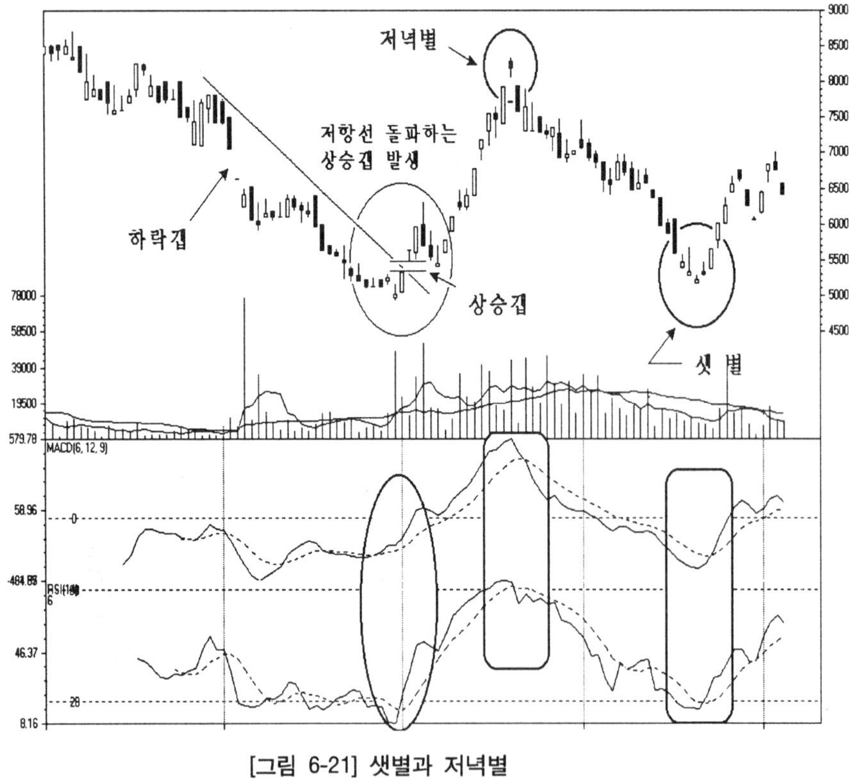

[그림 6-21] 샛별과 저녁별

큰 폭 상승 이후 8,000원대에서 긴 양선에 이어 상승 갭이 발생하며 음선이 나타나고, 이어 하락반전하여 음선이 나타나면서 저녁별 출현으로 주가가 상승추세에서 하락추세로 반전되고 있다. 즉 4,000원대를 저점으로 상승하기 시작한 주가가 8,000원대를 고점으로 저녁별이 출현하면서 주가가 하락반전하고 있다. 동일 시점에서 MACD와 RSI가 하락반전하고 데드크로스가 발생하고 있어 하락반전 가능성이 입증되고 있다.

2) 사례 2

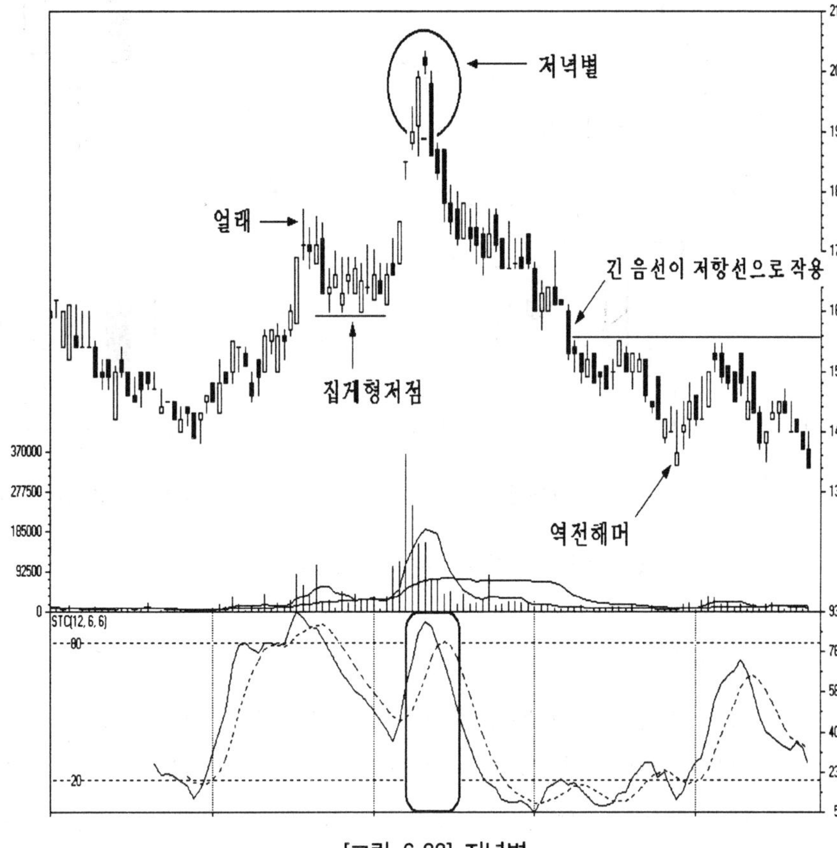

[그림 6-22] 저녁별

14,000원대에서 상승하기 시작한 주가가 20,000원대에서 긴 양선과 작은 음선, 그리고 긴 음선으로 이어지는 저녁별이 출현하면서 상승추세가 하락추세로 반전되고 있다. 동일 시점에서 거래량이 감소하고 있으며, 보조지표인 Stochastics도 하락반전되면서 데드크로스가 발생하고 있어 향후 주가하락 가능성을 예고하는 듯하다. 이후 주가가 큰 폭 하락하였으나 반전 해머가 나타나면서 장기간에 걸친 하락세가 멈추고 있음을 볼 수가 있다.

2. +샛별과 +저녁별

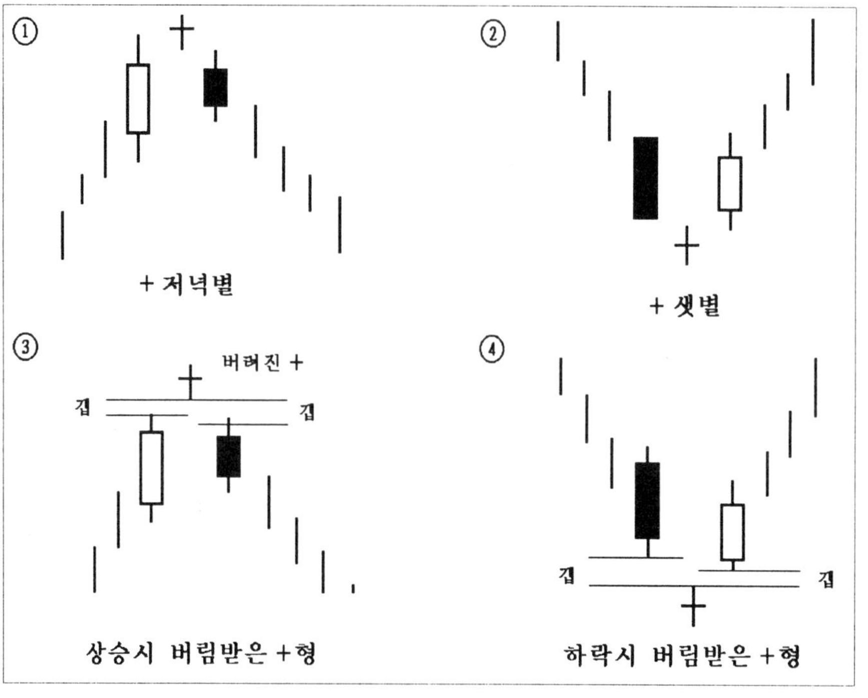

[그림 6-23] +샛별과 +저녁별, 상승과 하락 국면시 버림받은 +형

(1) 요 약

상승장세에서 양선 위에 갭을 두고 +(얼래)가 발생하거나 또는 하락 장세에서 음선 아래에 갭을 두고 +가 발생할 경우에 이 +를 +별형(doji star)이라 한다. +별형은 이제까지 진행되어온 추세가 전환되리라는 경고 신호로 받아들일 수 있다.

+별형에는 그림 ①과 같이 상승추세에서 발생하여 하락추세로 전환되는 +저녁별(evening doji star)과 그림 ②와 같이 하락추세에서 발생하여 상승추세로 전환되는 +샛별(morning doji star)이 있다.

그림 ③은 상승시 버림받은 +형을 보여주고 있으며 +별형이 양선과 사이에 상승 갭이 발생하고 이후 음선과 사이에 하락 갭이 발생한 것이다. 이 형태는 상승추세에서 발생하는 중요한 하락전환 패턴이다. 그림 ④는 하락시 버림받은 ＋형을 보여주고 있으며, ＋별형이 음선과 사이에 하락 갭이 발생하고 이후 양선과 사이에 상승 갭이 발생한 것이다. 이 형태는 하락추세에서 발생하는 중요한 상승전환 패턴이다.

(2) 분석법

＋별형의 특징은 다음과 같다.

- 여러 반전 패턴에서 보듯이 첫째날의 색깔은 시장의 추세를 반영한다.
- 둘째날은 ＋별형(doji star)이어야만 한다.
- 셋째날은 첫째날의 색깔과 정반대이어야 한다.

(3) 패턴 분석

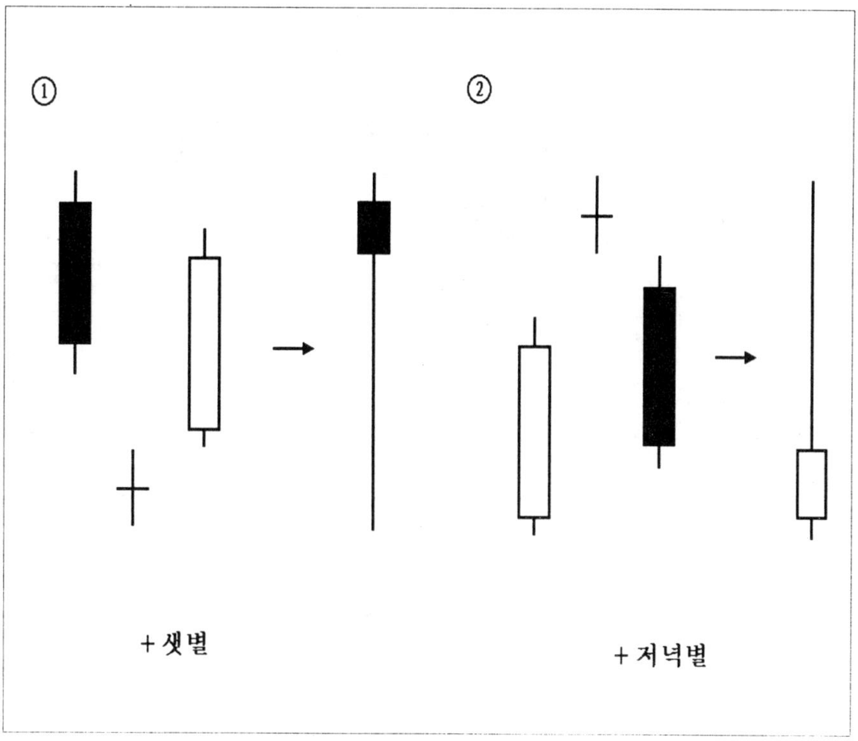

[그림 6-24] ＋샛별과 ＋저녁별의 패턴 분석

+샛별형은 주가의 상승반전 및 상승전환 시점을 나타내는 해머형으로 변경될 수가 있으며, 때로는 잠자리 얼래로 나타날 수도 있다. +저녁별은 주가의 하락전환 시점을 나타내는 유성형으로 변경될 수가 있으며, 때로는 비석형으로 변경될 수도 있다.

+샛별과 +저녁별형의 세번째 양선과 음선의 종가가 첫번째 시가에 가깝게 형성되면 될수록 주가의 전환 가능성은 더욱 커진다.

(4) 사 례

1) 사례 1

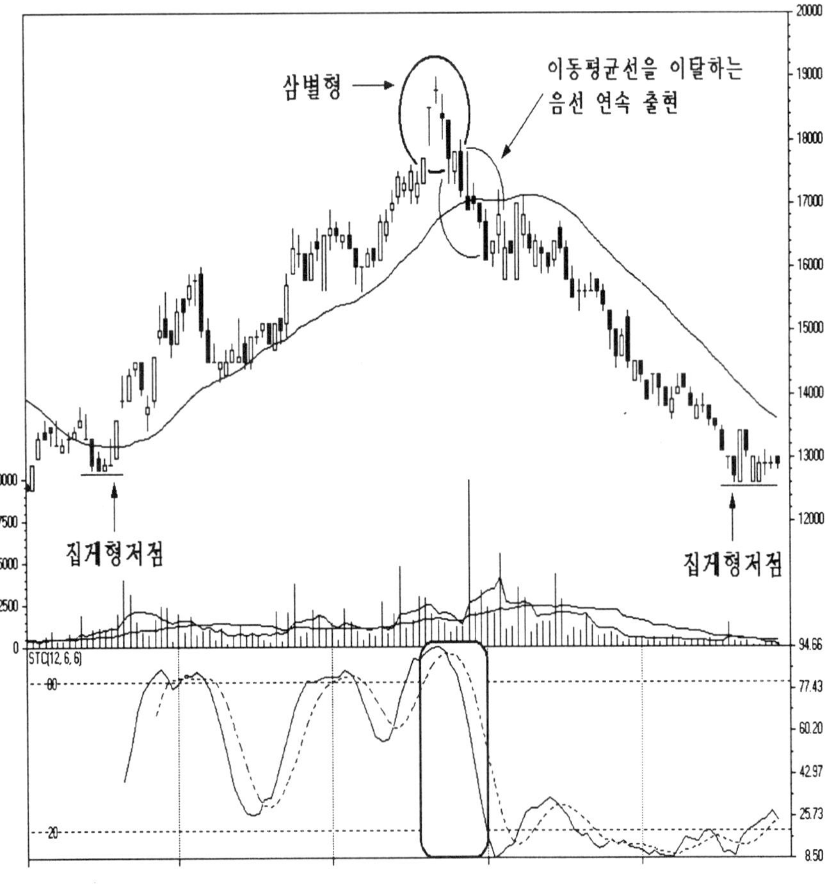

[그림 6-25] 삼별형

장기간 상승세가 지속된 이후 세 개의 얼래가 연속해서 나타나면서 삼별형이 형성되었다. 삼별형 출현으로 주가의 상승세가 더이상 이어지지 못하고 하락세로 반전되고 있다. 이후 음선이 연속해서 나타나면서 주가25일 이동평균선을 하향이탈하고 있어 본격적인 하락장세로 진입하고 있다. 이 시점에서 보조지표의 하락세가 급속하게 이루어지고 있어 향후 주가 하락 가능성을 더욱 높여주고 있다.

2) 사례 2

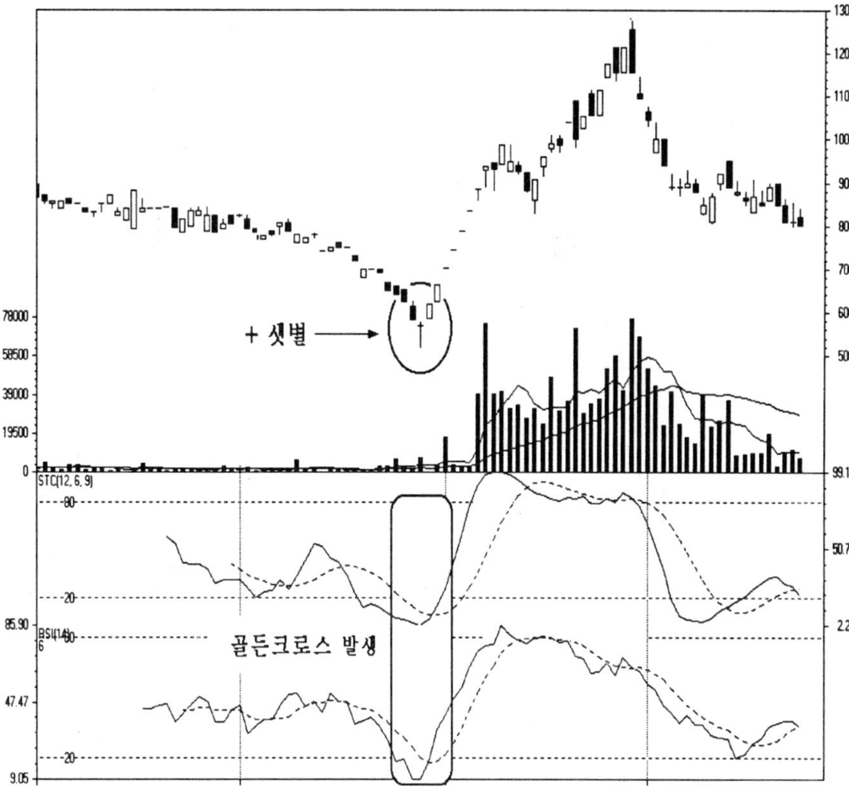

[그림 6-26] +샛별

샛별형의 작은 몸통 대신에 얼래(+)가 나타나는 +샛별형은 자주 나타나지는 않지만 종종 출현하여 샛별형과 같이 하락세를 상승세로 전환시키는 상승반전형으로 작용을 한다.

지속적으로 하락하던 주가가 긴 음선에 이어 얼래와 긴 양선이 나타나면서 +샛별형이 출현하고 있다. +샛별형의 출현으로 하락추세가 상승추세로 급반전되고 있다. 이 시점에서 보조지표인 Stochastics와 RSI 역시 침체권에서 벗어나면서 골든크로스가 발생하고 있어 +샛별형 발생으로 인한 상승반전 가능성을 높여주고 있다.

3. 유성과 반전 해머

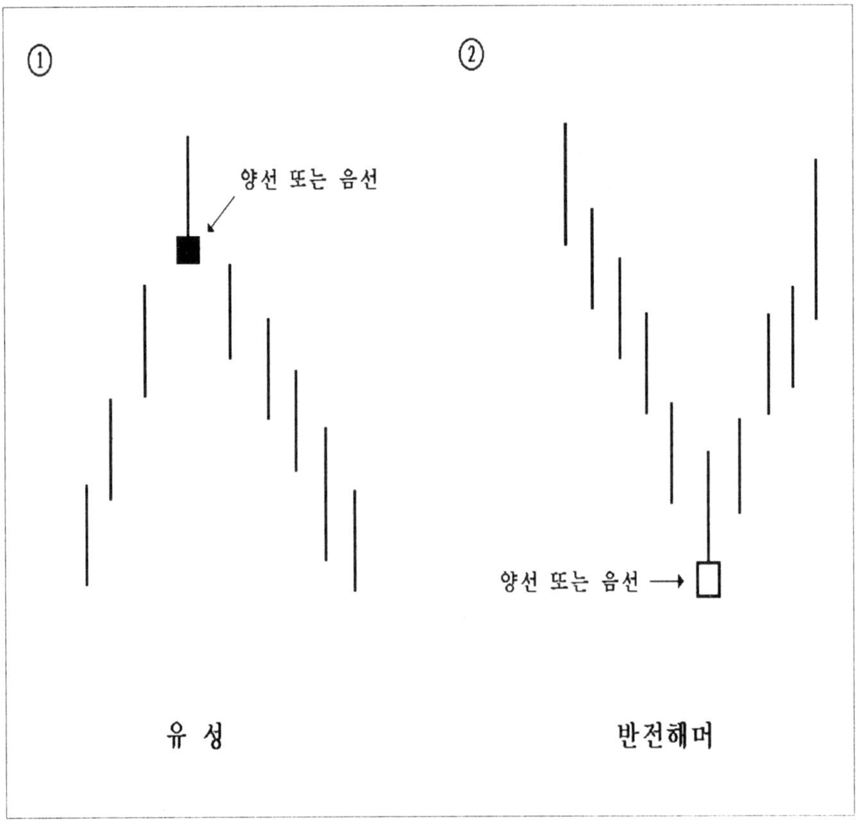

[그림 6-27] 유성과 반전 해머

(1) 요 약

유성(shooting star)은 현 장세가 꼭대기에 임박했다는 경고신호이다. 그림 ①의 유성은 저녁별처럼 중요한 반전신호는 아니지만, 긴 윗그림자를 가지고 있고 저가 부근에 작은 몸통(양선 또는 음선)을 가지고 있다.

유성은 시가가 저가이며 장중 고점을 형성하나 종가가 저가 부근으로 강하게 되밀리면서 형성되는 패턴으로 장세의 회복이 지속되지 못한 경우이다.

그림 ②와 같이 장세가 하락하는 도중 유성이 출현하면 상승반전 신호로 인식할 수 있다. 이런 형태를 반전 해머(inverted hammer)라 부른다. 반전 해머는 유성과 같은 모양을 가지고 있지만 유성은 정상에서 하락반전 신호로 반전 해머는 바닥에서 상승전환 신호로 작용하고 있다.

(2) 분석법

반전 해머의 특징은 다음과 같다.

- 작은 몸통이 저가 가까이 형성되어 있다.
- 하락추세에서 형성되는 경우 갭을 필요로 하지는 않는다.
- 윗그림자는 대체로 몸통 길이의 두 배 이상이다.
- 아래 그림자는 사실상 존재하지 않는다.

유성의 특징은 다음과 같다.

- 작은 몸통이 저가 가까이 형성되어 있다.
- 상승추세에서 갭이 발생하며 시가가 형성된다.
- 윗그림자는 최소한 몸통 길이의 세 배 이상이다.
- 아래 그림자는 사실상 존재하지 않는다.

(3) 사 례

1) 사례 1

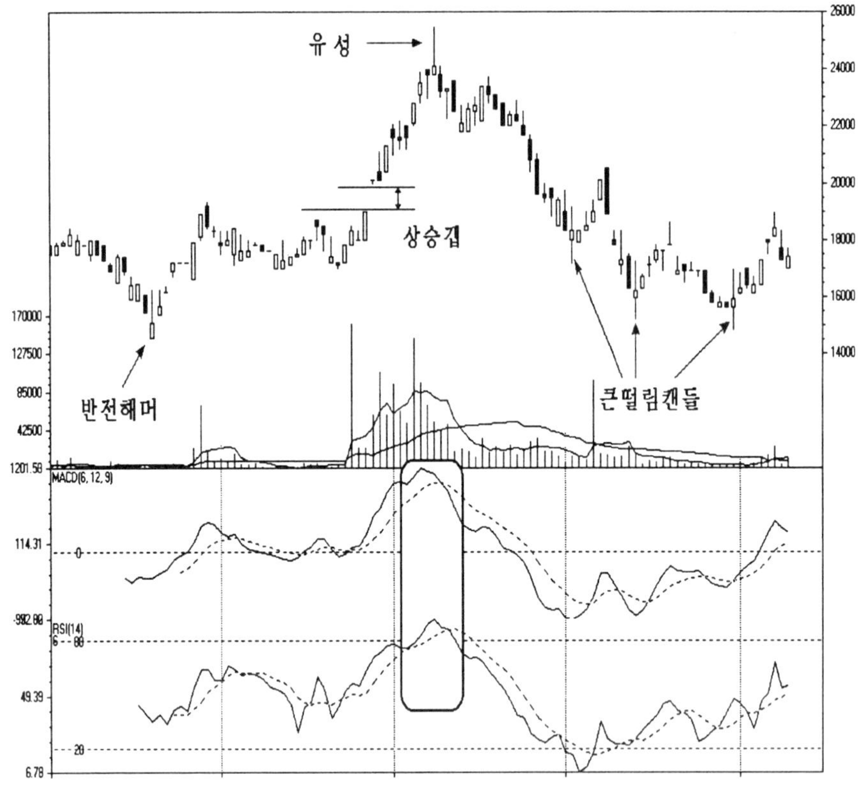

[그림 6-28] 유성과 반전 해머

유성형은 긴 윗그림자를 갖고 있어 잠재적인 대기 매도세가 상존하고 있음을 보여주고 있다. 상승시 매도하고자 하는 세력이 많음을 보여주는 것이다. 17,000원대에서 장기간 횡보세를 보이던 주가가 상승 갭이 발생하면서 큰 폭으로 상승하고 있다. 그러나 유성이 출현하면서 상승세가 멈추고 하락세로 반전되고 있다.

동일시점에서 보조지표인 MACD와 RSI도 하락반전하면서 데드크로스가 발생하고 있어 조만간 주가 하락이 있으리라 예상해볼 수 있다.

2) 사례 2

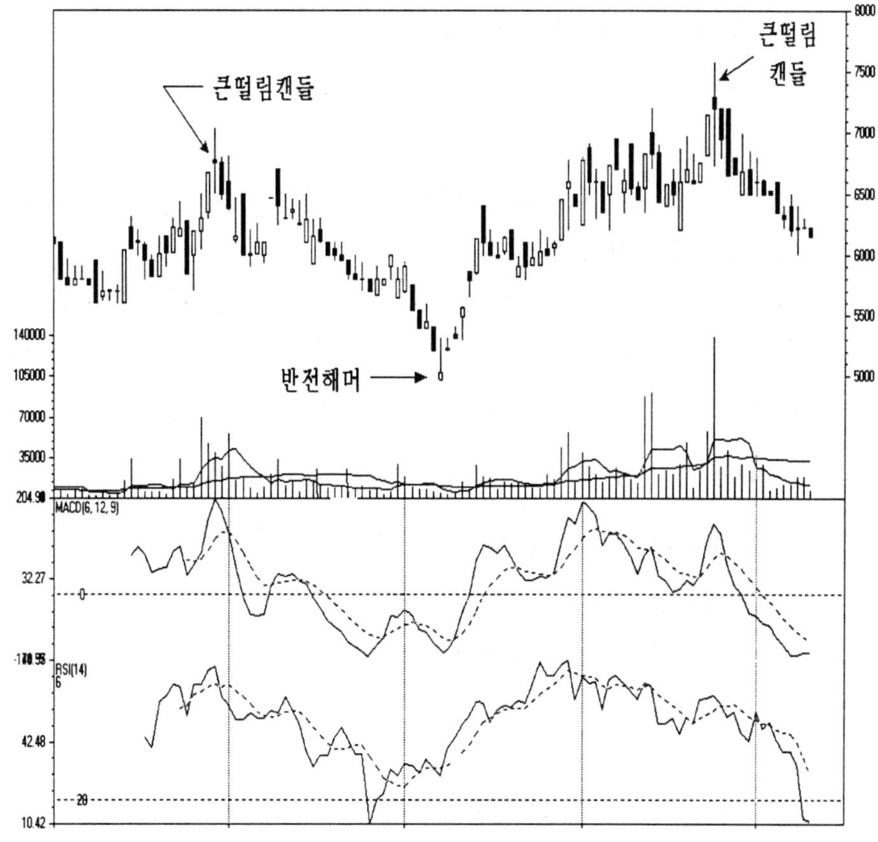

[그림 6-29] 반전 해머

큰 폭 하락 이후에 나타나는 반전 해머는 긴 윗그림자를 갖고 있어 과다매도 상태를 보여준다. 즉 반전 해머의 출현은 현재 주가가 과다매도 상태로 저평가되어 있음을 보여주는 것으로 조만간 상승 가능성을 예고해준다.

주가가 큰 폭으로 하락한 이후 반전 해머가 출현하면서 본격적으로 주가가 상승반전하고 있다. 반전 해머 출현시점을 전후하여 보조지표인 MACD와 RSI는 이미 상승세를 유지하고 있어 반전 해머 출현으로 주가의 상승 가능성은 매우 높다고 예상할 수 있다.

6-5 다양한 반전형

앞에서 소개한 해머와 행잉맨, 장악형, 흑운형, 관통형, 샛별형과 저녁별형들은 그래프 상에서 비교적 빈도수도 많고 출현시 반전형으로서 강한 신뢰성을 주는 패턴들이다.

여기서 더 많은 반전형들을 소개하고자 하는데, 빈도수가 반전형으로서의 강한 신뢰성이 앞에서 소개한 패턴들에 비해서는 약하다고 볼 수 있다. 그래도 항상은 아니지만 반전형으로 그래프 상에서 자주 볼 수가 있다.

여기서 다루고자 하는 반전형들은 다음과 같다.

- 포아형과 +포아형
- 집게형 : 집게형 고점과 집게형 저점
- 추진형 : 상승추진형과 하락추진형
- 까마귀형
- 접선형
- 탑형 : 상승탑형과 하락탑형
- 흑삼병과 적삼병

1. 포아형과 +포아형

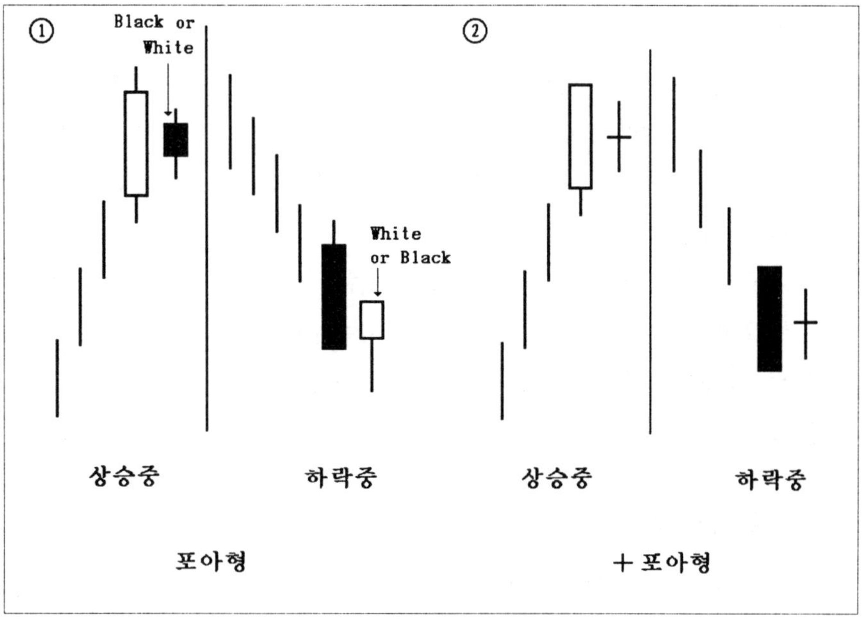

[그림 6-30] 포아형과 +포아형

(1) 요 약

포아형(harami pattern)은 그림 ①과 같이 상대적으로 긴 몸통이 작은 몸체를 포함하고 있는 형상이다. 'Harami'는 일본말로 '임신(pregnant)'의 뜻이며, 긴 몸통을 '어머니'로, 작은 몸통을 '태아 또는 아기'로 표현한다. 즉, 어머니가 아기를 잉태하고 있는 모습을 말한다.

긴 몸통이 작은 몸통을 감싸고 있는 장악형에 비해 포아형은 긴 몸통을 작은 몸통이 감싸고 있어 서로 상반된 모습을 보여주고 있다. 하락추세 이후 포아형의 출현은 매도세력이 감소하고 있음을 보여주는 것이고, 상승추세 이후 포아형의 출현은 더이상 높은 가격으로 매수하려는 세력이 약화되고 있음을 나타낸다.

포아형을 분석하는 중요성은 다음과 같다. 일반적으로 두번째 몸통은 첫번째 몸통의 중간 부근에 위치한다. 두번째 몸통의 위치에 따라 고가포아형과 저가포아형으로 구분한다.

두번째 몸통의 시가 · 고가 · 저가 · 종가가 첫번째 몸통 안에 포함되면 주가의 반전 가능성이 높아지며, 두번째 몸통과 그림자가 더욱 작을수록 반전 가능성은 더욱 높아진다. 더불어 그림 ②와 같이 두번째 몸통이 작은 몸통 대신에 열래(+)가 나타나면 반전 가능성은 더더욱 높아진다. 이와 같이 첫번째 몸통에 이어서 +가 나타나면 이 형태를 +포아형(harami cross)이라 한다.

포아형은 중요한 반전신호라 할 수는 없지만 +포아형은 신뢰성이 높은 중요한 반전신호이다. +포아형은 하락추세의 바닥에서 나타나 상승반전으로 작용할 수도 있으나, 상승추세의 정상에서 출현할 경우 하락전환될 가능성은 더욱 높아진다.

(2) 분석법

포아형의 특징은 다음과 같다.

- 일정한 추세가 지속된 후에 긴 몸통이 나타난다.
- 첫째날의 긴 몸통 색깔은 중요하지가 않다. 그러나 몸통 색깔이 시장의 추세를 반영한다면 중요하다.
- 둘째날 작은 몸통이 첫째날 긴 몸통에 이어서 나타나는데 완전히 내부에 포함이 된다. 즉, 첫째날과 둘째날의 고가와 저가가 서로 만날 수는 있지만 모두 동시에 일치할 수는 없다.
- 둘째날의 작은 몸통은 첫째날과 반대 색깔을 가지고 있다.

(3) 패턴 분석

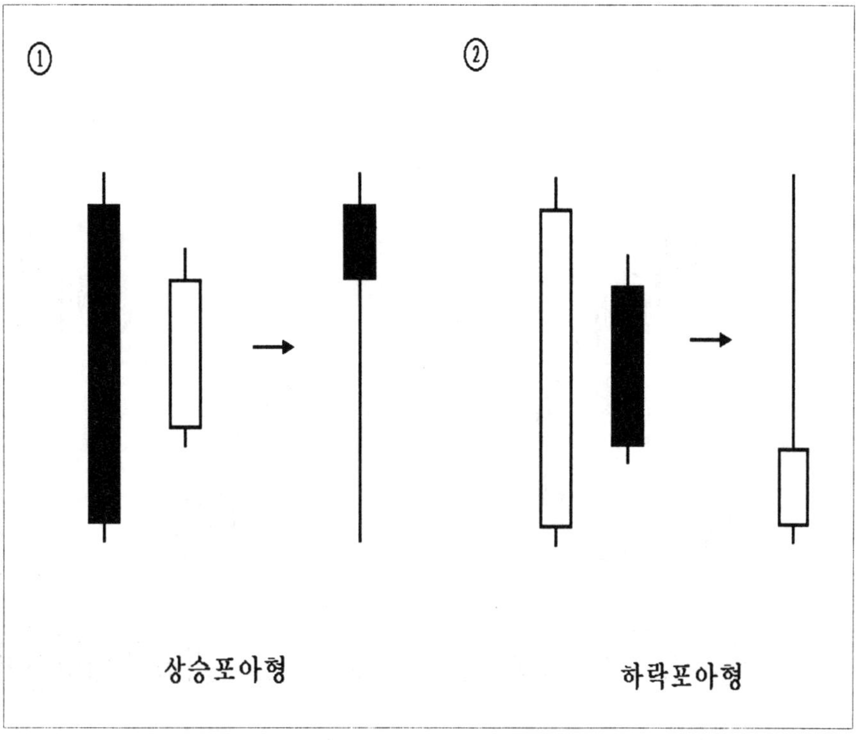

[그림 6-31] 포아형의 패턴 분석

상승포아형은 주가의 상승전환 시점을 나타내는 해머형으로 변경할 수가 있다. 또한 하락포아형은 주가의 하락전환 시점을 나타내는 유성형으로 변경할 수가 있으며, 만일 몸통이 매우 작다면 비석형으로도 변경될 수가 있다. 두 개의 캔들 차트로 구성된 상승포아형과 하락포아형이 단일 캔들 차트로 축소 변경되어도 그 역할을 충분히 수행하고 있다.

(4) 사 례

1) 사례 1

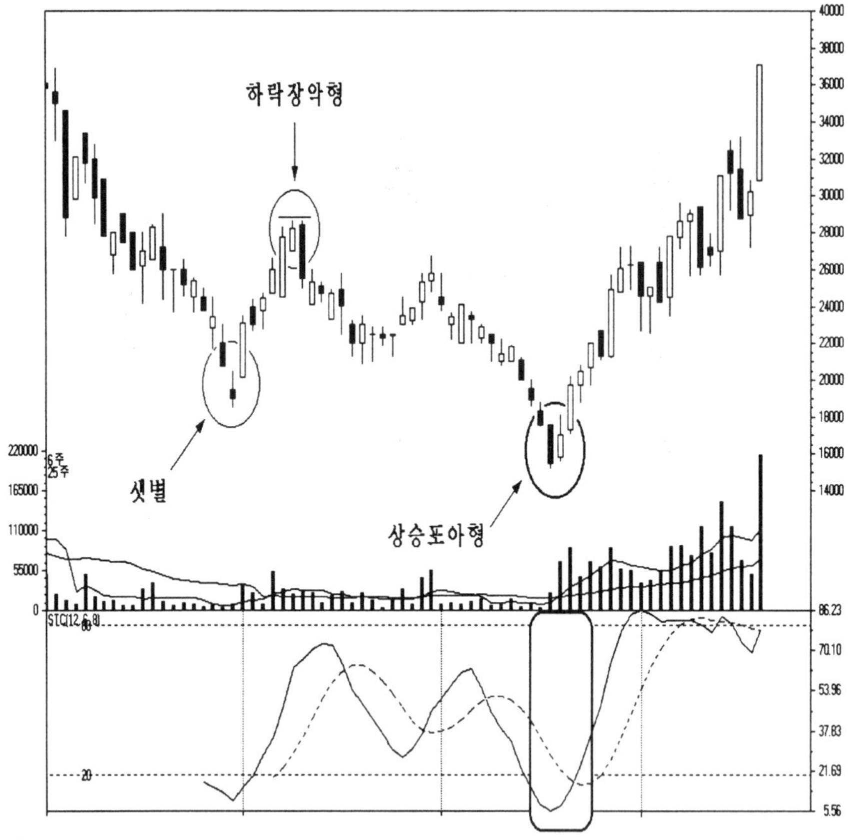

[그림 6-32] 상승포아형

그림 중앙을 보면 25,000원대에서 하락하기 시작한 주가가 15,000원대까지 하락한 다음 긴 음선이 작은 양선을 감싸고 있는 상승포아형을 형성하고 있다. 상승포아형의 출현으로 하락추세가 상승추세로 전환되고 있으며, 동일시점에서 보조지표인 Stochastics도 상승반전하면서 골든크로스가 발생하고 있어 상승반전 가능성을 높여주고 있다.

2) 사례 2

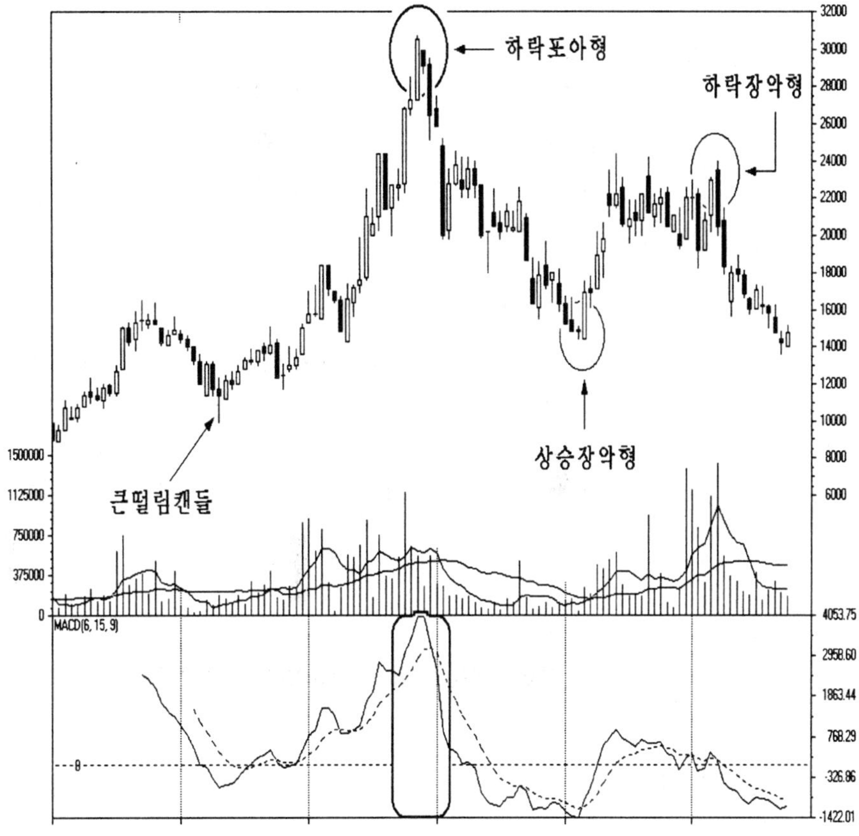

[그림 6-33] 하락포아형

10,000원대 주가가 급상승하기 시작하여 30,000원대까지 큰 폭으로 상승하였다. 그러나 긴 양선에 이어 작은 음선이 포개지면서 하락포아형이 출현하고 있다. 이로 인해 주가가 하락세로 반전하고 있다.

동일시점에서 보조지표인 MACD도 급상승하다가 하락반전하면서 데드크로스가 발생하고 있다. 상승추세가 일정 기간 지속된 이후 하락포아형이 출현하면서 주가가 하락반전하게 되는데, 이 시점을 전후하여 거래량의 감소현상과 더불어 연속해서 음선이 출현하고 있음을 볼 수 있다.

2. 집게형 : 상승집게형과 하락집게형

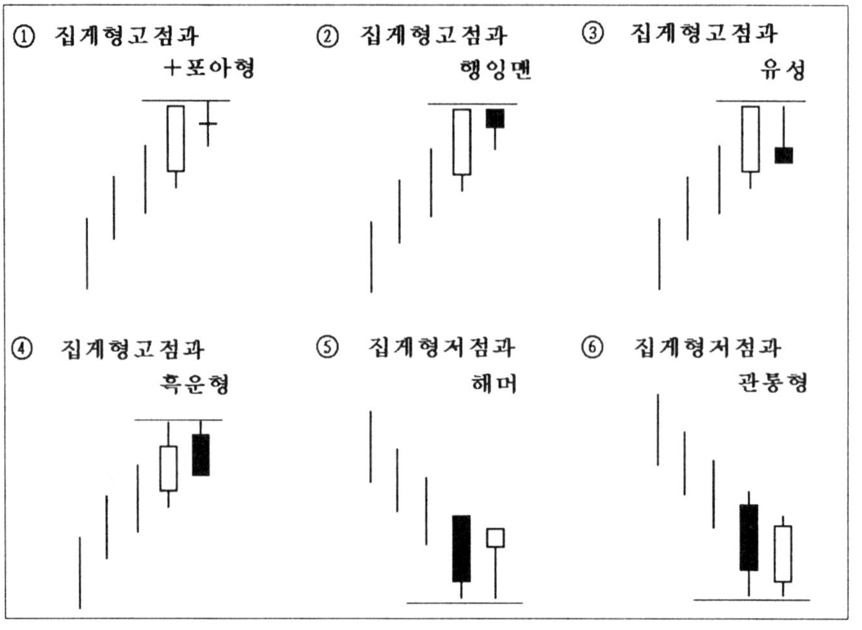

[그림 6-34] 집게형 : 상승집게형과 하락집게형

(1) 요 약

집게형(tweezers)은 두 개 또는 그 이상의 캔들 차트가 고가 또는 저가에서 일치하는 모양이 집게의 두 갈래와 유사하다고 해서 붙여진 이름이다. 상승추세에서 집게형고점(tweezers top)은 고가에서 만나고 하락추세에서 집게형저점(tweezers bottom)은 저가가 같을 때 형성된다. 집게형은 몸통 · 그림자 · 얼래로 구성되어 있다.

그림 ①은 긴 양선 이후 얼래가 출현한 경우로서 고가가 같은 +포아형이며 중요한 반전신호로 작용한다. 그림 ②는 긴 양선과 행잉맨으로 구성이 된 집게형을 보여주고 있으며, 중요한 반전신호 중 하나이다. 그림 ③은 긴 양선 이후 유성과 결합한 하락집게형을 보여주고 있다. 또한 이 패턴은 포아형으로도 불리며, 중요한 반전신호이다.

그림 ④는 흑운형이 변형된 것으로 하락집게형과 결합된 모습을 하고 있다. 그림 ⑤는 긴 음선 이후 해머형이 형성된 경우로 각각의 저가가 서로 일치하고 있으며, 지지선으로 작용하고 있다. 또한 포아형과 유사한 모양을 하고 있다. 그림 ⑥은 관통형이 변형된 모습으로 상승집게형의 역할을 하고 있다. 이 패턴의 특징은 직전 저점 밑에서 시가가 시작되는 것이다.

(2) 분석법

집게형의 특징은 다음과 같다.

- 상승추세에서 집게형고점이 형성되며 고가가 일치한다. 또한 하락추세에서 집게형저점이 형성되며 저가가 일치한다.
- 집게형은 몸통·그림자·얼래로 구성되어 있다.
- 집게형은 절대적인 반전형 신호는 아니며, 때때로 지속형 신호로 작용하기도 한다.

(3) 사 례

1) 사례 1

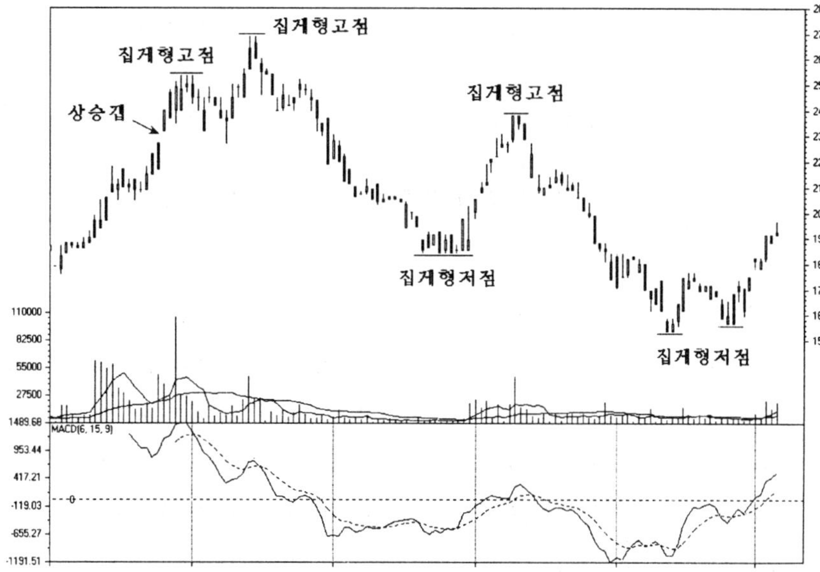

[그림 6-35] 집게형

그림 좌측 상단을 보면 26,000원대에서 이틀 연속 고점이 같은 집게형 고점이 출현하고 있다. 집게형고점은 하락집게형으로도 불리는데, 상승세가 지속되는 도중 더 이상 고점이 높아지지 못하면서 상승세가 멈추는 경우를 말한다. 이 경우에는 긴 양선 위에서 음선이 짓누르는 모양으로 흑운형의 모양을 하고 있어 흑운형 집게형으로 부를 수도 있다.

3. 추진형

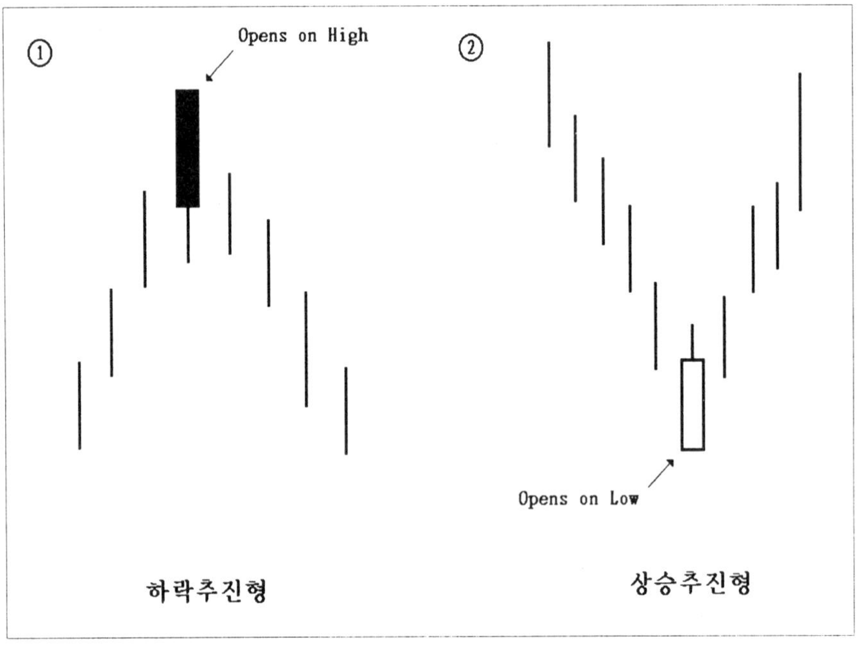

[그림 6-36] 추진형 : 하락형과 상승형

(1) 요 약

추진형(belt-hold lines)은 상승추진형과 하락추진형으로 구분이 된 단일 캔들 차트이다. 하락추진형(그림 ②)은 당일 저가가 시가이며 장중에 주가가 상승한다. 이 패턴을 'White opening shaven bottom'이라 부르기도 한다. 상승추진형(그림 ①)은 당일 고가가 시가이며 장중에 주가가 하락한다. 이 패턴을 'black opening shaven head'라 부르기도 한다.

추진형의 몸통 길이가 길면 길수록 반전에 대한 가능성은 더욱 높아진다. 하락추진형은 상승추세가 마감되고 하락추세로 전환될 때 나타나는 패턴이지만 다음날 하락추진형의 음선 위에서 종가가 형성된다면 상승추세가 다시 진행된다는 의미로 받아들일 수 있다. 같은 의미로 상승추진형은 하락추세가 마감되면서 상승추세가 새롭게 시작되는 반전 패턴이지만 상승추진형의 양선 아래에서 다음날 종가가 형성된다면 새로운 매도세력의 출현으로 하락추세가 다시 지속된다고 볼 수 있다.

추진형(belt-hold lines)이란 이름은 스티브 니슨(Steve Nison)이 붙였으며, 일본에서는 'yorikiri'라 불리고, 영어로는 'push out'을 의미한다. 여기서는 편의상 추진형으로 부르도록 한다.

(2) 분석법

추진형의 특징은 다음과 같다.

- 추진형의 확인은 한쪽 끝에 그림자가 없어야 한다.
- 상승추진형은 저가가 시가이며 아래 그림자가 없다.
- 하락추진형은 고가가 시가이며 윗그림자가 없다.

(3) 사 례

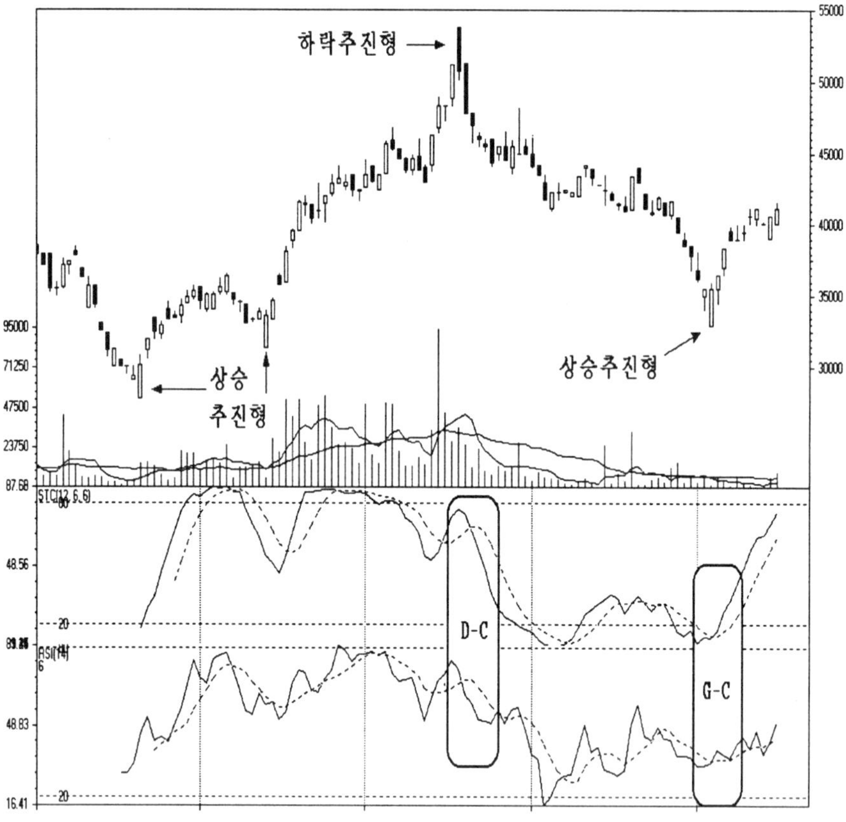

[그림 6-37] 추진형

30,000원에서 상승하기 시작한 주가가 조정시 긴 양선의 상승추진형이 출현하면서 상승세가 지속되고 있으며, 거래량도 완만하게 증가하고 있다. 큰 폭 상승 이후 53,000원을 고점으로 긴 음선의 하락추진형이 나타나면서 상승세가 하락세로 반전하고 있다. 이 시점 이후 거래량도 급속히 감소하면서 하락세가 이어지고 있다.

4. 까마귀형

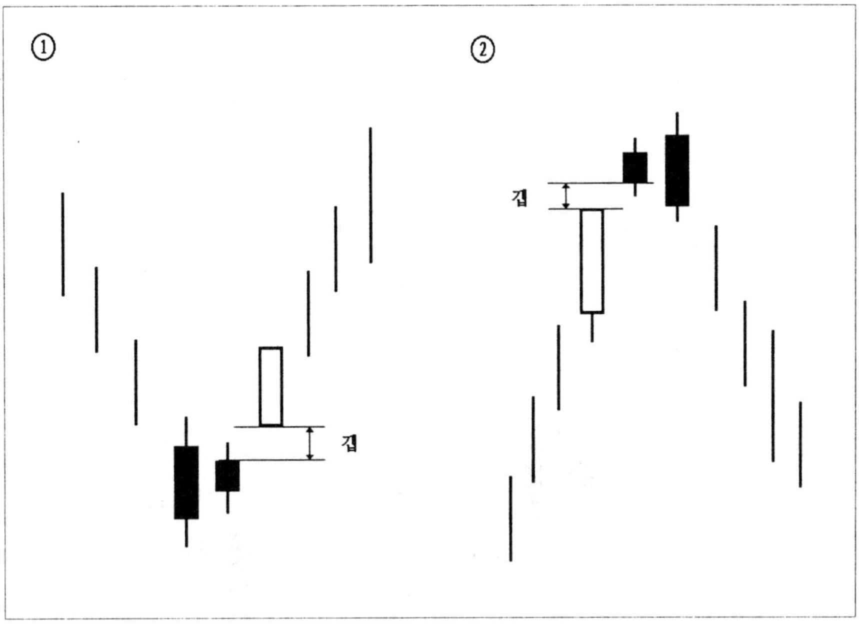

[그림 6-38] 까마귀형

(1) 요 약

까마귀형(upside-gap two crows)은 그림 ②와 같이 긴 양선 이후 두 개의 음선이 일정한 갭을 두고 놓여 있는 패턴이다. 이 두 음선의 모양이 까마귀와 유사하다 하여 까마귀형이라 불린다. 전반적으로 나뭇가지에 까마귀 두 마리가 앉아 불길한 모습으로 밑을 응시하고 있는 형상을 하고 있어 명백하게 하락전환 신호이다. 이상적인 까마귀형은 첫번째 음선의 시가 위에서 둘째날 시가가 개시되고, 첫번째 음선의 종가 밑에서 둘째날 종가가 형성되는 것이다.

(2) 분석법

까마귀형의 특징은 다음과 같다.

- 첫째날은 긴 양선이 나타나 상승추세가 지속된다.
- 둘째날은 갭을 발생하며 음선이 나타난다.
- 셋째날 역시 음선이 나타난다.
- 셋째 날은 둘째날의 몸통 안에서 시가가 형성되며, 첫째날의 몸통 안에서 종가가 형성된다.

(3) 패턴 분석

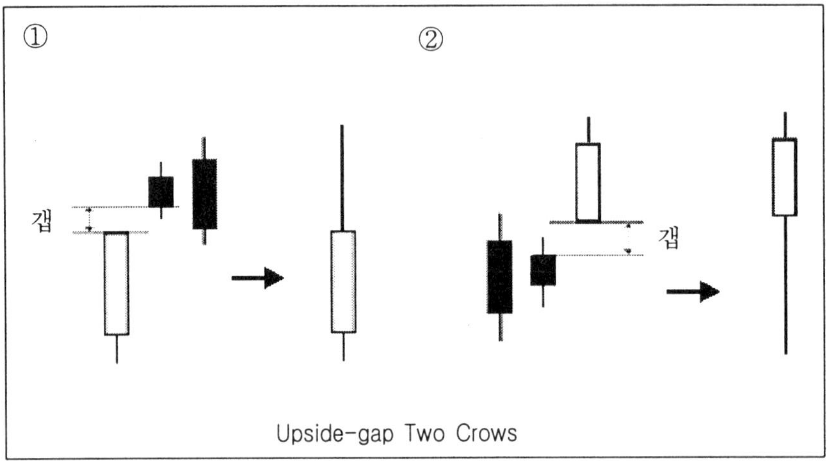

[그림 6-39] 까마귀형의 패턴 분석

긴 양선과 두 개의 작은 음선으로 구성된 까마귀형을 단일 캔들 차트로 축소 변경하면, 첫번째 긴 양선보다 몸통 길이가 약간 더 길어지면서 긴 윗 그림자를 갖게 되는 패턴을 형성하게 된다.

사실 까마귀형은 완전한 하락전환 패턴이라 볼 수가 없으므로 이 패턴 전후의 움직임을 보면서 신중하게 판단을 해야 한다.

(4) 사 례

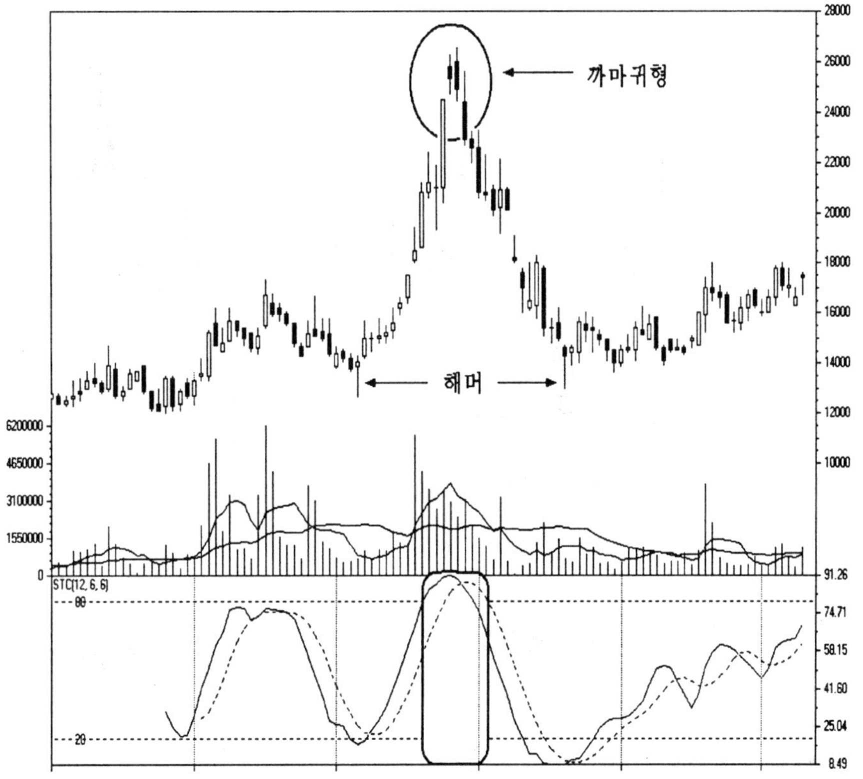

[그림 6-40] 까마귀형

14,000원대에서 해머가 나타난 이후 상승세를 보이던 주가가 이후 25,000원대까지 상승하였다. 양선이 연속적으로 출현하면서 큰 폭 상승한 이후 작은 음선 두 개가 나타나면서 주가의 상승세가 하락세로 반전하고 있다. 즉, 까마귀형이 형성되면서 향후 주가 하락을 예고해주고 있다. 이후 거래량이 감소하고 있으며, 보조지표인 Stochastics도 하락반전하고 있어 주가 하락 가능성을 높여주고 있다.

5. 접선형

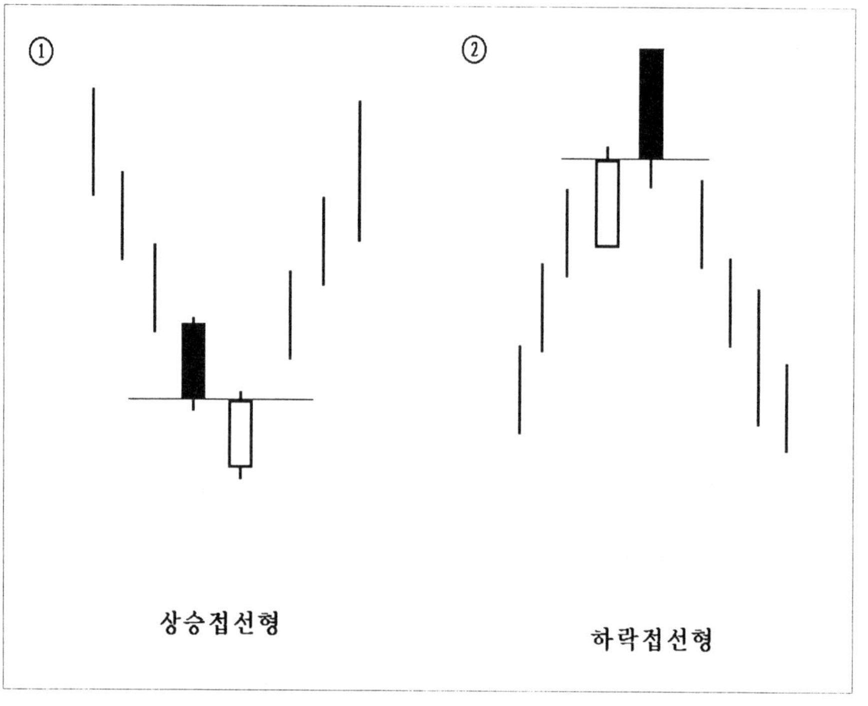

[그림 6-41] 접선형 : 상승형과 하락형

(1) 요 약

접선형(counterattack lines)은 그림에서처럼 서로 상반된 색깔을 갖는 캔들 차트가 같은 종가를 가질 때 형성된다. 그림 ①은 상승접선형의 사례로 이 패턴은 하락추세에서 상승추세로 반전될 때 발생한다.

접선형의 첫번째 캔들 차트는 긴 음선이고, 두번째 캔들 차트의 시가는 직전 종가에 비해 매우 낮게 형성된다. 이 시점에서 추가적인 하락에 대한 확신을 가질 수 있으나 이후 주가의 상승으로 직전 종가와 일치하는 수준에서 새로운 종가가 형성된다. 이로써 이제까지의 하락추세는 더 이상 진행되지 않는다.

상승접선형은 관통형과 비교된다. 관통형은 상승접선형과는 달리 두번째 양선이 첫번째 음선의 중간 이상 상승하는 것이 차이점이다. 바로 이런 점 때문에 관통형이 상승접선형보다 더욱 신뢰할 수 있는 반전형 패턴이다.

그림 ②는 하락접선형의 사례로 상승추세에서 하락추세로 반전될 때 발생하는 패턴이다. 하락접선형의 첫번째 캔들 차트는 긴 양선으로 이제까지의 상승세력이 지속되고 있음을 보여주는 것이며, 두번째 캔들 차트의 시가가 직전 종가에 비해 더 높이 형성되므로 상승에 대한 확신을 더욱 갖게 된다.

그러나 이 시점부터 하락하고자 하는 새로운 세력이 등장하여 상승세력을 압도하면서 직전 고점과 일치하는 수준까지 종가를 끌어내린다. 장 초반 상승에 대한 낙관적인 세력이 아마도 장 후반에는 향후 장세에 대한 불안감으로 변하게 될 것이다.

상승접선형은 관통형과 비교되고, 하락접선형은 흑운형과 비교된다. 흑운형은 하락접선형보다 더 신뢰도가 높은 하락반전 신호이다.

(2) 분석법

접선형의 특징은 다음과 같다.

- 첫째날의 몸통 색깔은 하락추세일 때는 음선이고, 상승추세일 때는 양선이다.
- 둘째날의 몸통 색깔은 첫째날과 정반대이다.
- 첫째날과 둘째날의 종가는 서로 일치한다.
- 각각은 긴 몸통을 가지고 있어야 한다.

(3) 패턴 분석

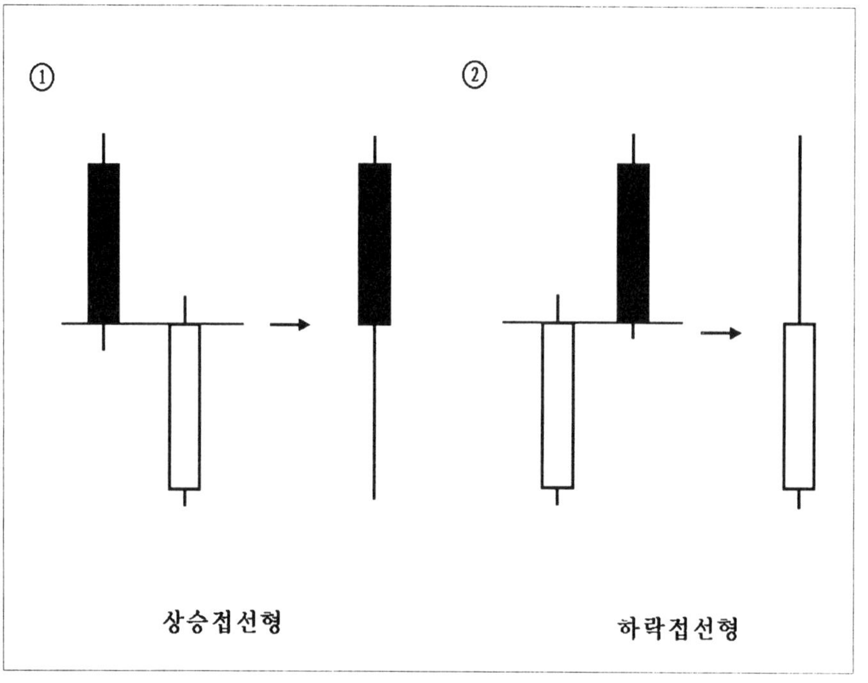

[그림 6-42] 접선형의 패턴 분석

두 개의 캔들 차트로 구성된 상승접선형을 단일 캔들 차트로 축소 변경하게 되면, 첫번째 몸통은 그대로 유지가 되며 두번째 양선의 길이만큼 긴 아래 그림자가 형성된다.

하락접선형을 단일 캔들 차트로 축소 변경하게 되면, 첫번째 몸통은 그대로 유지가 되며 두번째 음선의 길이만큼 긴 윗그림자가 형성된다.

(4) 사 례

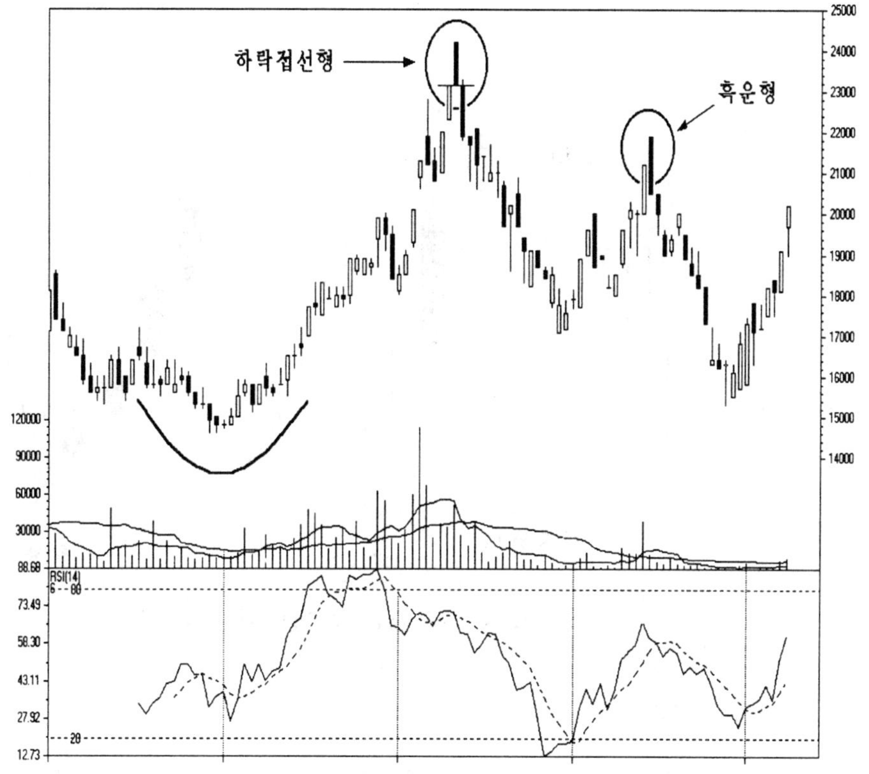

[그림 6-43] 접선형

큰 폭으로 상승한 주가가 긴 양선에 이어 종가가 같은 긴 음선이 나타나면서 하락접선형을 출현시키고 있다. 24,000원대를 고점으로 하락접선형이 출현하고 있으며 이후 하락세가 지속되고 있다. 하락접선형은 긴 양선이 나타나고 다음날 이제까지의 상승 분위기가 이어지면서 시초가에 높은 가격에서 출발하였으나, 장중에 단기급등에 불안을 느낀 세력들에 의해 하락하기 시작하여 종가가 전일 종가 수준에서 마감하는 경우에 형성된다. 이 시점을 전후하여 거래량이 감소하고 있으며, 보조지표 RSI도 이미 하락추세가 진행되고 있었다.

6. 탑형 : 상승탑형과 하락탑형

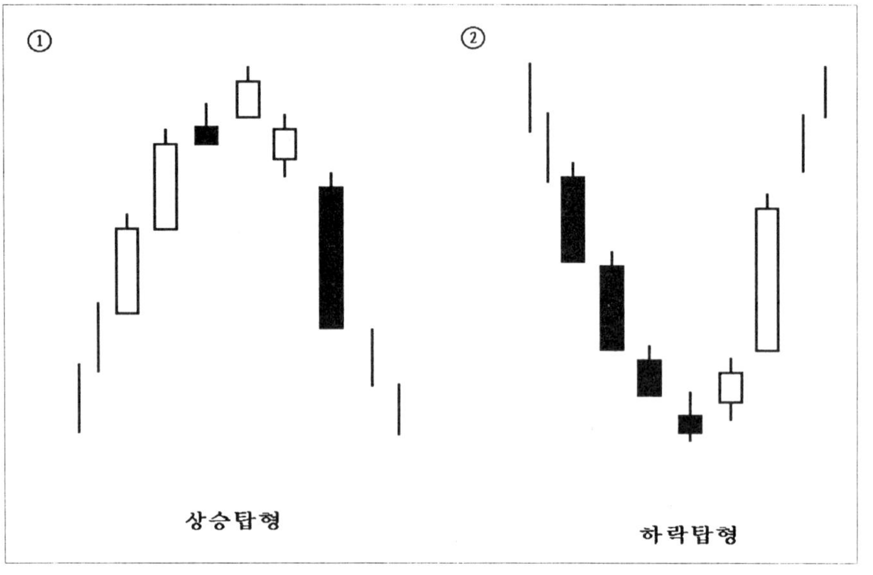

[그림 6-44] 탑형 : 상승탑형과 하락탑형

(1) 요 약

상승탑형(tower top)은 상승추세의 고점에서 하락추세로 전환되는 패턴이다. 긴 양선이 연속해서 나타나며 상승추세가 지속된 이후에 발생한다. 상승추세에서는 완만하게 상승하지만 고점에서 하락전환될 때는 빠른 속도로 하락한다. 상승탑형은 한 개 또는 두 개 이상의 긴 음선이 나타나면서 완성된다. 따라서 상승탑형은 키가 큰 탑형과 모양이 유사하다고 하여 붙여진 이름이다.

하락탑형(tower bottom)은 하락추세가 지속된 이후 낮은 가격대에서 형성되며, 하락추세의 저점에서 상승추세로 전환되는 패턴이다. 긴 음선이 연속해서 나타나며 하락추세가 지속된 이후에 발생한다. 하락탑형은 한 개 또는 두 개 이상의 긴 양선이 나타나면서 완성된다. 즉 하락탑형은 하락추세의 긴 음선과 상승추세의 긴 양선으로 구성되어 있다.

(2) 사 례

1) 사 례 1

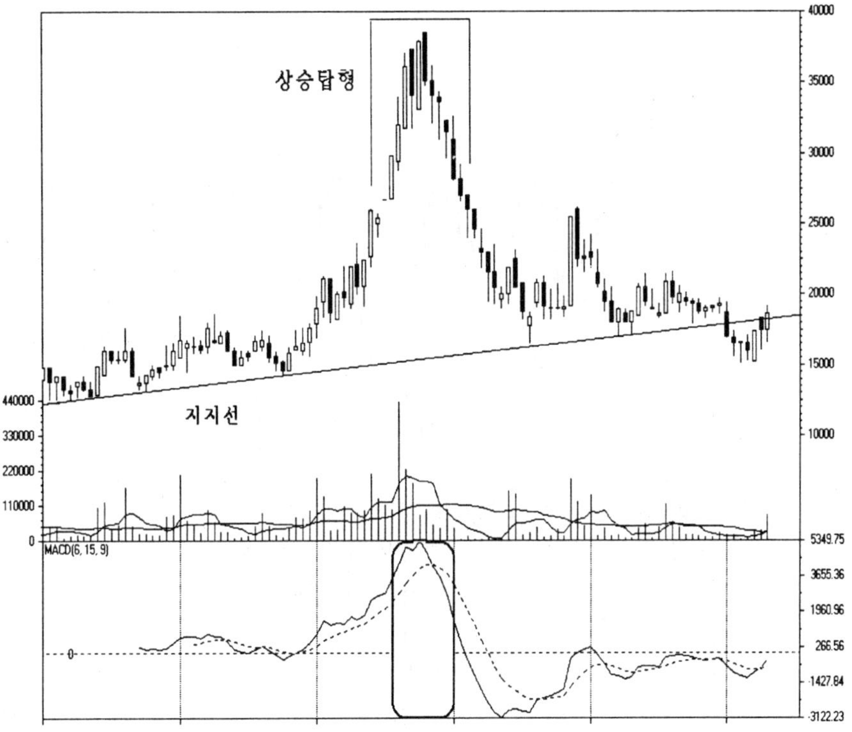

[그림 6-45] 상승탑형

15,000원대를 저점으로 상승하기 시작한 주가가 35,000원대까지 큰 폭 상승을 하였다. 긴 양선에 이어 고점을 기록한 긴 음선이 출현하면서 하락 반전형인 흑운형이 출현하고 있다. 이후 긴 음선들이 연속적으로 나타나면서 큰 폭 하락을 보인 이후 상승 직전의 가격대로 다시 돌아왔다. 이 과정에서 상승탑형이 형성되었다.

이 형성과정에서 거래량과 보조지표 MACD 추이를 보면 완만하게 상승한 이후 급속하게 하락하고 있음을 볼 수 있다.

2) 사례 2

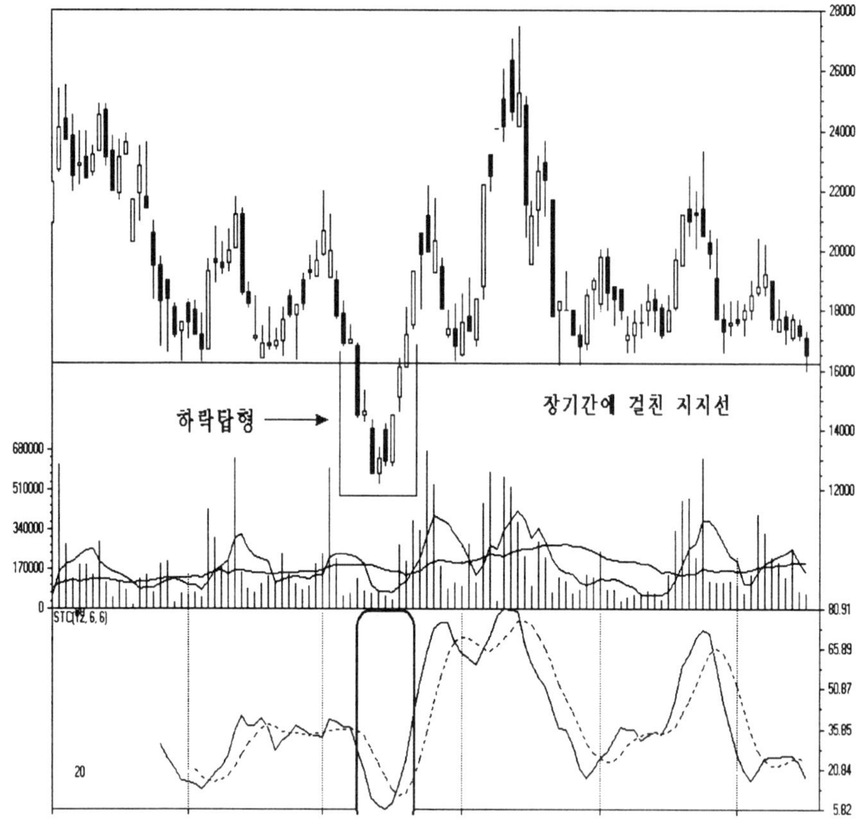

[그림 6-46] 하락탑형

20,000원대에서 하락하기 시작하기 시작한 주가가 긴 음선들이 연속해서 나타나며, 저점을 기록한 이후 긴 양선들이 뒤이어 나타나면서 상승세로 반전되고 있다. 이 과정에서 하락탑형이 형성되고 있다.

이 형성과정에서 거래량 추이를 보면 감소세에서 증가세로 반전되고 있으며, 동일시점의 보조지표 Stochastics를 보면 하락추세가 전환되면서 상승추세를 보여주고 있다. 16,000원대에서 장기간에 걸쳐 지지선이 형성되어 있음을 볼 수가 있다.

7. 적삼병과 흑삼병

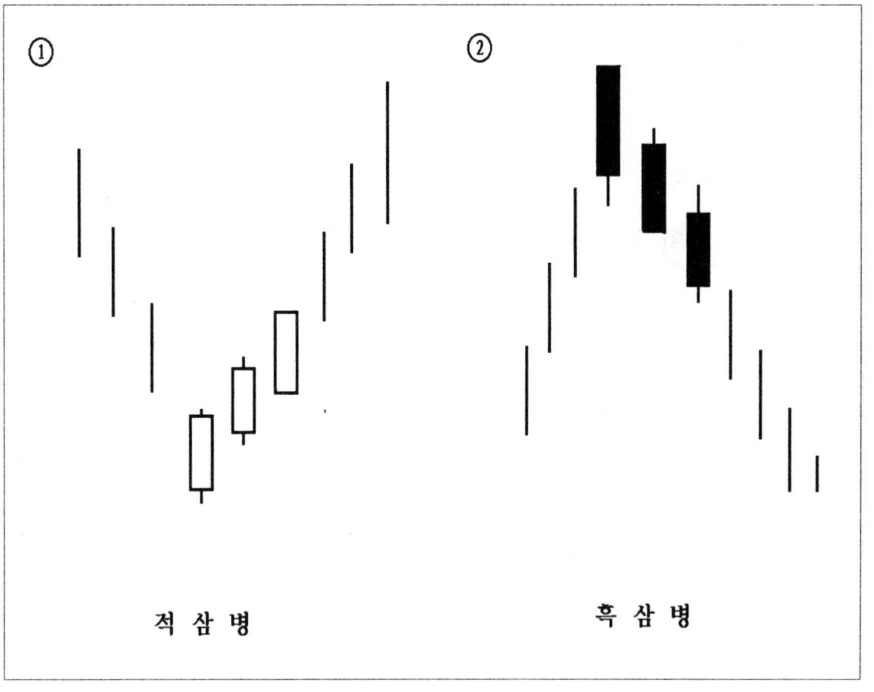

[그림 6-47] 적삼병과 흑삼병

(1) 요 약

그림 ①의 적삼병(three white soldiers)은 세 양선이 연속해서 상승하면서 나타나는 패턴이다. 하락추세가 지속된 이후 저가권에서 출현하는 적삼병은 향후 추세상승을 예고해준다.

적삼병은 꾸준하게 상승하는 경우로서 전날의 양선 내에서 시가가 형성되며, 각각의 양선은 고가에 근접하여 종가가 형성되므로 윗그림자가 작거나 거의 나타나지 않는다. 이런 상황은 시장이 강하게 상승세로 반전되었음을 보여주는 경우이다.

까마귀형은 두 음선으로 구성되어 있지만 그림 ②의 흑삼병(three black crows)은 세 음선이 연속해서 하락하면서 나타난다. 흑삼병은 상승추세가 지속된 이후 고가권에서 출현하는데 향후 추세하락을 예고해준다.

흑삼병은 죽은 고목나무에 까마귀떼가 여러 마리 불길하게 앉아 있는 모습을 연상시켜주며, 향후 주가하락을 예고해준다. 세 음선의 종가는 장중 저가에 거의 근접하여 형성되며, 각각의 시가는 직전 음선의 거래영역(몸통) 안에서 형성된다.

(2) 분석법

적삼병의 특징은 다음과 같다.

- 세 개의 긴 양선이 연속적으로 발생하며, 점점 종가가 더 높게 형성된다.
- 각각은 전일의 몸통 안에서 시가가 형성된다.
- 당일 종가가 장중의 고가 근처에서 형성된다.

흑삼병의 특징은 다음과 같다.

- 세 개의 긴 음선이 연속적으로 발생하며, 점점 종가가 더 낮게 형성된다.
- 각각은 전일의 몸통 안에서 시가가 형성된다.
- 당일 종가가 장중의 저가 근처에서 형성된다.

(3) 패턴 분석

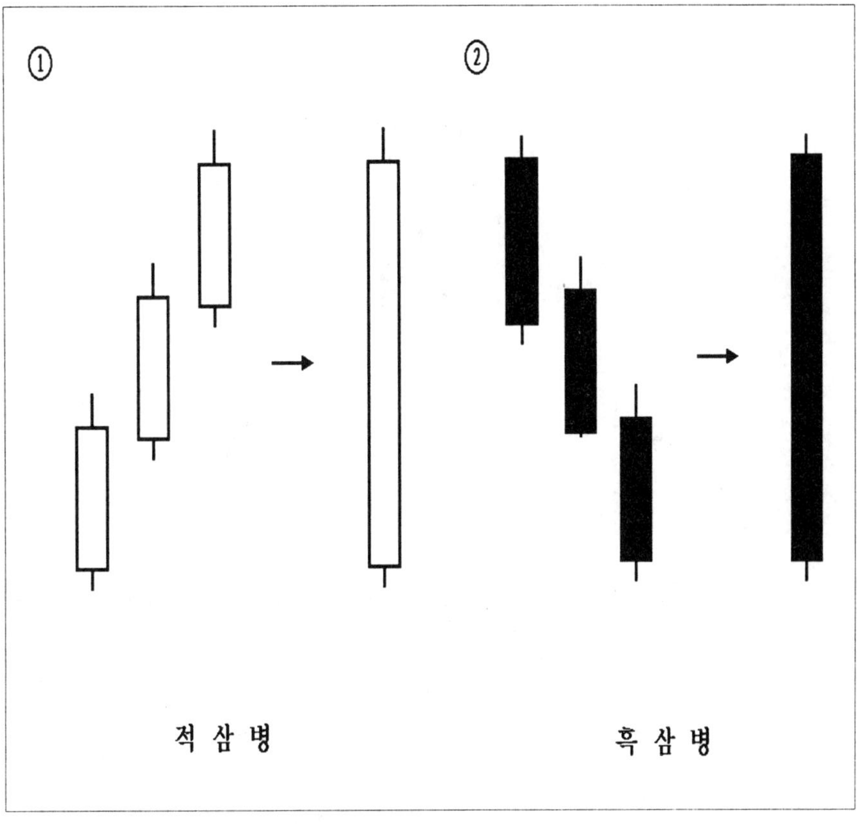

[그림 6-48] 적삼병과 흑삼병의 패턴 분석

적삼병은 양선 3개가 합성되어 긴 양선을 형성하고 있다. 하락추세가 멈추면서 양선 3개가 연속해서 형성된다는 것은 투자심리가 호전되고 있음을 보여주는 것으로서, 바닥권을 강하게 벗어나고 있음을 보여주는 것이다. 반대로 흑삼병은 음선 3개가 합성되어 긴 음선을 형성하고 있다. 상승추세가 멈추면서 음선 3개가 연속해서 형성된다는 것은 투자심리가 역전되고 있음을 보여주는 것으로서 상승세가 갑자기 약화되고 있음을 알 수 있다.

(4) 사 례

1) 사례 1

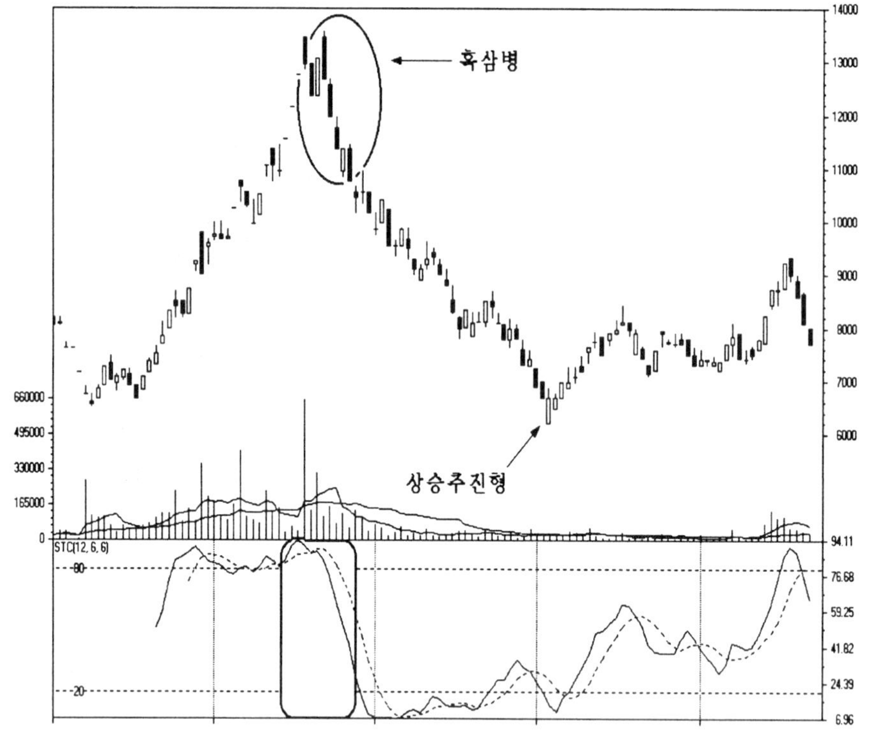

[그림 6-49] 흑삼병

6,000원대를 저점으로 상승하기 시작한 주가가 단기간에 13,000원대까지 상승하였다. 그러나 고점에서 음선 세 개가 연속해서 나타나면서 흑삼병이 출현하고 있고, 동시에 장기간에 걸쳐 형성된 지지선을 하향 이탈하고 있다. 흑삼병 출현 이후 거래량이 감소하고 있으며, 보조지표 Stochastics를 보면 과열권을 이탈하며 하락세로 급락하고 있다. 즉 흑삼병 출현과 동시에 거래량과 보조지표가 동시에 하락반전하고 있어 향후 주가 하락 가능성을 높여주고 있다.

2) 사례 2

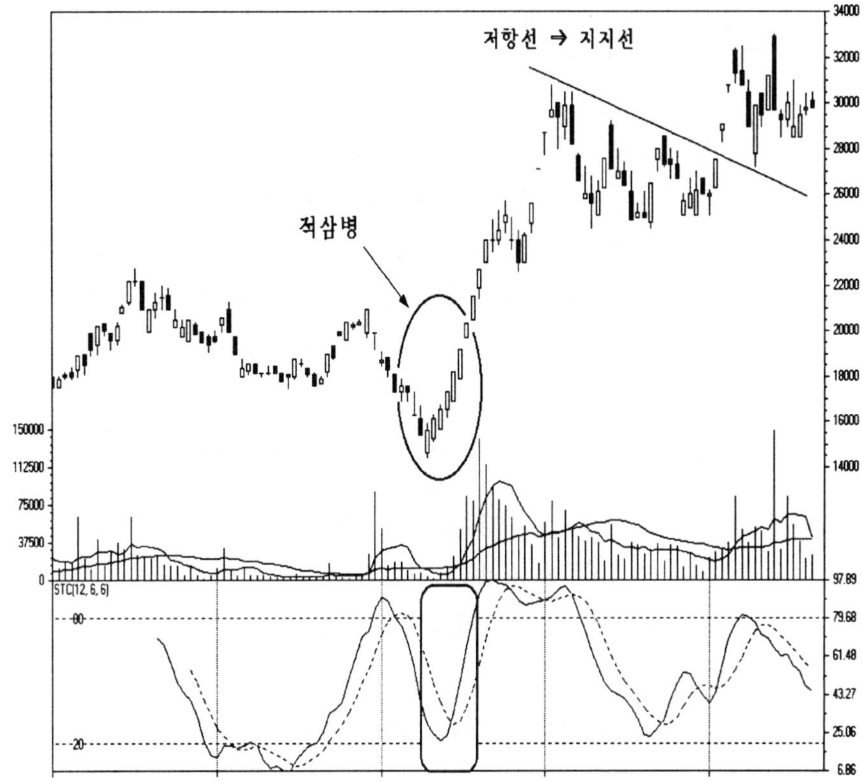

[그림 6-50] 적삼병

장기간 횡보 국면을 보인 주가가 단기저점을 보인 기록된 이후 양선이 연속해서 나타나면서 적삼병이 출현하고 있다. 이 시점을 전후하여 거래량이 큰 폭으로 증가하고 있으며, 보조지표 Stochastics도 하락을 멈추고 상승반전하고 있어 향후 주가 상승에 대한 가능성을 높여주고 있다. 즉 적삼병 출현과 동시에 거래량이 증가하고, 보조지표들도 상승추세를 보이고 있다면 향후 주가 상승에 대한 가능성은 매우 높다고 할 수가 있다. 하락과정이나 횡보 국면에서 양선 3개가 연속해서 나타나는 것은 매우 힘든 일이며, 상승 에너지가 매우 강함을 뜻한다.

6-6 지속형

대부분의 캔들스틱은 반전형를 나타내고 있지만 그래도 많은 종류의 지속형들이 있다. 사까다 전법에는 매수시기와 매도시기, 그리고 관망시기(휴식기)로 표현을 하고 있는데, 대부분의 경우 일정한 추세를 유지하기 위하여 일정기간 숨을 돌리며 휴식기간을 갖는 경우가 있다. 이와 같이 일시적으로 쉬었다 다시 이전의 추세대로 진입하는 패턴들을 지속형이라 부른다.

여기서 다루고자 하는 지속형들은 다음과 같다.

- 삼법형 : 상승삼법형과 하락삼법형
- 돌파갭 : 상승돌파갭과 하락돌파갭
- 고점돌파 상승갭과 저점이탈 하락갭

1. 삼법형 : 상승삼법형과 하락삼법형

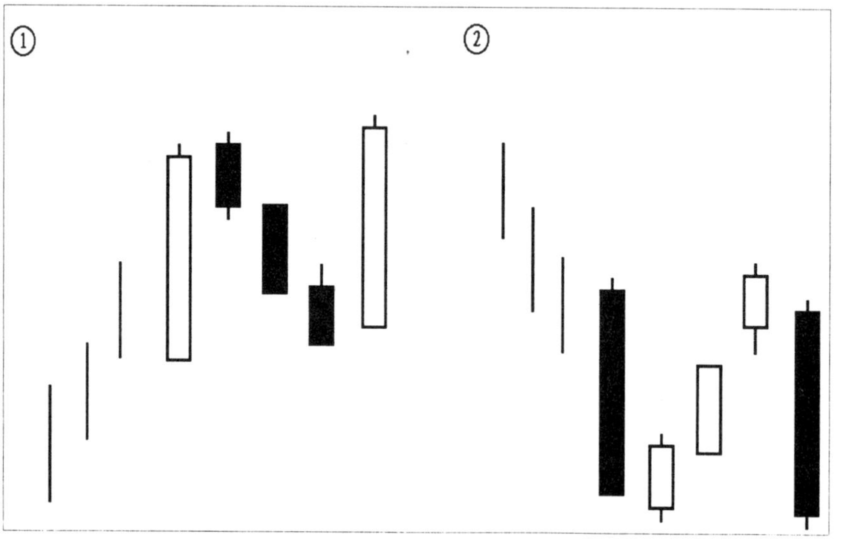

[그림 6-51] 삼법형 : 상승형과 하락형

(1) 요 약

삼법형(three methods)은 상승삼법형과 하락삼법형으로 구분된다. 상승삼법형과 하락삼법형은 모두 기존의 추세를 변경시키지 않고 지속시켜 주는 지속형으로 작용한다.

상승삼법형은 상승추세에서 긴 양선이 출현하면서 형성되기 시작한다. 뒤 이어 긴 양선에 반발하는 작은 음선들이 형성되는데, 긴 양선의 저가와 고가 사이, 즉 긴 양선의 거래범위 안에서 형성된다.

이때 긴 양선의 저가와 고가 사이, 즉 긴 양선의 거래범위는 그림자까지 포함한다. 마지막 날(정상적으로 5일째)의 시가는 전일의 종가 위에서 시작되어 신고가를 경신하면서 종가가 형성된다.

하락삼법형은 상승삼법형과는 정반대로 하락추세에서 긴 음선이 출현하면서 형성된다. 뒤이어 긴 음선에 반발하는 작은 양선들이 형성되는데, 긴 음선의 저가와 고가 사이, 즉 긴 음선의 거래범위 안에서 형성된다. 마지막 날(정상적으로 5일째)의 시가는 전일의 종가 아래에서 시작되어 신저가를 경신하면서 종가가 형성된다.

(2) 분석법

상승삼법형과 하락삼법형의 특징은 다음과 같다.

- 첫번째(첫째날)가 긴 양선이면 상승추세이고, 긴 음선이면 하락추세를 나타낸다.
- 긴 양선에 이어 작은 음선들이 출현하는 것이 가장 좋고, 긴 음선에 이어서는 작은 양선들이 출현하는 것이 가장 이상적이다.
- 작은 양선이나 음선들은 기존의 추세와 반대되는 색깔을 가지고 있으며, 앞선 긴 고가와 저가 범위 안에 포함되어야 한다.
- 마지막 날은 긴 양선이나 음선을 형성해야 한다. 즉 기존의 추세를 유지하면서 첫째날의 종가 밖에서 새로운 종가가 형성되어야 한다.

(3) 패턴 분석

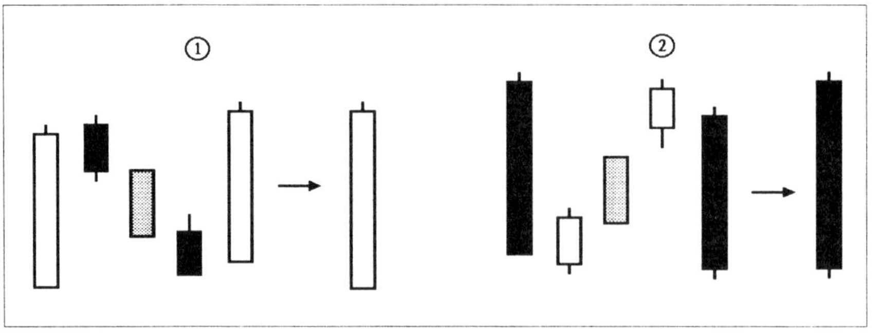

[그림 6-52] 상승삼법형과 하락삼법형

(4) 사 례

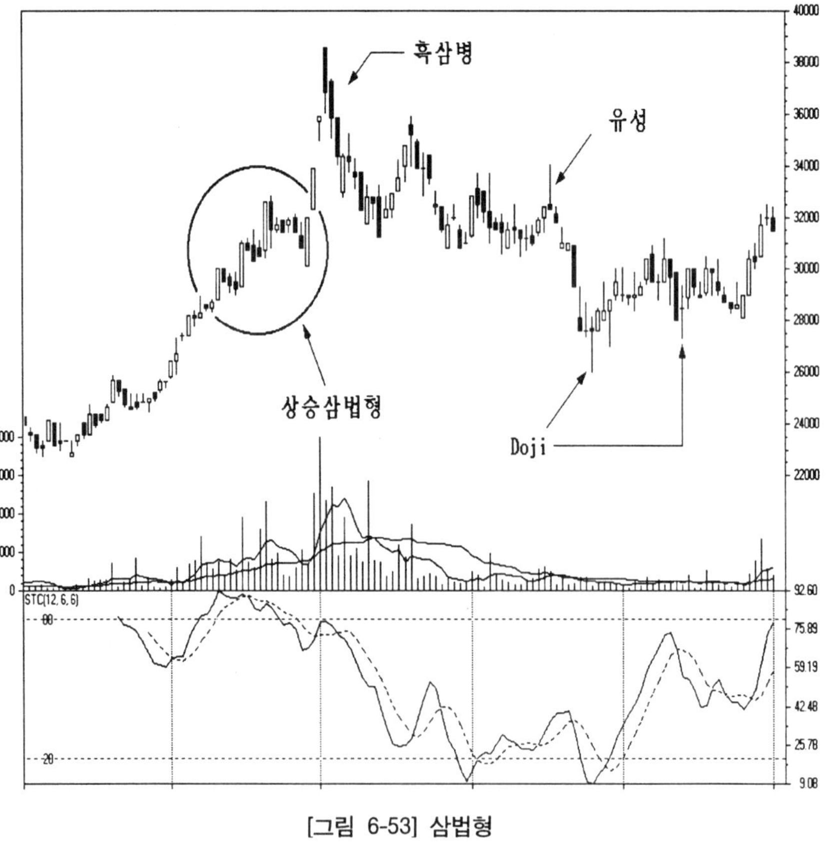

[그림 6-53] 삼법형

강하게 상승세가 이어지던 도중 긴 양선에 이어 이에 반발하는 작은 음선들이 출현하고 있다. 이때 작은 음선들은 직전의 긴 양선 안에 포함되고 있다. 마지막에는 기존의 상승추세를 반영하는 긴 양선이 출현하면서 직전 고점을 상향돌파하며 신고가를 형성하고 있다. 이후 상승삼법형 출현으로 상승세가 지속되고 있다.

2. 돌파갭 : 상승돌파갭과 하락돌파갭

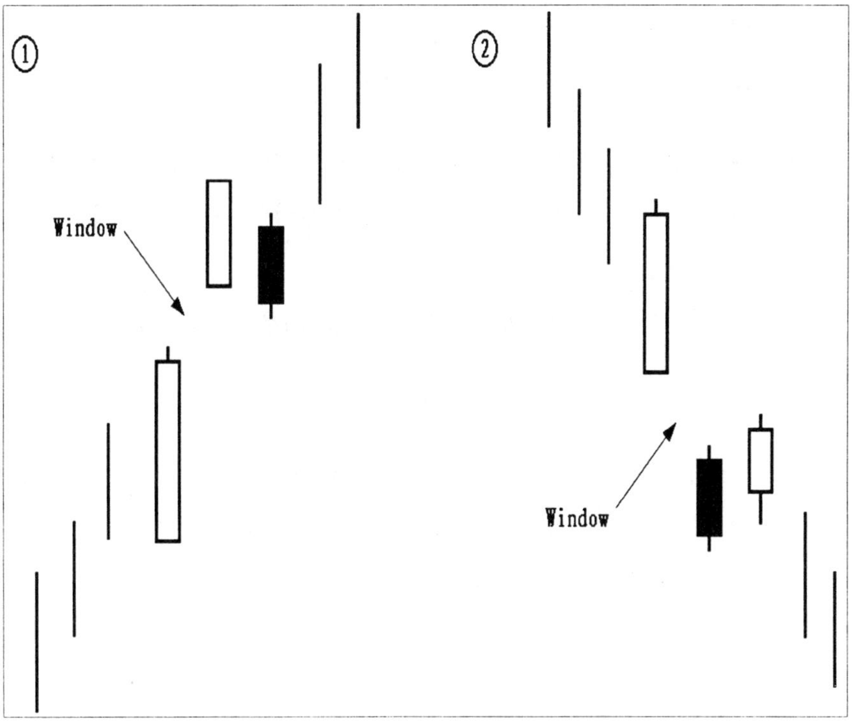

[그림 6-54] 상승돌파갭과 하락돌파갭

(1) 요 약

상승돌파갭(upward-gap tasuki)은 상승하는 도중 나타나는 지속형 패턴이다. 양선이 갭을 발생하며 형성되고 뒤이어 음선이 형성된다. 음선의 시가는 양선의 거래범위 내에서 형성되고, 종가는 양선 아래에서 형성된다.

이때 음선의 종가가 좋은 매수시점이 되며, 절대로 갭을 채워서는 안 된다. 만일 음선이 형성되는 과정에서 갭을 채우게 되면 매도세가 여전히 존재하고 있다고 판단하며, 상승돌파갭은 더 이상 의미가 없어진다.

하락돌파갭은 상승돌파갭과 반대의 개념으로 이해하면 된다. 상승돌파갭과 하락돌파갭에 나타나는 양성과 음선의 몸통 길이는 대략 같은 크기를 가지고 있다. 상승돌파갭과 하락돌파갭은 모두 자주 나타나는 패턴은 아니고 매우 드물게 발생한다.

(2) 분석법

상승돌파갭의 특징은 다음과 같다.

- 상승추세에서 나타나며, 양선이 상승갭을 발생하며 형성된다.
- 두번째 음선의 시가는 양선의 거래범위 내에서 형성되고, 종가는 양선 아래에서 형성된다.
- 두번째 음선이 형성되면서 갭을 채우지 말아야 한다.

하락돌파갭의 특징은 다음과 같다.

- 하락추세에서 나타나며, 음선이 하락갭을 발생하며 형성된다.
- 두번째 양선의 시가는 음선의 거래범위 내에서 형성되고, 종가는 음선 위에서 형성된다.
- 두번째 양선이 형성되면서 갭을 채우지 말아야 한다.

(3) 사 례

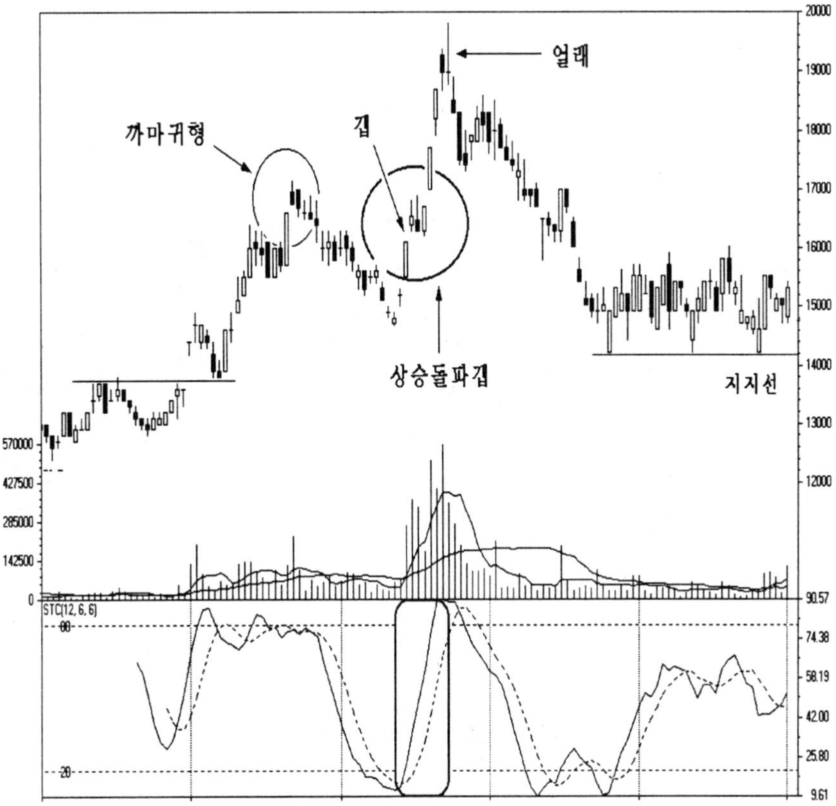

[그림 6-55] 상승돌파갭

그림 중앙을 보면 중반 대량 거래를 동반하면서 상승추세로 전환된 이후 긴 양선에 이어 상승갭이 발생하고 있다. 긴 양선과 같은 색깔의 양선이 상승갭을 두고 나타나고 있으며, 이와 크기가 비슷한 음선이 또다시 나타나고 있다. 이때 앞서 발생한 상승갭을 메우지 않고 음선이 나타나고 있으며, 뒤이어 긴 양선이 나타나면서 상승추세를 이어가고 있다.

이 시점을 전후하여 거래량이 큰 폭으로 증가하고 있으며, 보조지표 Stochastics가 급반전하며 침체권을 벗어나고 있다.

3. 고점돌파 상승갭과 저점이탈 하락갭

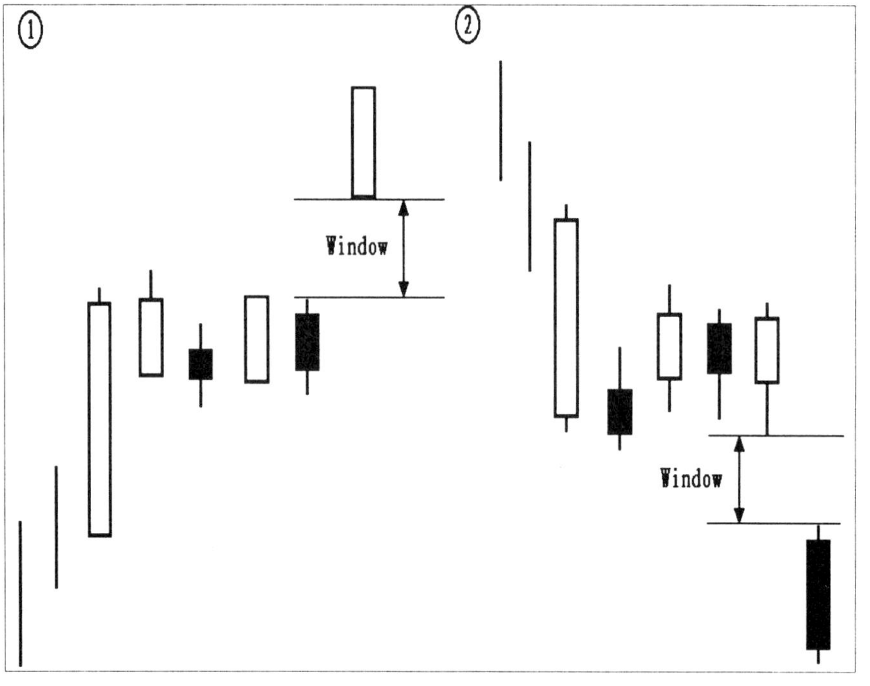

[그림 6-56] 고점돌파 상승갭과 저점이탈 하락갭

(1) 요 약

큰 폭으로 상승하면서 긴 양선이 출현한 다음에 작은 몸통을 갖는 양선과 음선들이 밀집되는 경우가 있다. 강한 상승 이후에 이와 같이 작은 양선과 음선들이 서로 밀집하게 되면 향후 시장의 향방이 불분명한 상태로 된다. 이후 상승갭이 발생하면서 상승하게 되면 이때가 가장 좋은 매수시점이 된다. 이 과정에서 생긴 패턴을 고점돌파 상승갭(high-price gapping play)이라 부른다.

저점이탈 하락갭(low-price gapping play)은 고점돌파 상승갭의 반대 개념이다. 저점이탈 하락갭은 저가권대에 형성되어 있는 작은 양선과 음선들의 밀집대를 갭을 발생하면서 하향이탈하는 경우에 형성된다.

(2) 분석법

고점돌파 상승갭의 특징은 다음과 같다.

- 강한 상승 이후에 작은 몸통을 갖는 양선과 음선들이 밀집대를 형성한다.
- 밀집대를 돌파하는 상승갭이 발생하면서 상승추세를 반영하는 양선이 형성된다.

저점이탈 하락갭의 특징은 다음과 같다.

- 큰 폭의 하락 이후에 작은 몸통을 갖는 양선과 음선들이 저가권대에서 밀집대를 형성한다.
- 밀집대를 이탈하는 하락갭이 발생하면서 하락추세를 반영하는 음선이 형성된다.

(3) 사 례

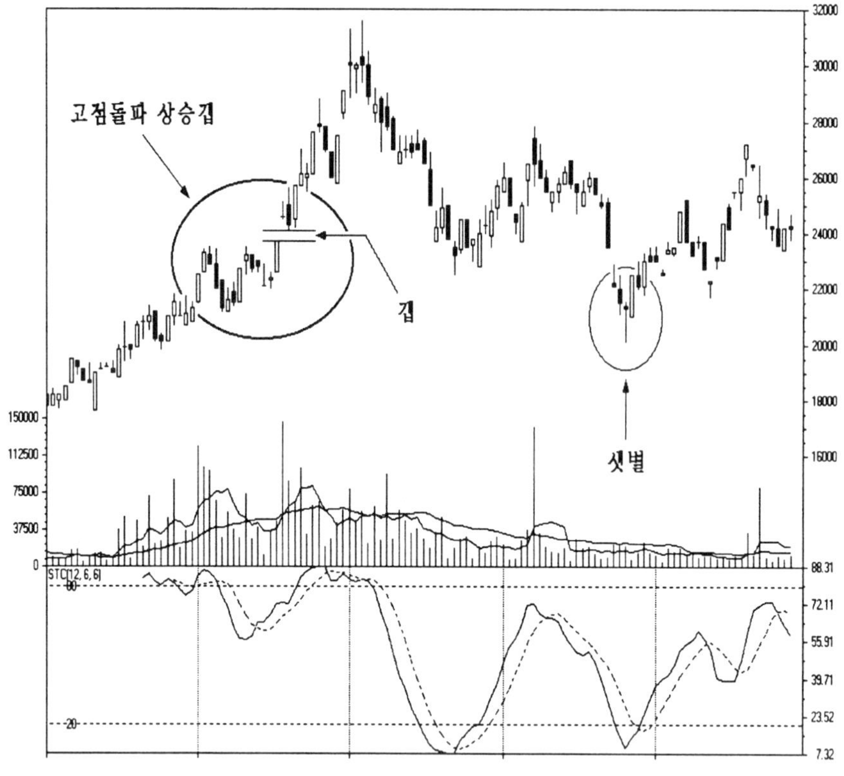

[그림 6-57] 고점돌파 상승갭

거래량이 증가하면서 상승추세가 지속적으로 이어지고 있다. 상승 도중 24,000원대를 고점으로 더 이상 상승하지 못하고 주가가 옆으로 횡보하면서 물량 밀집대를 형성하고 있다. 향후 주가 향방이 불투명하던 이 시점에서 긴 양선에 이은 큰 폭의 상승갭이 발생하면서 직전 고점을 강하게 상향 돌파하고 있다. 이때를 매수시점으로 이용할 수가 있으며, 비로소 지속형 패턴인 고점돌파 상승갭이 형성된 것이다.

이 시점 이후 거래량이 소폭증가하고 있으며, 보조지표 Stochastics가 재반등하고 있다.

연습문제

1. 캔들 차트의 발생배경과 역사에 대해 설명하세요.
2. 캔들 차트의 구조와 종류에 대해 설명하세요.
3. 얼래의 발생의미와 종류에 대해 설명하세요.
4. 해머와 행잉맨의 특징과 분석법에 대해 설명하세요.
5. 장악형과 포아형의 특징과 분석법에 대해 설명하세요.
6. 흑운형과 관통형의 특징과 분석법에 대해 설명하세요.
7. 샛별과 저녁별의 특징과 분석법에 대해 설명하세요.
8. 유성과 반전 해머의 특징과 분석법에 대해 설명하세요.
9. 까마귀형과 추진형의 특징과 분석법에 대해 설명하세요.
10. 흑삼병과 적삼병의 특징과 분석법에 대해 설명하세요.

제7장

추세 분석

7-1 지지선과 저항선

7-2 추세선

▸ 연습문제

7-1 지지선과 저항선

저항선이란 주가 및 지수의 고점들을 연결한 선으로 더이상 상승할 수 없을 정도로 매도세력이 강력하여 매입세력을 압도하는 주가 수준을 말한다.

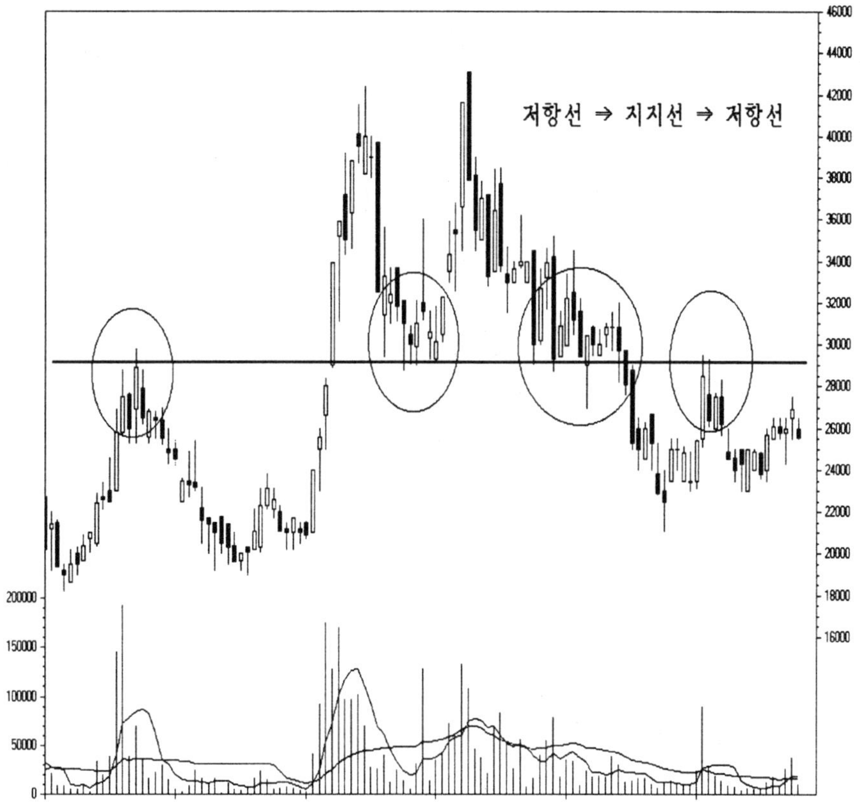

[그림 7-1] 지지선과 저항선

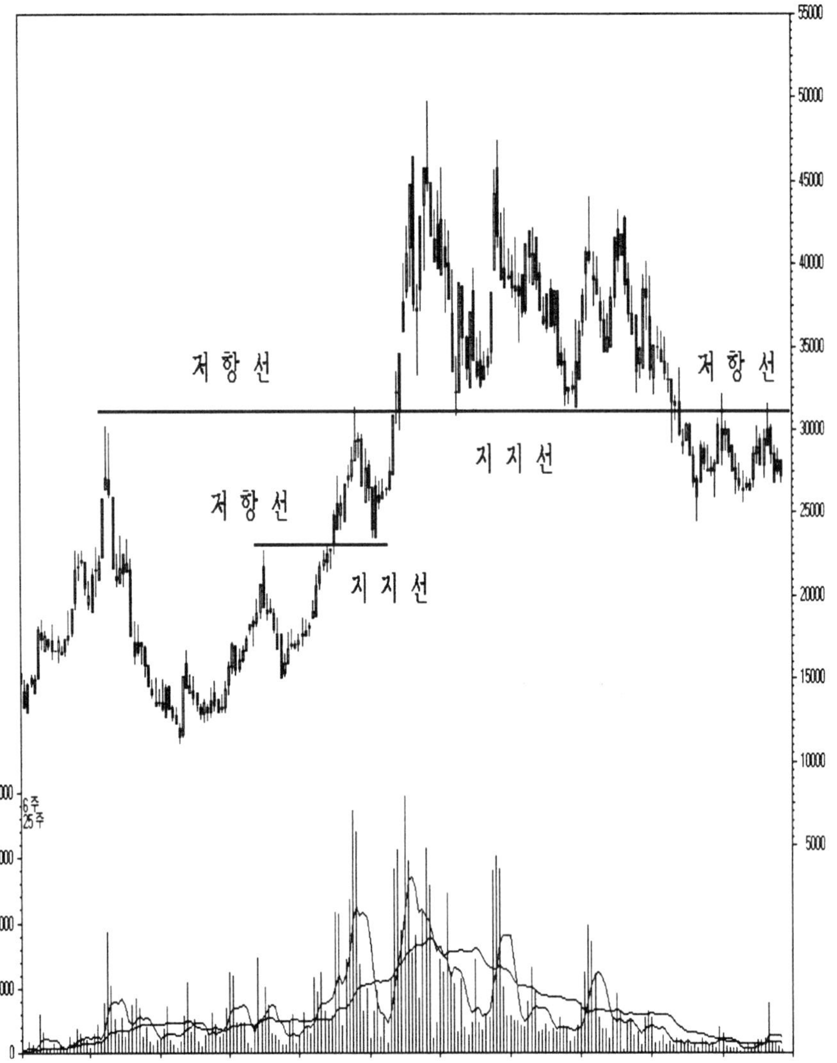

[그림 7-2] 지지선과 저항선

지지선은 저항선의 반대개념으로 주가 및 지수의 저점들을 연결한 선으로 더 이상 하락할 수 없을 정도로 매입세력이 강력하여 매도세력을 압도하는 주가 수준을 말한다.

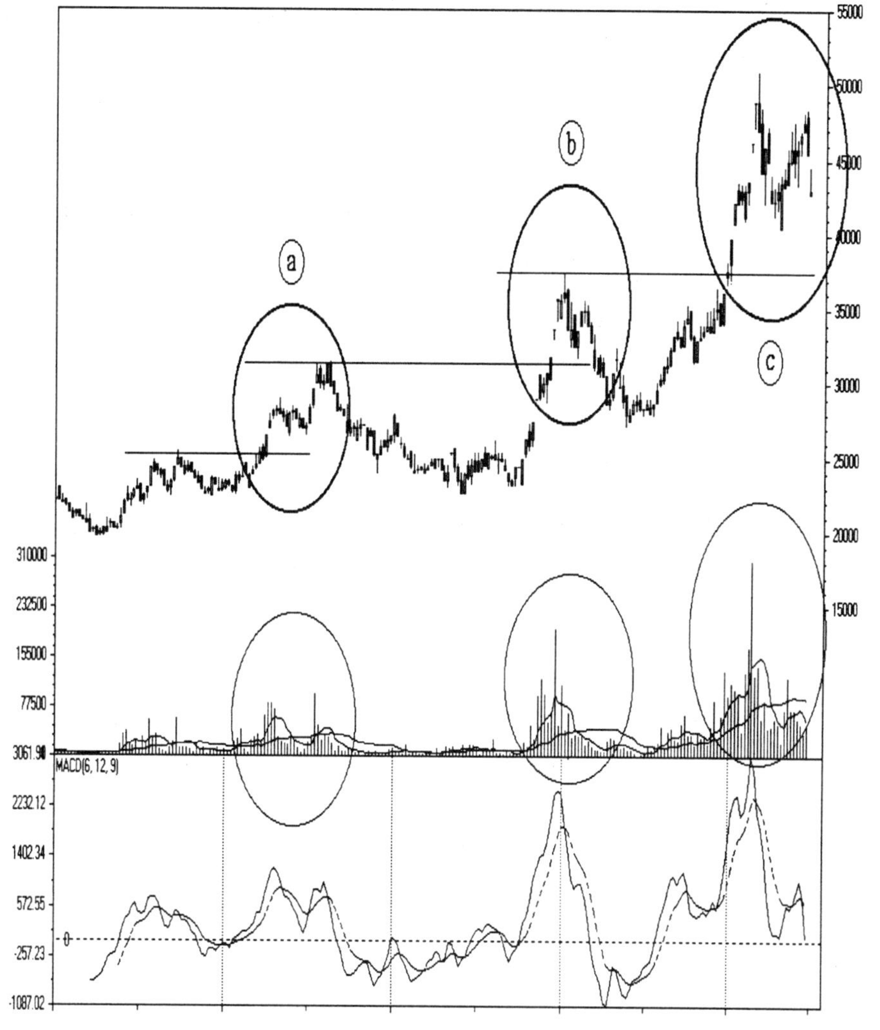

[그림 7-3] 저항선(직전 고점) 돌파

일반적으로 직전에 형성된 최고점이 저항선으로 작용하기도 하지만, 직전 고점을 형성할 당시의 거래량을 상회하는 대량 거래량이 출현하게 되면 주가는 새로운 고점을 형성하게 된다. 즉 직전 고점을 상향돌파하기 위해서는 직전 고점에 비해 더 많은 거래량이 수반되어야 가능하다.

직전에 형성된 최고점은 저항선이 되는 경우가 많으며, 반대로 직전에 형성된 최저점은 지지선이 되는 경우가 많다. 또한 저항선이나 지지선이 일단 돌파가 되면 이제까지의 저항선은 지지선으로, 지지선은 저항선으로 그 역할이 바뀌는 경우가 많다.

저항선과 지지선이 중요한 의미를 가지는 이유는 다음과 같다.

- 현재 주가의 최소·최대 목표치를 설정하는 데 유용하다.
- 저항선이나 지지선의 돌파 시도가 여러 번에 걸쳐 성공하지 못할 경우 추세전환의 신호로 인식할 수 있다.
- 장기간에 걸쳐 형성된 것일수록 신뢰도가 높다.
- 최근에 형성된 것일수록 신뢰도가 높다.
- 매매전략에 이용할 수 있다.
- 10,000원, 20,000원, 100,000원, …… 이와 같은 가격대는 심리적인 지지선이나 저항선으로 작용할 수가 있다.

7-2 추세선

1. 추 세

추세는 주가 및 지수가 움직이는 방향을 말한다. 주가는 일정기간 일정 방향으로 움직인다기보다는 수시로 방향을 전환하면서 움직이는 경우가 더 많다. 이러한 움직임을 차트 상에 기록하게 되면 여러 개의 산(고점)과 골(저점)이 형성되어 있음을 볼 수가 있다. 이와 같이 형성된 산과 골을 연결하여 앞으로 움직여 가고자 하는 방향을 미리 추적해볼 수가 있다.

- 상승추세 : 저점(골)의 위치가 지속적으로 상승하는 경우
- 하락추세 : 고점(산)의 위치가 점차적으로 하락하는 경우
- 보　　합 : 추세가 명백하지 않는 경우

2. 추세선 분석

추세선이란 추세를 나타내는 선이다. 추세선을 직선으로 그리기 위해서는 최소한 2개 이상의 산 또는 골들이 필요하지만 추세선을 정확하게 그리기 위해서는 3개 이상의 산 또는 골이 필요하다. 추세선의 신뢰도는 산이나 골들의 확인과정이 여러 번 진행될수록, 추세선의 길이가 길수록 기울기가 완만할수록 커진다. 일단 추세선이 확인되면 일정기간 일정한 추세선 상에서 움직일 가능성이 커진다.

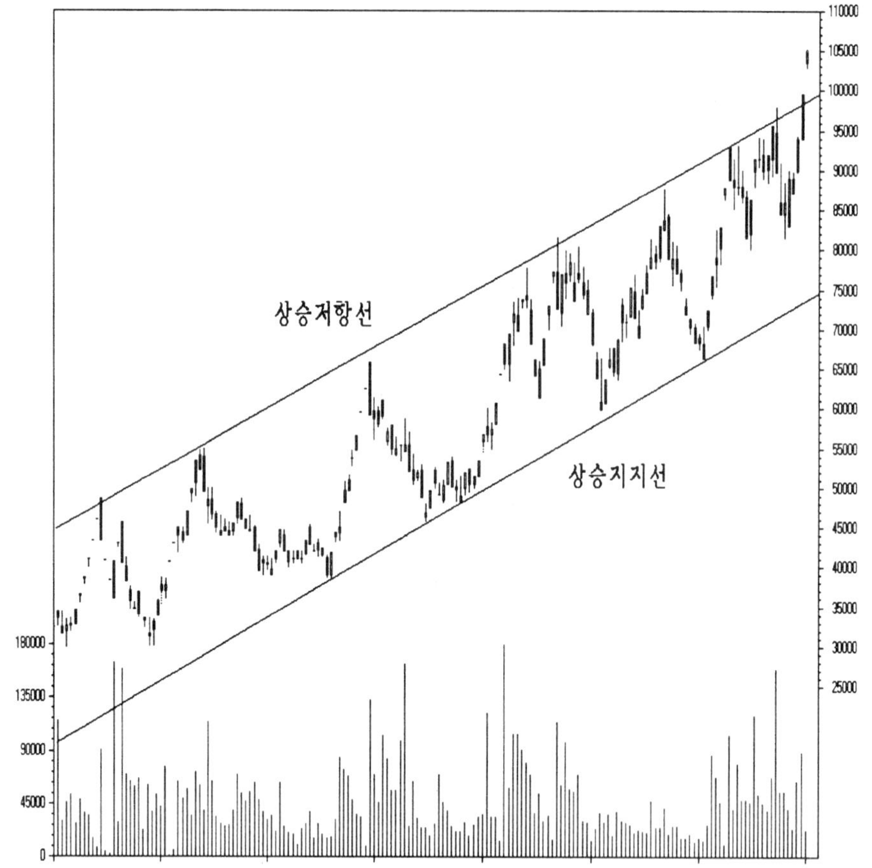

[그림 7-4] 상승추세대

상승추세대는 고점들을 연결한 상승저항선과 저점들을 연결한 상승지지선이 점점 높아가면서 상승추세대를 형성하고 있다. 추세선을 만들기 위해서는 2개 이상의 산과 골이 필요하다.

- 주추세선이 돌파되는 경우 : 추세 반전의 신호로 이전의 움직임과는 반대방향으로 움직이게 된다.
- 보조 추세선이 돌파되는 경우 : 추세 강화의 신호로 이전의 움직임이 더욱 가속화되리라는 예고신호로 간주해야 한다.

3. 추세선의 변형

(1) 추세 곡선

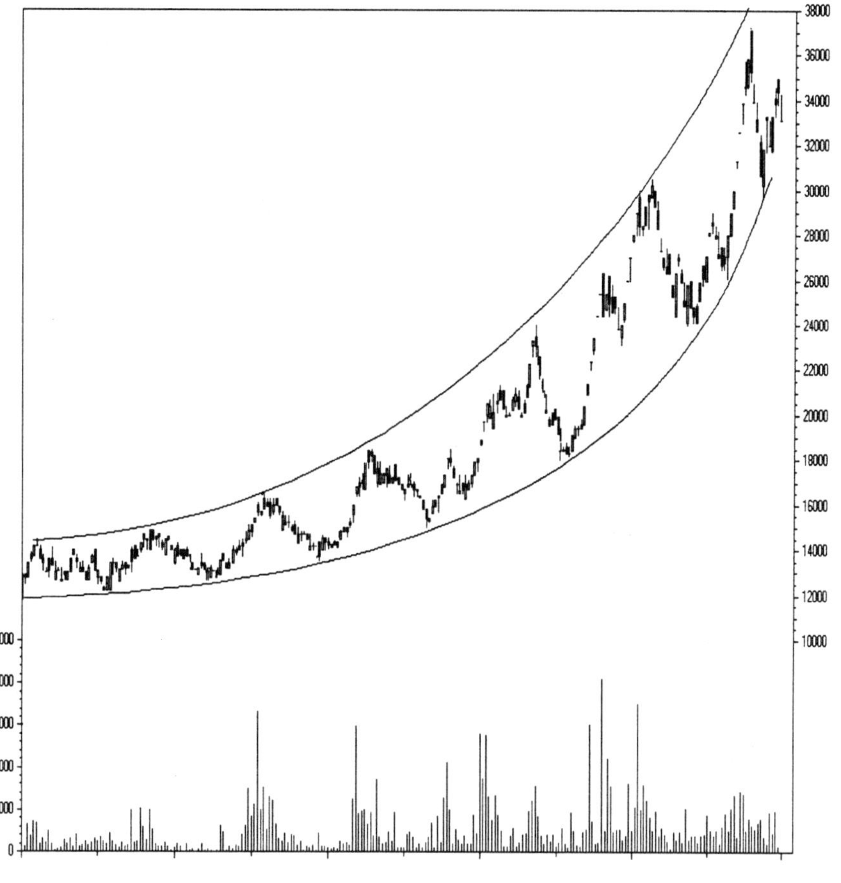

[그림 7-5] 추세 곡선

추세선은 보통 직선에 가까운 모양이지만 여러 가지 변형을 가끔 볼 수 있다. 이것은 어떤 시점에서 상승 또는 하락의 움직임이 급격하게 나타나는 것으로 직선의 추세선과 방향을 같이 하면서 움직이는 곡선이다. 즉 추세의 기울기가 점점 급해지는 형태를 나타낸다.

(2) 중심추세선

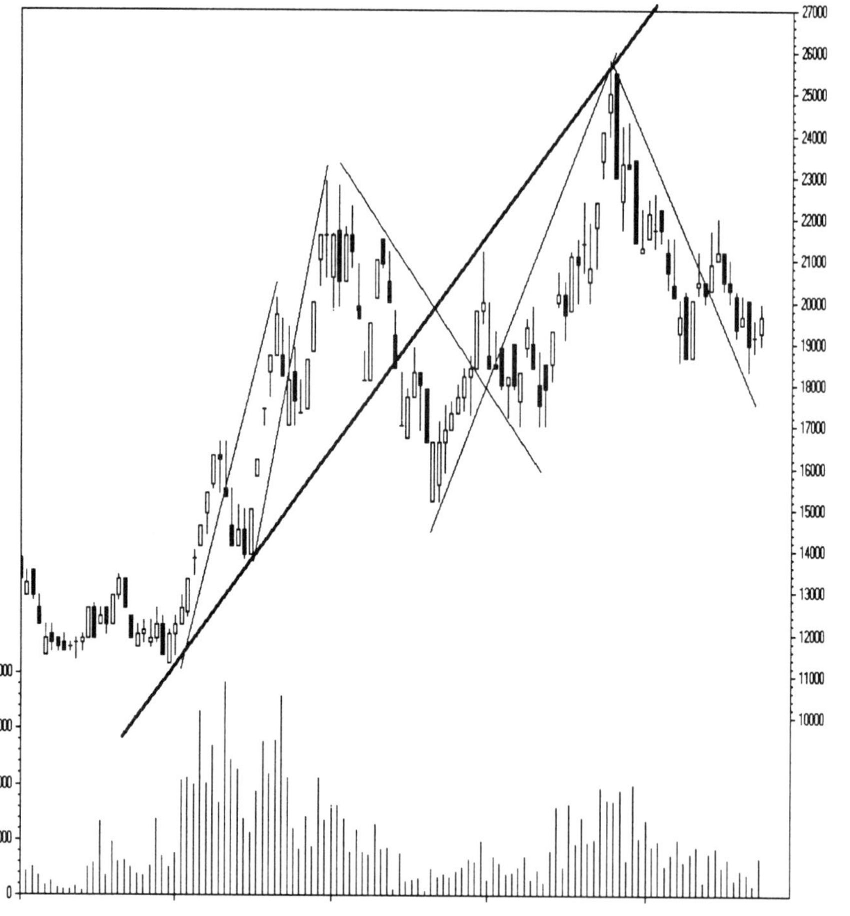

[그림 7-6] 중심추세선

저점들을 이은 상승지지선을 주가가 하향이탈한 이후 되돌림 현상에 의해 다시 지지선에 근접하게 된다. 이때 지지선 역할을 했던 추세선은 저항선으로 그 역할이 바뀌게 된다. 그래프 상에 나타난 이러한 추세선을 중심추세선이라 한다. 반대로 저항선이 지지선으로 역할이 바뀌게 되는 경우에도 중심추세선이라 한다.

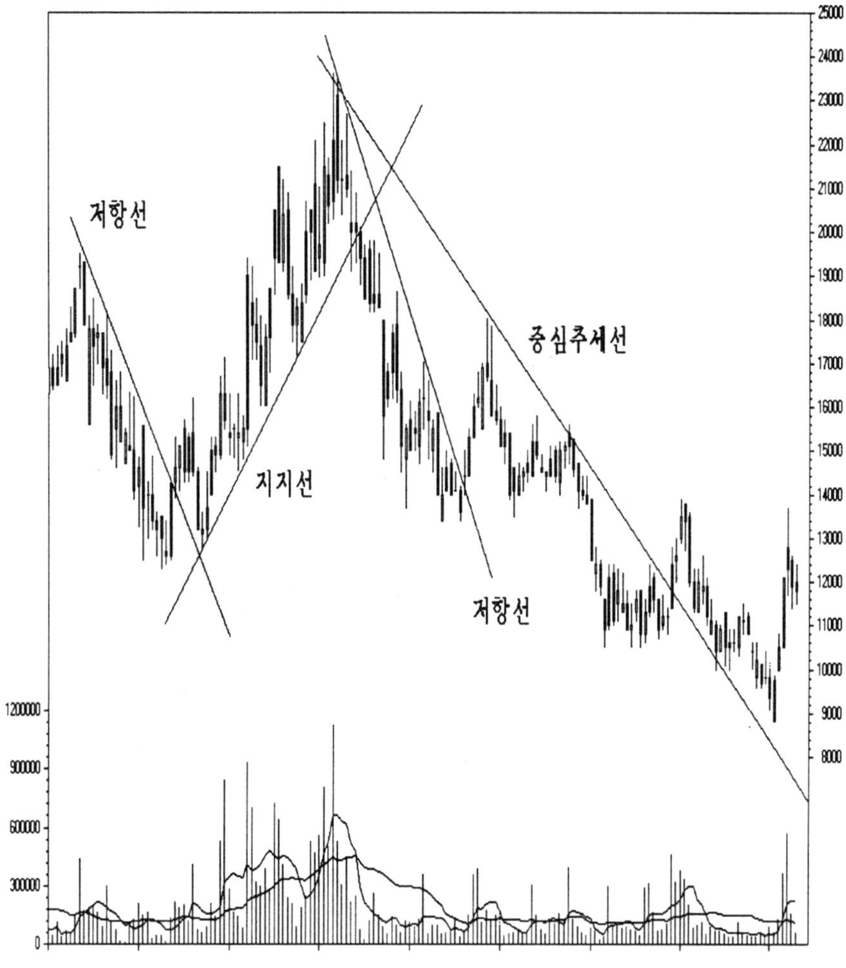

[그림 7-7] 지지선 · 저항선 · 중심추세선

과거에 고점들을 연결한 저항선이 현재는 저점들을 연결한 지지선으로 작용하고 있는 추세선 또는 과거에 저점들을 연결한 지지선이 현재는 고점들을 연결한 저항선으로 작용하고 있는 추세선을 중심추세선이라 한다. 즉 저항선에서 지지선으로 또는 지지선에서 저항선으로 역할이 변경된 추세선을 중심추세선이라 한다.

(3) 부채형 추세선

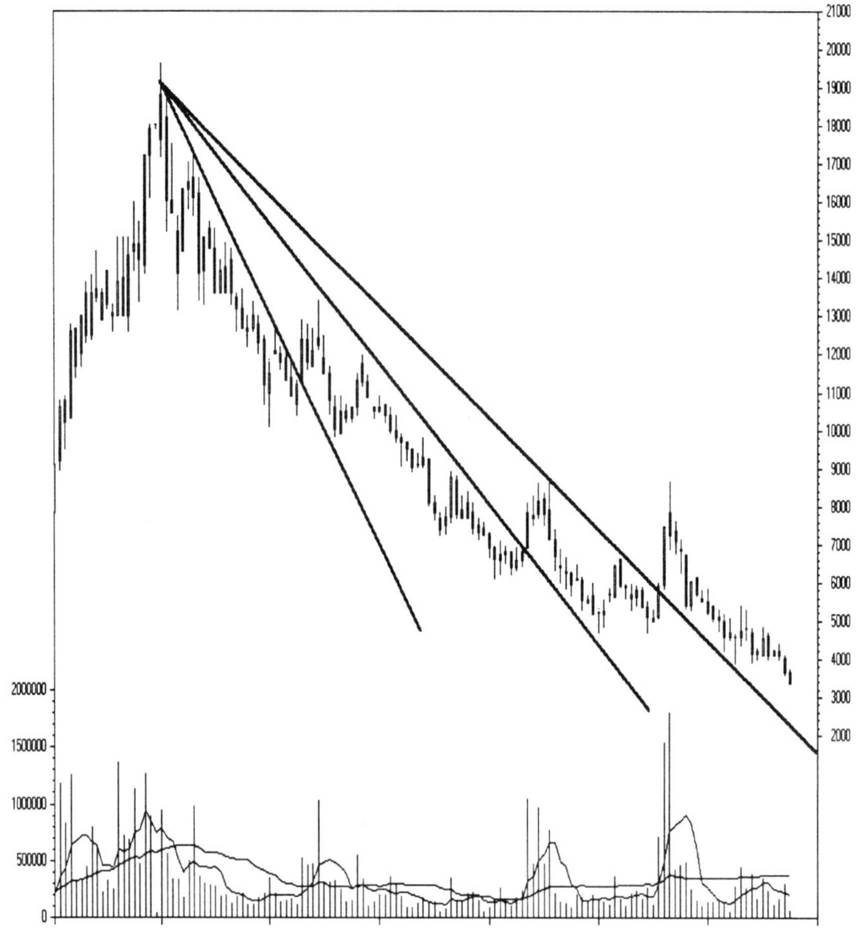

[그림 7-8] 부채형 추세선

상승(하락) 추세에서 하락(상승)으로 추세의 전환이 이루어진 후 하락(상승)하던 주가가 상승(하락)하려다 다시 하락하는 경우 최고점(최저점)으로부터 상승(하락)을 시도한 고점(저점)을 이은 선은 저항선(지지선) 역할을 한다. 이러한 과정이 계속 반복되어 제3추세 또는 제4추세까지 생기는 경우도 있다.

4. 추세전환의 확인

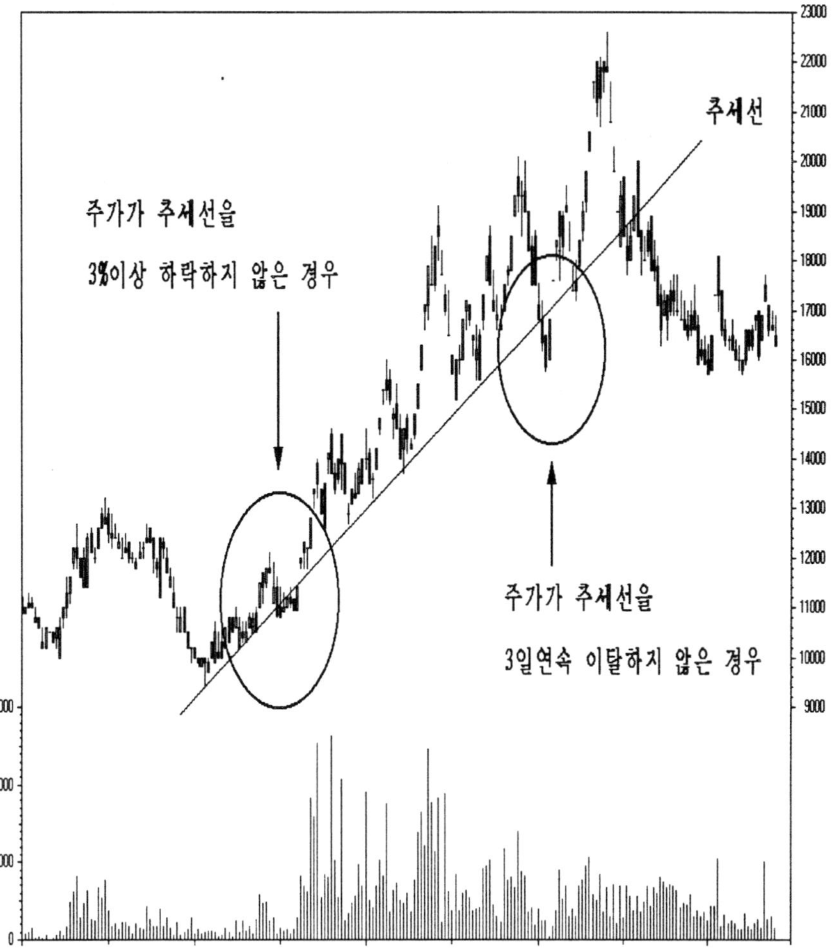

[그림 7-9] 추세전환의 확인

추세는 영원히 한 방향으로만 진행되는 것이 아니고 수시로 방향을 전환하면서 새로운 추세를 형성해가고 있다. 그래프 상에서 추세선을 그리고 분석하고자 할 때는 반드시 하루 중의 시가 · 고가 · 저가 · 종가를 모두 포함시키는 것이 좋다.

하루 중의 종가가 추세선을 일시적으로 벗어났다고 해서 추세전환이 완전히 이루어진 것이 아니다. 일시적인 이상 매매로 인하여 추세선을 벗어나는 수가 있기 때문에 아래 사항들을 고려하면서 실전에 임한다면 많은 시행착오를 줄일 수 있을 것이다.

- 종가가 긴 음선 또는 긴 양선을 그리며 추세선을 돌파하였다면 추세전환의 가능성이 크다.
- 주가가 일정 비율(예 : 3%, 5%, …) 이상 추세선을 벗어나게 되면 이를 추세전환의 신호로 인식한다.
- 일정 시간(예 : 3일, 5일, …) 이상 추세선을 벗어나 있으면 이를 추세전환의 신호로 인식한다.
- 거래량이 증가하거나 감소하면서 추세전환을 한다.

연습문제

1. 지지선과 저항선의 정의에 대해 설명하세요.
2. 지지선과 저항선이 중요한 의미를 가지는 이유에 대해 설명하세요.
3. 추세의 종류와 의미에 대해 설명하세요.
4. 추세선이 높은 신뢰도를 갖기 위한 조건에 대해 설명하세요.
5. 추세곡선의 의미와 발생원인에 대해 설명하세요.
6. 중심추세선의 의미와 발생원인에 대해 설명하세요.
7. 부채꼴 추세선의 의미와 발생원인에 대해 설명하세요.
8. 추세선의 시행착오를 줄이기 위한 실전분석법에 대해 설명하세요.

제8장

이동평균선 분석

8-1 이동평균선의 개념

1. 개 념

이동평균선 분석은 주가 예측의 기본적 분석방법으로, 일정기간의 주가 평균치의 진행방향을 확인하고 현재의 주가 진행방향과 어떤 관계가 있는지 분석함으로써 미래의 주가 동향을 미리 예측하고자 하는 지표이다.

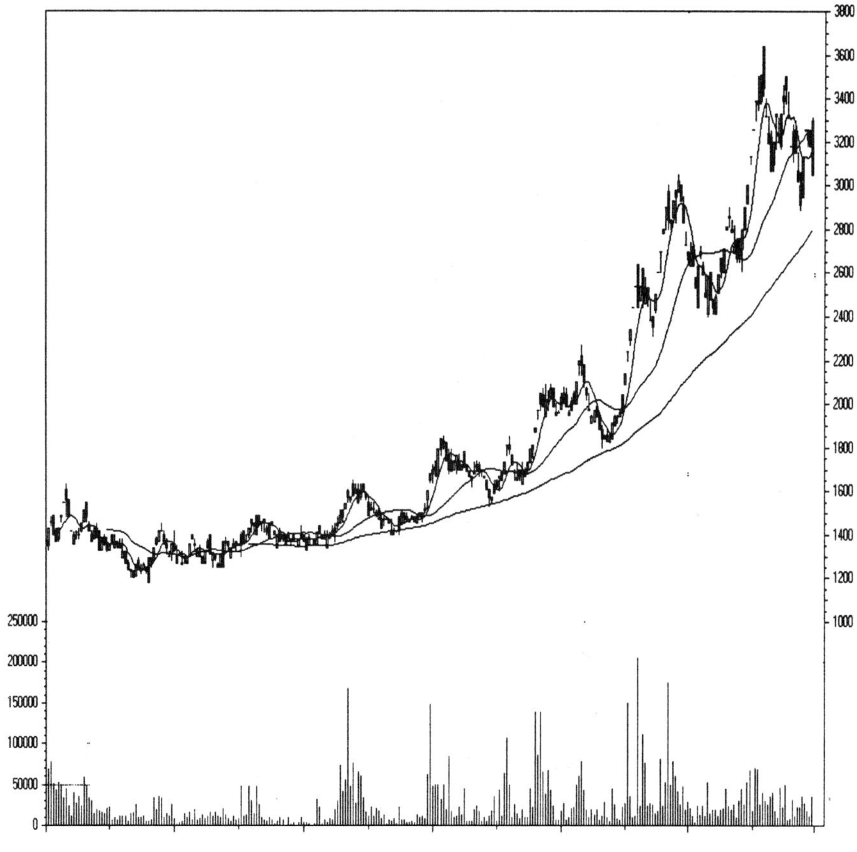

[그림 8-1] 이동평균선의 사례

이동평균선은 단기 · 중기 · 장기 이동평균선으로 분류되며, 각각의 특성에 따라 주가의 지지선이나 저항선의 역할을 수행한다. 그래프 상에서 이동평균선을 이용하는 경우에 단기지표로는 5일, 20일 평균선을, 3개월 가량의 중기지표로는 60일 또는 90일 평균선을, 6개월 이상의 비교적 장기지표로는 120일 또는 150일 이동평균선을 주로 사용하고 있다.

이동평균선을 이용하는 장점으로는 계산하기가 편리하고 계산 결과와 모양에 따라서 기계적으로 매수 · 매도 신호를 객관적으로 도출해낼 수 있는 반면, 단점으로는 이미 지나가버린 과거 주가를 평균하여 미래의 주가 이동방향을 분석하려는 후행성(time-lag)이다.

2. 종 류

(1) 단순이동평균

단순이동평균(simple moving average)은 일반적으로 가장 많이 사용하고 있는 이동평균법으로 계산방법은 다음과 같다. 6일간의 단순이동평균은

$$M_6 = \frac{P_1 + P_2 + P_3 + P_4 + P_5 + P_6}{6}$$

으로 구해지고, 또 7일째의 6일간 이동평균은

$$M_6 = \frac{P_2 + P_3 + P_4 + P_5 + P_6 + P_7}{6}$$

로 구해진다.

(2) 가중이동평균

가중이동평균(weighted moving average)은 최근의 주가가 단순이동평균에 비하여 상대적으로 많이 반영하도록 개발된 것이다. 가중이동평균은 미래주가를 예측하는 데 보다 큰 영향을 미치는 최근 주가에 높은 가중치를 주고, 과거의 주가일수록 낮은 가중치를 주어서 계산한 이동평균법으로

최근 주가일수록 이동평균에 보다 더 많이 반영되도록 한 것이다.

가중이동평균 중에서 가장 널리 사용되고 있는 것이 선형가중이동평균(linear weighted moving average)이다.

6일간의 선형가중이동평균을 식으로 나타내면

$$M_6 = \frac{1 \times P_1 + 2 \times P_2 + 3 \times P_3 + 4 \times P_4 + 5 \times P_5 + 6 \times P_6}{1+2+3+4+5+6}$$

로 구해진다.

(3) 누적평균

누적평균(accumulative average)은 시간이 지나면서 생성되는 주가를 하나씩 추가하면서 과거의 오래된 변수를 삭제하지 않고 계속해서 평균 주가에 포함시켜 산출하는 방식이다.

따라서 누적평균은 상장 초기부터 최근까지의 장기적인 주가 흐름을 알아보기는 쉽지만, 시간이 경과되면서 주가의 총개수도 따라서 증가되므로 최근에 새롭게 추가되는 주가일수록 전체 평균주가에 미치는 영향력이 미미하다는 단점을 가지고 있다. 따라서 누적평균은 주가의 추세 파악을 하는 데에는 적합하지 못하다고 하겠다.

(4) 기하이동평균

기하이동평균(geometric moving average)은 일정 개수의 주가를 모두 곱하고, 그 주가의 개수만큼을 제곱근($\sqrt{\ }$)하여 구하는 이동평균을 말한다. 기하이동평균에 의한 6일간의 이동평균은

$$M_6 = \sqrt[6]{P_1 \times P_2 \times P_3 \times P_4 \times P_5 \times P_6}$$

으로 산출된다. 그러나 이와 같은 산출방법은 복잡할 뿐만 아니라 실제로 계산해보아도 그 결과가 단순이동평균과 큰 차이가 없어 계산하기가 편리한 단순이동평균만으로도 충분히 주가의 움직임을 분석할 수 있다.

(5) 지수평활법

지수평활법(exponentially smoothed moving average)은 일종의 가중이동평균으로 제2차세계대전 중에 비행기 수요를 예측하고자 개발된 기법이다. 지수평활법은 가장 최근의 주가일수록 높은 가중치를 두고, 가장 오래된 주가일수록 낮은 가중치를 두는 이동평균이다.

지수평활법에 의한 6일간의 이동평균은

$$M_6 = \frac{a^5 \cdot P_1 + a^4 \cdot P_2 + a^3 \cdot P_3 + a^2 \cdot P_4 + a^1 \cdot P_5 + 1 \cdot P_6}{a^5 + a^4 + a^3 + a^2 + a^1 + 1}$$

단, $0 \leq a \leq 1$

의 공식으로 구해진다. 이때 가중치로 사용되는 a의 값이 1보다 작으므로(만일 1/2라 하면), 주가의 가중치는 오래된 주가일수록 1/2, 1/4, 1/8, 1/16, 1/32 ……으로 급격하게 감소하게 된다.

지수평활법은 단순평균 · 가중평균 · 기하평균 등과 같이 일정한 기간이 지나면 이동평균의 산출에서 제외되지 않고, 과거의 주가라 할지라도 가중치가 점점 줄어들 뿐 0에 가까워지더라도 결코 삭제되지 않고 이동평균에 미미하게나마 반영된다.

실제 차트에서는 단순이동평균을 이용하여 이동평균선을 그리고 주가의 추세 분석에 주로 이용하지만, 지수평활법은 이동평균선 자체보다는 지수평활법으로 구해진 지수평균을 가공하여 여러 가지 매매시점 포착에 이용되는 지표들을 개발하는 데 주로 사용되고 있다.

이동평균선의 종류에는 여러 가지가 있으나 단순이동평균을 가장 많이 사용하고 있으며, 그래프 상에서 주가의 추세 분석에 주로 이용하고 있다.

8-2 이동평균선을 이용한 분석방법

주가 이동평균선을 이용한 주가 예측방법으로는 이격도 분석, 방향성 분석, 배열도 분석, 지지선 분석, 저항선 분석, 연관성 분석, 크로스 분석 그리고 밀집도 분석 등이 있다.

1. 방향성 분석

5일, 20일, 60일, 120일 이동평균선의 방향이 상승중인지 하락중인지를 확인하는 방법으로서, 단기 · 중기 · 장기 이동평균선의 방향이 차례로 전환되기 때문에 쉽게 추세전환을 판단할 수가 있다. 하락추세에서 상승추세로 전환할 때는 〈단기선 상승 ⇒ 중기선 상승 ⇒ 장기선 상승〉의 과정을 거치고, 상승추세에서 하락추세로 전환할 때도 단기선 · 중기선 · 장기선 순으로 하락과정을 거친다.

2. 배열도 분석

정배열과 역배열 상태를 분석하는데, 정배열이란 〈현재 주가 ⇒ 단기 이동평균선 ⇒ 중기 이동평균선 ⇒ 장기 이동평균선〉 순서로, 위에서 아래로 배열된 상태를 말하며, 역배열은 반대의 경우이다.

주가 움직임은 일반적으로 〈정배열(주가 상승) ⇒ 역배열 전환(주가 하락전환) ⇒ 역배열 (주가 하락) ⇒ 정배열 전환(주가 상승전환) ⇒ 정배열 (주가 상승)〉의 과정으로 순환한다.

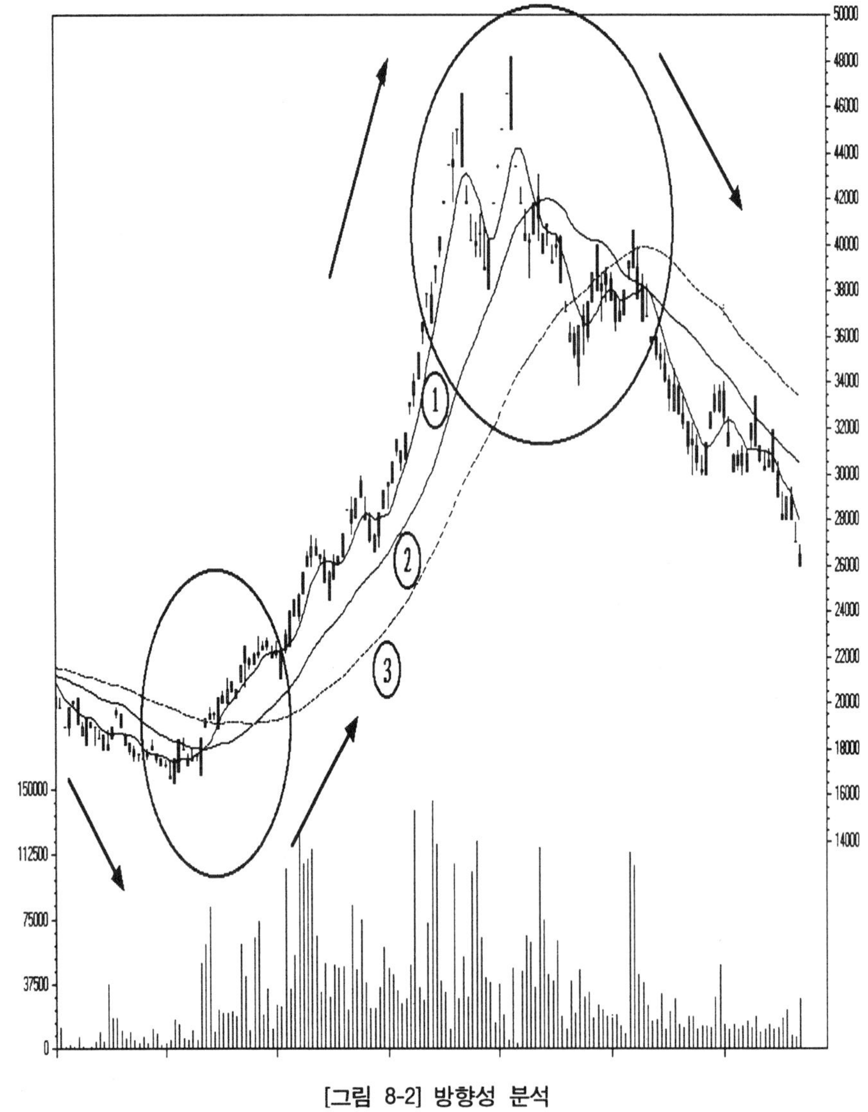

[그림 8-2] 방향성 분석

주가가 대세 상승으로 전환될 때는 ①번 단기선, ②번 중기선, ③번 장기선 순으로 방향을 전환하며, 대세 하락으로 전환될 때도 ①번, ②번, ③번 순으로 방향을 전환한다.

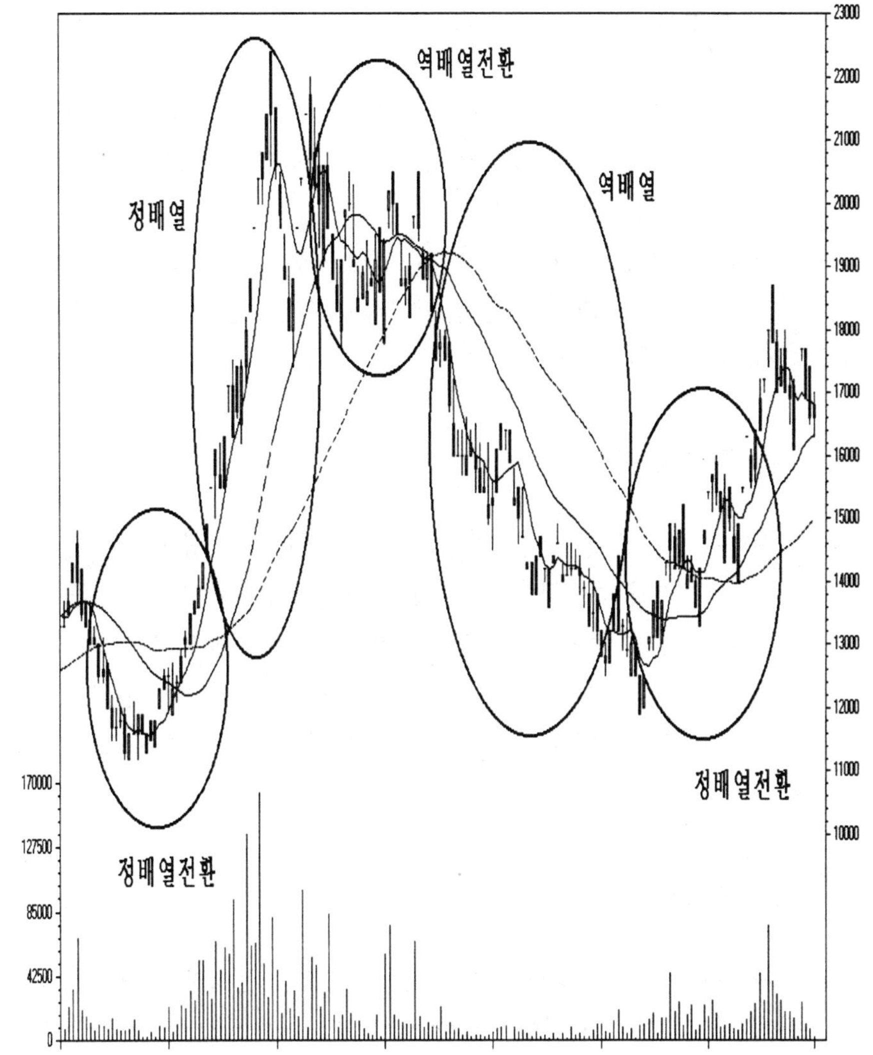

[그림 8-3] 배열도 분석

정배열 전환(주가 상승전환) ⇒ 정배열(주가 상승) ⇒ 역배열 전환(주가 하락전환) ⇒ 역배열(주가 하락) ⇒ 정배열 전환(주가 상승전환)의 과정을 거치며 순환하고 있다.

3. 지지선 분석

주가가 상승중일 때에는 단기·중기·장기 이동평균선을 지지선으로 상승하게 되나, 하락반전될 때에는 이동평균선을 차례로 하향이탈하게 된다. 이를 지지선 분석이라 한다.

지지선 분석을 할 때에는 단기·중기·장기 이동평균선의 각 특성을 잘 파악하여 비정상 거래로 인한 일시적인 속임수를 예방하고 수익률을 극대화시켜야 하겠다.

4. 저항선 분석

주가가 하락중일 때에는 단기·중기·장기 이동평균선이 차례로 저항선이 되어 주가가 하락하게 되나 상승반전될 때에는 각 이동평균선을 차례로 상향돌파하면서 주가가 상승하게 된다. 이를 저항선 분석이라 한다.

저항선 분석을 할 때에도 단기·중기·장기 이동평균선의 각 특성을 잘 파악하여 비정상 거래로 인한 일시적인 속임수를 예방하고 수익률을 극대화시켜야 하겠다.

5. 크로스 분석

이동평균선 분석 중에서 가장 널리 알려진 분석방법으로 단기 이동평균선이 장기 이동평균선을 아래에서 위로 상향돌파하는 골든크로스와 단기 이동평균선이 장기 이동평균선을 위에서 아래로 하향돌파하는 데드크로스가 있다. 일반적으로 골든크로스는 매수신호로, 데드크로스는 매도신호로 알려져 있으며, 크로스 분석에는 보통 20일 평균선과 60일 평균선을 사용하여 매수·매도 시점 판단을 하고 있다.

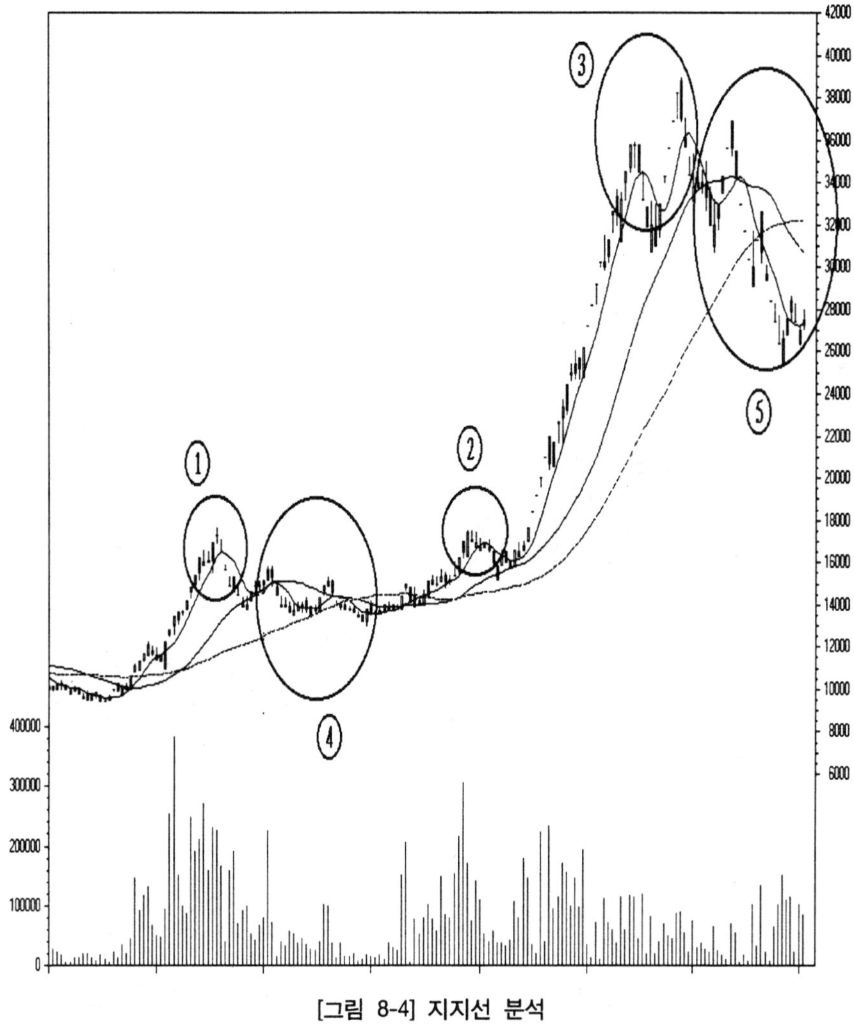

[그림 8-4] 지지선 분석

①, ②, ③번은 단기선을 지지선으로 상승을 지속해오다 하향이탈한 경우이고 ④, ⑤번은 중·장기선의 지지선을 하향이탈한 경우이다.. 특히 ⑤번의 경우는 장기선을 하향이탈한 후 단기선이 저항선이 되어 새로운 추세를 형성해가고 있다.

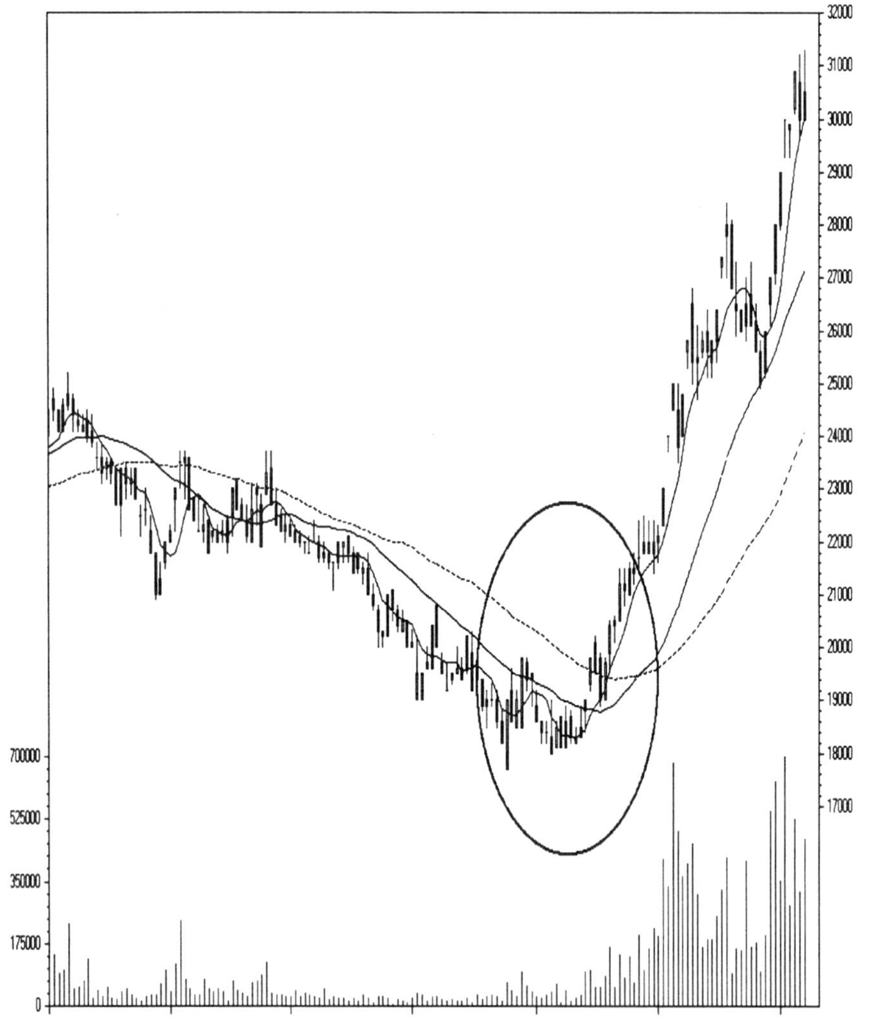

[그림 8-5] 저항선 분석

주가 움직임이 단기 · 중기 · 장기 이동평균선의 저항을 받으면서 하락추세를 보였으나, 거래량 증가와 함께 각 이동평균선을 차례로 상향돌파하면서 새로운 상승추세로 진입하고 있다. 상승 진입 이후 단기선의 지지를 받으면서 상승하고 있다.

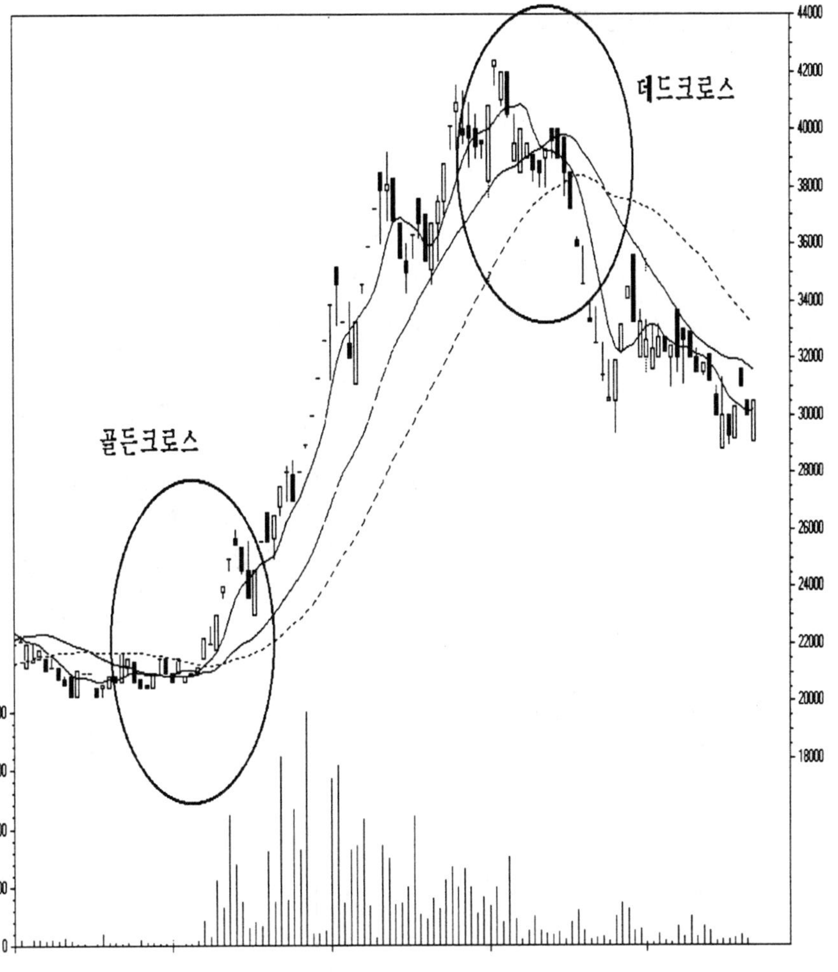

[그림 8-6] 크로스 분석

골든크로스 구역은 단기 이동평균선이 중기 · 장기 이동평균선을, 또는 중기 이동평균선이 장기 이동평균선을 상향돌파하며 상승하고 있어 중요한 매수시점으로, 반대로 데드크로스 구역에서는 하향돌파하고 있어 중요한 매도시점으로 활용할 수 있다.

6. 밀집도 분석

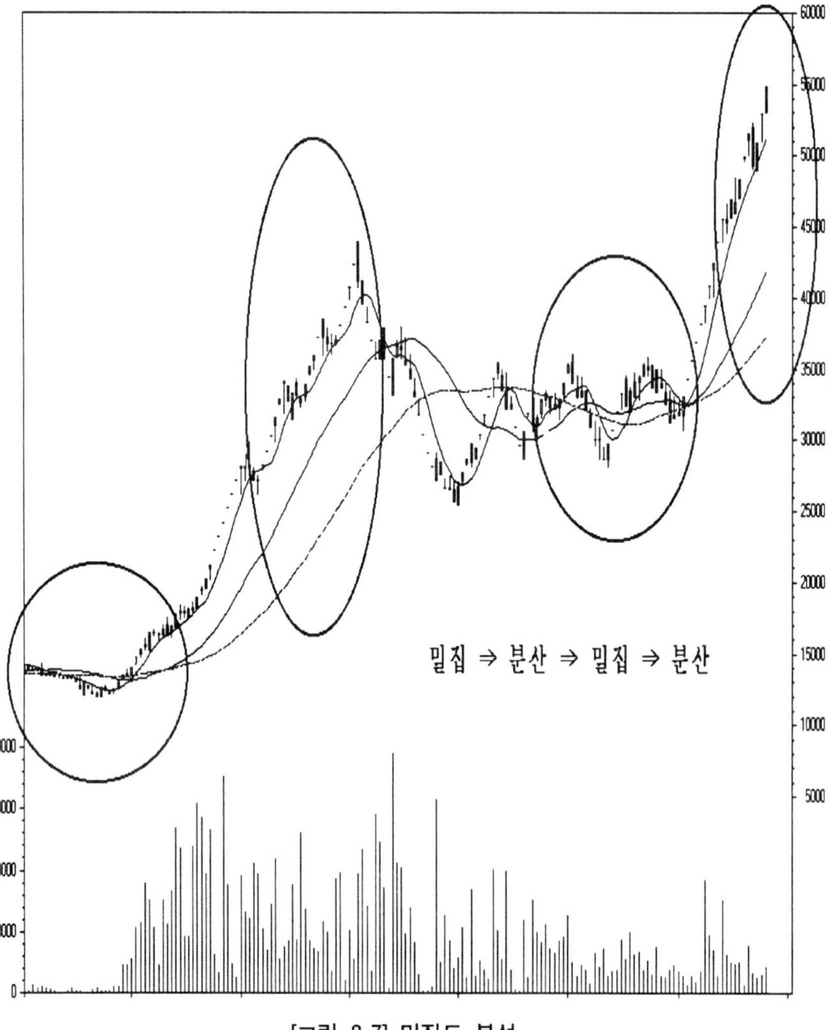

[그림 8-7] 밀집도 분석

장기 · 중기 · 단기 이동평균선 사이의 서로 분리된 거리와 밀집도, 그리고 모였다 헤어졌다 하면서 주가가 상승하고 하락하는 순환과정을 통하여 주가의 매매시점을 판단하는 분석기법이다.

7. 연관성 분석

주가와 장기 · 중기 · 단기 이동평균선은 각기 서로 밀접한 상관관계를 가지고 있어, 하락 말기와 상승 초기에 이들 각 이동평균선들의 전환과정을 잘 살펴보면 상승 초기에 이와 같은 종목들을 선별할 수 있게 된다.

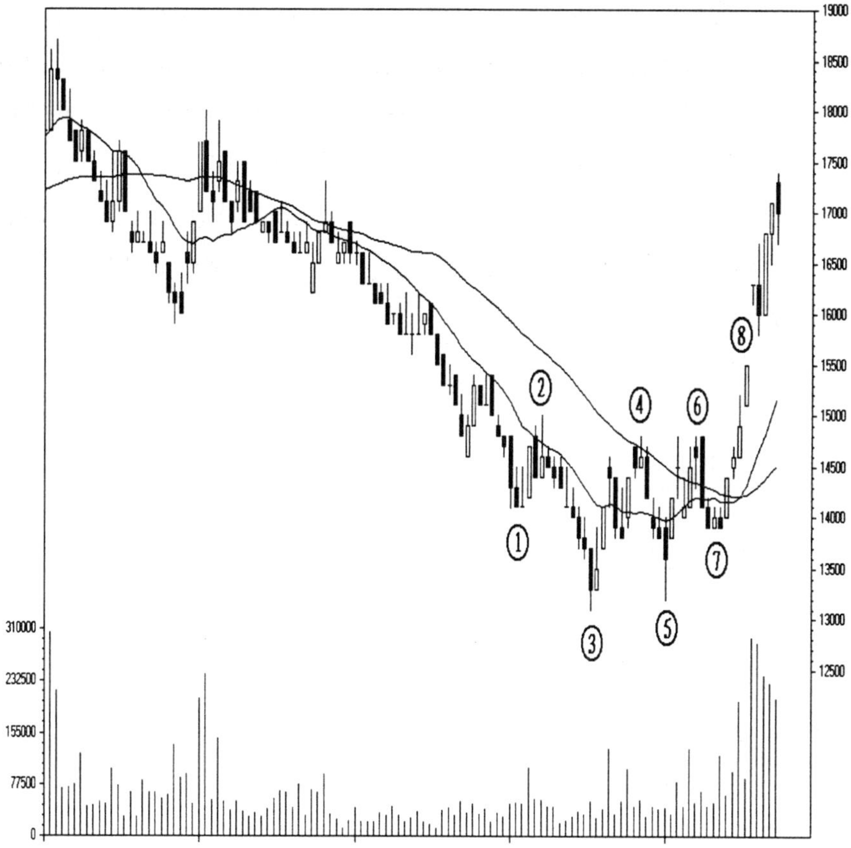

[그림 8-8] 연관성 분석

이전의 연속적인 하락세에 반발하여 ①~②번 구간에서 조정반등을 시도하게 되나 단기선의 저항을 받게 된다. 따라서 ②~③번 구간은 거래량이 감소하면서 재차 하락하여 직전 저점인 ①번 지점을 하향하게 된다. ③~④번 구간에서는 거래량 증가와 함께 처음으로 단기선을 상향돌파하게 되나 장기선마저 돌파하지는 못한다.

다시 하락하기 시작한 주가는 단기선을 다시 하향돌파하지만 직전 저점인 ③번 부근에서 하락세가 멈추는 것이 일반적인 현상이다. 이로써 ⑤번 저점이 형성되는데 ④~⑤번 구간의 폭은 ③~④번 구간 폭의 10~20% 폭 내외에서 결정된다.

⑤~⑥번 구간에서는 단기 이동평균선과 장기 이동평균선이 서로 교차할 수가 있으며, ⑤번에서 상승하기 시작한 주가가 단기선뿐만 아니라 장기선까지도 상향돌파하게 된다. 일반적으로 이 시점이 추세전환 시점이 된다.

직전 고점인 ④번 부근에서 상승세가 멈추어 고점 ⑥번을 형성하지만 다시 하락 조정국면에 들어간 주가는 단기선의 지지를 받아 저점 ⑦번을 기록하게 된다. 이후 이동평균선의 지지를 받아 재상승하게 된 주가는 직전 고점인 ⑥번을 통과하게 된다. 즉, ⑦~⑧번 구간이 중요한 매수시점이 된다.

8-3 이동평균선을 이용한 매매전략

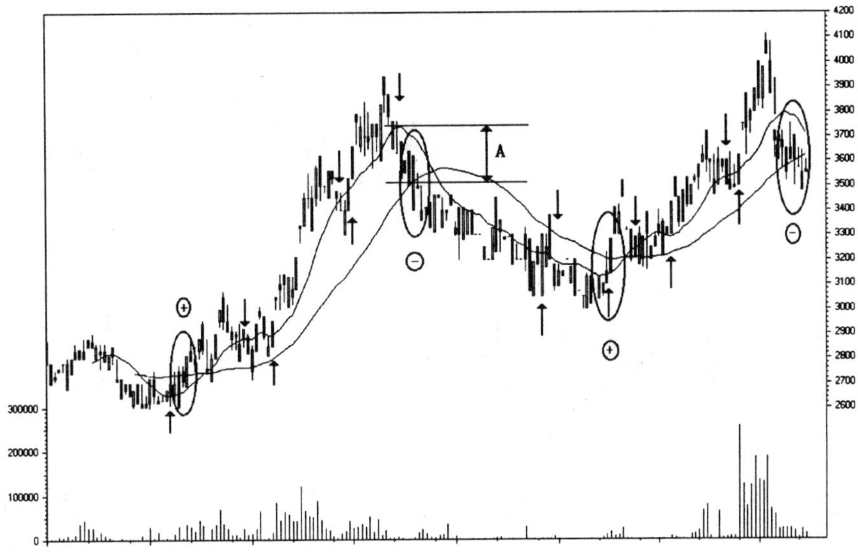

[그림 8-9] 단기와 장기 이동평균선의 특성

주가와 이동평균선과의 교차점을 매매시점으로 하였을 경우 주가가 단기 이동평균선을 지지선과 저항선으로 움직이면서 수시로 매수·매도 시점(↑,↓)을 유발할 수 있지만, 장기 이동평균선은 불과 2차례만의 매도·매수 시점(+, −)을 포착할 뿐이다. 이와 같이 단기 이동평균선은 장기 이동평균선에 비하여 민감하게 움직이므로, 경우에 따라서는 빈번한 매매로 매매시점을 놓치는 단점도 있다. 그렇지만 추세전환 시점에서는 매매판단이 빨라질 수가 있어 A폭만큼의 매매차익을 더 올릴 수도 있다.

1. 한 가지 이동평균선을 이용

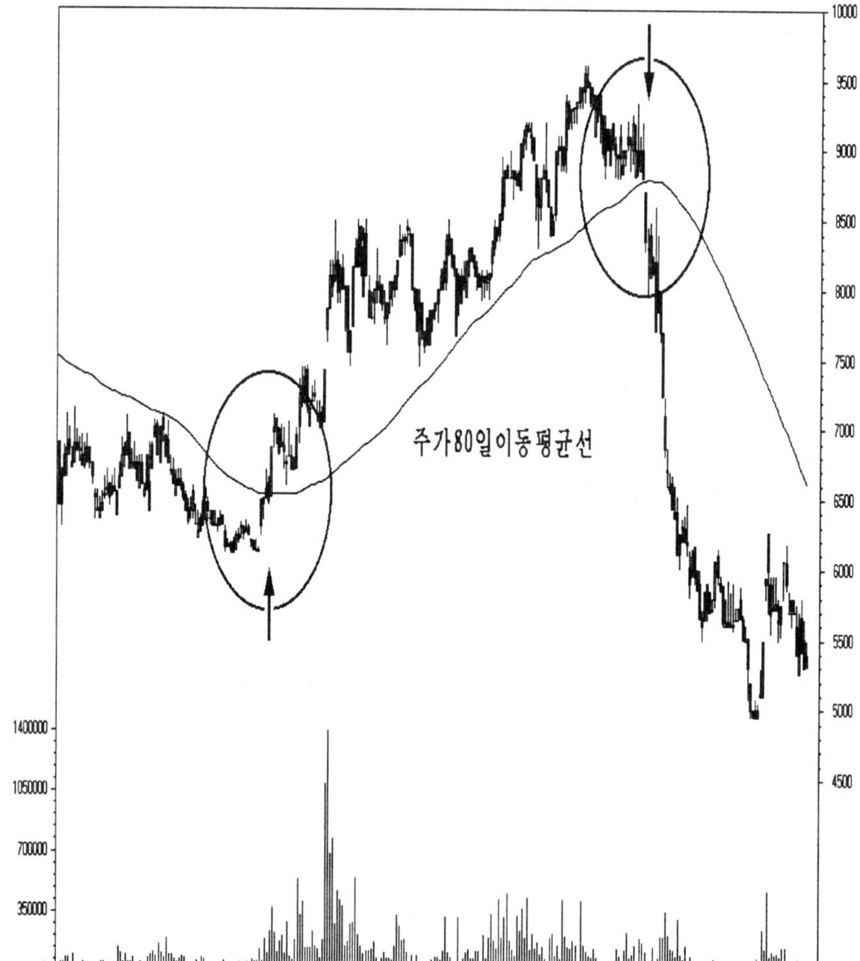

[그림 8-10] 한 가지 이동평균선 1

주가와 한 가지 이동평균선만을 이용하는 가장 간단한 매매로서 주가가 이동평균선을 상향돌파(↑)하면 매입신호로, 반대로 주가가 이동평균선을 하향돌파(↓)하면 매도신호로 판단하는 매매기법이다.

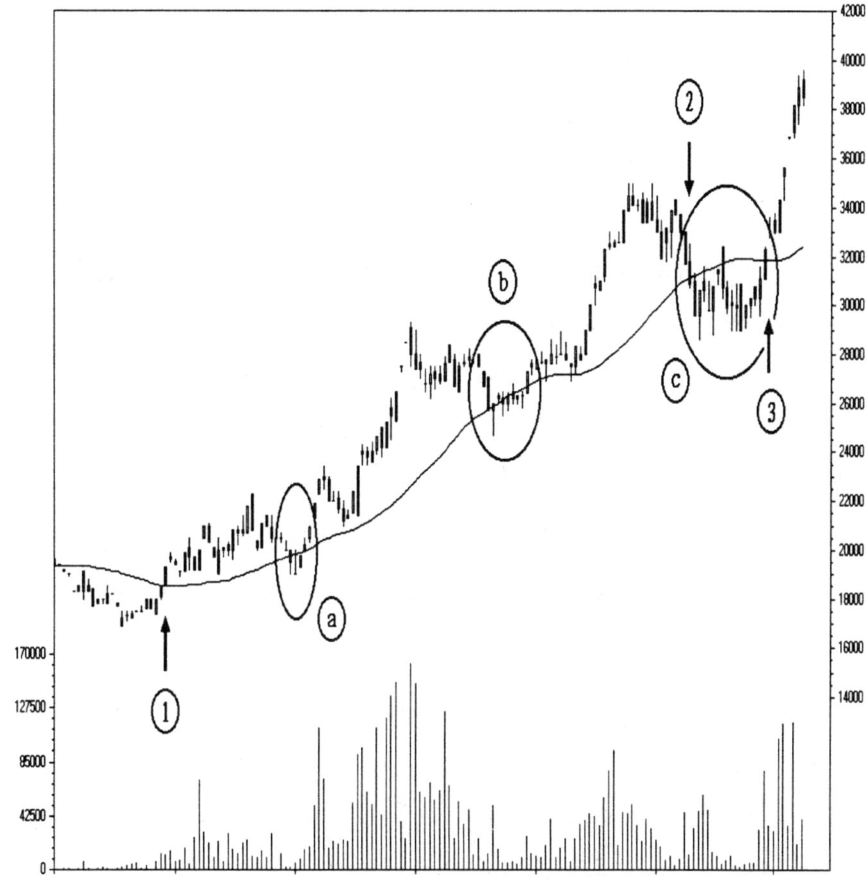

[그림 8-11] 한 가지 이동평균선 2

주가와 이동평균선과의 교차점을 매매시점으로 하였을 경우 ①번은 좋은 매수시점이 될 수 있다.

ⓐ점과 ⓑ점에서는 주가의 이동평균선 하향 이탈로 매도해버리는 오류를 범할 수 있지만, ⓐ점에서는 3일 정도의 여유를 가지고 비정상적인 속임수를 방지하며, ⓑ점에서는 1~3%의 돌파 폭을 보아가며 매매시점을 판단한다면 최대의 수익률을 올릴 수 있을 것으로 판단된다. ②점에서 매도 판단을 하였다면 여러 보조지표 등을 참조해가며 ③점에서 재매수 전략을 수립해야 하겠다.

교차하더라도 다음과 같은 거래조건들을 미리 점검하면서 매매에 임해야 한다.

- 하루 중의 고가와 저가가 이동평균선을 완전히 상향돌파 또는 하향 이탈해야 매매시점으로 판단한다.
- 종가와 이동평균선이 서로 교차하더라도 미리 정해둔 특정 비율을 넘어서는 돌파 폭을 보여야만 매매시점으로 인정한다(예 : 1%, 2%, 3%, …, 10pt, 20pt, 30pt …, 1,000원, 2,000원, 3000원, ……).
- 주가와 이동평균선과의 교차로 매매시점이 결정되더라도 하루에서 사흘 정도의 여유를 가지고 비정상적인 거래로 인한 속임수를 방지한다.
- 주가와 이동평균선과의 교차로 매매시점이 확인이 돼도 다른 보조 지표(예 : MACD, RSI, CCI, Stochastic 등)를 이용하여 상호확인 과정이 필요하다.

이상의 거래 조건들을 토대로 강세장과 약세장에 따른 적절한 검증과정을 거쳐 자기 나름대로의 독특한 거래기법을 만들어야 한다. 또한 차트 분석에 이용되는 이동평균선의 장·단기 특성에 따라서, 또는 거래조건들의 검증과정 등에 따라서 수익률과 손실폭에서 많은 차이가 발생할 수 있다.

2. 두 가지 이동평균선을 이용

단기 이동평균선은 매매시점 포착에, 중·장기 이동평균선은 추세 파악에 주로 이용된다. 단기간의 이동평균일수록 주가의 변동에 민감하게 반응하여 시세의 전환을 가장 빨리 나타내주는 장점을 갖고 있다. 이와 반대로 중·장기 이동평균선은 시세전환을 늦게 나타내주는 단점이 있지만 미세한 주가 변동에 거의 영향을 받지 않으므로 주가 기조를 확인하는 데 신뢰할 수 있다는 장점을 갖고 있다.

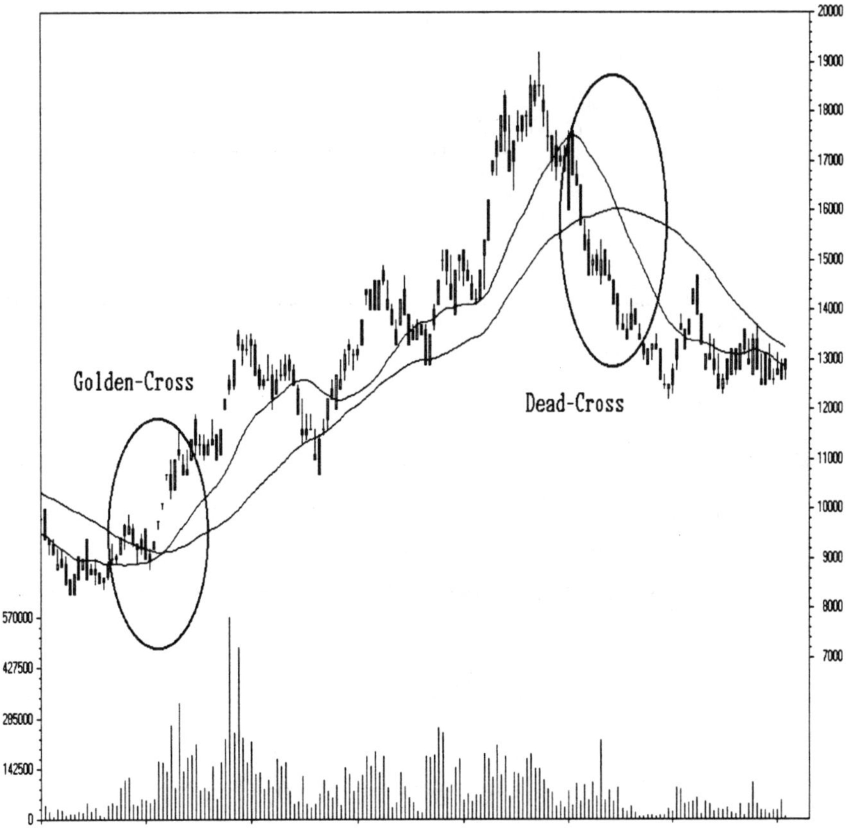

[그림 8-12] 두 가지 이동평균선 1 : 크로스 분석을 이용한 매매시점 포착

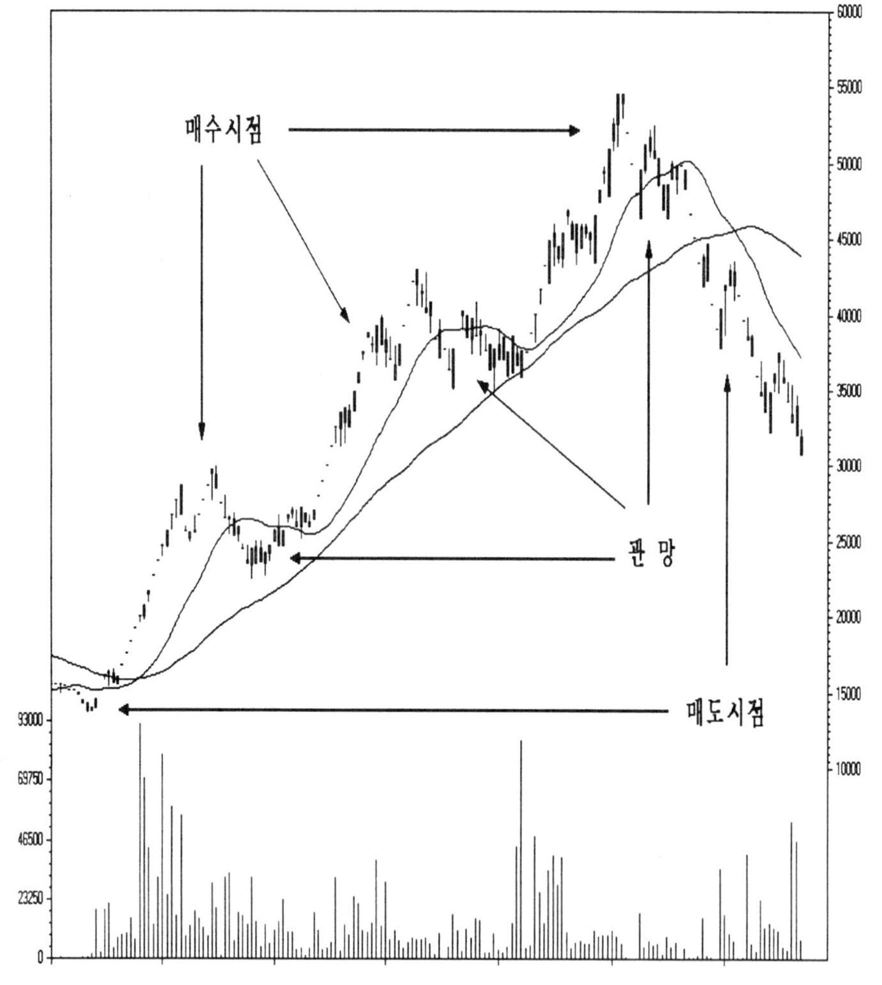

[그림 8-13] 두 가지 이동평균선 2 : 주가와 두 이동평균선의 위치에 따라 매매시점 포착

두 개의 이동평균선을 이용하여 매매시점을 포착하는 방법으로는 다음의 두 가지 방법이 있다. 첫째, 장기와 단기 이동평균선이 서로 교차되는 순간을 매매시점으로 파악하는 방법이다. 둘째, 주가와 두 이동평균선과의 위치에 따라 매매시점을 포착하는 방법이다.

3. 세 가지 이동평균선을 이용

세 가지 이동평균선은 기간에 따라 단기 · 중기 · 장기 이동평균선으로 구분한다. 각 이동평균선의 특징으로는 기간에 따라 주가 움직임에 대한 반응이 달라지는데, 단기 이동평균선일수록 주가 움직임에 가장 빨리 밀접하게 움직이고 그 다음에 중기 이동평균선이, 마지막으로 장기 이동평균선이 가장 늦게 움직이게 된다.

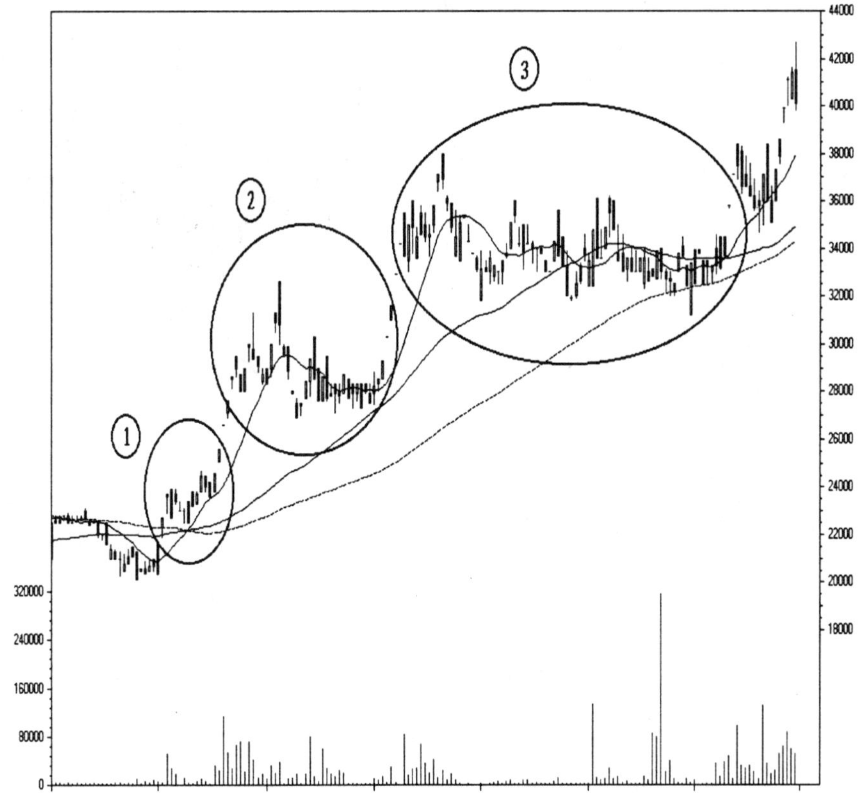

[그림 8-14] 세 가지 이동평균선 1

기간에 따라 단기 · 중기 · 장기 이동평균선으로 구분하는데 각 이동평균선은 기간에 따라 주가 움직임에 대한 민감도가 달라진다. ①번은 단기선, ②번은 중기선, ③번은 장기선의 지지를 받으면서 상승하고 있다.

세 가지 이동평균선을 이용하여 매매시점을 포착하는 방법은 다음과 같다.

(1) 하락추세에서의 투자전략

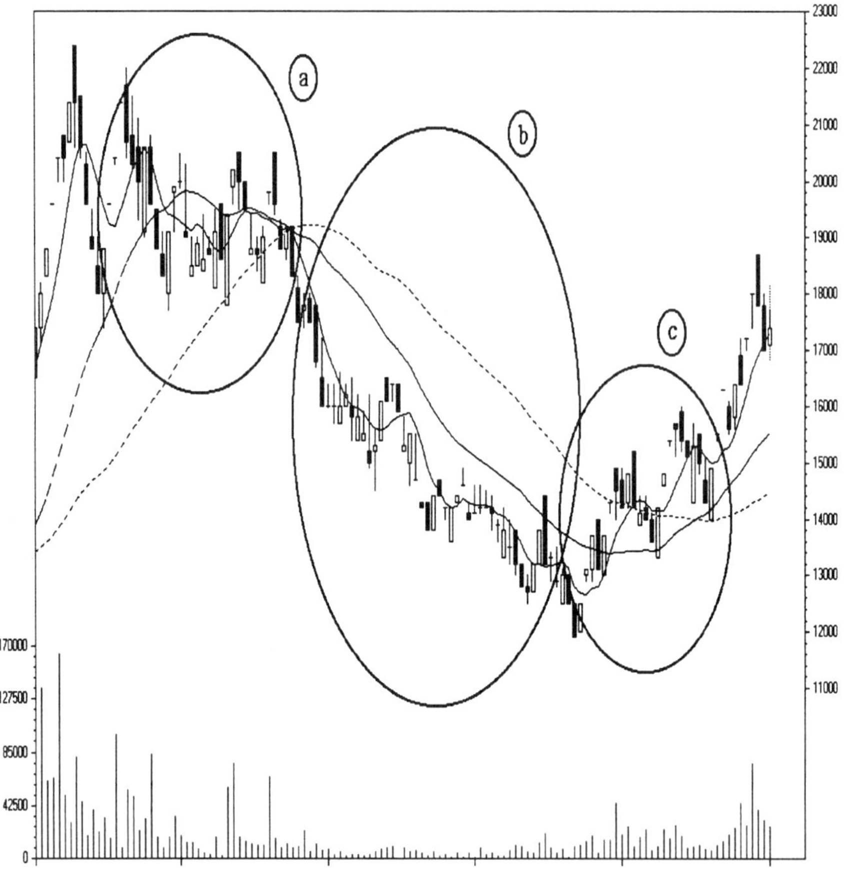

[그림 8-15] 하락추세의 사례

- 단기 이동평균선이 위에서 아래로 중기 · 장기 이동평균선을 급속히 하향돌파할 경우에는 매도신호이다.
- 위로부터 장기선 · 중기선 · 단기선 · 주가의 순서로 역배열되어 나란히 하락중일 경우에는 약세 시장일 가능성이 높다.
- 단기 · 중기 · 장기 이동평균선의 역배열 상태가 상당 기간 지속된 이후 단기 이동평균선이 더 이상 하락하지 못하고 상승하기 시작하면 바닥권이 예상되는 시점이다.

(2) 상승추세에서의 투자전략

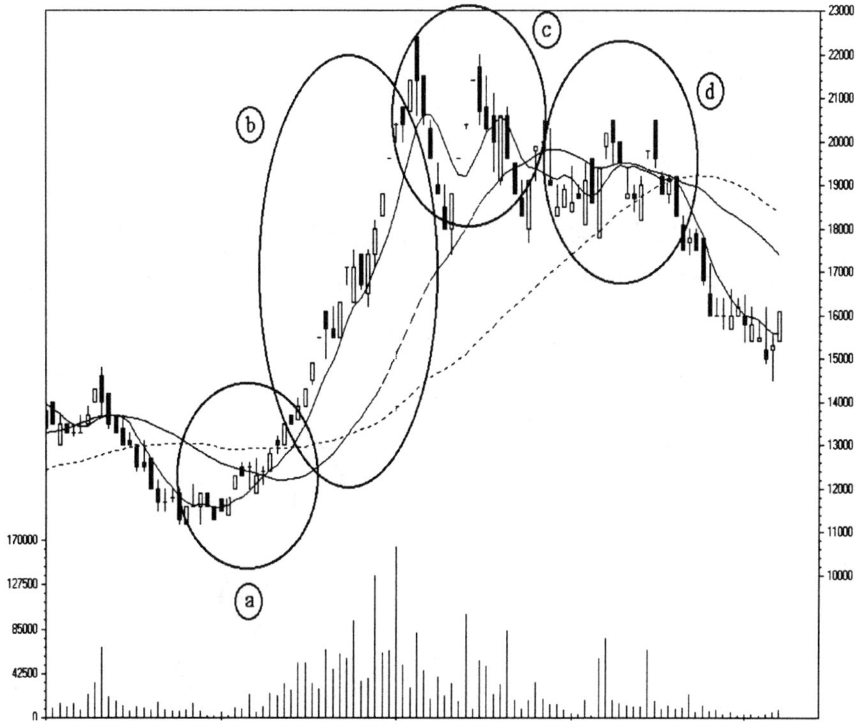

[그림 8-16] 상승추세의 사례

- 단기 이동평균선이 아래에서 위로 중·장기 이동평균선을 급속히 상향돌파할 경우에는 매입신호이다.
- 위로부터 주가·단기선·중기선·장기선의 순서로 정배열되어 나란히 상승중일 경우에는 강세 국면이다.
- 단기·중기·장기 이동평균선의 정배열 상태가 상당 기간 지속된 이후 단기 이동평균선이 더이상 오르지 못하고 약해지면 천장권이 예상되는 시점이다.
- 단기·중기·장기 이동평균선이 밀집되어 서로 혼란하게 얽혀 있을 때는 장세의 향방이 불투명하므로 매입을 보류하는 것이 좋다.

8-4 거래량 이동평균선

1. 개 념

일반적으로 거래량은 주가에 선행하여 움직이므로 거래량의 동향을 분석하면 가까운 장래의 주가를 미리 예측해볼 수 있다. 거래량은 주가가 상승중일 때에는 매수세력이 증가하기 때문에 증가추세를 보이고, 반대로 주가가 하락중일 때에는 매수세력이 약화되기 때문에 감소추세를 보인다.

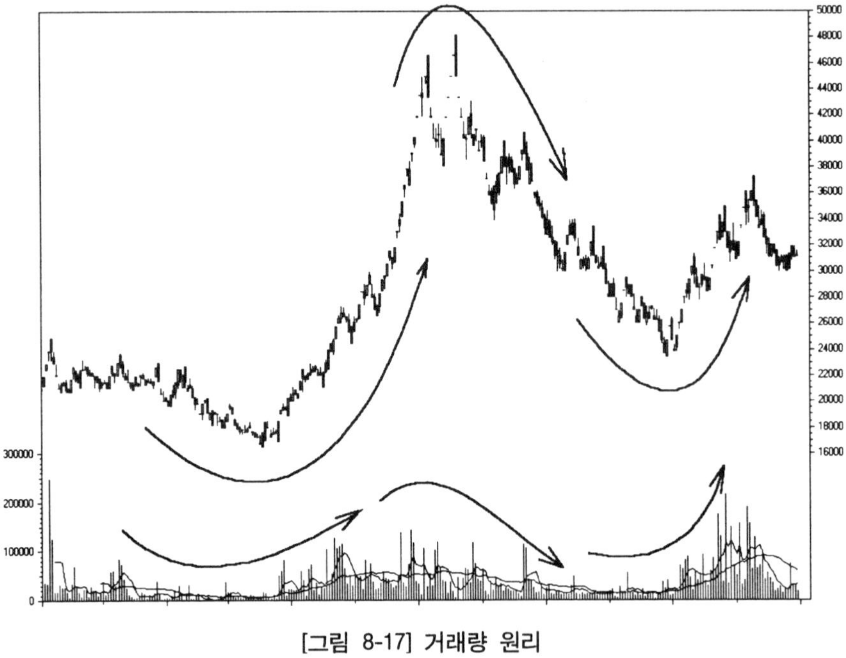

[그림 8-17] 거래량 원리

감소세를 보이던 거래량이 증가하기 시작하면 조만간 주가 상승이 예상되고, 반대로 증가세를 보이던 거래량이 감소하기 시작하면 조만간 주가 하락이 예상된다. 또한 주가가 큰 폭 상승한 이후 주가의 지속적인 상승에도 불구하고 거래량이 감소하기 시작하면 조만간 천장권이 예상되고, 반대로 주가가 큰 폭 하락한 이후 주가의 지속적인 하락에도 불구하고 거래량이 증가하기 시작하면 조만간 바닥권이 예상된다.

이와 같은 원리를 이용하여 미래의 주가를 예측하고 매매시점을 찾고자 거래량 이동평균선을 이용한다. 거래량 이동평균선도 주가 이동평균선과 같은 방법으로 산출하는데, 단기투자에는 5일 평균선을, 중기투자에는 60일 평균선을, 장기투자에는 120일 평균선을 주로 이용하고 있다.

2. 분석방법

거래량 이동평균선을 이용한 주가 예측방법으로는 주가 이동평균선의 분석방법과 같이 거래량 이동평균선이 상승추세인지 하락추세인지를 살펴보는 방향성 분석을 비롯하여, 정배열과 역배열 상태를 확인하는 배열도 분석, 단기지표인 5일 이동평균선과 중기지표인 60일 이동평균선과의 골든크로스와 데드크로스를 확인하여 매수·매도 시점을 확인하는 크로스 분석 등이 이론의 중심이 되고 있다.

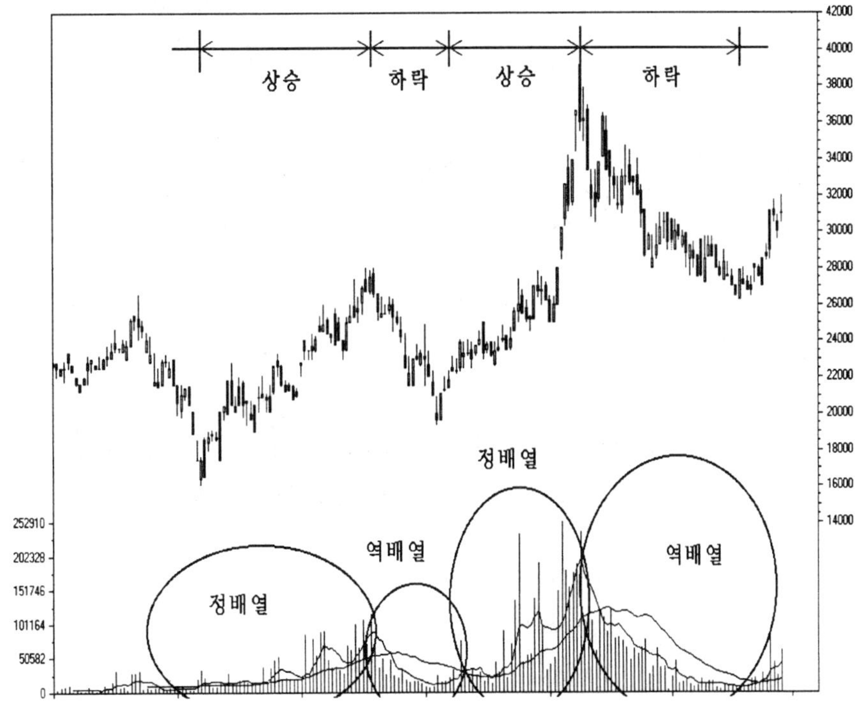

[그림 8-18] 거래량 이동평균선의 방향성 분석과 배열도 분석

주가가 상승추세를 이루는 과정에서는 거래량이 증가하면서 장기 · 단기 거래량 이동평균선이 골든크로스 발생한 이후 정배열 상태를 보이고 있다. 또한 주가가 하락추세를 이루는 과정에서는 거래량이 감소하면서 단기 · 장기 거래량 이동평균선이 데드크로스가 발생한 이후 역배열 상태를 보이고 있다. 즉, 거래량 이동평균선이 정배열 상태를 보이는 도중에는 주가의 상승추세를, 반대로 거래량 이동평균선이 역배열 상태를 보이는 도중에는 주가의 하락추세를 볼 수가 있다.

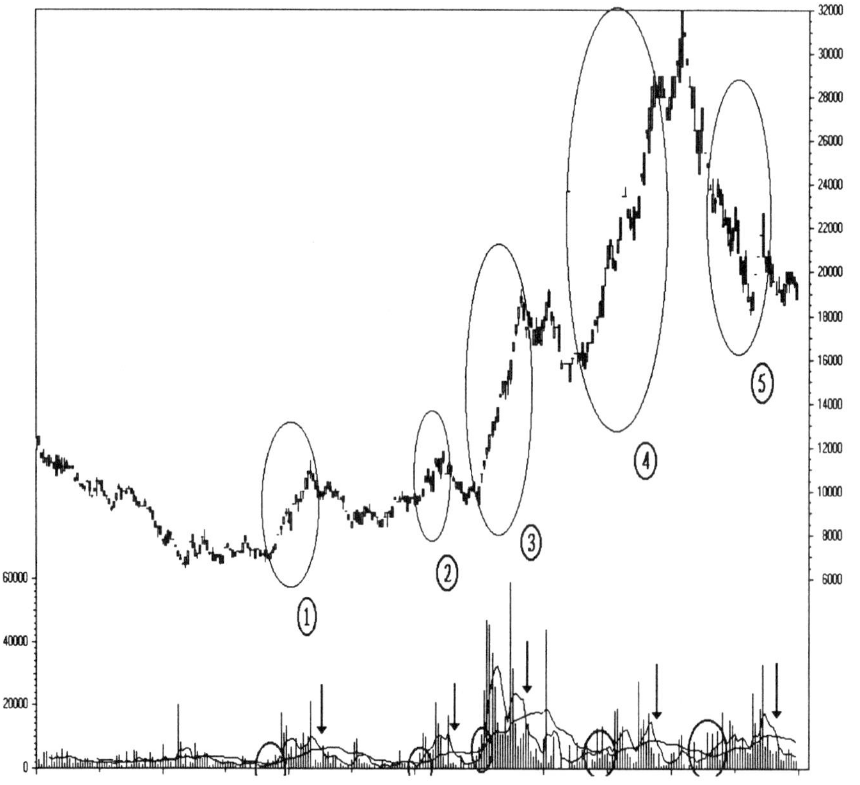

[그림 8-19] 거래량 이동평균선의 크로스 분석

①, ②, ③, ④번과 같이 거래량 장기 · 단기 이동평균선이 골든크로스(○)가 발생할 경우에는 매수시점으로, 데드크로스(↓)가 발생할 경우에는 매도시점으로 이용할 수가 있다.

그러나 ⑤번과 같이 골든크로스가 발생하여도 종종 주가는 오히려 하락하는 속임형 골든크로스가 발생할 수 있어 주의가 필요하다.

3. 거래량과 주가의 연관성

- 일반적으로 거래량이 증가하면 주가는 상승하고 거래량이 감소하면 주가는 하락한다. 따라서 거래량이 증가하면서 주가가 상승하면 매수신호, 거래량이 감소하면서 주가가 하락하면 매도신호이다.
- 일거래량이 5일 이동평균선을 상향돌파하다가 주가가 하락하면서 5일 이동평균선에 근접하지 못할 경우 매도신호이다.
- 거래량이 증가하면서 거래량 5일 이동평균선이 상승반전하면 매수신호이고, 반대로 거래량이 급감하면서 거래량이 5일 이동평균선이 하락반전하면 매도신호이다.
- 직전 고점의 거래량을 상회하지 못하면 주가는 크게 상승할 수 없지만, 반대로 직전 고점의 거래량을 상회하면 주가는 직전 고점을 상향돌파할 수 있다.
- 주가가 상승하는데 거래량이 감소하는 주식은 조만간 주가 하락의 가능성이 높고, 반대로 주가가 하락하는데 거래량이 증가하는 주식은 조만간 주가 상승 가능성이 높다.
- 주가는 횡보하고 있으나 거래량이 증가하면 매수신호이고, 반대로 거래량이 감소하면 매도신호이다.
- 주가가 완만한 속도로 증가하지만 거래량이 꾸준히 증가하고 있으면 매수세가 지속되고 있는 신호이다.

이와 같은 원리를 이용하여 미래의 주가를 예측하고자 거래량 이동평균선을 이용한다. 거래량 이동평균선도 주가 이동평균선과 같은 방법으로 산출하는데 단기투자에는 5일 평균선을, 중기투자에는 60일 평균선을, 장기투자에는 120일 평균선을 주로 이용하고 있다.

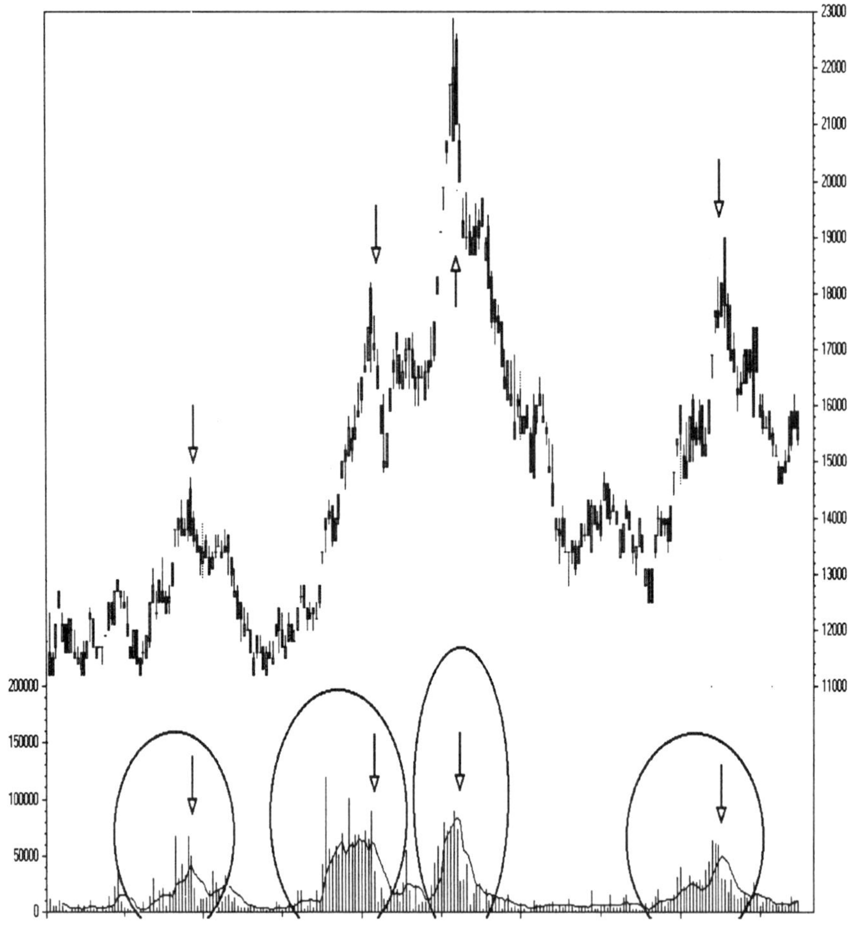

[그림 8-20] 주가와 거래량 연관성 1

주가가 상승하는 도중에는 일반적으로 일거래량이 거래량 5일 이동평균선을 상회하게 되고, 반대로 주가가 하락하는 도중에는 일거래량이 거래량 5일 이동평균선에 미치지 못하게 된다. 따라서 주가가 상승하면서 일거래량이 거래량 5일 이동평균선을 상향돌파하다가 어느 순간 일거래량이 거래량 5일 이동평균선에 근접하지 못하면서 주가가 하락하는 순간을 매도시점(↓)으로 이용하는 투자방법이다.

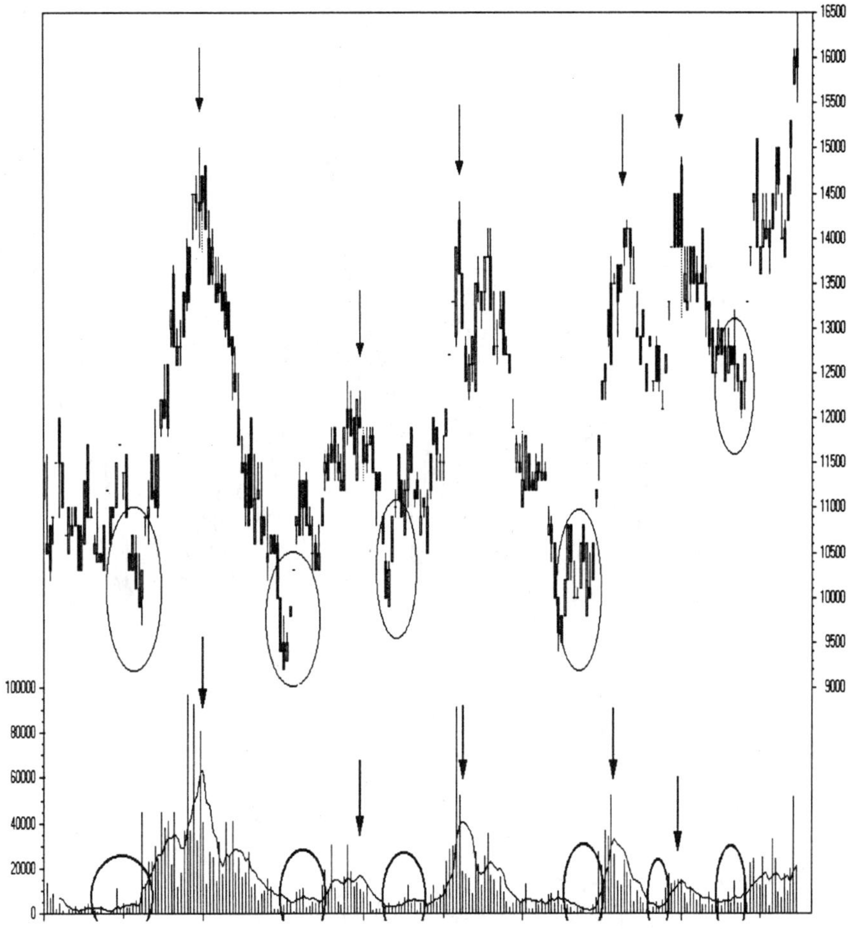

[그림 8-21] 주가와 거래량 연관성 2

주가가 상승반전하는 시점에서는 먼저 일거래량이 증가하면서 거래량 5일 이동평균선이 상승반전하게 되고, 주가가 하락반전하는 시점에서는 거래량 5일 이동평균선이 하락반전하는 것이 일반적이다. 따라서 거래량이 증가하면서 거래량 5일 이동평균선이 상승반전하는 시점(○)을 매수신호로, 반대로 거래량이 급감하면서 거래량 5일 이동평균선이 하락반전하는 시점(↓)을 매도신호로 인식하는 매매방법이다.

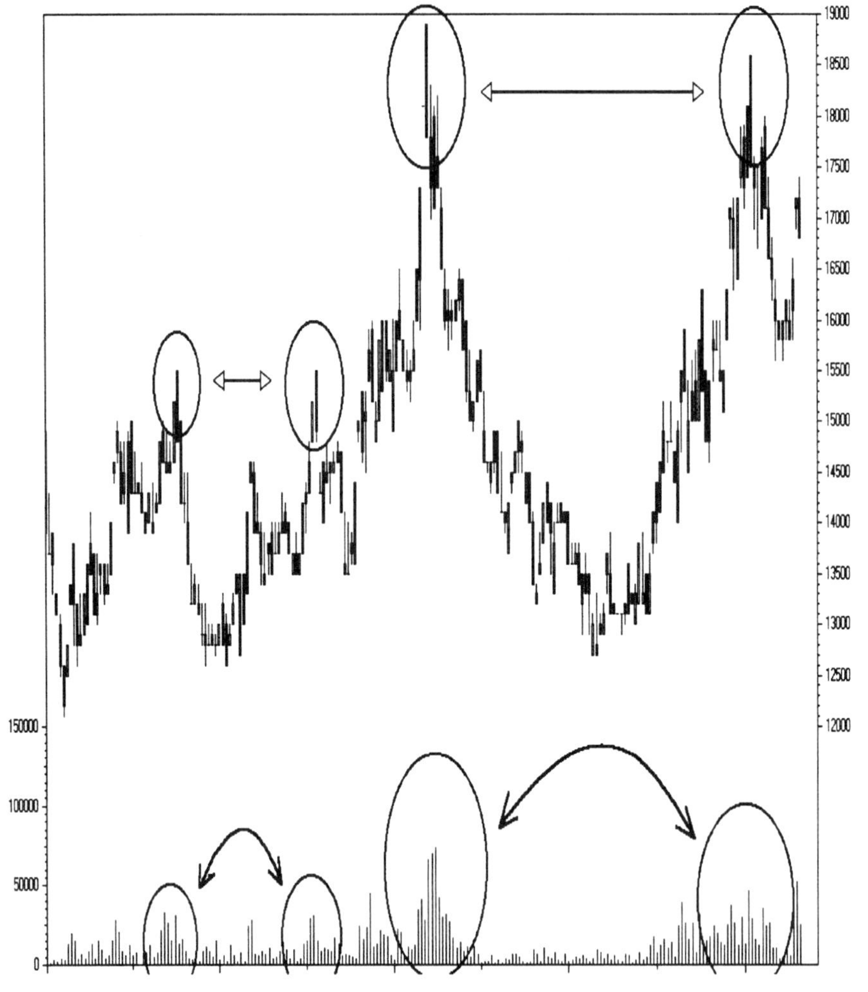

[그림 8-22] 주가와 거래량 연관성 3

주가가 상승하면서 만나게 되는 이전의 직전 고점은 저항선으로 작용을 하게 된다. 따라서 직전 고점을 상향돌파하기 위해서는 직전 고점의 거래량보다 더 많은 거래량이 수반되어야 한다. 즉 직전 고점의 거래량을 상회하지 못하면 주가는 크게 상승할 수 없지만, 반대로 직전 고점의 거래량을 상회할 경우에는 직전 고점을 상향돌파하여 새로운 주가를 형성할 수 있다.

8-5 주가와 거래량 이동평균선의 종합

주가 이동평균선과 거래량 이동평균선과의 상관관계를 살펴보고, 상승국면과 하락국면 진입시 두 이동평균선 사이의 발생 가능한 일반적인 순서를 정리해보았다.

1. 상승추세

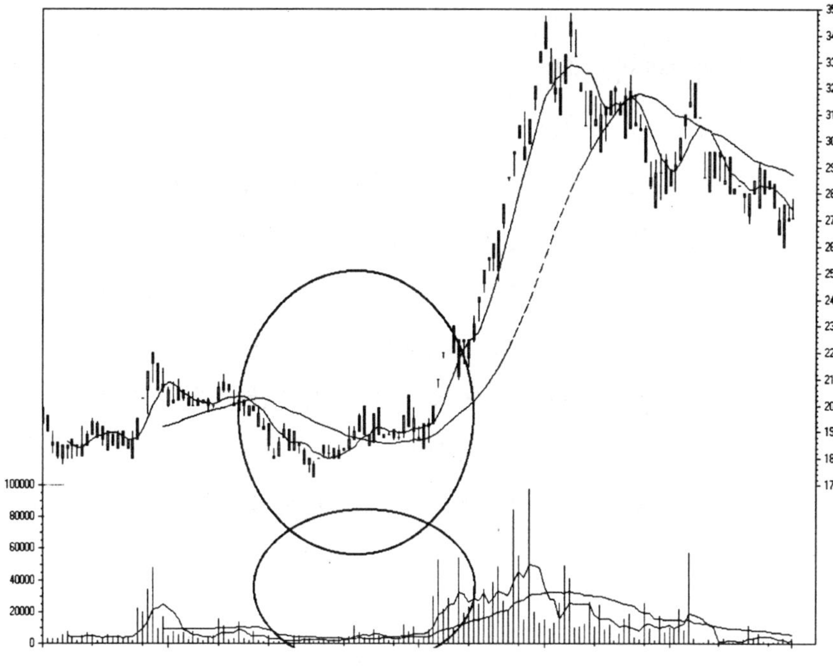

[그림 8-23] 주가 및 거래량 이동평균선의 종합사례 1

(1) 상승추세일 때

→ ⓐ 거래량 5일 이동평균선의 상승반전
→ ⓑ 주가가 주가 5일 이동평균선을 상향돌파
→ ⓒ 주가 5일 이동평균선의 상승반전
→ ⓓ 거래량 5일과 20일 이동평균선의 골든크로스 발생
→ ⓔ 거래량 20일 이동평균선의 상승반전
→ ⓕ 주가가 주가 20일 이동평균선을 상향돌파
→ ⓖ 주가 5일과 20일 이동평균선의 골든크로스 발생
→ ⓗ 주가 20일 이동평균선의 상승반전

(2) 하락추세일 때

→ ⓐ 거래량 5일 이동평균선의 하락반전
→ ⓑ 주가가 주가 5일 이동평균선을 하향돌파
→ ⓒ 주가 5일 이동평균선의 하락반전
→ ⓓ 거래량 5일과 20일 이동평균선의 데드크로스 발생
→ ⓔ 거래량 20일 이동평균선의 하락반전
→ ⓕ 주가가 주가 20일 이동평균선을 하향돌파
→ ⓖ 주가 5일과 20일 이동평균선의 데드크로스 발생
→ ⓗ 주가 20일 이동평균선의 하락반전

2. 하락추세

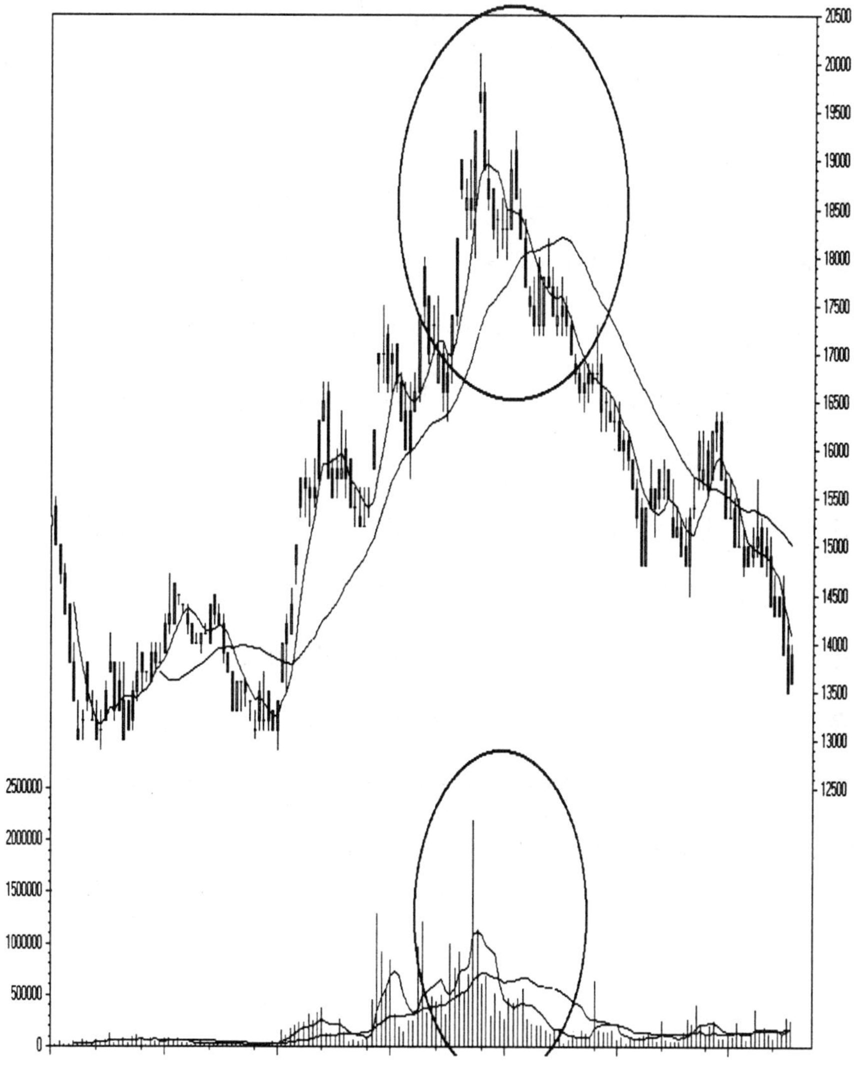

[그림 8-24] 주가 및 거래량 이동평균선의 종합사례 2

연습문제

1. 이동평균선의 개념과 종류에 대해 설명하세요.
2. 이동평균선의 장점과 단점에 대해 설명하세요.
3. 이동평균선을 이용한 주가 예측방법에 대해 설명하세요.
4. 하락추세에서 상승추세로 전환될 때 이동평균선의 전개과정에 대해 설명하세요.
5. 배열도 분석인 정배열과 역배열 상태에 대해 설명하세요.
6. 골든크로스와 데드크로스에 대해 설명하세요.
7. 지지선 분석과 저항선 분석에 대해 설명하세요.
8. 주가와 거래량의 연관성에 대해 설명하세요.
9. 거래량 이동평균선을 이용한 주가 예측방법에 대해 설명하세요.
10. 상승추세에서 주가와 거래량 이동평균선의 상관관계에 대해 설명하세요.

제9장

패턴 분석

9-1 반전형

1. 반전형의 분석

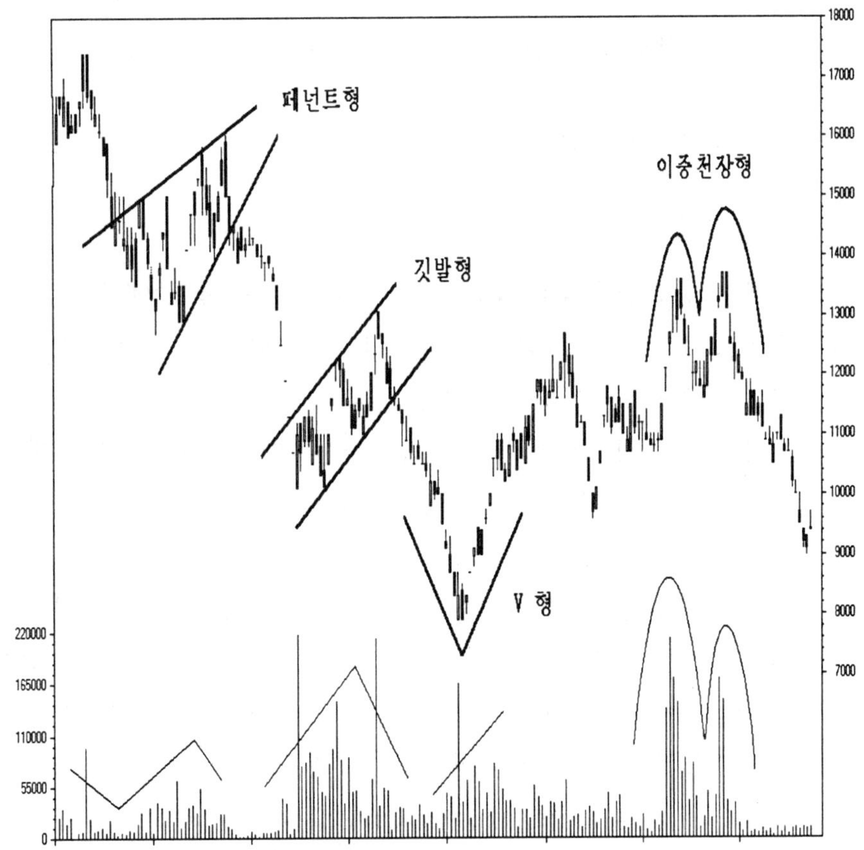

[그림 9-1] 반전형과 지속형

페넌트형과 깃발형은 지속형 패턴으로 이전의 주가 움직임과 같은 방향으로 움직이며, V형과 이중천장형은 반전형 패턴으로 이전의 주가 움직임이 추세전환되어 반대방향으로 움직인다.

그래프 상에 그려지는 일정 기간 움직여온 주가의 특정한 모양을 패턴이라 하며, 이런 패턴은 크게 반전형 및 지속형으로 구분된다. 먼저 반전형은 이전까지의 주가 움직임이 전환되어 반대방향으로 이동할 것을 예시해주는 패턴이며, 지속형은 이전의 주가 움직임이 잠시 횡보 후 다시 지속될 것임을 알려주는 패턴이다.

반전형은 이전까지 장기간에 걸친 주가 움직임이 추세전환되어 반대 방향으로 이동할 수 있도록 이전의 뚜렷한 추세선이 확인되어야 한다. 또한 이러한 추세선을 돌파하는 시점부터 반전형이라 부른다.

2. 헤드 앤 쇼울더

(1) 개 념

헤드 앤 쇼울더(head & shoulder) 패턴은 반전형 중에서 가장 널리 알려져 있으며, 가운데 가장 높은 봉우리를 포함한 세 개의 봉우리로 형성되어 있어 3산형이라 부르기도 한다.

이 패턴은 상승과 하락이 세 번씩 반복해서 일어나며, 가운데 봉우리를 머리(head), 왼쪽을 왼쪽 어깨(left shoulder), 오른쪽을 오른쪽 어깨(right shoulder)라 한다.

헤드 앤 쇼울더 패턴이 형성되는 과정의 특징을 살펴보도록 하자. 먼저 왼쪽 어깨는 주가가 주추세선을 따라 큰 폭으로 상승하고 있으며 동시에 거래량의 증가세가 현저하게 나타나는 시점이다. 상승 분위기가 확산되면서 장세를 낙관한 세력이 적극적인 매매를 한다.

거래량은 주가의 상승과정에서 매우 활발하고 하락과정에서 감소하는데, 헤드 앤 쇼울더 전체로 볼 때는 왼쪽 어깨가 형성되는 과정으로 거래량이 가장 많은 편이다.

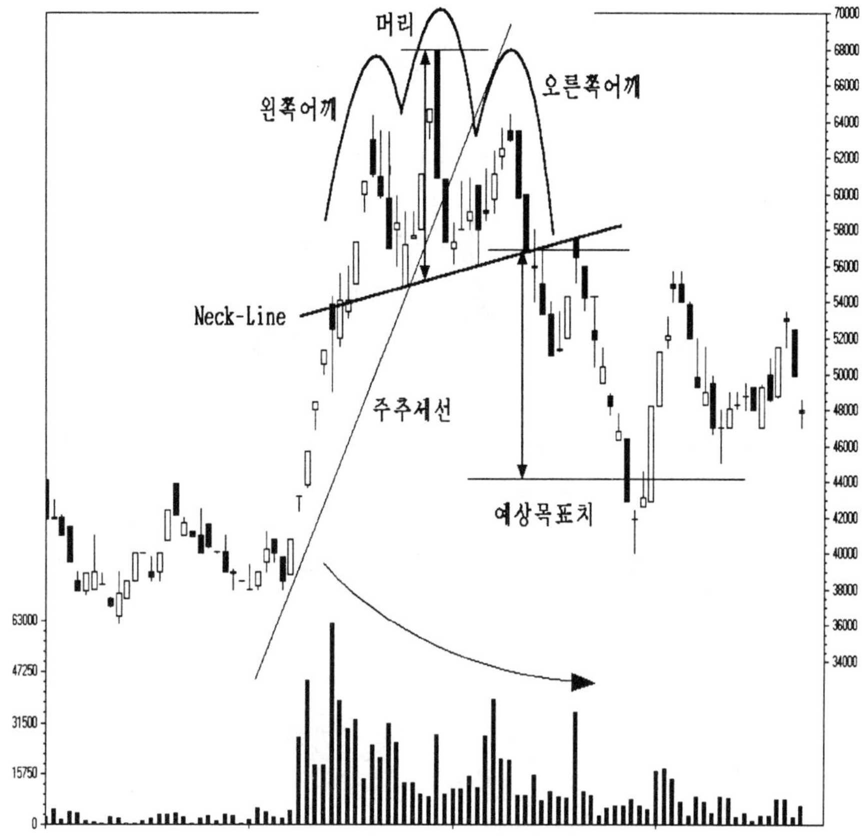

[그림 9-2] 헤드 앤 쇼울더 1

머리는 두번째 상승으로 왼쪽 어깨보다 높게 나타나지만 일반적으로 하락할 때는 왼쪽 어깨의 바닥 수준까지 하락한다. 거래량은 왼쪽 어깨와 마찬가지로 상승과정에서는 많이 나타나지만 전체 거래량은 왼쪽 어깨보다 많지 않다. 오른쪽 어깨는 세번째 상승으로 머리의 정상까지 올라가지 못하고 하락폭의 1/2에서 2/3 수준까지만 회복하고 다시 하향전환된다. 이 과정에서는 왼쪽 어깨와 머리 부분과 달리 상승과정에서 거래량이 현저하게 줄어든다. 만일 이때 거래량이 증가하면 주가는 헤드 앤 쇼울더 패턴이 아닌 다른 패턴으로 움직일 가능성이 크다는 점에 유의해야 한다.

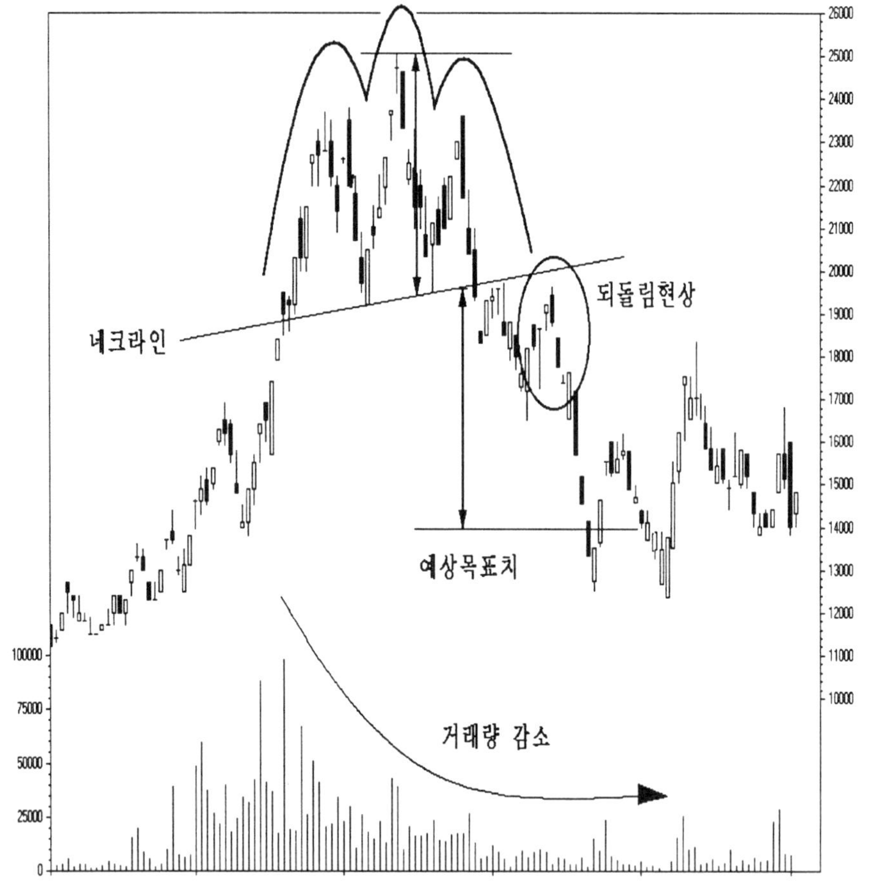

[그림 9-3] 헤드 앤 쇼울더 2

헤드 앤 쇼울더 패턴은 주가 움직임이 네크라인(neck line)을 완전히 하향돌파한 순간부터 완성되기 때문에 네크라인을 하향돌파하기 전까지지는 단정지어서는 안 된다. 오른쪽 어깨에서 하락하기 시작한 주가가 네크라인을 하향돌파하지 못하고 다시 상승한다면 이 패턴은 헤드 앤 쇼울더 패턴이라고 부르기보다는 오히려 상승추세가 다시 시작되었다고 보아야 한다. 네크라인을 하향돌파하였던 주가가 때로는 미약하나마 네크라인 부근까지 재상승하는 경우가 있는데 이를 되돌림 현상이라고 한다.

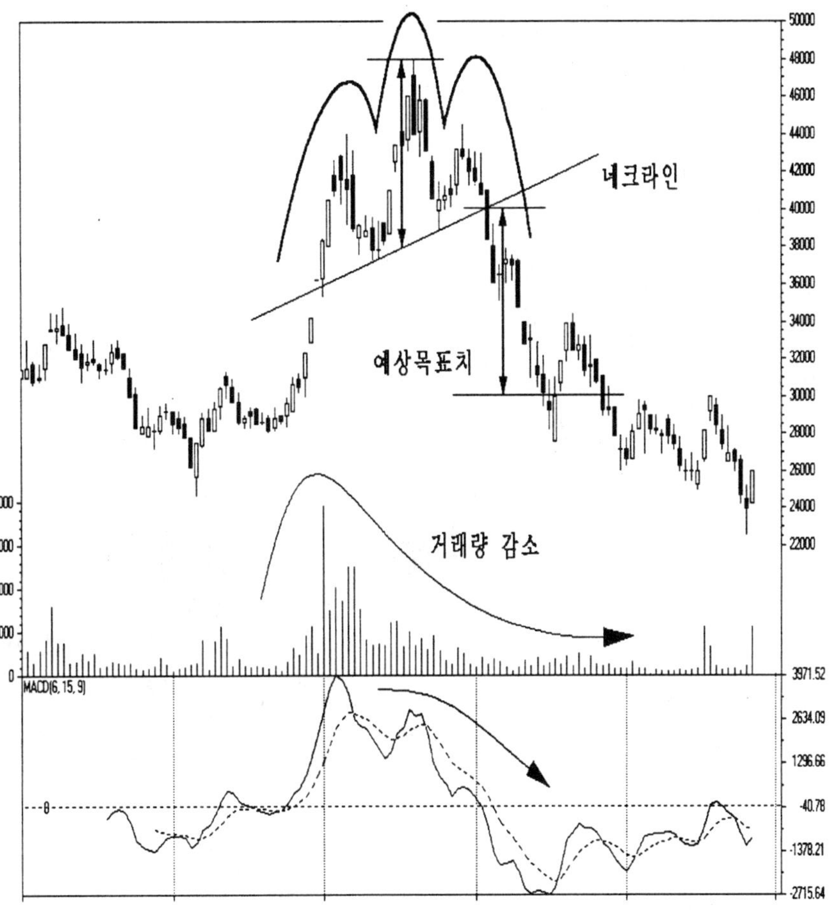

[그림 9-4] 헤드 앤 쇼울더 3

헤드 앤 쇼울더 패턴이 완성된 후에 과거의 경험법칙으로 주가가 앞으로 어느 수준까지 하락할 것인가를 미리 계산해볼 수 있는데 이를 목표치 계산이라 한다. 일반적으로 헤드 앤 쇼울더 패턴에서 적용되는 하락 예상 목표치는 머리와 네크라인과의 하락폭만큼의 폭으로 네크라인에서 더 하락한다고 예상해볼 수 있는데, 이 목표치는 최소한의 목표치일 뿐이다. 때로는 주가의 상승세가 시작되었던 지점까지도 하락할 수가 있으며, 그 이상 더 하락하는 경우도 있다.

(2) 역 헤드 앤 쇼울더

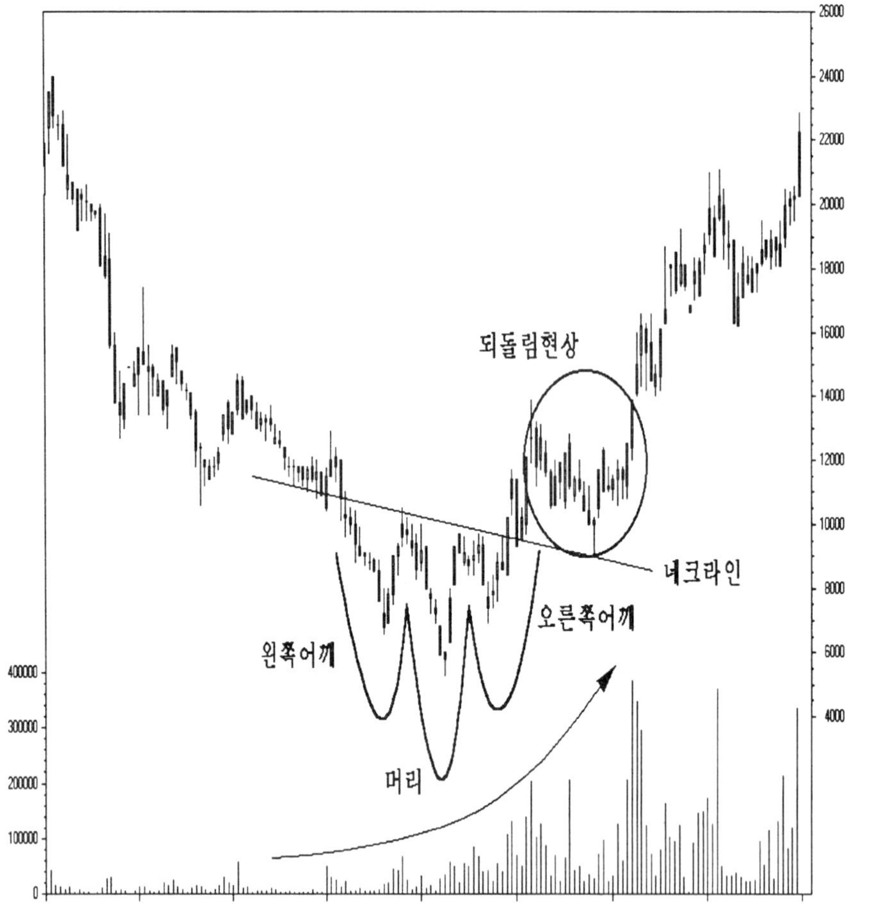

[그림 9-5] 역 헤드 앤 쇼울더 1

헤드 앤 쇼울더 패턴을 거꾸로 뒤집어놓은 것이 역 헤드 앤 쇼울더 패턴이다. 헤드 앤 쇼울더 패턴은 상승추세에서 하락추세로 반전할 때 나타나는 패턴인 반면, 역 헤드 앤 쇼울더 패턴은 하락추세에서 상승추세로 반전할 경우에 나타나는 패턴이다. 또한 헤드 앤 쇼울더 패턴과는 달리 거래량이 증가하면서 하락추세가 상승추세로 전환되는 패턴이다.

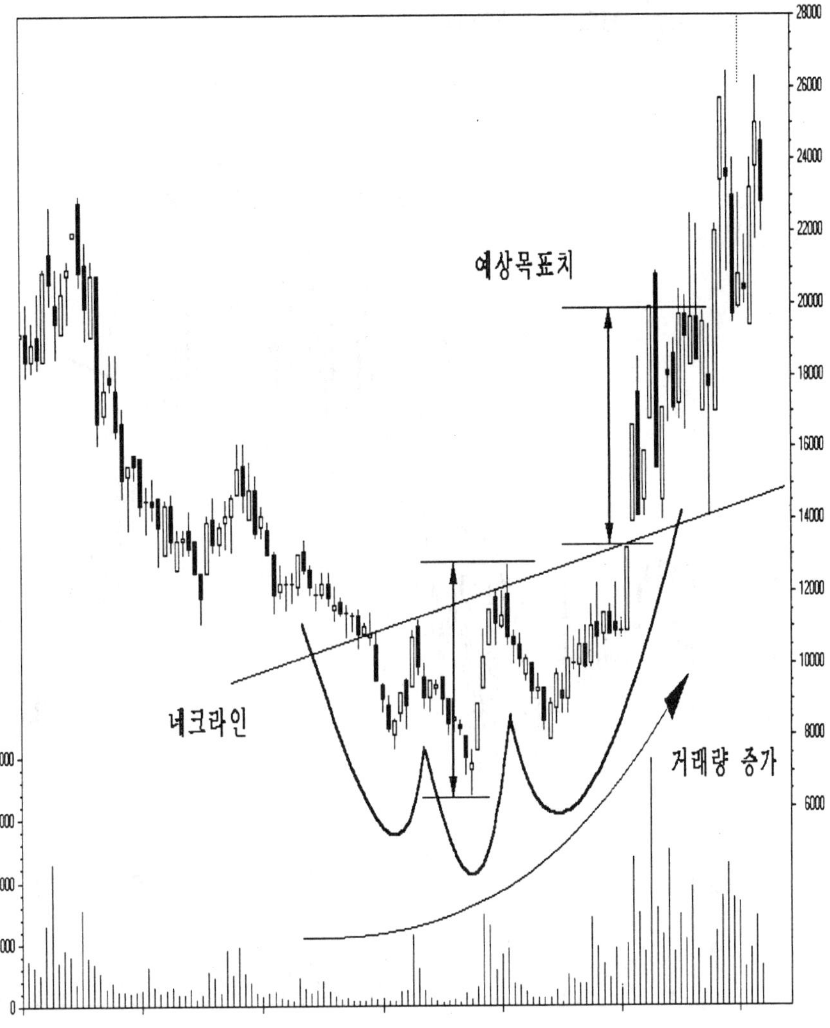

[그림 9-6] 역 헤드 앤 쇼울더 2

역 헤드 앤 쇼울더 패턴은 헤드 앤 쇼울더 패턴과 그 방향만 반대일 뿐이지 모든 점이 유사하다. 다만 거래량 동향에서 차이가 있어 왼쪽 어깨, 머리, 오른쪽 어깨로 갈수록 거래량이 점점 증가하고, 또한 되돌림 현상이 헤드 앤 쇼울더 패턴의 경우보다 더 자주 일어나는 차이가 있다.

(3) 복합 헤드 앤 쇼울더

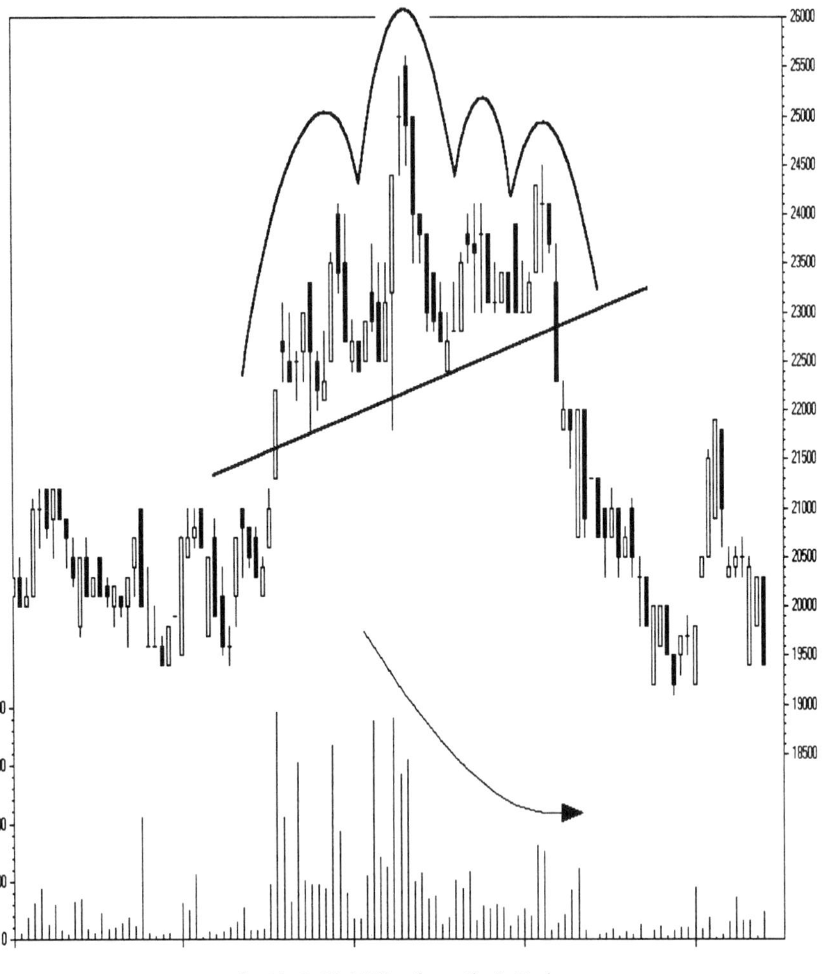

[그림 9-7] 복합 헤드 앤 쇼울더

실제로 헤드 앤 쇼울더 패턴이 이론에 의해서 움직이는 것이 아니고 변형된 형태로 나타나는 경우가 있다. 때로는 머리가 두 개 이상 또는 한쪽의 어깨가 두 개 이상으로 나타나는 경우가 있다. 그러나 변형된 헤드 앤 쇼울더 패턴이라도 그 분석은 헤드 앤 쇼울더 패턴과 동일하다.

3. 이중천장형과 이중바닥형

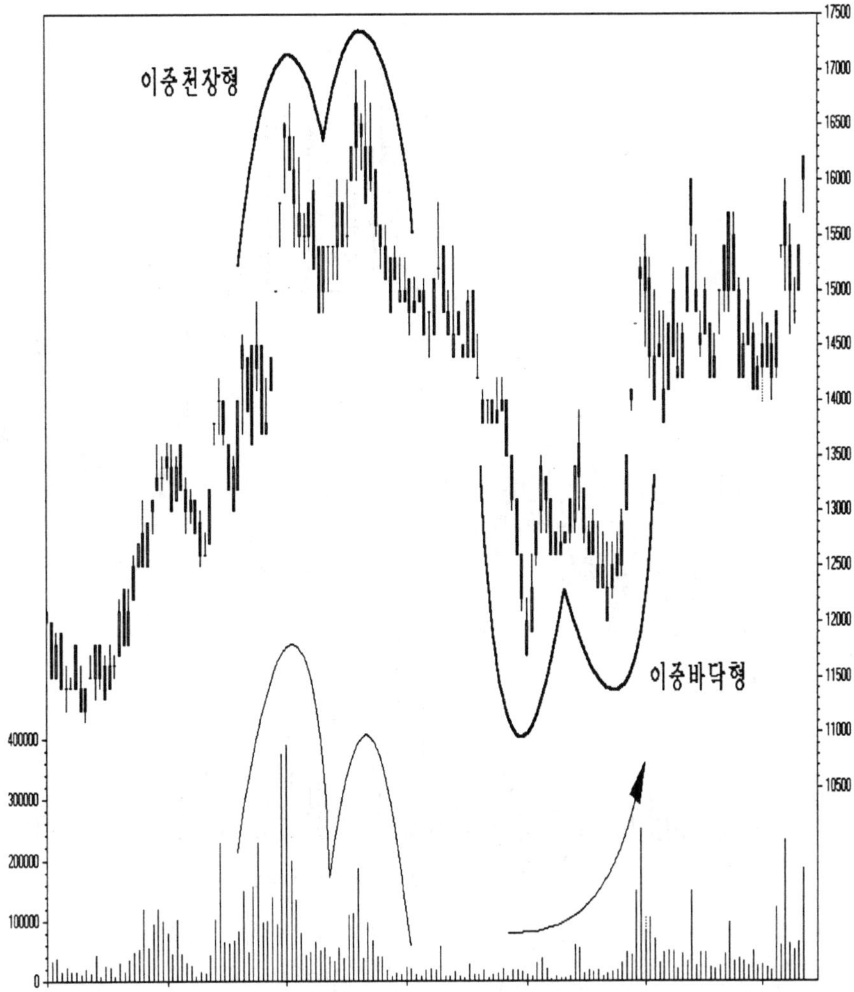

[그림 9-8] 이중천장형 및 이중바닥형

이중천장형은 거래량이 감소하면서 상승추세가 하락추세로 전환될 때 형성되며, 이중바닥형은 거래량이 증가하면서 하락추세가 상승추세로 전환될 때 형성된다.

(1) 이중천장형

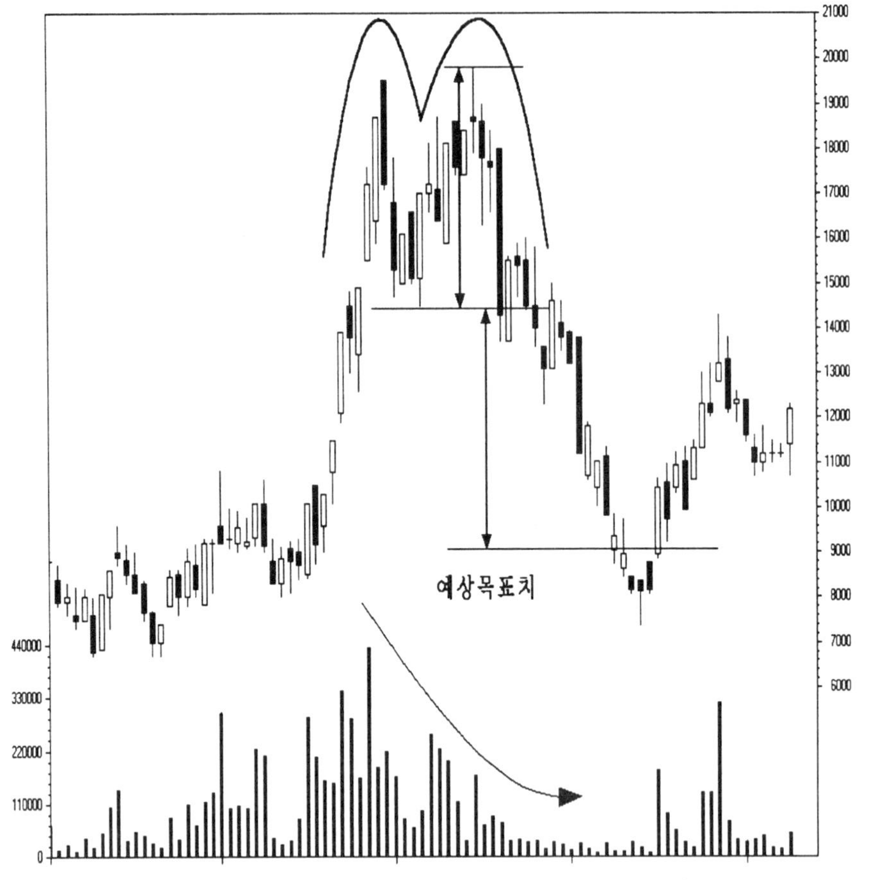

[그림 9-9] 이중천장형 1

이중천장형(double top)은 그래프 상에서 자주 볼 수 있는 패턴으로 상승추세가 하락추세로 전환될 때 주로 발생한다. 이중천장형은 'M자형'으로, 그리고 이중바닥형은 'W자형'이라 부르기도 한다.

이중천장형을 확인하기 위해서는 일반적으로 양 봉우리를 형성하는 데 걸린 시간이 장기간(대략 1개월 이상)일수록, 또는 주가 움직임의 진폭이 클수록 신뢰도가 높다고 볼 수 있다.

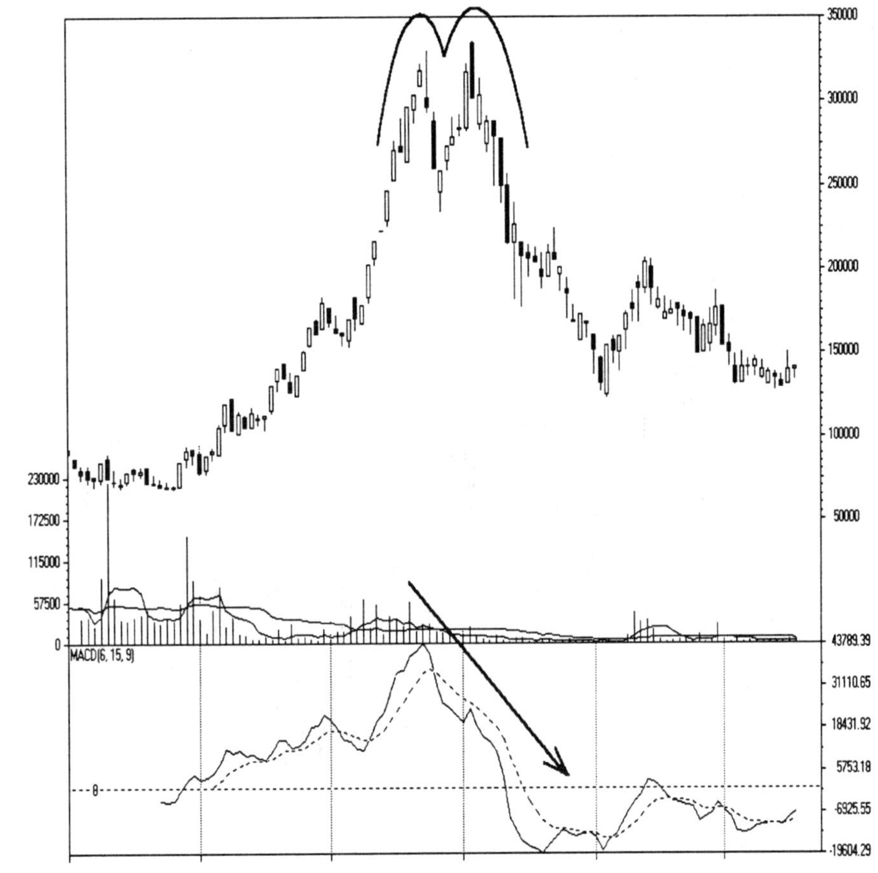

[그림 9-10] 이중천장형 2

이중천장형도 헤드 앤 쇼울더 패턴처럼 앞으로 얼마나 더 하락할지 예상 목표치를 계산할 수가 있다. 이중천장형의 최소한의 예상 목표치는 두 봉우리 고점에서 단기 바닥인 골까지의 거리만큼 앞으로 더 하락하리라고 예상한다. 이중바닥형의 경우는 이중천장형을 그대로 뒤집어 설명을 할 수가 있다.

이중천장형이 형성되는 과정을 살펴보면, 첫번째 고점에 비해 두번째 고점에서는 보조지표의 고점이 현격하게 낮아지고 있음을 볼 수가 있어 상승 에너지가 급격히 분산되고 있음을 볼 수가 있다.

(2) 이중바닥형

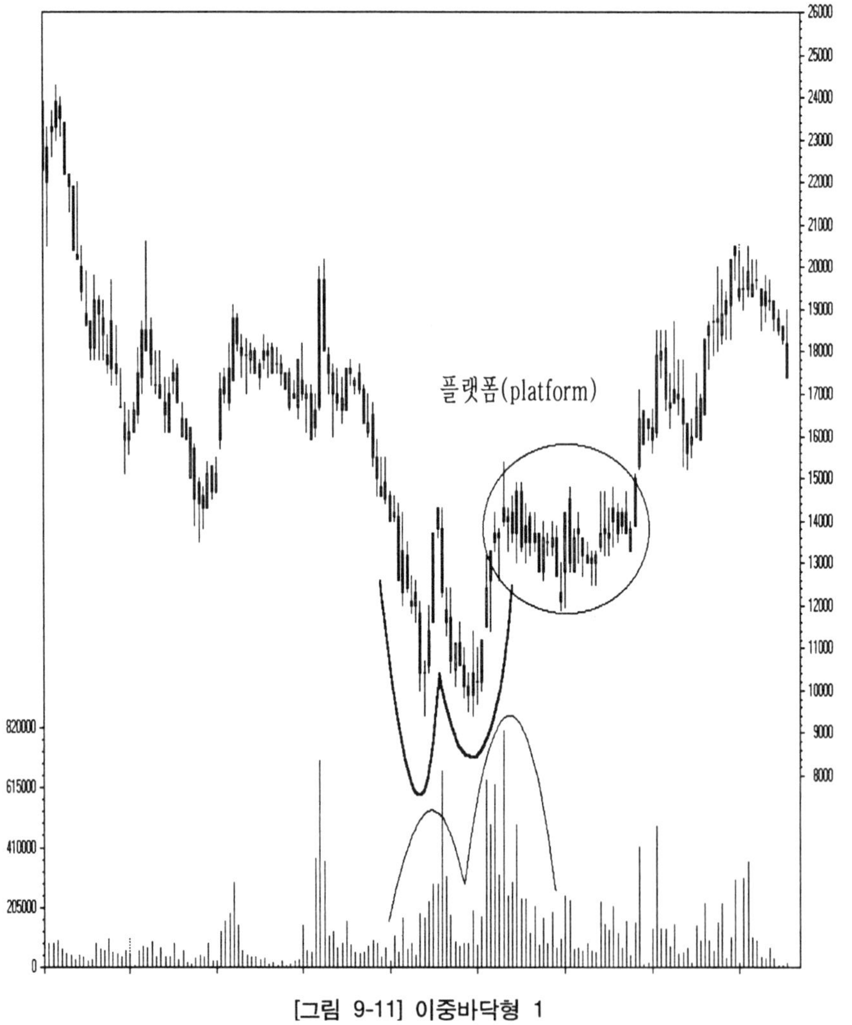

[그림 9-11] 이중바닥형 1

이중바닥형(double bottom)은 두번째 바닥이 첫번째 바닥보다 더 완만하게, 그리고 더 높게 형성된다. 때로는 상승시에 플랫폼(platform)이 형성되기도 한다.

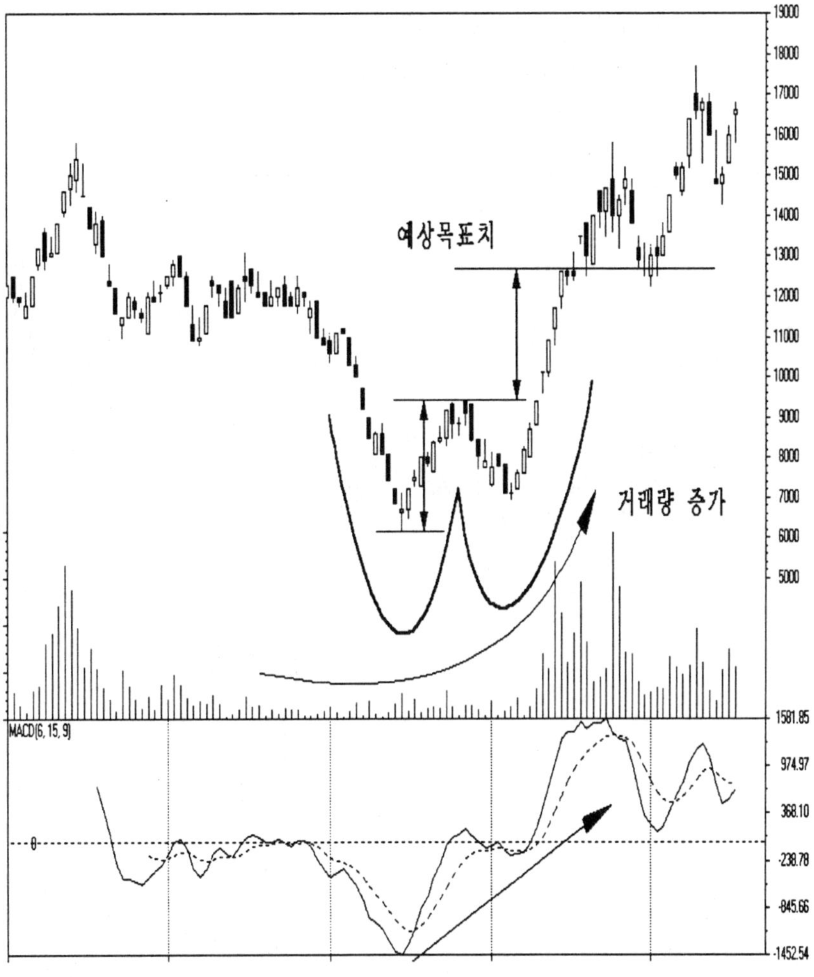

[그림 9-12] 이중바닥형 2

이중바닥형은 이중천장형을 그대로 뒤집어엎어 놓은 형태이나 이중바닥형만이 가지고 있는 독특한 특징들이 있는데 다음과 같다.

- 이중천장형은 첫번째 봉우리가 일반적으로 두번째 봉우리보다 높게 나타나지만 종종 두번째가 더 높게 나타나는 경우도 있다. 그러나 이중바닥형에서는 두번째 바닥이 첫번째 바닥보다 더 낮은 경우는 거의 없다.
- 일반적으로 이중천장형에서는 두번째 봉우리가 첫번째 봉우리에 비

해 뾰족하게 나타나지만, 이중바닥형에서는 두번째 바닥의 경사가 첫번째 바닥의 경사보다 완만할 때가 많다.

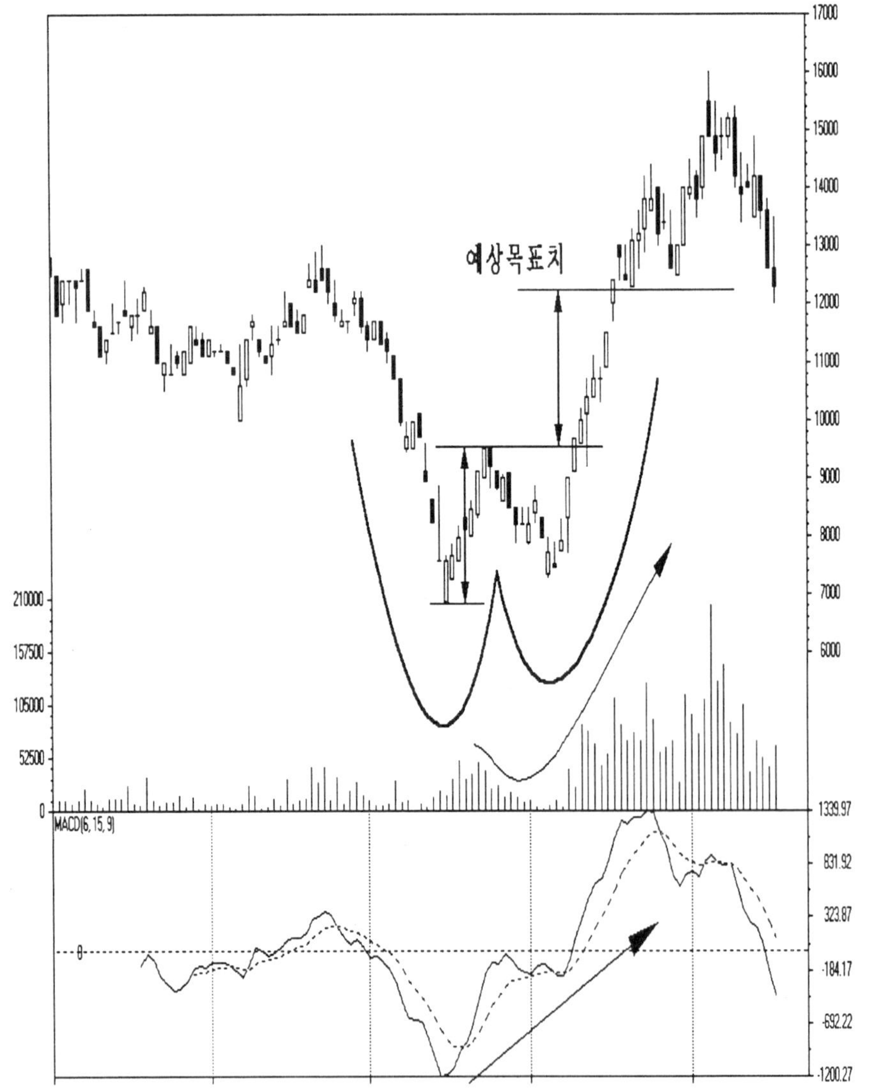

[그림 9-13] 이중바닥형 3

(3) 다중천장형 및 다중바닥형

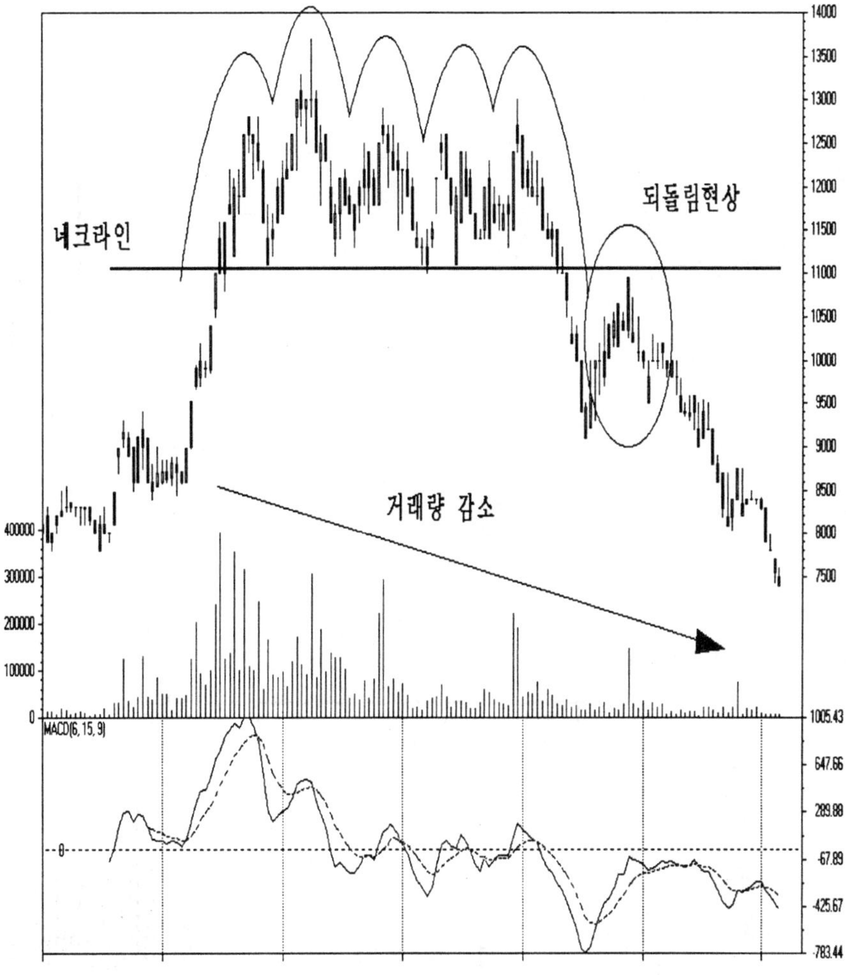

[그림 9-14] 다중천장형

삼중천장형, 삼중바닥형, 다중천장형, 다중바닥형은 모두 이중천장형과 이중바닥형이 변형되어 형성된 것으로 판단한다. 상승에서 하락으로 반전되는 삼중천장형과 다중천장형은 형성되는 과정에서 점차 거래량이 감소하며, 예상 목표치 계산 또한 동일한 방법으로 측정한다.

4. 선형 · 원형바닥형 · 원형천장형

(1) 선 형

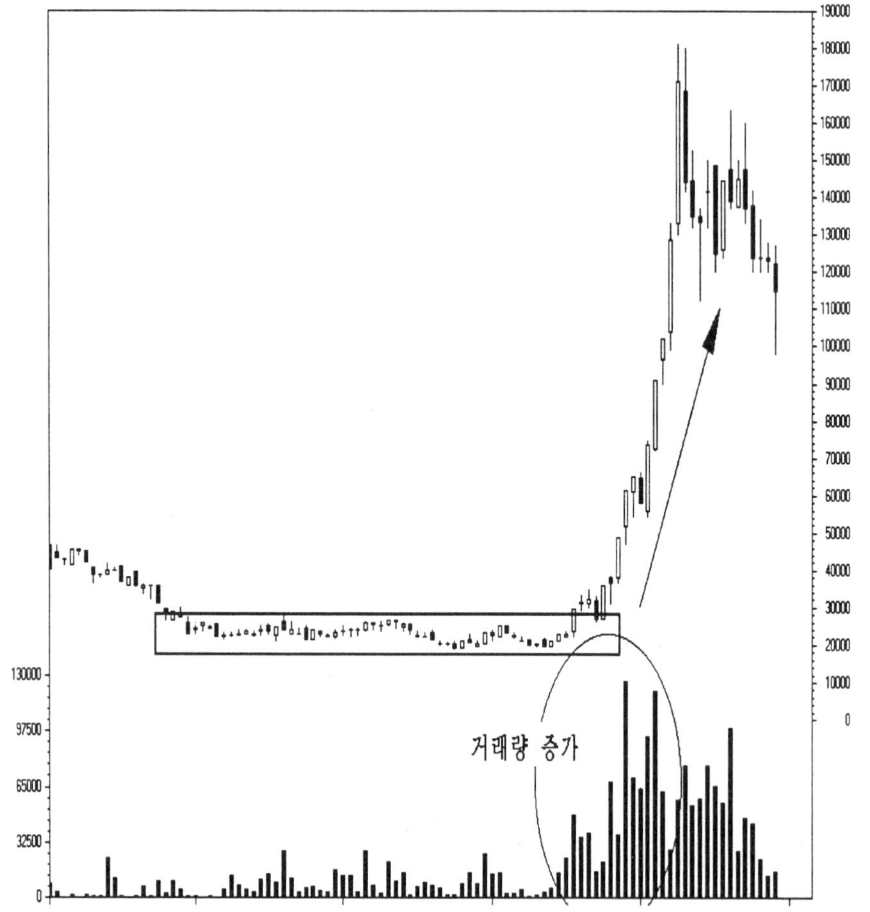

[그림 9-15] 선형 1

선형(line), 원형천장형(rounding top), 원형바닥형(rounding bottom)은 실전매매에서 발견하기가 매우 힘들지만, 발견시에는 큰 폭의 수익률을 올릴 수가 있어 유일한 꿈의 패턴으로 알려지고 있다.

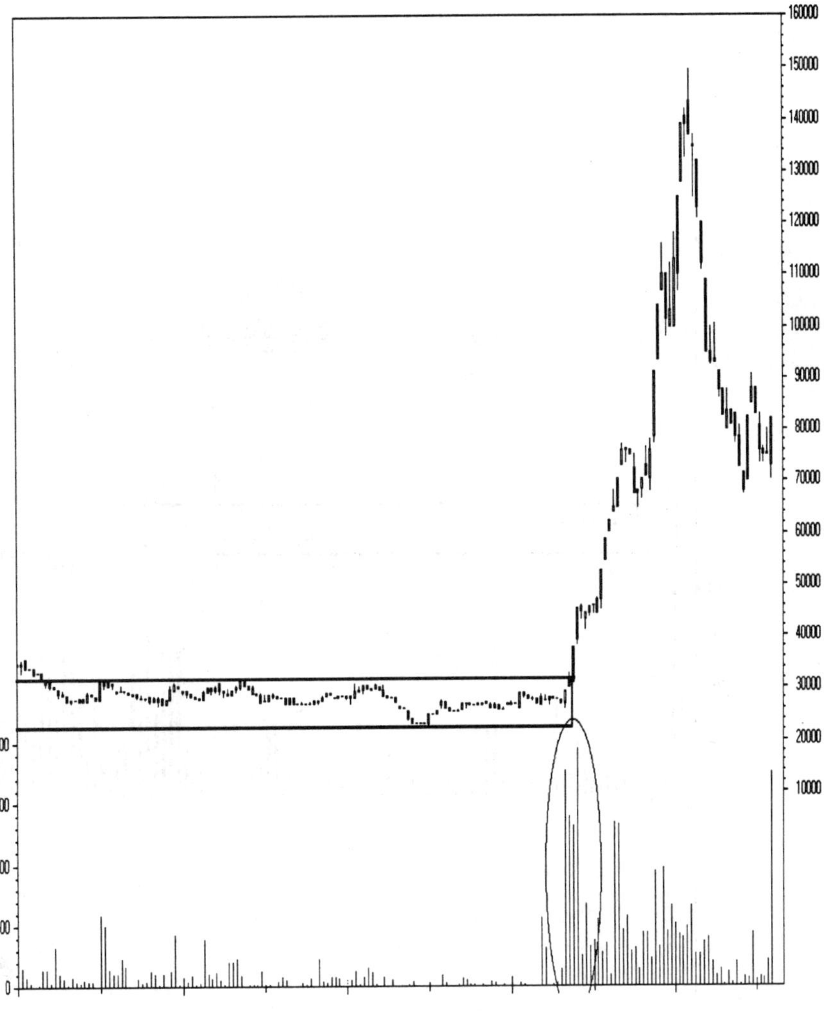

[그림 9-16] 선형 2

선형(line)은 그래프 상에서 살펴보면 적은 등락폭으로 장기간에 걸쳐 보합권을 유지하며 횡보한 후 거래량이 증가하면서 지금까지의 등락폭보다 상당히 큰 폭으로 저항선을 상향돌파하면서 주가가 상승하는 패턴이다.

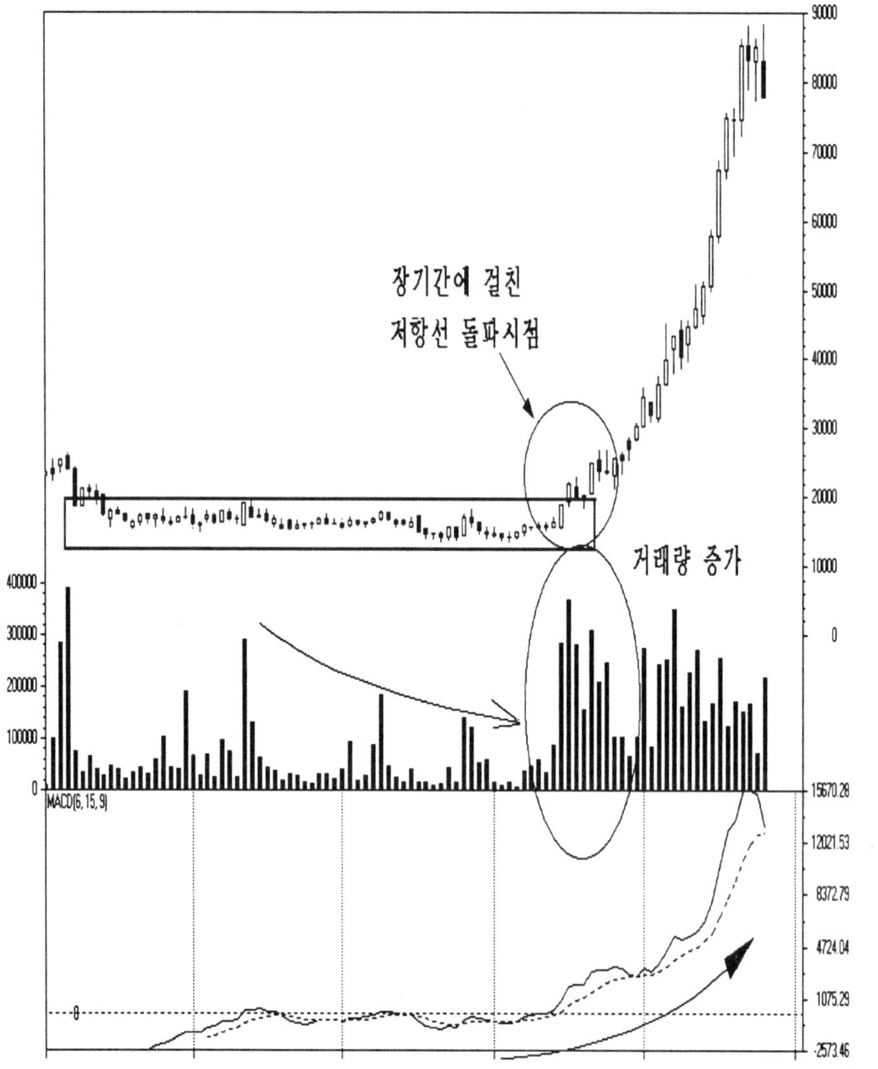

[그림 9-17] 선형 3

선형이 형성되는 과정에서 거래량은 지속적으로 감소세를 보이고 있으며, 보조지표는 주가와 더불어 횡보세를 보이다 주가가 저항선을 상향돌파하는 시점 이전에 강한 상승세를 보여주고 있다.

(2) 원형바닥형

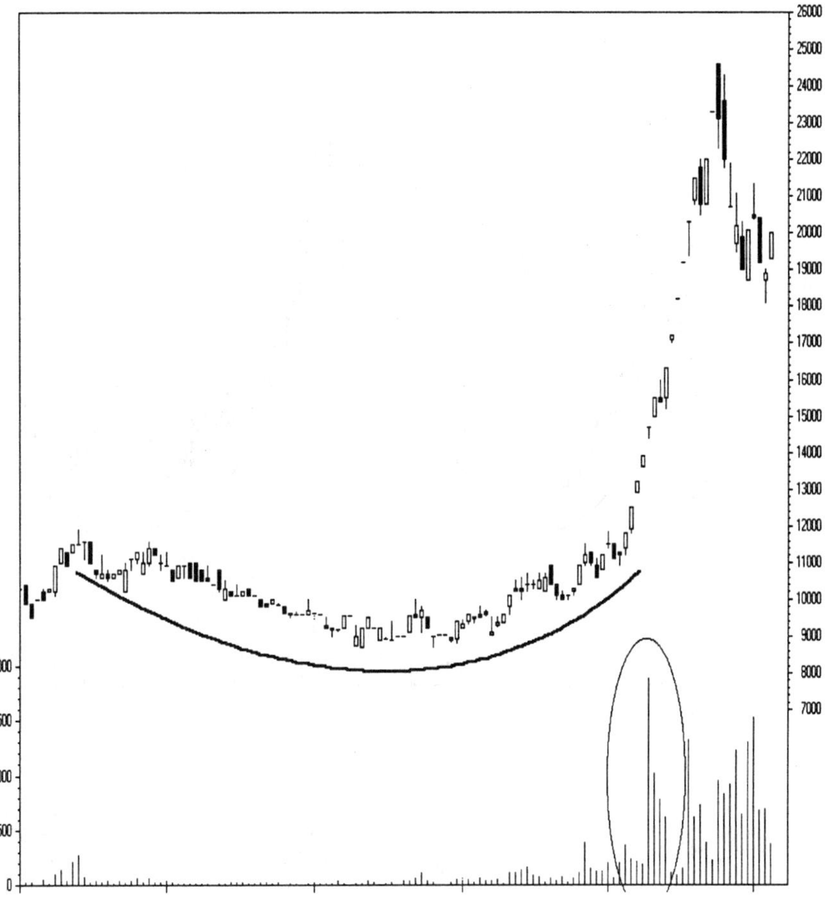

[그림 9-18] 원형바닥형 1

원형바닥형(rounding bottom)은 판독하기가 매우 쉽고 성공할 확률도 높은 동시에, 앞으로 주가이동 방향과 추세전환 시점을 서서히 그리고 정확하게 가르쳐준다. 따라서 투자결정 및 매매전략을 수립하는 데 충분한 시간적인 여유를 준다는 장점이 있지만, 인기가 높고 거래가 활발한 주식에 있어서는 거의 찾아보기 어렵다.

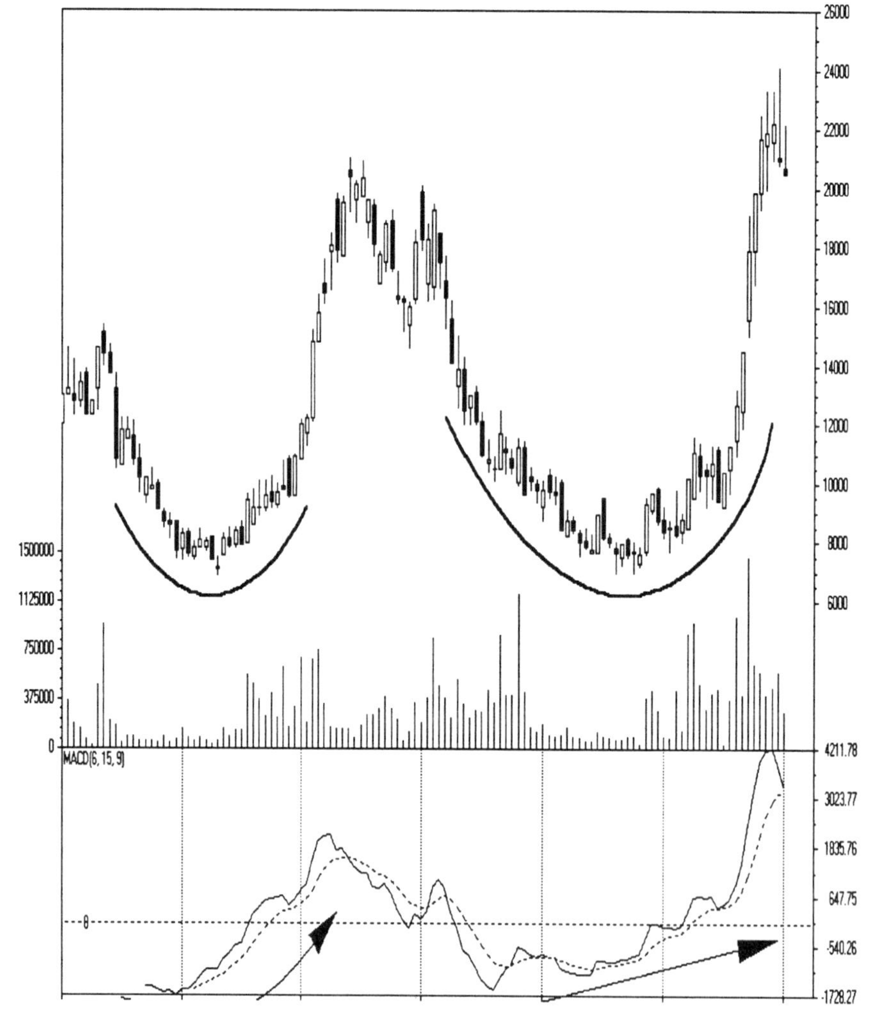

[그림 9-19] 원형바닥형 2

원형바닥형은 주가의 하락추세가 완만한 곡선을 그리면서 서서히 상승추세로 전환되는 패턴으로, 원형천장형보다 소요되는 시간이 더 많이 걸리고 모양과 형태도 더욱 확실하다. 또한 상승추세로 진입하면서 플랫폼(platform)을 자주 형성하는 특징이 있다.

(3) 원형천장형

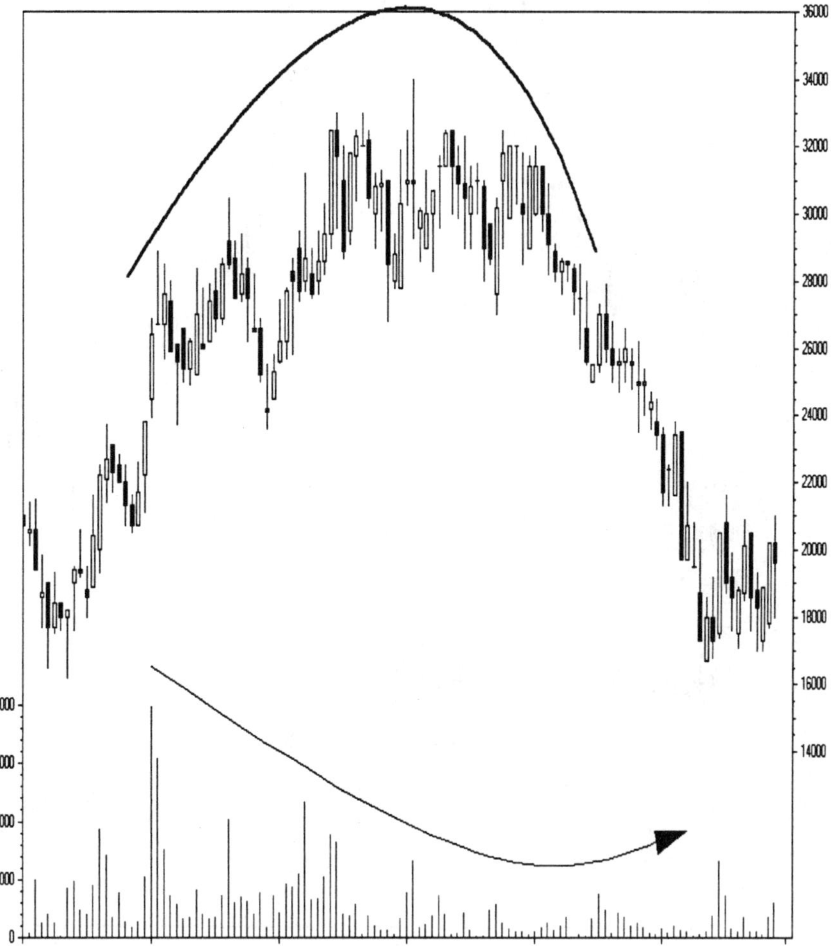

[그림 9-20] 원형천장형 1

원형천장형(rounding top)은 일명 접시형(saucer)으로 불리기도 한다. 원형바닥형은 하락추세가 상승추세로 전환되는 과정인데 비해, 원형천장형은 주가의 상승추세가 완만한 곡선을 그리면서 서서히 하락추세로 전환되는 패턴으로 비교적 형성되는 기간이 선형보다 짧다.

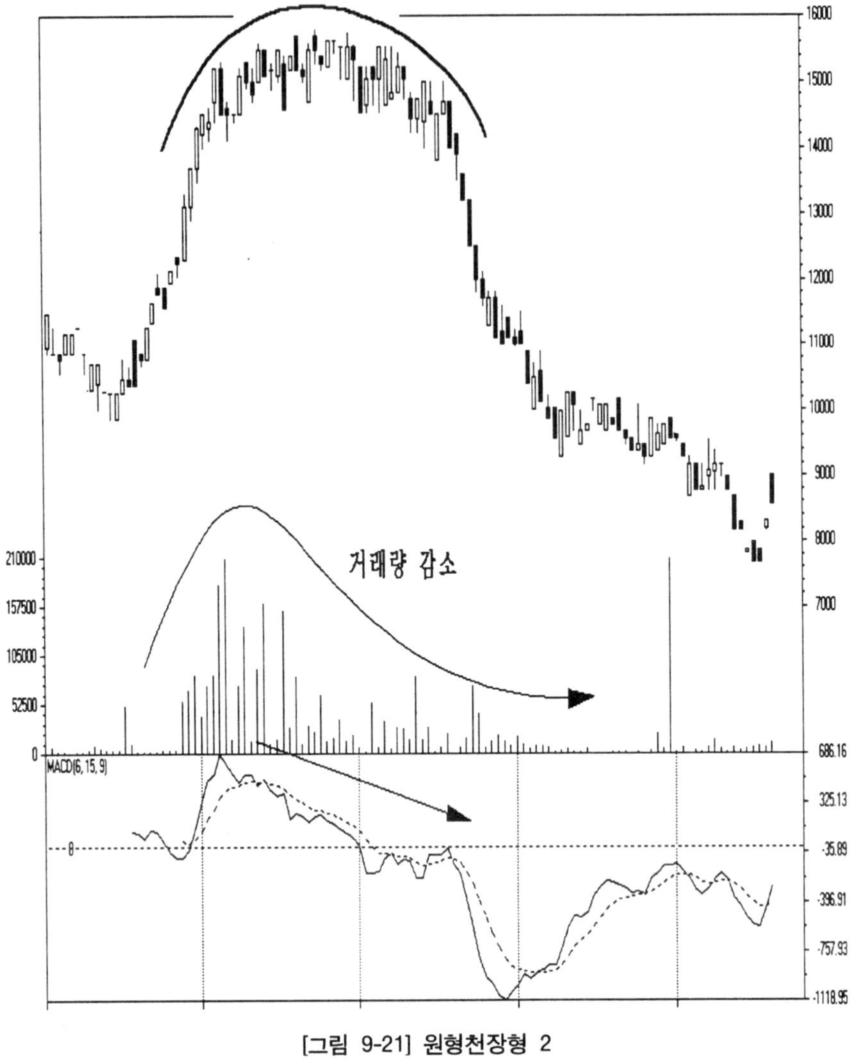

[그림 9-21] 원형천장형 2

원형천장형은 상승추세가 서서히 하락추세로 전환되는 패턴으로 형성과정에서 거래량이 점진적으로 감소한다. 또한 보조지표인 MACD 역시 원형천장형이 형성되는 과정에서 급속하게 하락하고 있어 주가 하락을 미리 예고해주고 있다.

5. 확대형

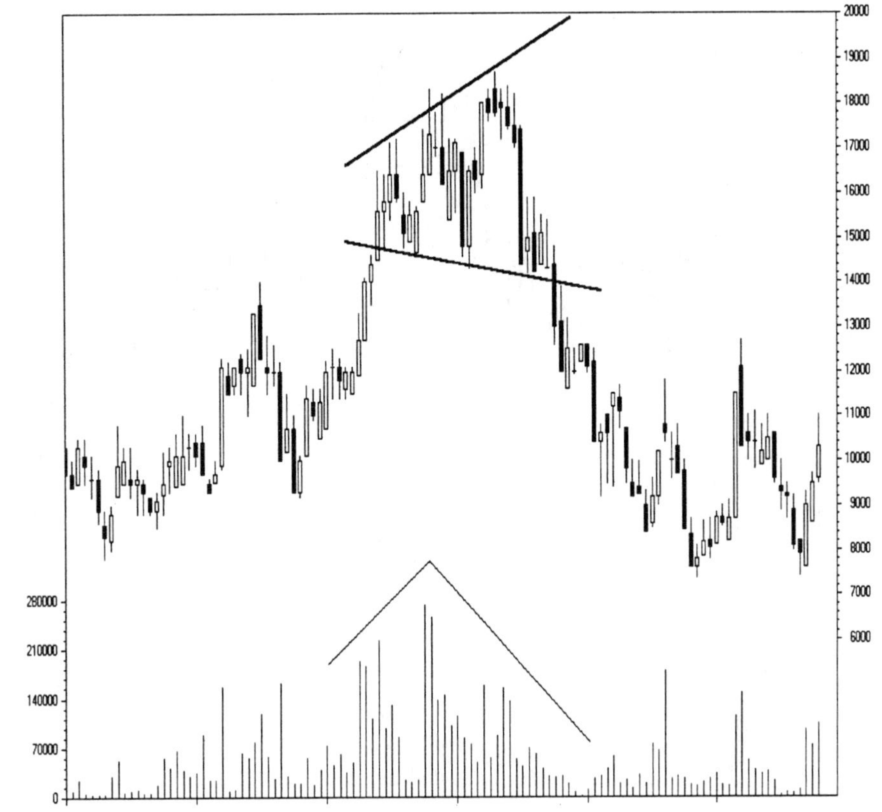

[그림 9-22] 확대형 1

확대형(broadening formation)은 좁은 등락폭으로 움직이던 주가가 점점 그 등락폭이 확대되는 형태를 말한다. 주가의 고점들은 점점 높아가는 반면 반대로 주가의 저점들은 점점 낮아지는 모양을 하고 있다.

확대형이 진행되고 있으면 주가의 등락폭이 점차 확대되면서 거래량도 증가하게 되는데, 이는 시황이 매우 혼란하여 미래에 대한 예측이 불가능한 상태이거나 또는 투자가들의 투자심리가 극히 민감하고 극도로 불안정 상태에 있다는 것을 의미한다.

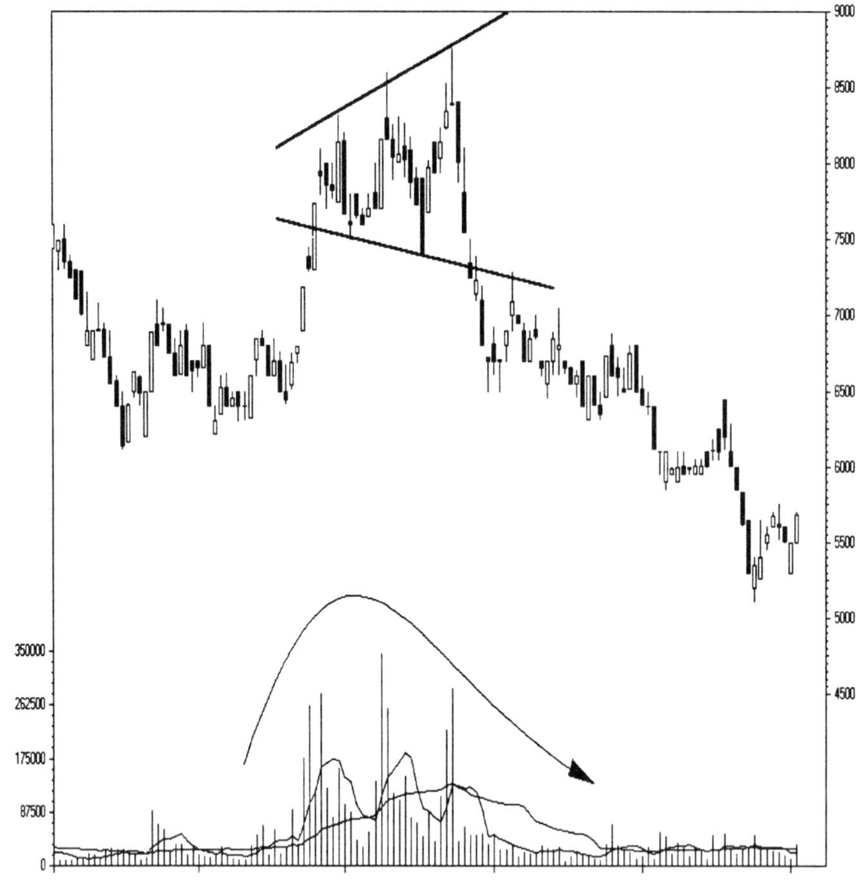

[그림 9-23] 확대형 2

확대형은 거래량이 활발하면서 주로 시장이 상승추세를 보이고 있을 때 나타나는 경향이 높다. 따라서 확대형은 상승추세의 말기적 현상으로 간주되어야 한다.

확대형은 일정한 매수세력이나 매도세력을 확인하기가 어려우며, 또한 주가의 향방을 예측하기가 불확실한 일부 투기적인 세력에 의해서 움직이고 있다고 보아야 한다. 따라서 이 패턴이 나타난 이후에는 대부분 주가의 큰 폭 하락이 있었다.

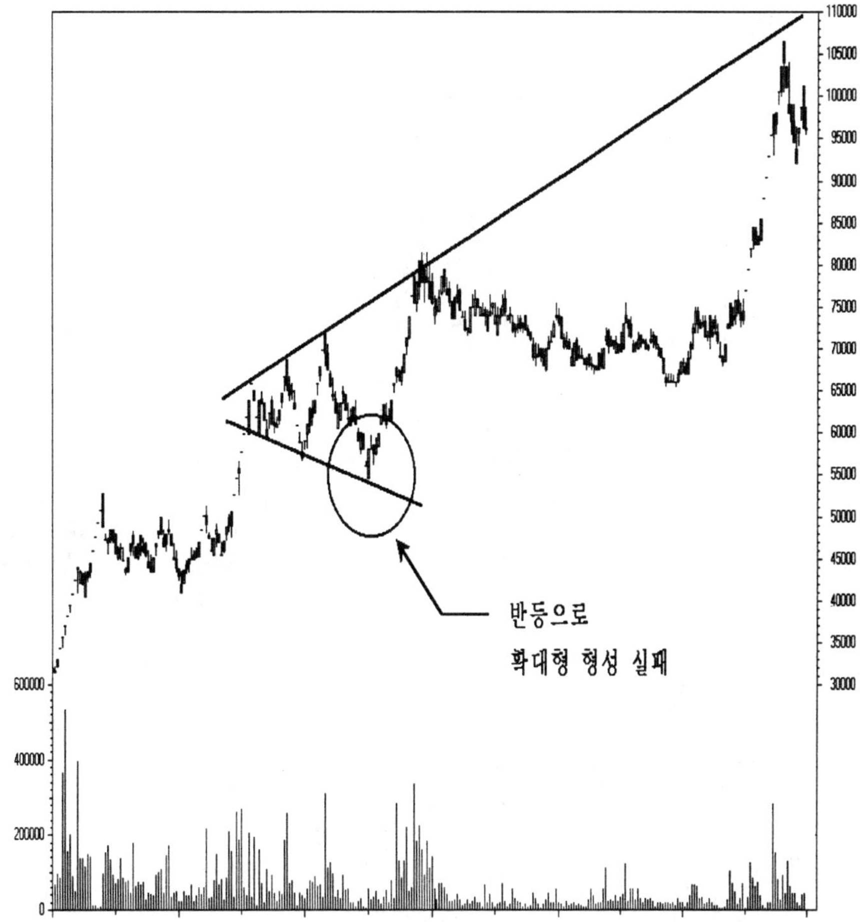

[그림 9-24] 확대형 3

확대형은 일반적으로 세 개의 산(peaks)과 두 개의 골(trough)로 이루어진다. 이 패턴은 주가의 움직임이 한 방향으로 수렴하기보다는 오히려 각 방향으로 분산되는 결과로서, 각 산들의 고점들은 점점 그 높이가 높아지는 데 비하여 각 골들의 저점들은 그 높이가 점점 낮아지는 모양이다. 즉 확대형은 상승추세에서 하락추세로 반전되는 패턴으로 두 개의 골을 잇는 추세선(지지선)을 완전히 하향돌파한 이후에 확대형이 완성되었다고 본다.

6. V형

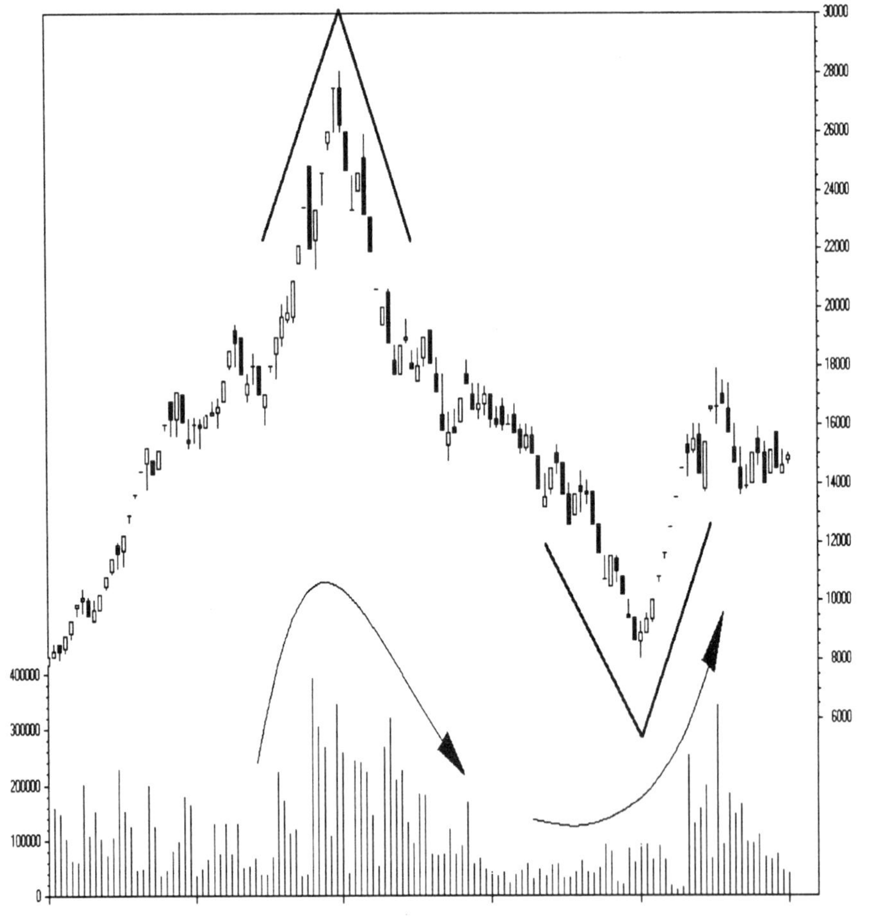

[그림 9-25] V형 및 역V형

V형은 영문 알파벳의 'V'자처럼 매도세가 지배하는 하락국면에 이어 매수세 일변도의 상승국면으로 급속하게 변해버리는 반전 패턴을 말한다. V형은 조정국면에서는 존재하지도 않으며, 강세장과 약세장에서 사전에 아무런 예고도 없이 급속한 속도로 추세전환이 나타나므로 V형의 완성은 얼마 동안 시간이 지나고 나서야 확인이 가능하다.

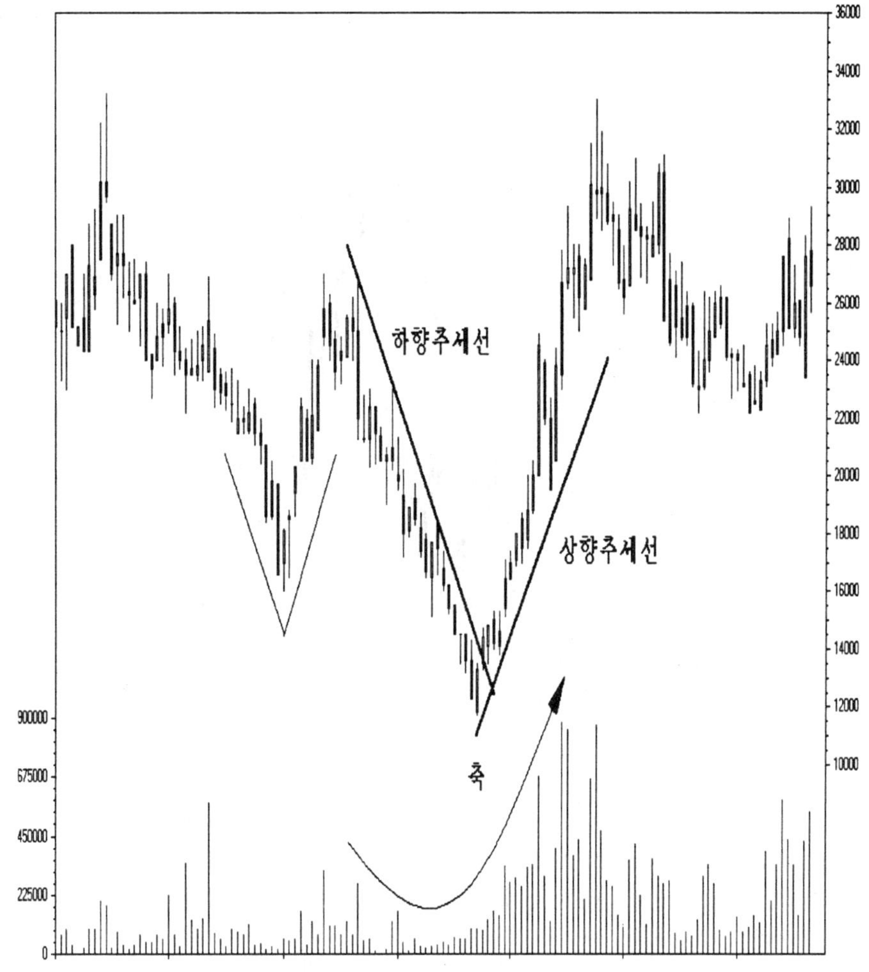

[그림 9-26] V형

V형은 하향추세선 · 축 · 상향추세선과 같이 3국면으로 형성되고 있다. 하향추세선은 주가 하락이 매우 급격하게 나타나며 거래량의 감소현상이 나타나지만 추세 마지막 부근에서 소폭 증가한다. 축(pivot)은 V형의 바닥으로 매우 짧은 시간에 형성된다. 상향추세선은 주가가 하향추세선(저항선)을 상향돌파하고 올라가는 시점이며, 상승반전 후 거래량이 점점 증가하기 시작한다.

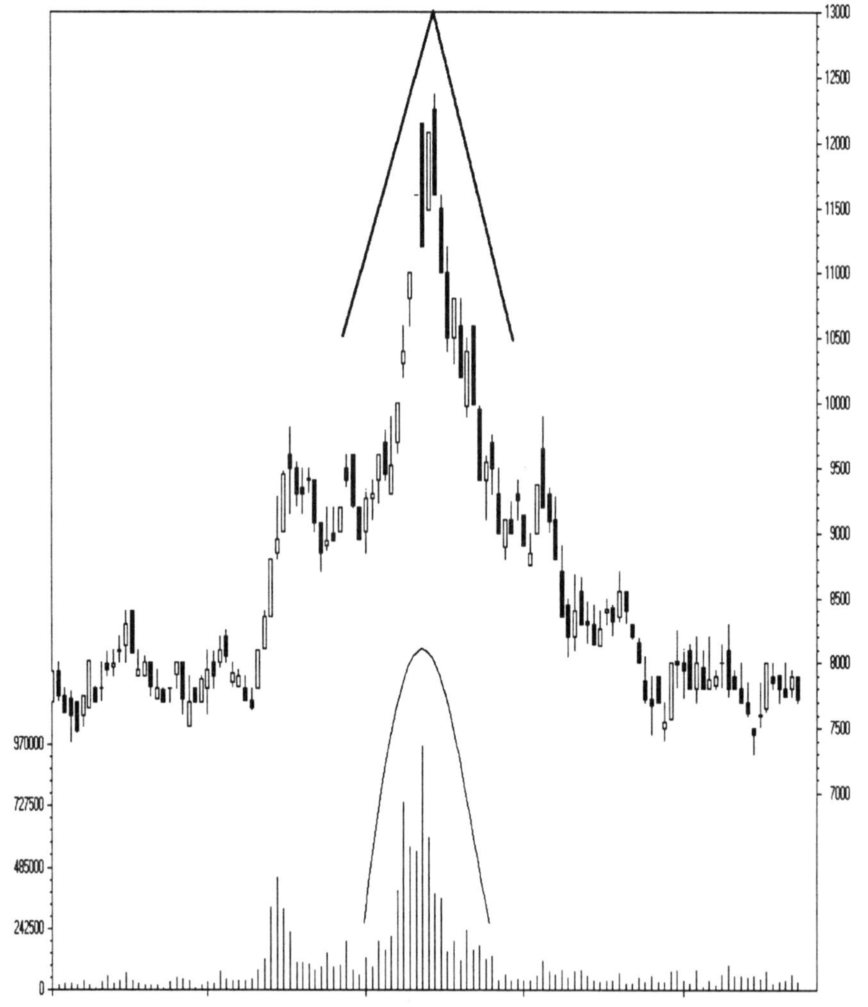

[그림 9-27] 역V형

역V형은 V형과는 달리 상승추세에서 하락추세로 급변하는 과정에서 형성되며 거래량이 증가하다가 급속히 감소한다. V자형과 역V자형은 예상하지 못한 대형 호재·악재에 의해서 발생하는 시장심리의 극전인 전환으로 이것은 주가 움직임의 대역전이다.

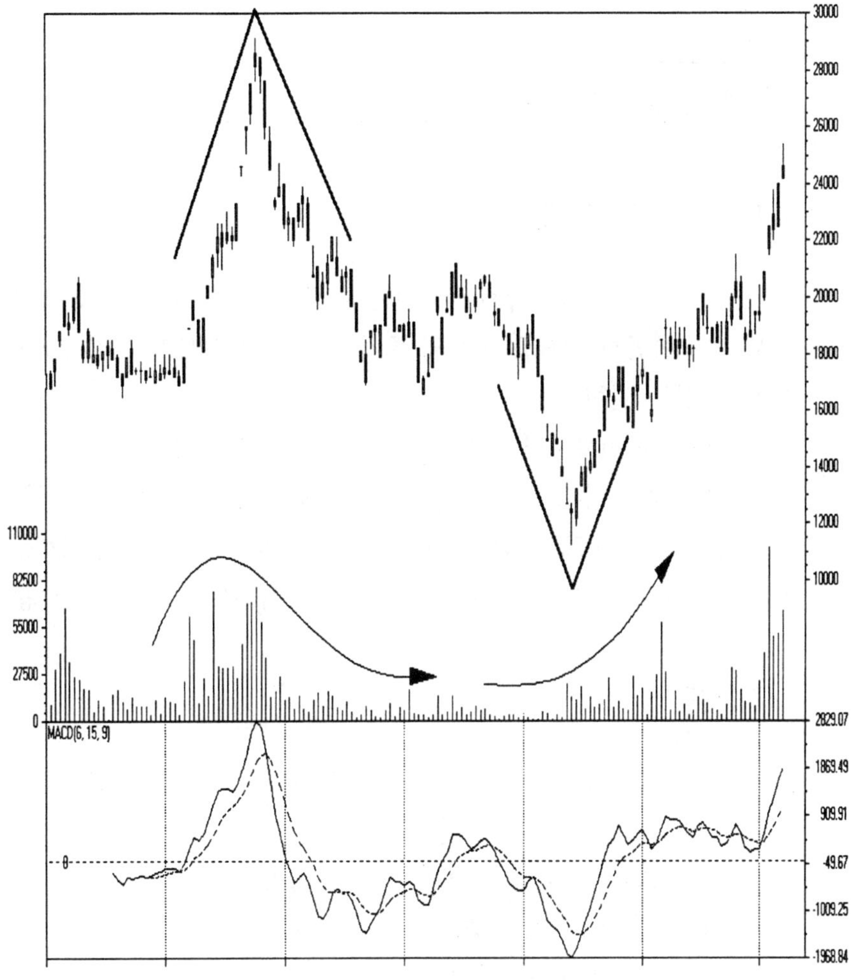

[그림 9-28] V형 및 역V형

상승추세가 하락추세로 급속히 변하는 V형 형성과정에서 거래량이 급속히 증가하거나 감소하고 있으며, 보조지표인 MACD 역시 상승에서 하락으로 급변하고 있다. 반대로 역V형은 하락추세에서 상승추세로 급변하는 과정에서 형성되며 거래량이 급속히 감소하거나 증가하고 있으며, 보조지표인 MACD 역시 하락에서 상승으로 급변하고 있다.

9-2 지속형

1. 지속형의 개념

지속형(continuation pattern)이란 이전까지의 주가 움직임이 잠시 횡보 국면을 보이면서 앞으로 현재의 주가 추이를 지속시키기 위한 모양을 형성하는 과정을 말한다.

지속형은 이전까지의 주가 움직임이 일시적으로 정지한 상태에서 진행하므로, 반전형에 비하여 그 형성기간이 비교적 작게 걸리며 그 영향력도 일시적이다. 지속형으로는 삼각형(triangle), 깃발형(frag), 페넌트형(pennant), 쐐기형(wedge), 직사각형(rectangle), 다이아몬드형(diamond) 등이 있다.

2. 삼각형

삼각형은 그래프 상에 가장 빈번하게 나타나는 지속형 중 하나이다. 삼각형은 반복적인 등락을 하는 동안 점점 그 등락폭이 줄어들어 전체적인 주가의 움직임이 삼각형 모양을 이루고 있다.

삼각형에서 고점들을 이은 추세선은 강력한 저항선으로, 각 저점들을 이은 추세선이 강력한 지지선으로 작용을 하므로 점점 그 폭이 줄어들게 되어 결국 두 추세선을 수렴하게 된다.

삼각형은 최소한 4번 이상 주가의 등락이 있어야 하며, 또한 밑변(base)과 꼭지점(apex)으로 구성되어 있다. 삼각형을 형성한 주가는 보통 밑변과 꼭지점간 거리의 2/3 지점을 통과한 이후에 추세선을 돌파하게 된다.

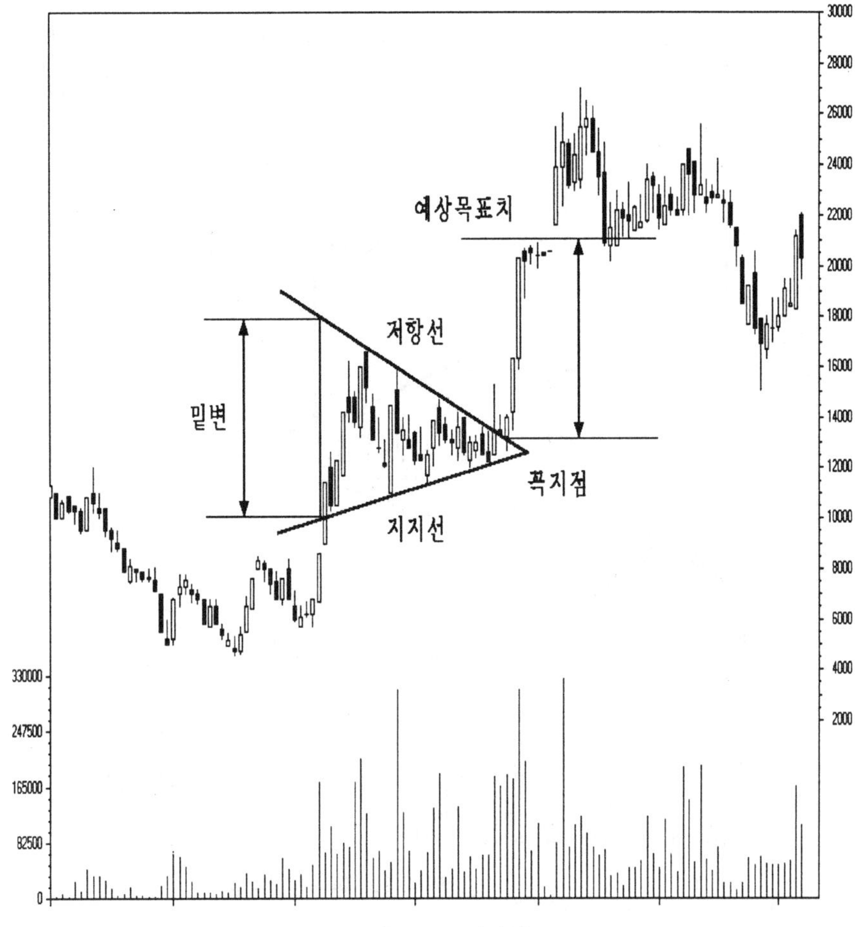

[그림 9-29] 삼각형

삼각형의 종류에는 이등변삼각형(symmetrical triangle), 상승삼각형(ascending triangle), 하락삼각형(descending triangle), 역삼각형(inverted triangle)이 있다.

이등변삼각형은 약세장에서 나타나면 큰 폭 하락을 나타내고, 반대로 강세장에서 나타나면 큰 폭 상승을 가져온다.

상승삼각형은 주가가 상승하는 도중에 자주 나타나므로 앞으로 주가가 계속 상승하리라는 것을 예고하는 신호로 인식하고 있다.

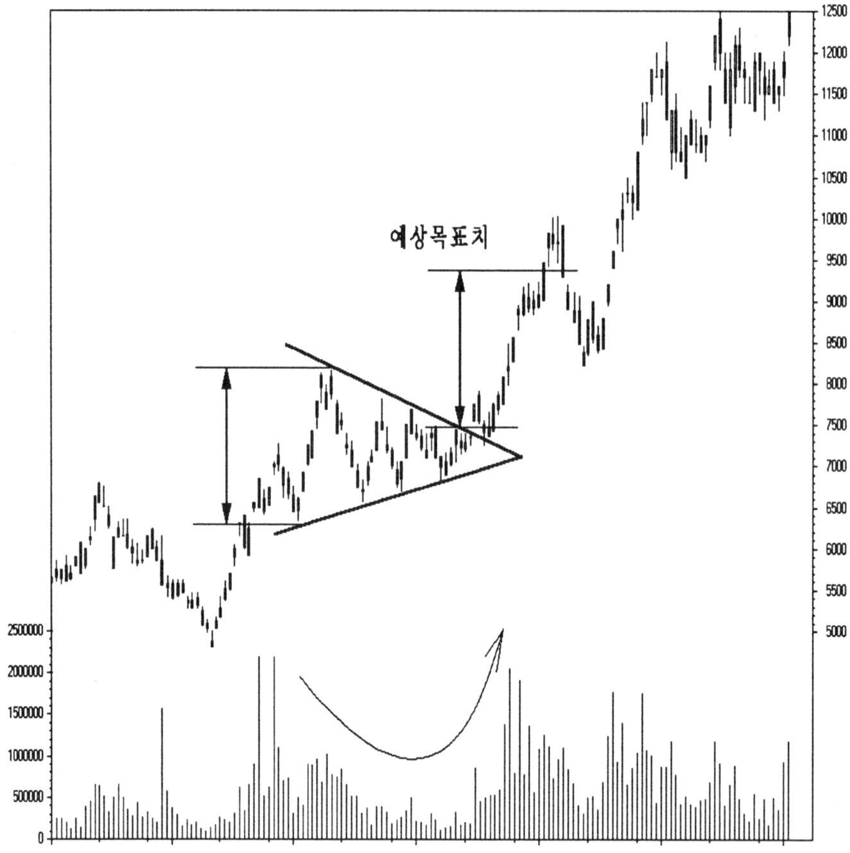

[그림 9-30] 이등변삼각형

하락삼각형은 주로 주가가 하락하는 도중에 자주 나타나므로 앞으로 주가가 하락하리라는 것을 예고하는 신호로 인식하고 있다.

역삼각형은 깔대기형이라 자주 불리어지는데, 시장의 투자심리가 매우 불안정하고 극히 민감한 경우에 종종 나타나며, 주로 주가가 하락하는 경우에 나타나는데 확대형으로도 불린다.

삼각형에서도 목표치 계산이 가능하다. 주가가 저항선이나 지지선을 돌파하였을 경우 앞으로 그 추세선을 돌파한 수준에서 밑변 길이만큼 최소한 더 움직인다고 예상해볼 수 있다. 또한 주가의 예상 목표치를 계산해보면서 이전의 중요한 지지선이나 저항선, 또는 갭 등이 존재하고 있는지 살펴보아야 한다.

[그림 9-31] 상승삼각형

삼각형이 진행중일 때 매매전략은 삼각형의 지지선 부근에서 저가 매수를 할 수 있으나, 가능한 한 삼각형이 완성된 이후 즉 저항선을 상향돌파한 이후 매수하는 것이 바람직한 매매방법이다.

이등변삼각형은 반등시의 고점들을 연결한 저항선과 반락시의 저점들을 연결한 지지선이 어느 한쪽으로 치우치지 않고 아래 · 위 모두 똑같은 모양으로 형성된 삼각형꼴을 말한다. 이 패턴은 지금까지의 진행방향에서 그 방향과 상반되는 세력이 나타나 일시적으로 매수 · 매도 사이의 세력 균형이 유지되면서 횡보 국면이 나타나는 현상이다. 일반적으로 약세장에서 이등변삼각형이 나타나면 큰 폭 하락을, 반대로 강세장에서 나타나면 큰 폭 상승을 가져온다.

[그림 9-32] 하락삼각형

상승삼각형은 주가의 고점들을 이은 저항선이 이상적으로 거의 수평을 이루는 반면, 저점들을 이은 지지선은 점점 상향하여 서로 만나게 되는 모양이다. 또한 상승삼각형은 주가가 상승하는 도중 일정 가격대에서 매도물량이 대량 쏟아지면서 올라가던 주가가 반락하고 다시 상승하는 과정을 지속적으로 되풀이하는 과정에서 이루어진다. 이러한 반복적인 과정으로 점점 매도물량이 감소하게 되면서 주가가 일정 가격대를 상향돌파하게 된다. 즉 수평을 이루고 있는 위의 강력한 저항선이 상향돌파됨으로써 비로소 완성된다.

하락삼각형은 상승삼각형의 반대의 모양으로 주가의 저점들을 이은 지지선이 이상적으로 거의 수평을 이루는 반면, 고점들을 이은 저항선은 점점 하향하여 각각을 이은 선이 서로 만나게 되는 패턴이다.

또한 하락삼각형은 저항선이 점점 우하향하고 있어 매도세력은 강해지는 반면 매수세력이 약해져가고 있음을 알 수 있으며, 수평을 이루고 있는 아래의 강력한 지지선이 하향돌파됨으로써 이 패턴은 완성된 것으로 판단한다. 지지선을 하향돌파한 주가에서 종종 되돌림 현상이 나타나지만 결코 지지선을 상향돌파하지는 못한다.

3. 깃발형과 페넌트형

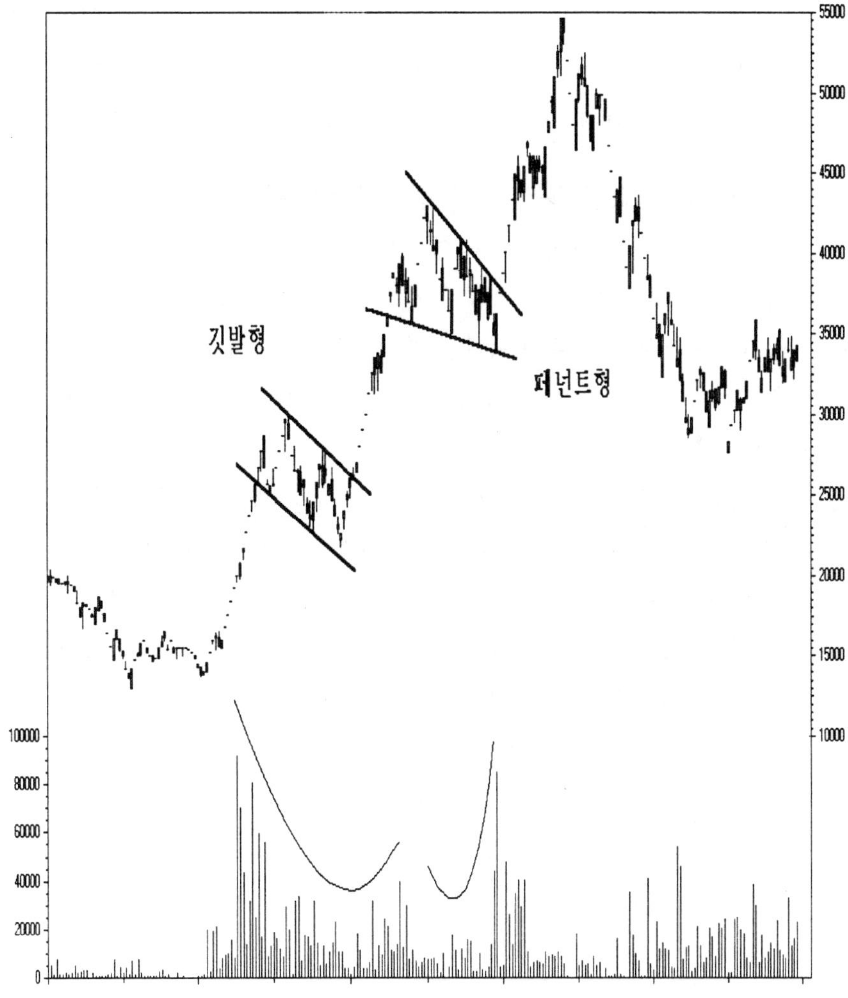

[그림 9-33] 깃발형과 페넌트형

깃발형과 페넌트형은 주가가 거의 수직에 가까운 빠른 속도로 움직인 이후 기존의 주가 움직임에 일시적으로 반발하는 세력들이 등장하여 잠시 횡보 국면을 보이는 과정에서 나타나는데, 이때 주가의 수직적인 움직임은 마치 깃대(flag pole)와 같다.

깃발형과 페넌트형은 다음과 같은 특징이 있다.

- 깃발형과 페넌트형이 성립되기 위해서는 반드시 그 이전의 주가 움직임이 거의 수직에 가까워야 한다.
- 일반적으로 이 패턴들은 1～3주일 사이의 단기간에 형성되어야 한다.
- 깃발형과 페넌트형은 예외없이 반전형으로는 작용할 수 없으며, 주가는 기존의 깃대 형성 움직임과 반대방향으로 움직인다.

깃발형과 페넌트형은 각각 상승형과 하락형 두 가지가 있다.

깃발형과 페넌트형은 수직에 가까운 깃대가 세워지고 그 중간에 깃발이 나부끼는 모양으로, 앞으로 주가의 예상 목표치는 그 이전의 깃대 길이만큼 더 움직일 것으로 예측해볼 수 있다. 즉 추세선이 돌파된 지점에서 깃대의 길이만큼 더하거나 뺀 위치까지 최소한 더 움직일 것으로 예상해보는 것이다.

상승깃발형과 상승페넌트형은 수직에 가까운 급격한 상승을 보인 이후 일시적으로 횡보하는 모양을 나타내는데, 이 당시 거래량은 주가 급등시 함께 증가하였다가 깃발형과 페넌트형을 형성하면서 점점 줄어들지만 주가가 추세선(저항선)을 벗어나 급상승할 때는 다시 증가하기 시작한다.

하락깃발형과 하락페넌트형은 상승깃발형과 상승페넌트형에 비해 자주 나타나지는 않지만, 나타나도 상승깃발형과 상승페넌트형에 비해 신뢰도가 떨어진다. 또한 상승깃발형과 상승페넌트형의 형성 기간이 1~3주일인데 비해 하락깃발형과 하락페넌트형은 2주일 정도의 시간이 필요하다.

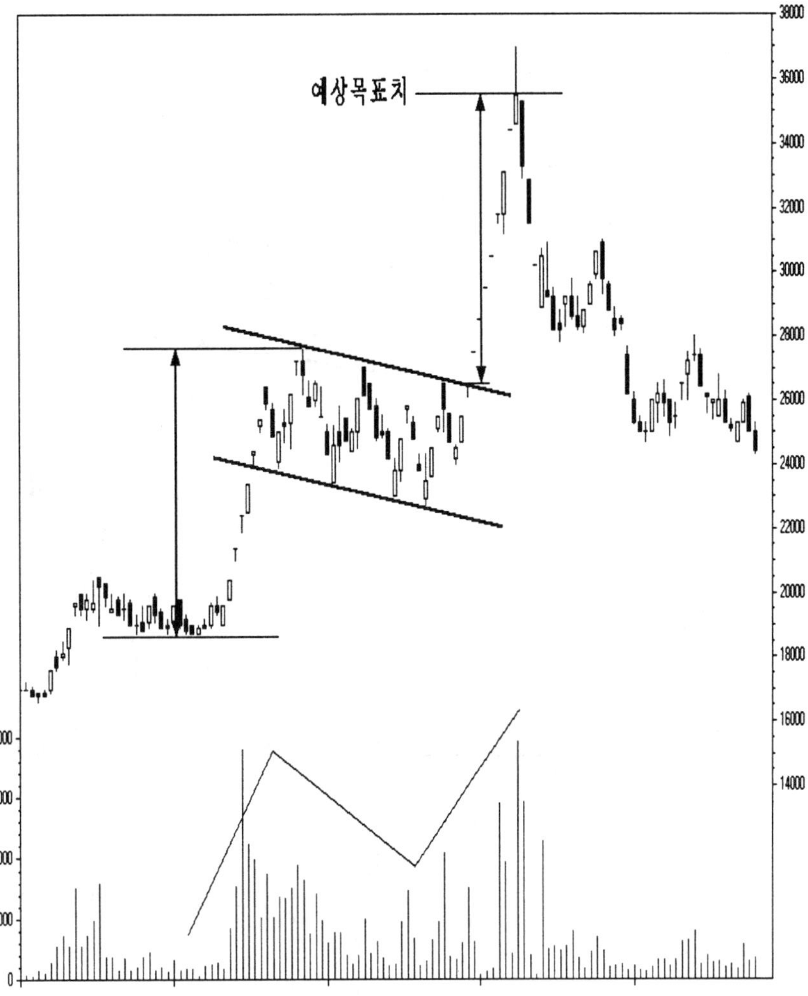

[그림 9-34] 상승깃발형

상승깃발형은 수직에 가까운 깃대가 세워지고 그 중간에 깃발이 나부끼는 모양을 하고 있으며, 상승깃발형의 예상 목표치는 그 이전의 깃대 길이만큼, 즉 추세선이 돌파된 지점에서 깃대의 길이만큼 더 상승할 것으로 예상해보는 것이다.

[그림 9-35] 하락깃발형

하락깃발형은 수직에 가까운 급격한 하락을 보인 이후 일시적으로 횡보하였다가 다시 하락하는 모양을 보여주고 있다. 횡보하는 과정에서 거래량과 보조지표 MACD가 일시적으로 반등세를 보이기도 하지만, 깃발형을 형성하고 나서 추세선(지지선)을 벗어나 급하락할 때는 다시 하락하기 시작한다.

4. 쐐기형

쐐기형은 앞서 설명한 깃발형과 삼각형의 혼합형이다. 쐐기형은 고점을 연결하는 저항선과 저점을 연결하는 지지선이 서로 평행하지 않고 두 선이 점점 좁아져 한 곳으로 모이는 모양이라 페넌트형과 구별된다.

또한 쐐기형과 삼각형과의 차이점은 다음과 같다. 먼저 이등변삼각형의 경우는 두 추세선의 방향이 서로 다르고 상승·하락삼각형의 경우는 어느 한쪽 추세선이 거의 수평을 이루고 있지만, 쐐기형은 깃발형과 같이 아래위의 두 추세선이 모두 같은 방향을 향하고 있다.

쐐기형은 상승쐐기형과 하락쐐기형으로 구분된다. 쐐기형은 지속형 패턴 중의 하나로서 하락쐐기형은 급상승에 대한 경계심리, 이익실현, 저가매수 등으로 저항선의 기울기가 지지선의 기울기보다 더 급하게 하락하며, 이 패턴이 완성된 이후에는 계속 상승하게 된다.

쐐기형의 방향은 깃발형이나 페넌트형처럼 기존의 추세 방향과 반대방향으로 형성된다. 즉 주가가 상승추세를 보이면 하락쐐기형이 형성되고, 하락추세를 보이면 상승쐐기형이 형성된다.

따라서 상승쐐기형은 주가 하락을, 하락쐐기형은 주가 상승을 예고한다고 볼 수 있다. 이와 같이 쐐기형의 방향이 기존의 추세 방향과 반대로 나타나는 이유는 이익실현과 저가매수로 인해 거래가 주도되기 때문이다.

거래량은 일반적으로 쐐기형의 진행 도중에는 감소하는 경향이 있고, 패턴 형성이 완성되고 추세선을 돌파할 시점에 다시 증가하는 경향이 있다.

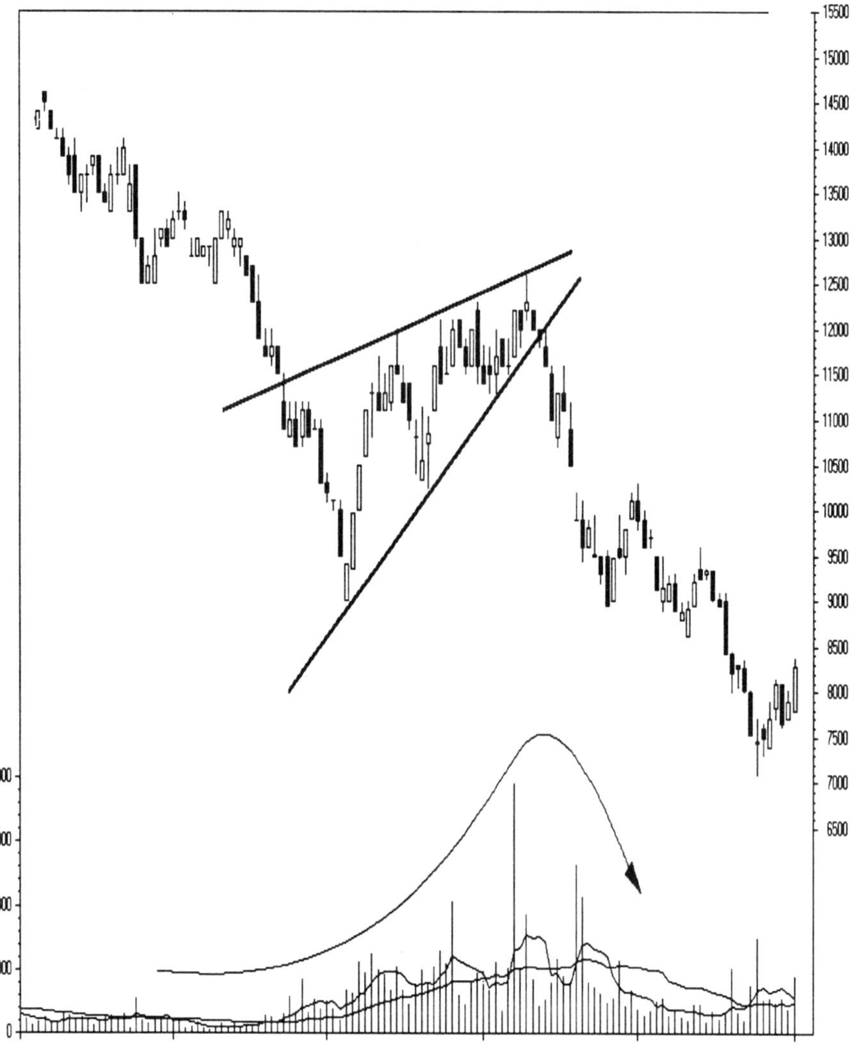

[그림 9-36] 상승쐐기형

상승쐐기형은 주가 하락시에 나타나며 아래 지지선과 위 저항선 모두 상향 기울기를 나타내고 있다. 아래 지지선의 기울기가 위 저항선의 기울기보다 급경사를 이루고 있다. 주가 상승시에 나타나는 하락쐐기형은 그 반대의 경우로 위 저항선의 기울기가 아래 지지선의 기울기보다 급경사를 이루고 있다.

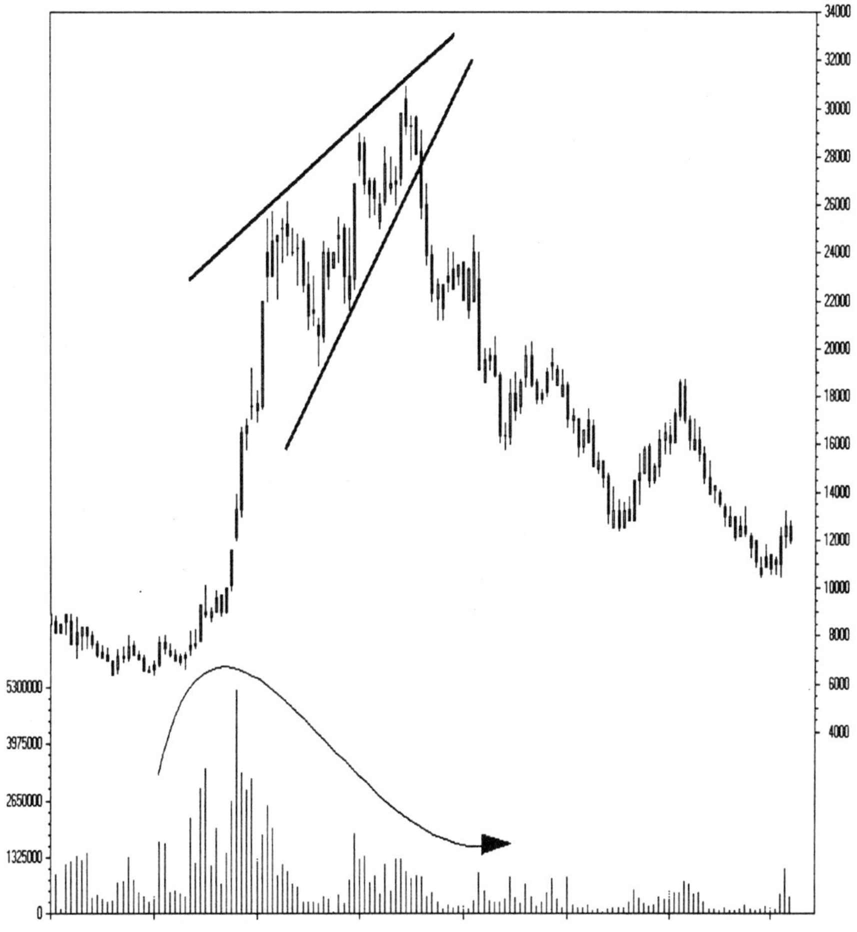

[그림 9-37] 쐐기형

쐐기형의 방향은 깃발형이나 페넌트형처럼 기존의 추세 방향과 반대 방향으로 형성된다. 주가가 상승하는 도중에는 하락쐐기형이 형성되고, 주가가 하락하는 도중에는 상승쐐기형이 형성되는 것이 일반적이다. 따라서 상승쐐기형은 주가 하락을, 하락쐐기형은 주가 상승을 예고한다고 볼 수 있다. 그러나 위 그래프는 상승하는 도중 상향쐐기형이 발생하여 지속형이 아닌 반전형 패턴으로 작용하고 있는 사례이다.

5. 직사각형

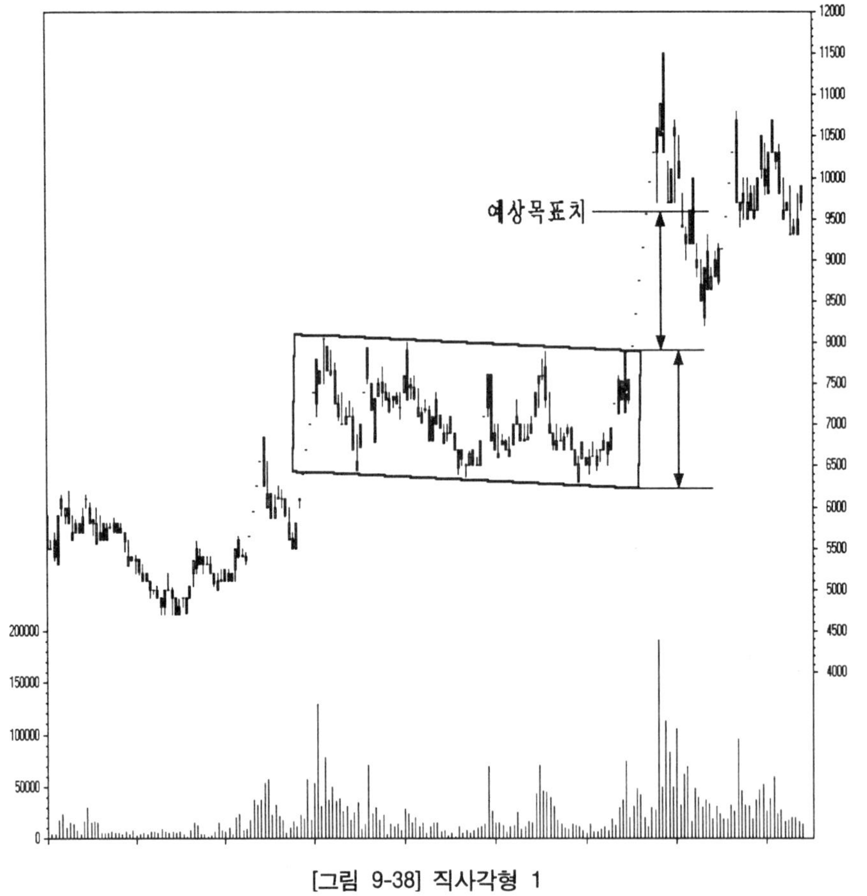

[그림 9-38] 직사각형 1

직사각형은 매도세력과 매수세력이 서로 균형을 이루고 있으나 거래가 활발하지 못한 경우에 나타나게 된다. 주가가 수주일에서 수개월에 걸쳐 장기간 매수·매도 양 세력이 서로 균형을 이루면서 횡보하는 모양으로, 위·아래 두 저항선과 지지선이 수평으로 평행선을 이루고 있다. 직사각형은 지속형으로 거의 모든 경우에 기존 추세가 그대로 유지되며, 이등변삼각형이 변형되어 나타난 것으로 보인다.

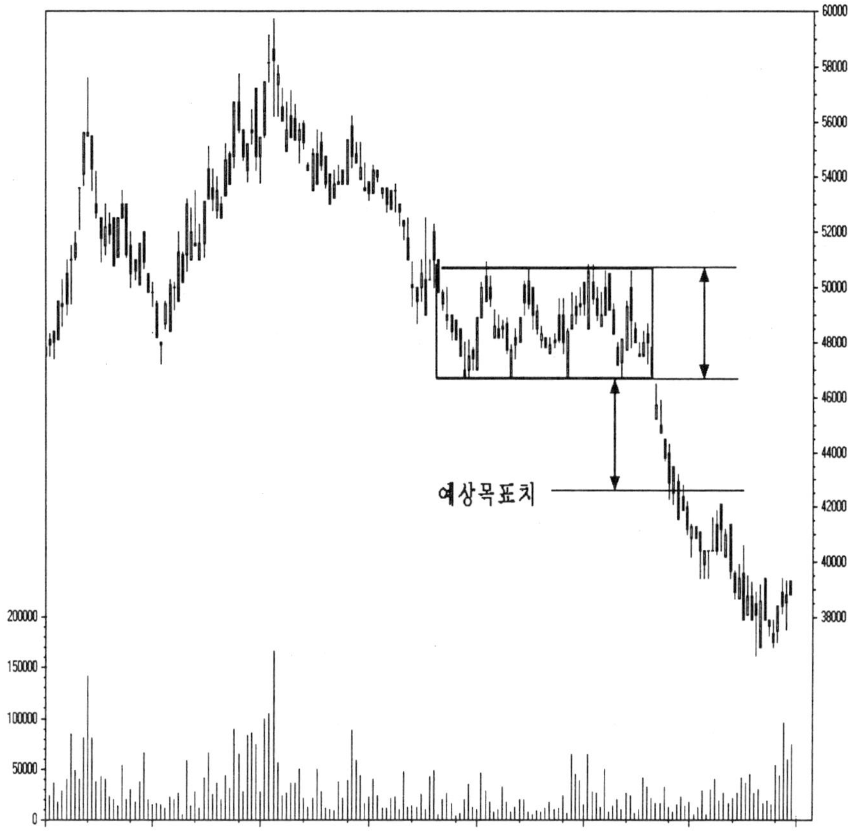

[그림 9-39] 직사각형 2

주가의 위 수평선은 강력한 저항선으로, 아래 수평선은 강력한 지지선으로 작용하면서 주가가 뚜렷한 방향을 찾지 못하고 소폭의 등락만을 거듭하면서 거래량이 급격히 감소하는 형태를 말한다.

직사각형이 형성되기 위해서는 위 저항선을 그을 수 있는 최소한 두 개의 산과 아래 지지선을 그을 수 있는 최소한 두 개의 골이 형성되어서 4번 이상 주가등락이 있어야 한다. 따라서 주가가 위 저항선 부근에 접근하면 매도시점으로, 주가가 아래 지지선 부근에 접근하면 매수시점으로 잡아 매매차익을 기대할 수 있다.

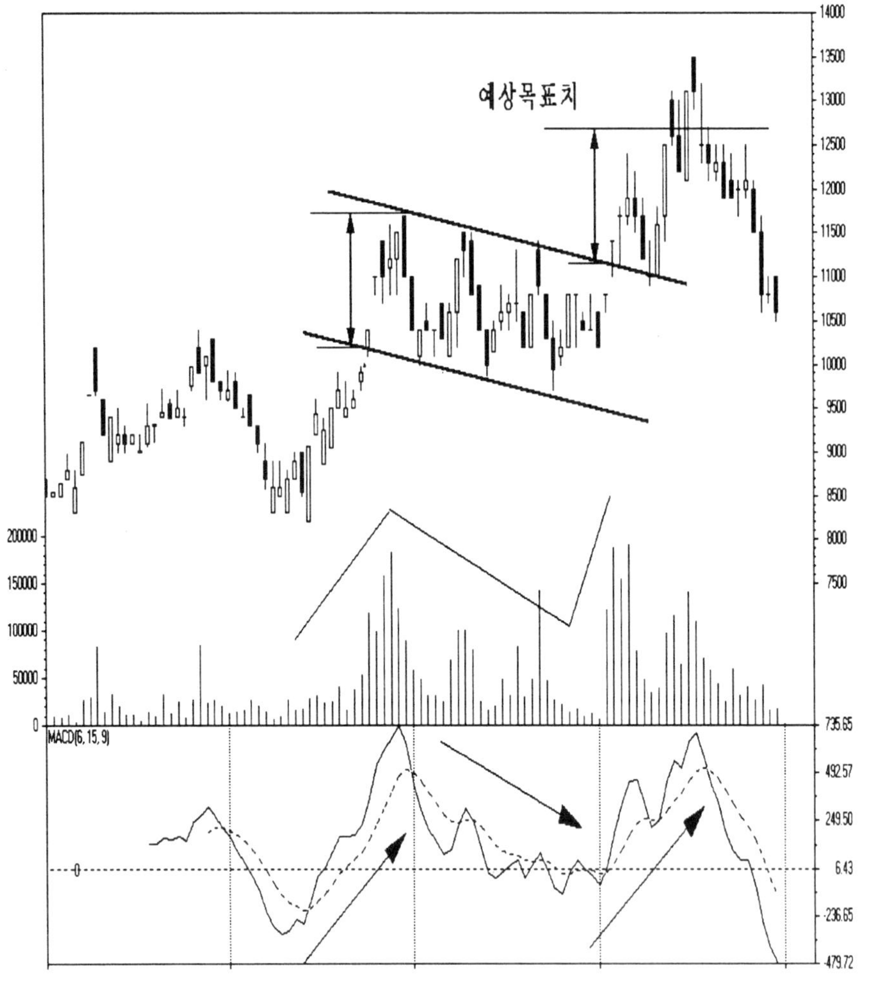

[그림 9-40] 직사각형 3

직사각형의 형성기간이 길면 길수록 추세선을 돌파한 이후 상승폭이나 하락폭이 더욱 신뢰할 수 있을 정도로 크게 나타나는 경우도 있지만, 일반적으로 직사각형에서 주가의 예상 목표치는 이등변삼각형의 경우와 유사한 방법으로 구한다. 즉 지지선과 저항선 사이의 주가 등락폭을 재어 추세선이 돌파된 시점으로부터 주가 등락폭만큼 더하거나 빼어서 주가의 최소 목표치를 구한다.

6. 다이아몬드형

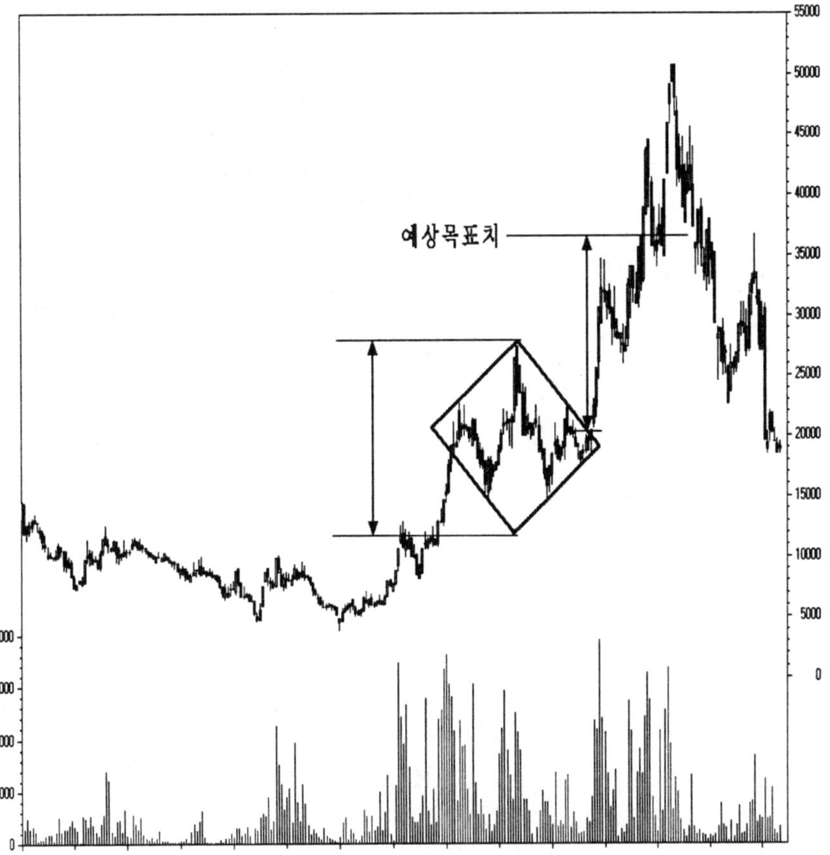

[그림 9-41] 다이아몬드형 1

다이아몬드형은 역삼각형과 이등변삼각형이 서로 합쳐진 모양으로, 주가의 큰 변동이 있고 난 이후 많이 나타나는 패턴이다. 다이아몬드형이 형성되는 동안 주식시장은 침체되기도 하고 과열되기도 하는 장세를 반복하는데 불안정한 투자심리 상태를 나타내는 것이다.

또한 이 패턴은 직사각형이 변형된 형태라고 볼 수도 있으며, 일반적으로 주가 상승시 거래량은 증가하고 주가 하락시 거래량은 감소하게 된다.

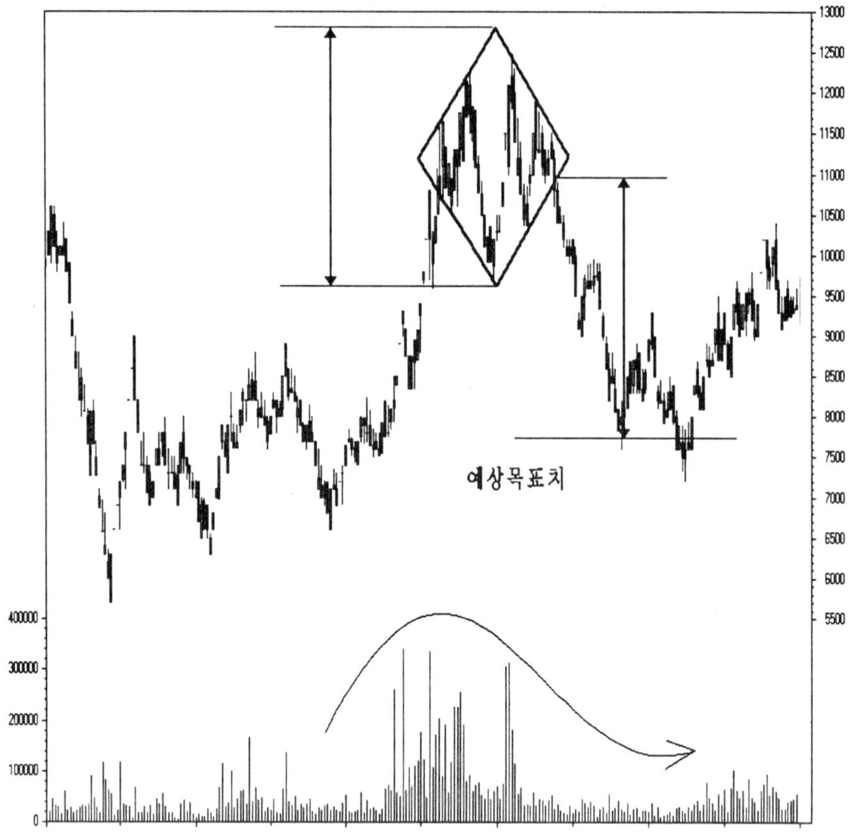

[그림 9-42] 다이아몬드형 2

다이아몬드형은 때때로 상승추세가 가속화되는 막바지에 나타나 반전 패턴으로서의 역할을 수행하는 경우도 있으나, 하락추세가 가속화되는 막바지에는 잘 나타나지 않는다. 다이아몬드형의 형성 초기에는 주가의 상하 등락폭이 점점 커지면서 대량 거래를 수반하지만, 이후 투자심리가 안정을 찾아가면서 주가변동폭도 점점 작아지고 동시에 거래량도 눈에 보이게 감소한다. 다이아몬드형의 완성 이후 예상되는 주가 목표치는 다이아몬드의 위·아래 추세선이 돌파되는 시점으로부터 다이아몬드의 두께만큼 더 상승하거나 하락하는 수준으로 판단한다.

연 습 문 제

1. 반전형과 지속형의 정의에 대해 설명하세요.
2. 반전형과 지속형 각각의 종류에 대해 설명하세요.
3. 헤드 앤 쇼울더 패턴이 형성되는 과정에 대해 설명하세요.
4. 헤드 앤 쇼울더와 역 헤드 앤 쇼울더 패턴의 거래량 형성과정에 대해 설명하세요.
5. 이중바닥형과 이중천장형의 형성과정과 특징에 대해 설명하세요.
6. 선형, 원형천장형, 원형바닥형의 형성과정과 특징에 대해 설명하세요.
7. 삼각형의 종류와 분석법, 목표치계산에 대해 설명하세요.
8. 깃발형과 페넌트형의 특징에 대해 설명하세요.
9. 상승쐐기형과 하락쐐기형의 형성과정에 대해 설명하세요.
10. 직사각형과 다이아몬드형의 형성과정에 대해 설명하세요.

제10장

갭, 반전일, 되돌림

10-1 갭

1. 갭의 개념

그래프를 살펴보면 어느 날 갑자기 폭등하거나 폭락함으로써 주가와 주가 사이에 빈 공간이 나타나는데, 이 빈 공간을 갭(gap)이라고 한다. 그래프 상에 갭이 발생하는 이유는 지금까지 유지되어오던 매도세와 매수세 사이의 균형이 어느 한쪽으로 치우친 결과로, 앞으로 주식시장에 예기치 못한 변화가 발생하리라는 것을 예고해준다.

일반적으로 갭이 발생한 가격대는 앞으로 지지선이나 저항선의 역할을 할 수도 있다. 즉 상승추세에서 발생한 갭은 강력한 지지선 역할을 하며, 하락추세에서 발생한 갭은 강력한 저항선 역할을 한다. 그러나 갭이 일단 채워지면 그 갭은 갭으로서 더이상의 의미가 없어진다.

2. 갭의 종류

갭의 종류에는 보통갭(common gap), 돌파갭(break-away gap), 급진갭(run-away gap), 소멸갭(exhaustion gap), 그리고 갭으로 구성된 섬꼴반전(island reversal)이 있다.

(1) 보통갭

보통갭은 횡보 국면에서 자주 나타나는데 큰 의미를 부여하지는 않는다. 일반적으로 거래가 매우 적은 경우에 확인할 수 없는 소문이나 일부 작전세력에 의하여 시초가부터 큰 폭의 갭이 발생하는 경우로서 조만간 소문이 확인되거나 정상적인 거래가 유지되면 갭은 다시 채워지는 것이 보통이다.

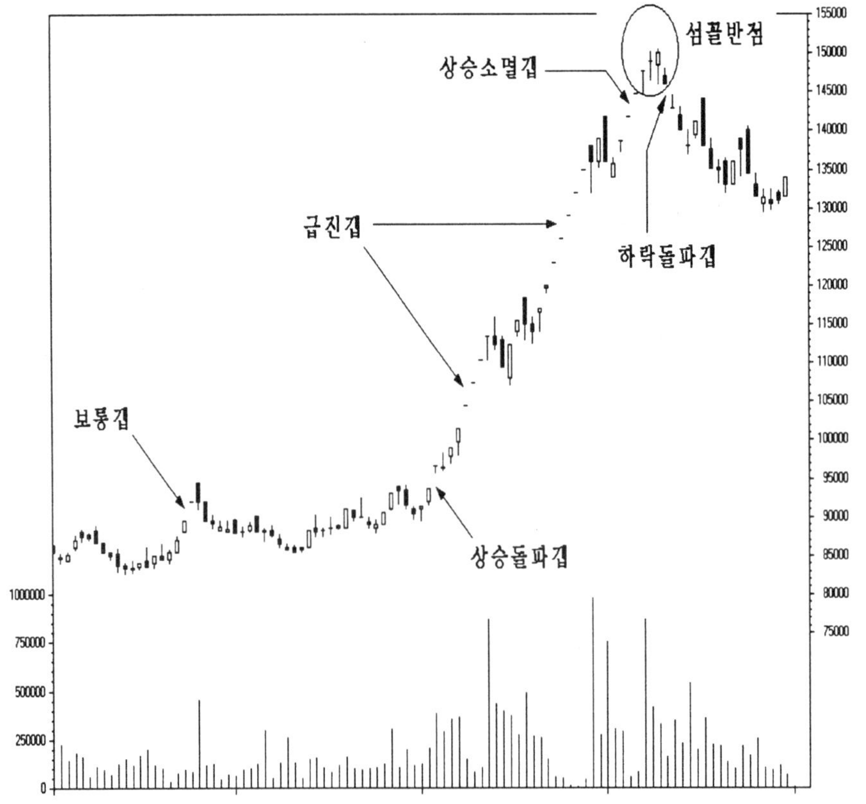

[그림 10-1] 갭의 여러 가지 종류

(2) 돌파갭

돌파갭은 일반적으로 장기간에 걸친 조정국면이나 횡보국면을 마감하고 주가가 과거 중요한 지지선이나 저항선을 돌파할 때 나타난다. 돌파 갭의 발생은 새로운 주가 움직임이나 새로운 추세의 시작을 알리는 신호가 되기도 한다. 돌파갭은 많은 거래량을 수반하면서 나타나며, 보통갭과 달리 갭이 채워지는 경우가 거의 없다.

(3) 급진갭

급진갭은 주가가 거의 일직선으로 급상승하거나 또는 급하락하는 도중에 주로 발생한다. 급진갭은 주가 움직임이 급속히 가열되거나 냉각되면서 이전의 추세가 더욱 가속화되고 있음을 확인시켜주는 갭으로 볼 수 있다.

주가의 상승 및 하락 분위기가 서서히 막바지에 이르고 있음을 시사하는 급진갭은 주가의 예상 목표치의 중간지점에서 주로 발생하기 때문에, 또한 급진갭을 확인할 수만 있다면 향후 주가 움직임을 미리 알 수가 있기 때문에 급진갭을 중간갭 또는 측정갭이라 부르기도 한다.

(4) 소멸갭

주가가 장기간에 걸쳐 급격한 수직상승을 지속하는 도중에 나타난다. 주가의 상승추세가 가속화되면 시장은 완전히 과열된 강세 시장으로 진입하게 된다. 이렇게 되면 모험적인 투자자들이 공매를 시도하게 되는데, 그들의 예상이 빗나가고 주가가 계속 상승하게 되는 경우나 또는 이제까지 주식시장의 수직상승에 불안감을 느끼던 잠재 매입세력(초보 및 소액 투자자)들이 서둘러 매수에 참여한다.

이들 매입세력에 의하여 주가 상승 막바지에 한두 갭이 발생하는데, 그 후 바로 주가 상승이 멈추고 하락(자율반락 포함)으로 반전되는 경우 바로 앞에서 발생한 갭을 소멸갭이라 한다.

따라서 일단 소멸갭이 발생하면 주가는 곧 기존의 상승추세가 반전된다고 예상할 수 있다.

(5) 섬꼴반전

주가가 장기간 상승세를 유지하다가 하락세로 반전되면서 갭이 발생한 경우 상승추세가 마무리되면서 발생한 갭을 상승소멸갭이라 하고, 반전되어 하락추세가 시작되면서 발생한 갭을 하향돌파갭이라 하는데, 그 사이에 나타난 작은 섬 모양의 주가들을 섬꼴반전이라 한다.

섬꼴반전은 상승소멸갭에 의해 발생한 갭 상승과 뒤이어 하향돌파갭에 의해 발생한 갭 하락이 동시에 나타나면서 형성된 모양이다. 그래프 상에서 섬꼴반전을 분석하는 중요성은 이제까지의 상승추세가 끝나고 새로운 하락추세가 시작된다는 반전신호로 인식하는 데 있다.

10-2 반전일

어느 날 대량 거래를 수반한 주가가 최고치 또는 최저치를 기록하면서 그날 이후로 주가 흐름이 갑자기 반전하게 되는데, 추세반전이 일어나는 바로 그날을 반전일(key reversal day)이라 한다. 반전일은 하락반전일(top reversal day)과 상승반전일(bottom reversal day)로 구분된다.

때로는 추세의 반전이 하루가 아닌 이틀에 걸쳐 이루어지는 때도 있는데, 이때는 마치 반전일이 둘로 분리된 것과 같다고 생각하면 된다. 반전일이 이틀에 걸쳐 이루어지려면 첫째날은 주가가 최고치를 기록하며 종가도 최고치 근처에서 형성되지만, 둘째날은 주가가 더 이상 상승하지 못하고 눈에 띄게 약화되면서 2일 전의 종가보다도 현저히 낮은 수준에서 종가를 형성하게 된다.

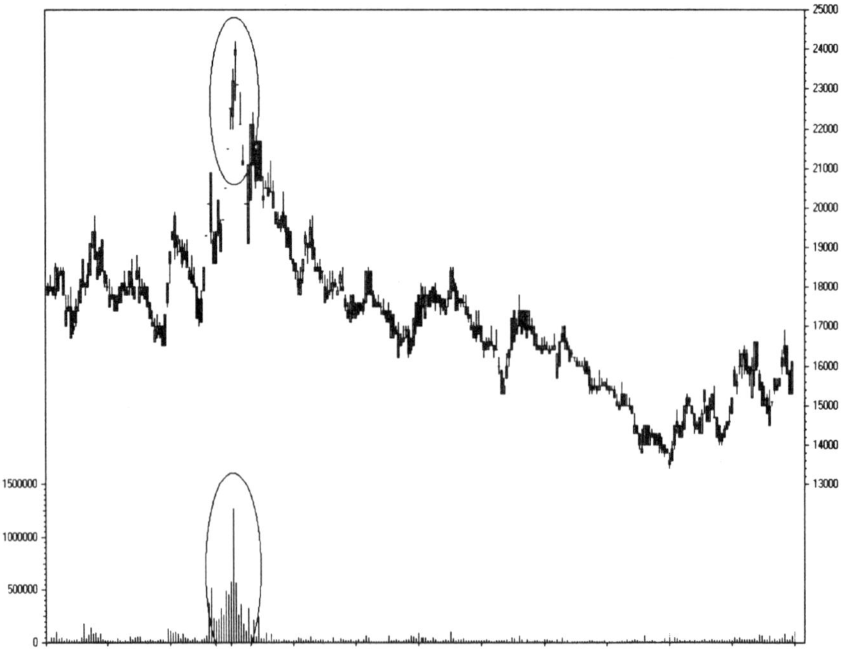

[그림 10-2] 1일 상승반전일

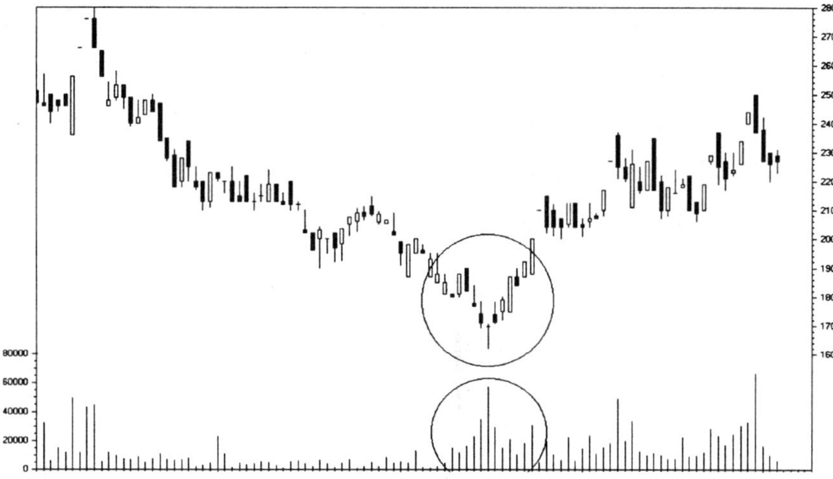

[그림 10-3] 1일 하락반전일

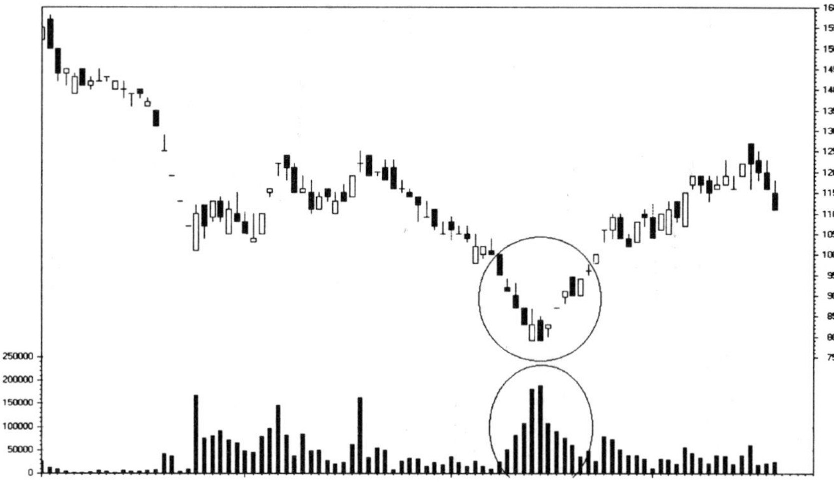

[그림 10-4] 2일 상승반전일

1일 반전이나 2일 반전은 기본적인 전환 패턴으로서 일반적으로 대량 거래가 수반되고 있으며, 상승추세의 천장에서뿐만 아니라 하락추세의 바닥에서도 종종 나타난다. 또한 주가가 바닥을 확인하고 상승추세로 돌아설 경우에는 비교적 서서히 상승하지만, 반대로 천장을 확인하고 하락추세로 돌아설 경우에는 그 움직임이 비교적 빠르다.

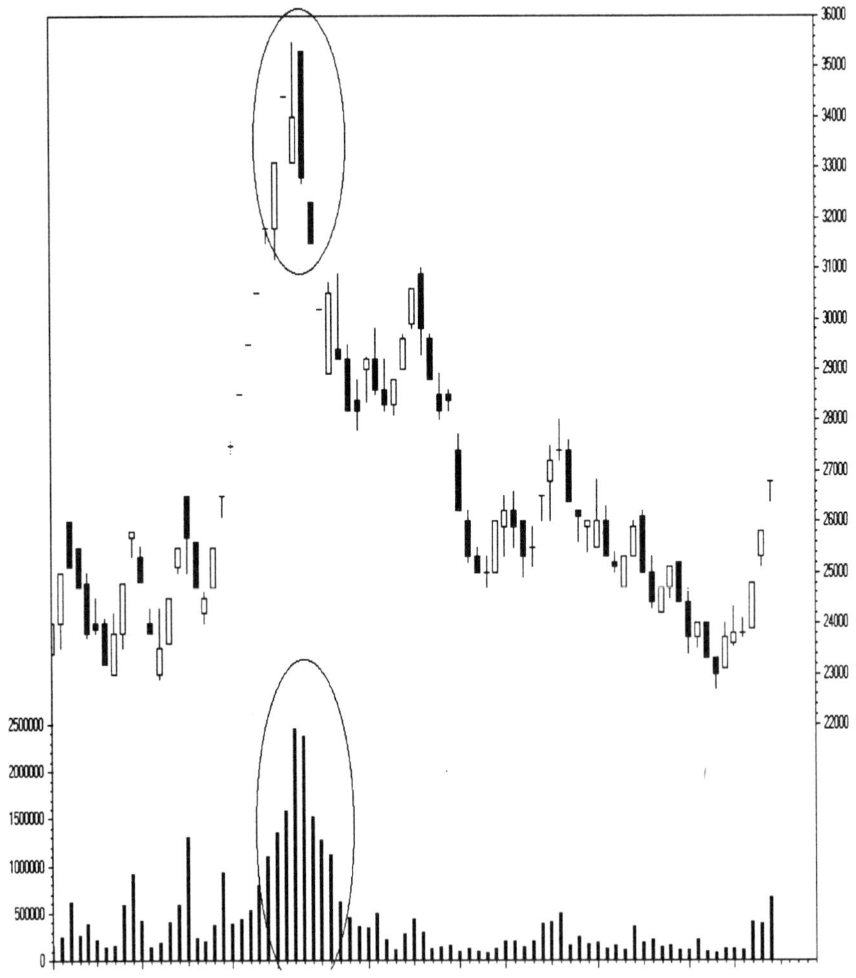

[그림 10-5] 2일 하락반전일

10-3 되돌림

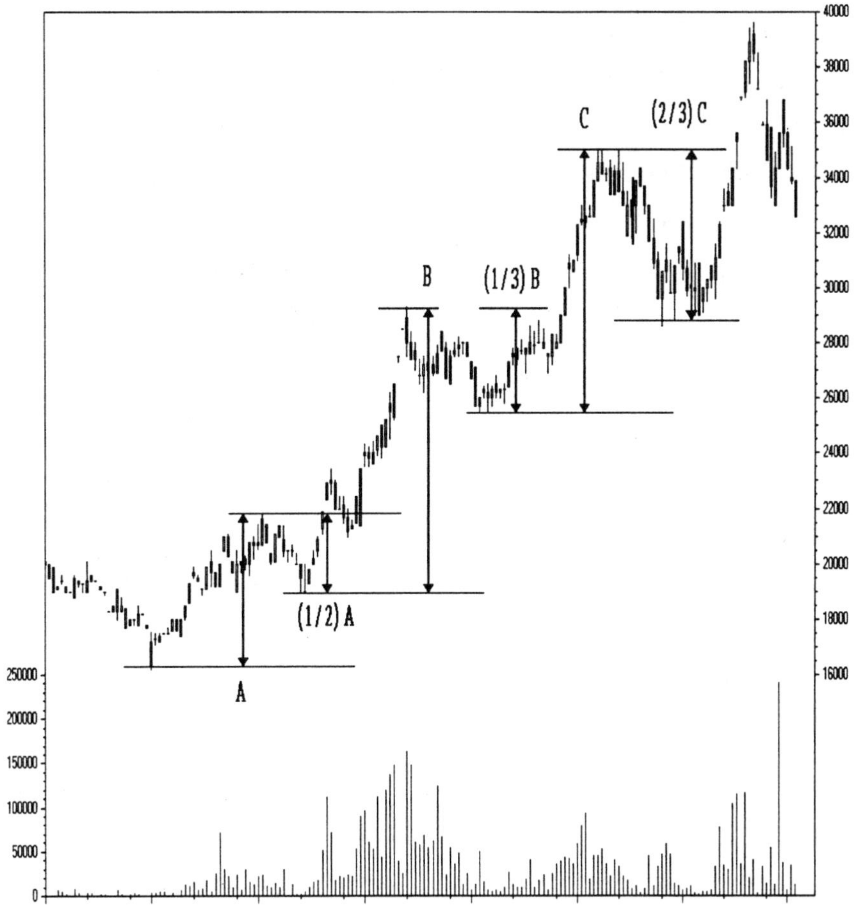

[그림 10-6] 되돌림

주가 움직임은 일방적인 방향으로 상승이나 하락만을 계속할 수 없고, 반드시 움직이던 추세와 반대방향으로 되돌림 현상이 나타난다. A폭 상승한 주가가 (1/2)A폭 만큼, B폭 상승한 주가가 (1/3)B폭 만큼, C폭 상승한 주가가 (2/3)C폭 만큼 되돌림 현상이 나타난 것을 볼 수 있다.

주가 움직임은 일방적으로 상승이나 하락만을 지속할 수가 없으며, 시간이 지나면서 상승과 하락을 되풀이하며 순환한다.

이와 같이 지속적인 상승에 반발하여 자율반락하는 현상을 되돌림(retracement)이라 한다. 또한 다른 말로 풀-백(pull-back) 현상이라 부르기도 한다. 주가 움직임은 일방적인 상승이나 하락만을 반복할 수 없으므로, 일단 되돌림 현상이 확인되면 그 동안 상승폭(또는 하락폭)의 어느 특정 비율 부근에 강력한 지지선이나 저항선이 형성될 것임을 미리 예측해볼 수 있다.

일반적으로 중요하다고 알려진 되돌림의 비율은 25%(1/4), 33%(1/3), 50%(1/2), 66%(2/3), 75%(3/4)이다. 이러한 비율은 여러 분석가들에 의하여 매우 중요한 지지선이나 저항선으로 작용하고 있다고 알려져 왔다.

연 습 문 제

1. 갭의 정의와 형성과정에 대해 설명하세요.
2. 갭의 종류에 대해 설명하세요.
3. 보통갭과 돌파갭의 형성과정에 대해 설명하세요.
4. 급진갭과 소멸갭의 형성과정에 대해 설명하세요.
5. 섬꼴반전의 형성과정과 분석법에 대해 설명하세요.
6. 반전일의 정의와 종류, 그리고 분석법에 대해 설명하세요.
7. 되돌림의 정의와 분석법에 대해 설명하세요.

제11장

지표 분석

기술적 지표의 종류

기술적 지표는 기술적 분석의 장세 분석에 해당되는 분야이다. 기술적 지표는 현재 시장의 수급상태, 즉 매입효과 또는 매도효과 상태 등을 파악하여 매매하는 방법으로 다음과 같은 지표들이 있다.

이제부터 소개하고자 하는 기술적 지표들의 종류는 다음과 같다.

1. Bollinger Bands(BollBands)
2. Equivolume Chart
3. LinRegSlop(Linear Regression Slope)
4. Moving Average Convergence & Divergence(MACD)
5. On Balance Volume(OBV)
6. Parabolic Stop and Reversal(SAR)
7. Point and Figure Chart(P&F 차트)
8. Rate Of Change(ROC)
9. Relative Strength Index(RSI)
10. Sonar momentum(SONAR)
11. Stochastics Oscillator(Stochastics : %K, %D)
12. TRIX
13. 가격대별 거래량(Volume at Price)
14. 이격도
15. 일목균형표
16. 주가와 거래량 상관곡선(역시계방향곡선)

1. BollBands

(1) 개 요

BollBands(Bollinger Bands)는 존 볼링거(John Bollinger)가 만든 지표로서 시간에 따른 가격변화의 정도, 즉 기복성(volatility)을 반영한 지표이다. BollBands는 일정 기간 동안의 이동평균을 계산하여 그 값으로부터 이동평균편차의 적정 배수만큼 더한 값을 상한선으로 빼준 값을 하한선으로 정한다.

(2) 계 산

BollBands는 다음과 같이 3개의 선으로 구성되어 있다.

① 중심선(middle) : $\text{middle} = \dfrac{\sum_{j=1}^{n} \text{close}_j}{n}$

② 상한선(upper) : $\text{middle} + \left[d \times \sqrt{\dfrac{\sum_{j=1}^{n} (\text{close}_j - \text{middle})}{n}} \right]^2$

③ 하한선(lower) : $\text{middle} - \left[d \times \sqrt{\dfrac{\sum_{j=1}^{n} (\text{close}_j - \text{middle})}{n}} \right]^2$

단, d : 상·하한 값의 범위를 결정해주는 표준편차(보통 2를 사용)

(3) 설 명

주가는 상·하한선을 경계로 등락을 거듭하는 경향이 있다는 것이 Bollinger Band의 기본적인 해석방법이다. 주가의 변동폭에 따라 상·하한선간의 폭이 변화하며, 다음과 같은 특성을 갖는다.

- 상·하한선간의 폭이 좁아지면 가격의 변화가 일어나기 쉽다. 즉, 일정 기간 동안 주가의 움직임이 별다른 변화 없이 지속되어오면

밴드(band)의 폭이 좁아지며, 그만큼 가격의 상승 혹은 하락이 임박했다는 신호로 해석할 수 있다.

- 주가가 밴드의 밖으로 움직이는 경우는 현 추세의 지속을 의미한다.
- 밴드 안에서 형성된 정점과 저점은 밴드의 밖에서 형성된 정점과 저점으로 이어지는데 이는 곧 추세의 전환을 의미한다.
- 상한선이나 하한선 중 어느 한쪽으로 주가가 움직인 이후에는 항상 다른 한쪽을 향해 주가가 움직이려는 경향을 띤다.

즉, 밴드의 등락폭이 좁아질수록 주가의 변화 가능성은 높아지며, 또한 좁은 등락폭 안에서 장기간 머물수록 주가의 변화 가능성은 더욱 높아진다.

(4) 사 례

1) 사례 1

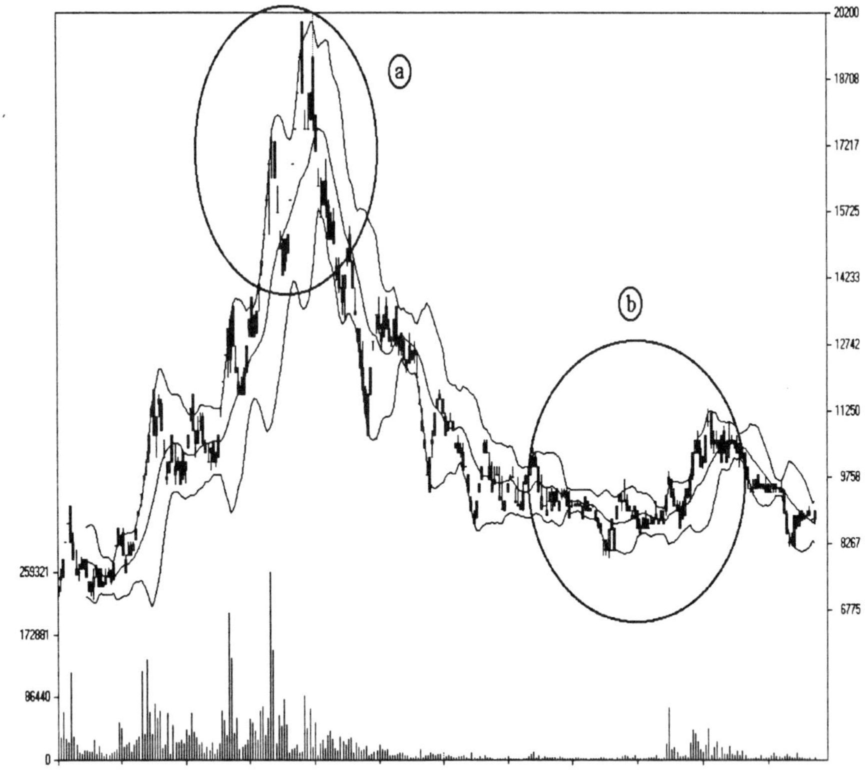

[그림 11-1] Bollinger Band

Bollinger Band가 상승하고 하락하고 횡보하는 모습을 보여주고 있다. ⓐ는 주가가 상한선을 향해 지속적으로 움직인 이후 밴드의 등락폭이 매우 넓어져 있으며 하한선을 향해 방향을 전환하고 있다. ⓑ는 주가가 장기간 횡보한 이후 밴드의 등락폭이 좁아지고 있으며, 조만간 주가의 변화 가능성을 예상해 볼 수가 있다. 주가가 좁은 등락폭 안에서 장기간 머물수록 주가의 변화 가능성은 더욱 높아진다.

2) 사례 2

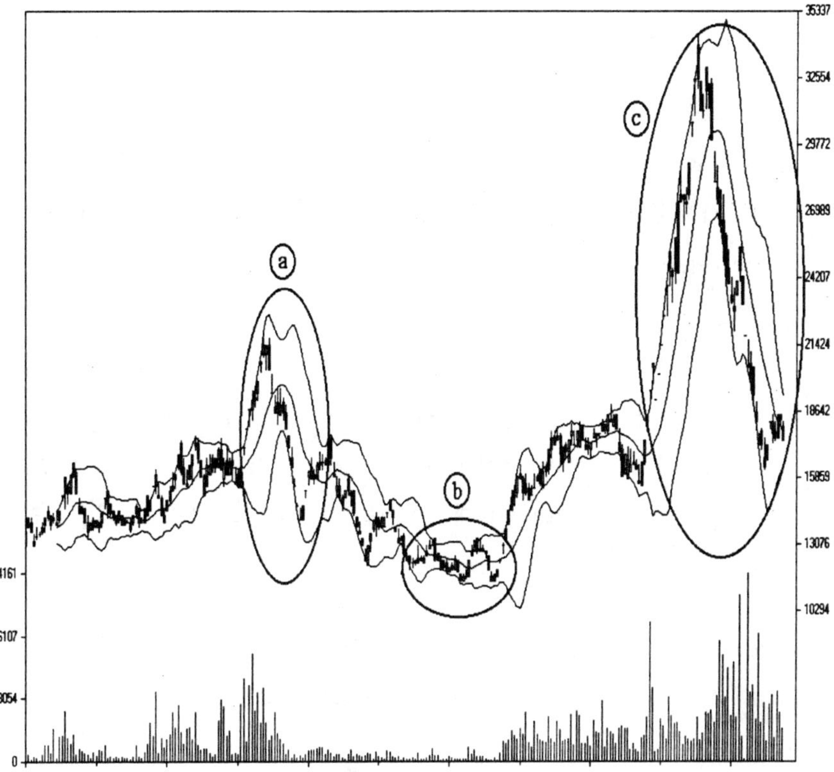

[그림 11-2] Bollinger Bands

장기간 주가가 15,800원대에서 등락을 거듭하면서 밴드폭이 점점 좁아지고 있다. 밴드폭이 좁아질수록 주가는 안정적으로 움직이나 그만큼 주가는 급등 혹은 급락할 가능성이 많아진다. 이후 ⓐ와 같이 주가가 급등하며 밴드폭이 넓어지고 있다. 주가가 서서히 하락하여 ⓑ와 같이 바닥을 다지면서 밴드폭이 다시 좁아지고 있는 모습을 보여주고 있다. 그 이후 한 차례의 상승세를 보이고 난 후 다소 안정권에 접어들면서 밴드폭이 좁아지고 있지만 조만간 주가의 변동을 또다시 예상해볼 수가 있다. 이후 ⓒ와 같이 큰 폭의 상승세가 나타나고 있다.

2. Equivolume Chart

(1) 개 요

Equivolume은 2차원 상자에 주가와 거래량이 결합된 지표로서 리처드 암스(Richard W. Arms, Jr.)에 의해 개발되었다. 시간의 흐름에 따라 주가와 거래량의 변동을 동시에 분석하여 향후 장세를 예측하는 데 유용한 지표이다.

(2) 작성방법

특정일의 고가·저가·거래량을 하나의 상자(직사각형)에 모두 나타낸다. 즉 아래 그림과 같이 당일의 고가·저가는 상자 높이를, 거래량은 상자의 넓이를 나타낸다. 이때 상자의 크기는 곧 당일의 시장 크기이다.

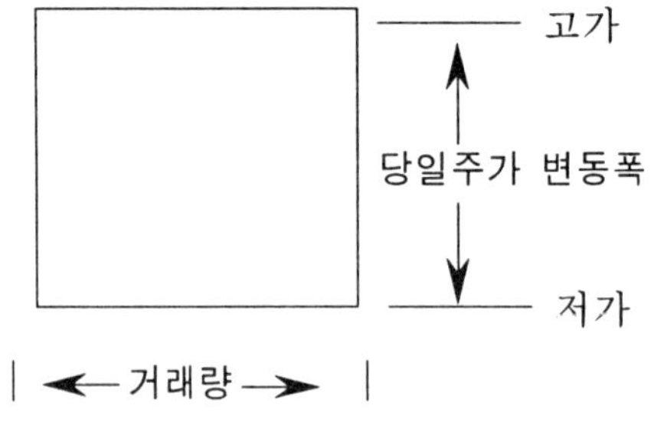

(3) 설 명

1) 키다리형(narrow day)

주가의 움직임이 용이한 형태로 특정방향으로 움직이는 데 어려움이 없으며 매수세나 매도세 중 어느 한 쪽 세력이 강한 날에 나타난다.

2) 정사각형(square day)

주가의 움직임이 어려움을 나타낸다. 즉, 매수세와 매도세가 팽팽한 힘겨루기 양상을 보여줌으로써 주가가 쉽게 오르지도 내리지도 못하는 상태이다.

3) 뚱보형(oversquare day)

과다 물량공급으로 인한 과잉 공급상태를 나타낸다. 매도세가 강해 조만간 하락장세를 예고, 이는 주가가 상승국면에서 경계매물에 의하여 많이 출현되나 만일 바닥권에서 이 형태가 나타나면 강한 매집세력 등장으로 향후 주가 상승을 예상할 수 있다.

(4) 사 례

1) 사례 1

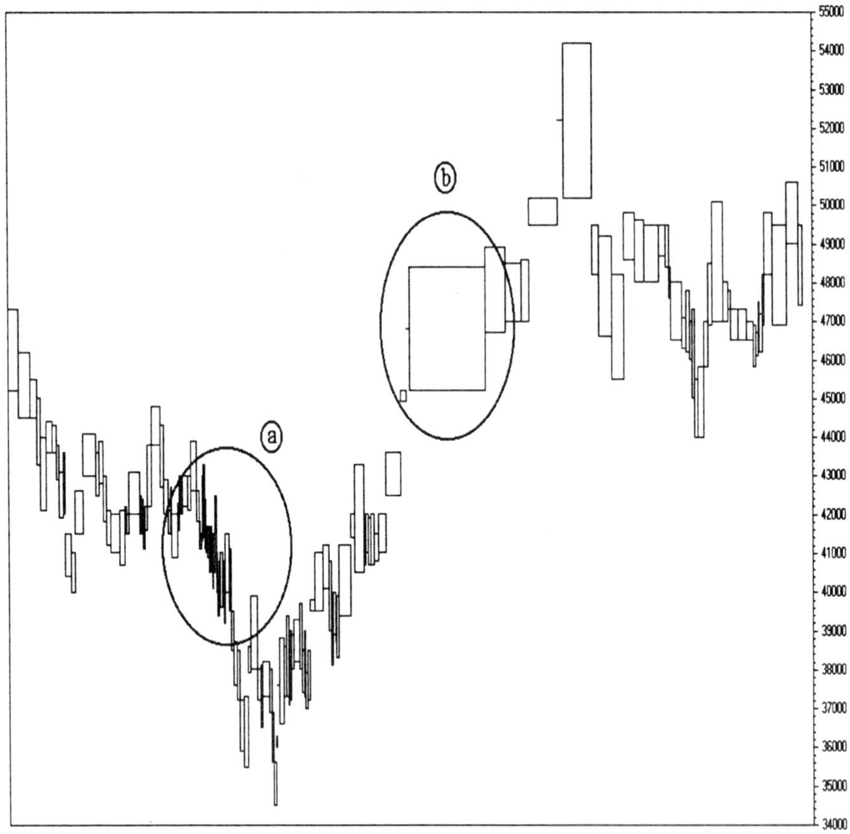

[그림 11-3] Equivolume

Equivolume 차트의 폭이 좁은 키다리형과 폭과 길이가 유사한 정사각형의 사례를 보여주고 있다. ⓐ는 키다리형으로 거래량이 감소하면서 폭이 좁은 키다리형이 나타나며 하락세가 지속되고 있으며, ⓑ는 정사각형으로 주가 움직임이 매수세와 매도세가 팽팽한 힘겨루기 양상을 보여줌으로써 주가가 쉽게 오르지도 내리지도 못하는 상황을 보여주고 있다.

2) 사례 2

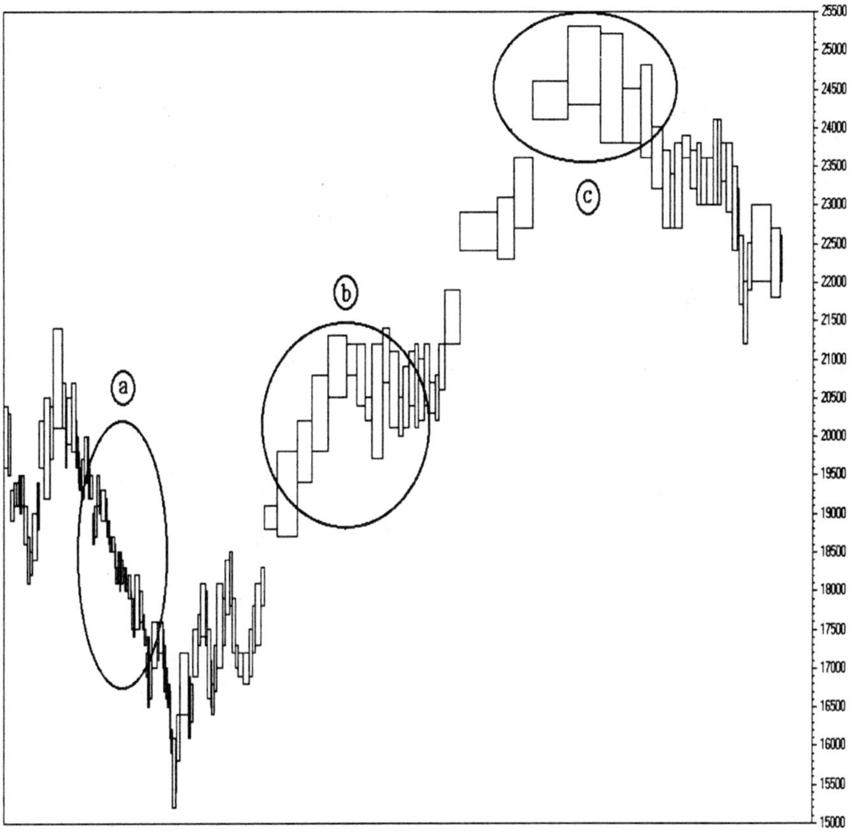

[그림 11-4] Equivolume

Equivolume은 시간이 흐름에 따라 주가와 거래량의 변동을 동시에 파악할 수 있도록 고안한 지표로서 주가와 거래량 모두를 분석하여 향후 장세를 예측하고자 한다. ⓐ는 폭이 좁고 높은 상자들이 모여 있는 형태로서 이런 경우에는 어느 한 방향으로 움직이는 데 용이하다. ⓑ는 ⓐ와 비교하여 상자들의 폭이 넓어진 형태로서 이런 경우에는 상자들의 폭이 넓어질수록 어느 한 방향으로 움직이기에는 다소 움직임이 둔화된다. ⓒ는 높이에 비해 폭이 넓어진 상자들이 모인 형태로서 이런 경우에는 추세 반전의 가능성이 높다고 볼 수 있다.

3. LinRegSlop(Linear Regression Slope)

(1) 개 요

LinRegSlop는 분석하고자 하는 최근 n일간의 주가를 회귀선으로 산출한 후 매일매일의 회귀선 기울기를 나타내는 지표이다. 지표의 기울기와 움직이는 추세를 분석하여 미래의 주가변동을 예측하는 데 유용하다.

(2) 설 명

LinRegSlop를 이용하여 매수·매도 시점을 파악하는 일반적인 방법은 다음과 같다.

- LinRegSlop가 +1선 위로 상승한 후 하락전환되어 +1선을 하향돌파하는 순간을 매도시점으로, 반대로 LinRegSlop가 −1선 아래로 하락한 후 상승전환되어 −1선을 상향돌파하는 순간을 매수시점으로 인식한다.
- LinRegSlop가 0선을 상향 또는 하향돌파하는 시점을 매수·매도 시점으로 인식하는 매매방법이 있다.

LinRegSlop는 회귀모형에 의한 기울기를 추정하는 것으로서 0선을 기준으로 지속적으로 양(+)의 값을 보이면 주가 상승을 예상할 수가 있으며, 반대로 음(−)의 값을 지속적으로 보이면 주가 하락을 의미한다고 본다. 또한 0선 가까이 움직이고 있으면 주가의 횡보 혹은 추세전환이 임박했다고 예상해볼 수 있다.

(3) 사 례

1) 사례 1

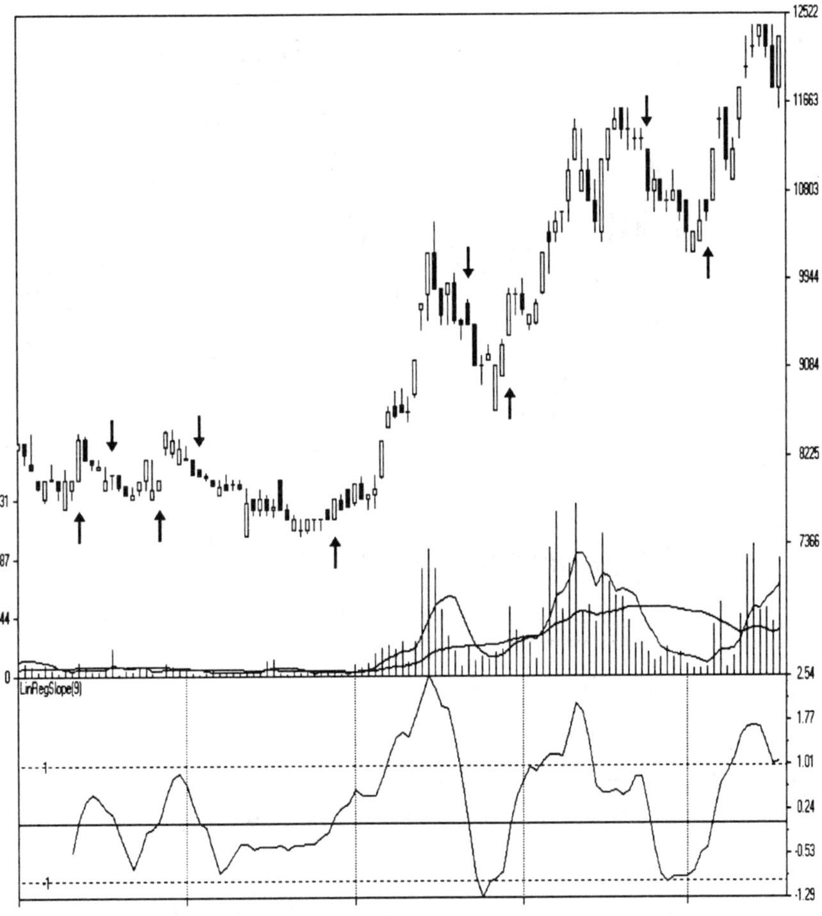

[그림 11-5] LinRegSlop

LinRegSlop가 0선을 상향돌파하는 순간(↑)을 매수신호로 인식하고, 반대로 LinRegSlop가 0선을 하향돌파하는 순간(↓)을 매도신호로 인식하여 매매하는 방법을 보여주고 있다.

2) 사례 2

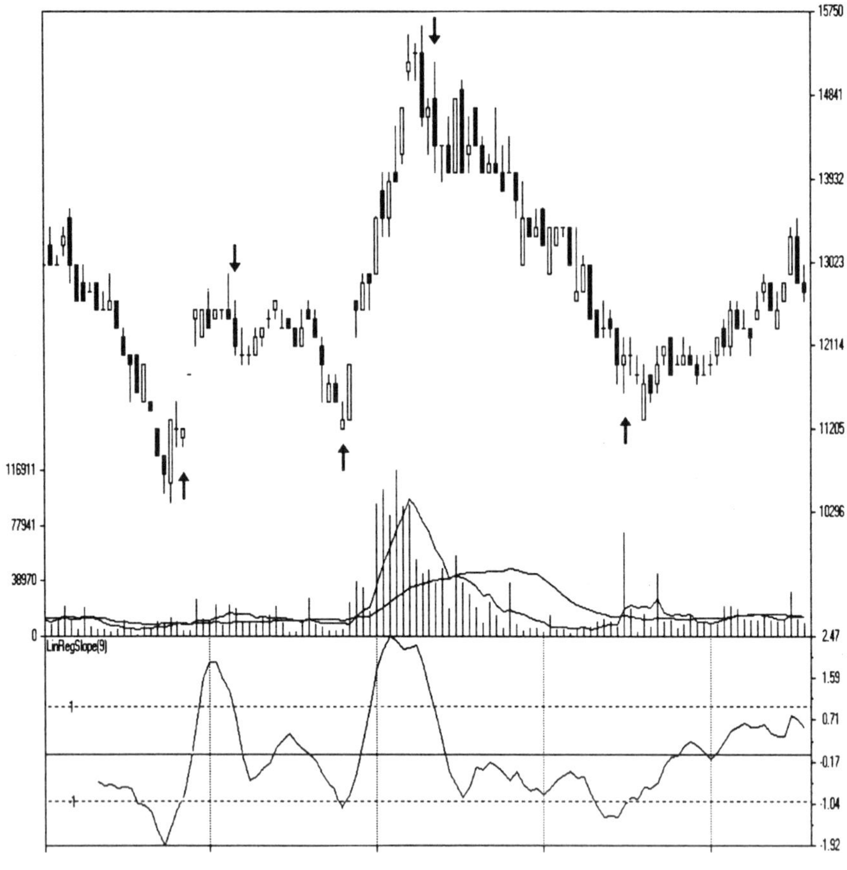

[그림 11-6] LinRegSlop

LinRegSlop가 +1선과 −1선을 상향돌파하고 하향이탈하는 순간을 매수·매도 시점으로 파악하여 매매하는 방법이다. LinRegSlop가 +1선 위로 상승한 후 하락전환이 되어 +1선을 하향이탈하는 순간을 매도시점으로 판단하고, 반대로 LinRegSlop가 −1선 아래로 하락한 후 상승전환이 되어 −1선을 상향돌파하는 순간을 매수시점으로 인식하는 매매방법이다. 이 매매방법은 0선을 이용하여 매매하는 방법에 비하여 매매시점을 더 빨리 파악할 수 있다는 장점이 있다.

4. MACD

(1) 개 요

MACD(Moving Average Convergence & Divergence)는 장기 · 단기 두 이동평균 사이의 관계를 보여주는 운동량 지표로서 제럴드 아펠(Gerald Appel)에 의해 개발되었다. 장기 지수이동평균과 단기 지수이동평균의 차이를 MACD라 하며, 이 MACD의 지수이동평균을 '시그널(signal)'이라 부르는데, 이 두 곡선의 교차점과 주가와의 다이버전스를 이용하여 매매시점을 포착하고자 한다.

(2) 계 산

MACD＝단기 지수이동평균 － 장기 지수이동평균
시그널＝n일 MACD 지수이동평균

(3) 설 명

MACD의 원리는 장기와 단기 두 이동평균선이 서로 멀어지게 되면(diverge) 언젠가는 다시 가까워져(converge) 어느 시점에서 서로 교차하게 된다는 성질을 이용하여 두 개의 이동평균선이 멀어지게 되는 가장 큰 시점을 찾고자 하는 것이다.

1) MACD와 시그널과의 교차

이 방법은 MACD를 이용하는 가장 기본적인 기법으로서 MACD가 시그널을 아래에서 위로 상향돌파할 때를 매수시점으로, MACD가 시그널을 위에서 아래로 하향이탈할 때를 매도시점으로 인식하고 매매하는 방법이다.

2) MACD 오실레이터(MACD_OSC)

- MACD_OSC의 값은 주가 움직임을 미리 선도하는 경향이 크므로 전일의 MACD_OSC의 움직임과 반대방향으로 움직이면 매매신호로 인식해야 한다.
- 주가 움직임과 MACD_OSC 사이에서 다이버전스가 발견되면 추세반전이 강력히 예견될 수 있다.
- MACD_OSC의 값이 0선을 돌파할 때도 추세전환이 임박했다는 중요한 신호로 인식한다. 음(－)에서 0선을 상향돌파하여 양(＋)으로 변하면 상승추세로의 전환, 즉 매수시점으로 판단하고, 반대로 양(＋)에서 0선을 돌파하여 음(－)으로 변하면 하락추세로의 전환, 즉 매도시점으로 판단한다.

(4) 사 례

1) 사례 1

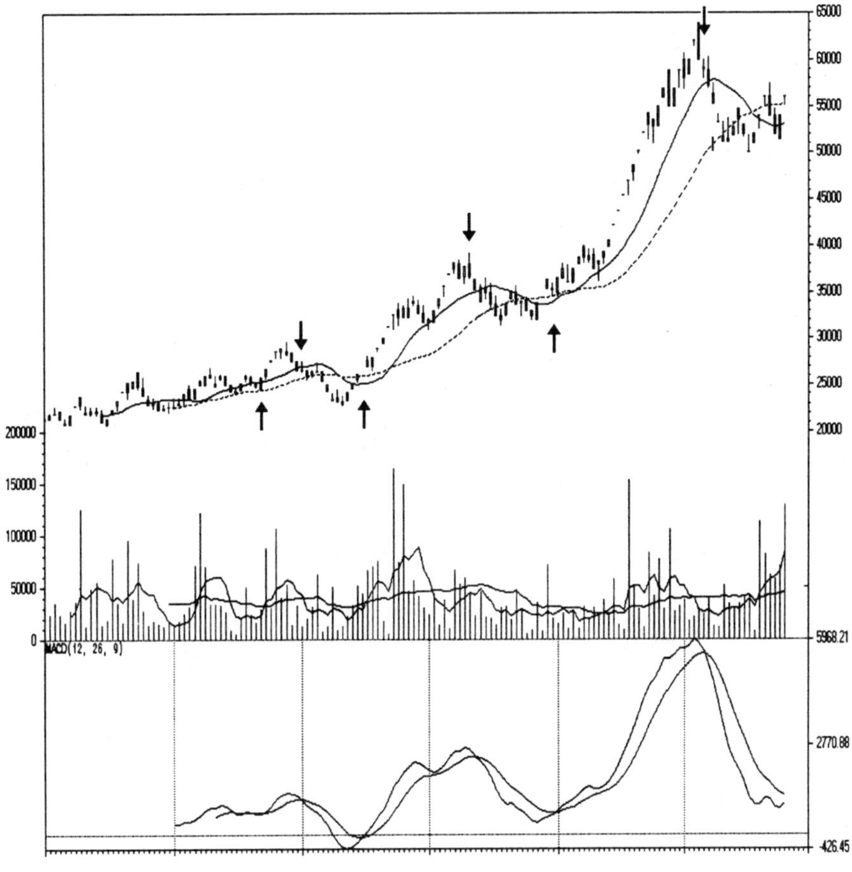

[그림 11-7] MACD

MACD와 시그널이 서로 교차되는 순간을 매매시점으로 이용하는 방법으로, MACD를 이용하는 가장 기본적인 매매기법이다. MACD가 시그널을 상향돌파하여 상승하는 순간(↑)을 매수시점으로, MACD가 시그널을 하향이탈하여 하락하는 순간(↓)을 매도시점으로 인식한다.

2) 사례 2

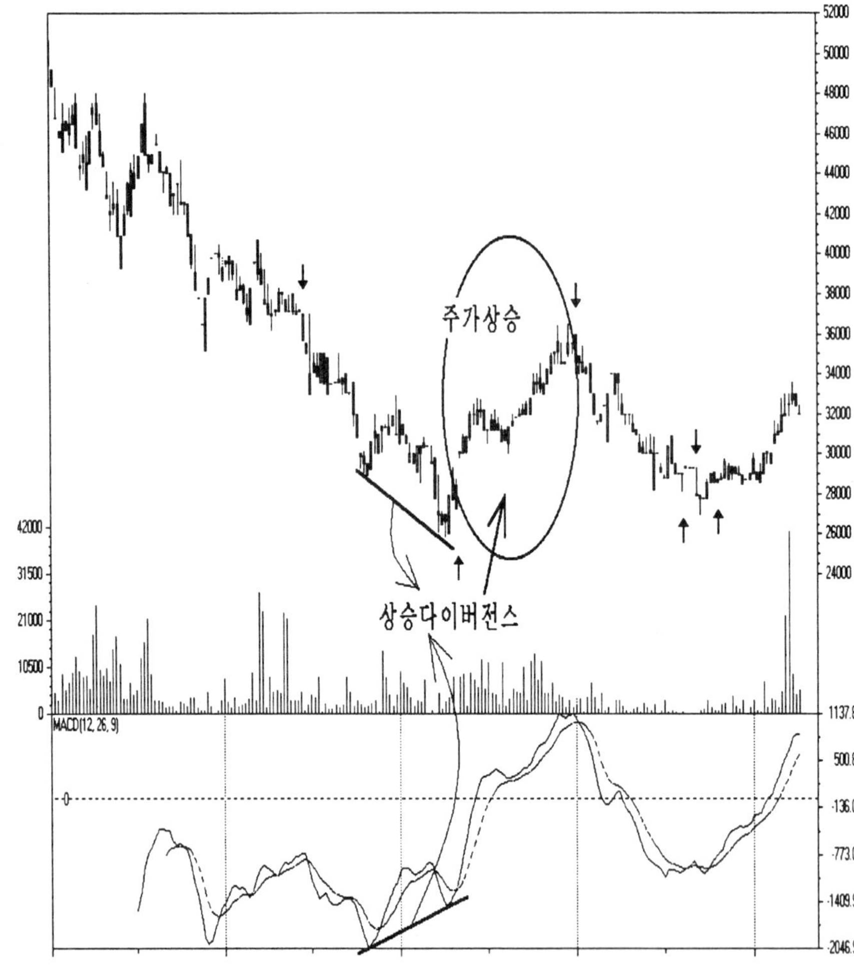

[그림 11-8] MACD

그림 좌측에서 주가는 지속적으로 하락하고 있는 데 비해 MACD는 같은 기간 중 상승세를 보이는 상승 다이버전스가 발생하고 있어 향후 주가가 상승세로 반전될 가능성이 있음을 예시해주고 있다. 이후 주가는 26,000원대에서 반등하여 36,000원대까지 큰 폭으로 상승하였다.

3) 사례 3

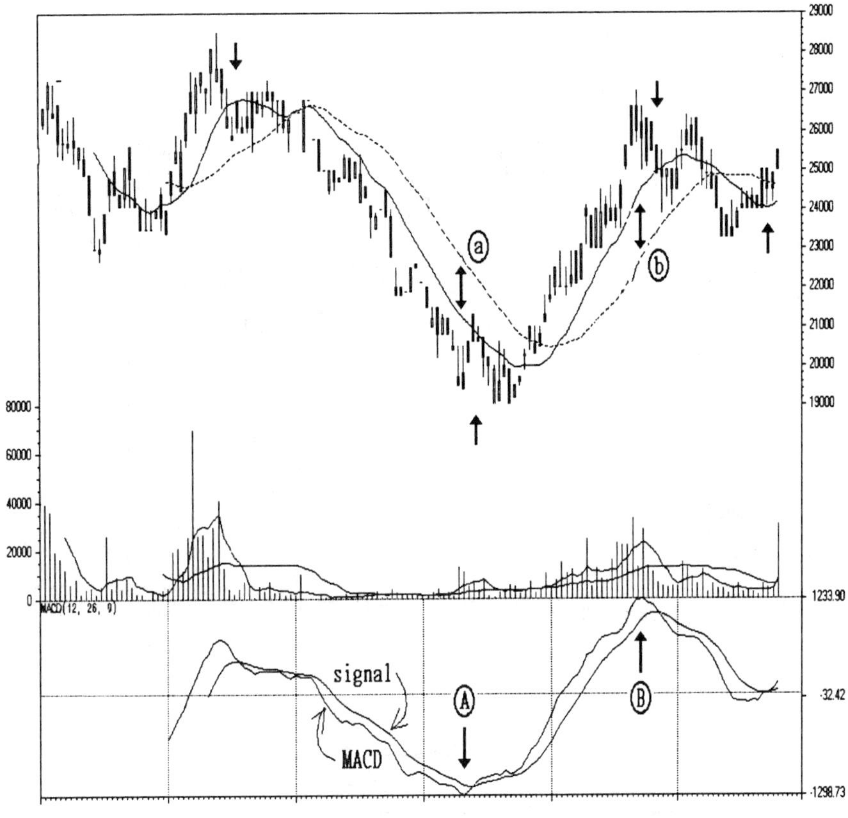

[그림 11-9] MACD

장기 이동평균선과 단기 이동평균선이 서로 멀어지면 언젠가는 반드시 교차한다는 성질을 이용하여 두 개의 이동평균선이 가장 멀어지게 되는 시점을 찾자는 것이 MACD의 원리이다. MACD가 가장 저점을 이루는 Ⓐ와 가장 고점을 이루는 Ⓑ에서 두 이동평균선간의 간격이 가장 멀어져 주가의 전환시점을 알리는 ⓐ와 ⓑ를 나타내고 있다.

이 방법은 단순히 장기 · 단기 이동평균선의 교차점을 이용할 경우의 최대 단점인 시차문제(후행성)를 극복할 수 있다는 장점을 지닌다.

4) 사례 4

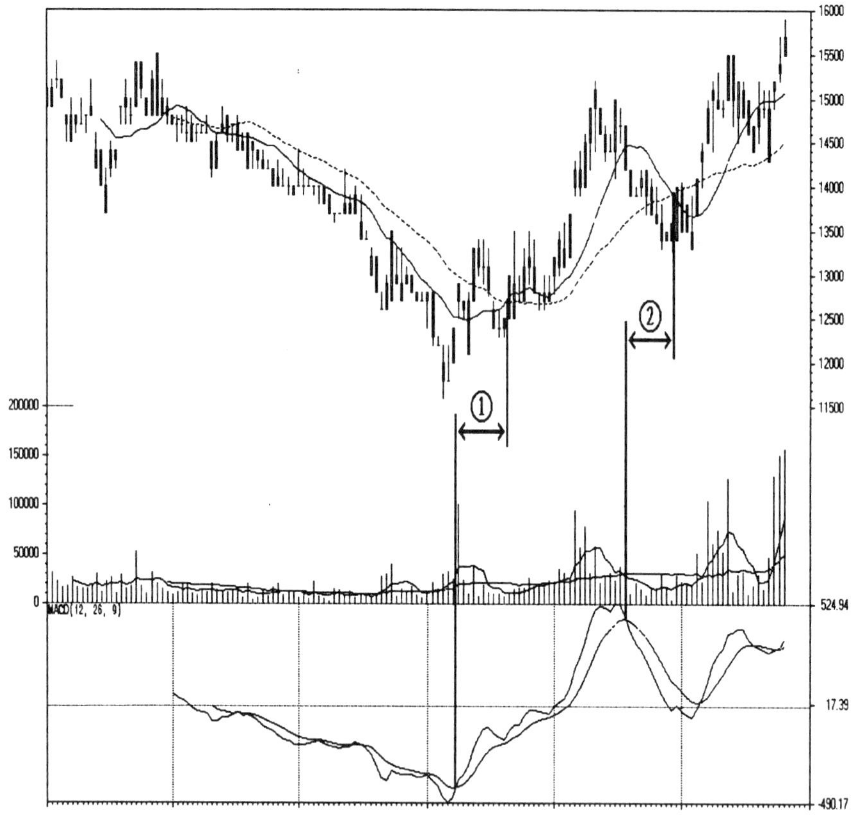

[그림 11-10] MACD

MACD는 장기 · 단기 이동평균선의 교차점인 골든크로스와 데드크로스 발생 전에 MACD와 시그널이 먼저 교차되어 매수 · 매도 시점을 포착해주므로 이동평균선의 최대 약점인 시차문제(후행성)를 극복할 수가 있다.

실제로 ①은 두 이동평균선의 골든크로스 발생 이전에 MACD와 시그널이 먼저 교차하여 매수신호를 나타내주고 있으며, ②는 두 이동평균선의 데드크로스 발생 이전에 MACD와 시그널이 먼저 교차하여 매도신호를 선행하여 나타내주고 있다.

5) 사례 5

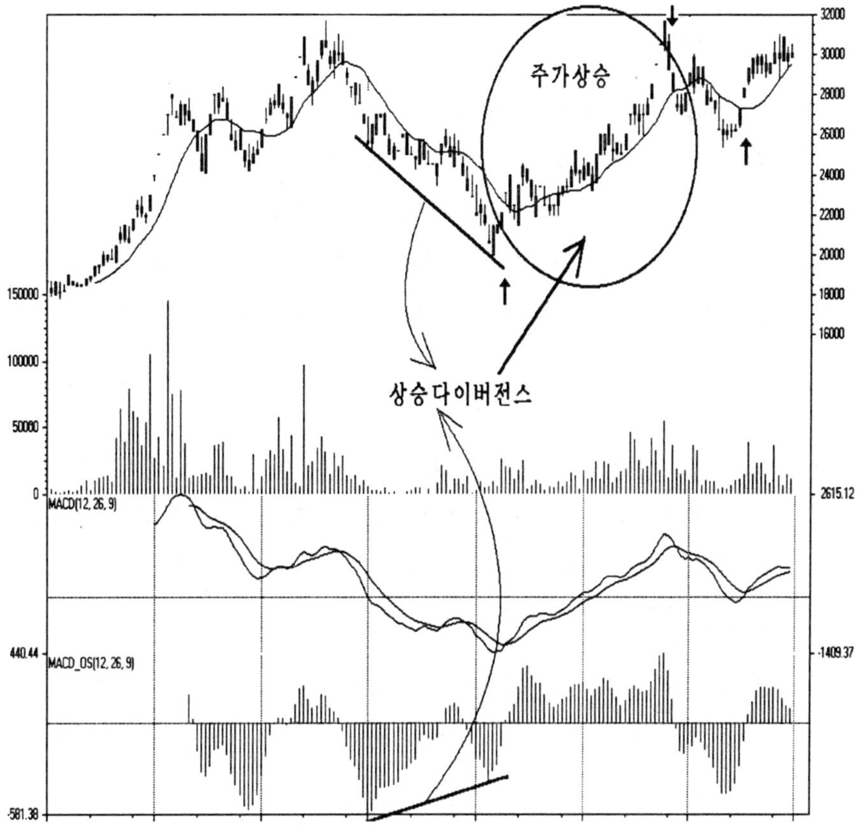

[그림 11-11] MACD & MACD_OSC

MACD_OSC가 0선을 돌파하여 음선 막대에서 양선 막대로 전환되는 순간(↑)을 매수시점으로, 반대로 양선 막대에서 음선 막대로 전환되는 순간(↓)을 매도시점으로 인식한다. 그러나 0선 돌파 이전이라도 MACD_OSC의 추세가 반전되어 급격히 상승 또는 하락하는 순간이 발생하는 경우 즉시 매매신호로 인식할 수도 있다. 이는 MACD_OSC가 주가 움직임을 미리 선도하는 경향이 크기 때문이다. 또한 주가와 MACD_OSC 사이에서 다이버전스가 발생하면 향후 추세가 반전되리라 예상해볼 수 있다.

5. On Balance Volume(OBV)

(1) 개 요

거래량이 주가에 선행한다는 원리하에 거래량 분석을 통해 주가 분석을 하는 전형적인 거래량 지표 중의 하나이다. 전체 시장이 매집단계에 있는지 아니면 분산단계에 있는지를 광범위하게 분석할 수 있으며, 특히 주식시장이 큰 변동없이 정체상태에 있을 때 주가의 변화방향을 예측하는 데 유용한 지표이다. 이와 유사한 지표로 VR(Volume Ratio)를 들 수 있다.

(2) 계 산

어느 특정한 날을 기준으로 당일 종가가 전일에 비해 상승한 날은 누적 거래량에서 당일 거래량을 더하고(+), 하락한 날은 누적 거래량에서 당일 거래량을 뺀다(−). 당일 종가와 전일 종가가 같은 날은 누적 거래량에서 당일 거래량을 계산에서 제외시킨다. 즉,

- If 당일 종가≥전일 종가, OBV＝전일 OBV＋금일 거래량
- If 당일 종가≤전일 종가, OBV＝전일 OBV－금일 거래량
- If 당일 종가＝전일 종가, OBV＝전일 OBV

OBV선이 직전 고점을 상회하면 상승신호로서 U표시를, 직전 저점을 하회하면 하락신호로서 D표시를 한다.

(3) 설 명

- 주가는 계속 하락하고 있지만 OBV는 직전 저점수준 이하로 하락하지 않고 횡보할 경우, 이는 시장 내부에서 주가 하락에 따른 매집활동이 있다고 볼 수 있으므로 조만간 주가 상승이 예상된다.
- 주가는 계속 상승하고 있지만 OBV는 직전 고점수준 이상으로 상승하지 못하고 횡보할 경우, 이는 시장 내부에서 주가 상승에 따른 보유주식을 처분하려는 분산활동이 있다고 볼 수 있으므로 조만간 주

가 하락이 예상된다.

- 주가가 횡보하고 있을 때 OBV선의 고점이 계속 상승하는 것은 향후 주가 상승을 예상하는 것이고, OBV선의 고점이 계속 하락하는 것은 향후 주가 하락을 예상하는 것이다.
- OBV선이 직전 고점을 상향돌파할 때 U표시를 하고 직전 저점을 하회하면 D표시를 한다. U표시는 단기적 매입신호를, D표시는 단기적 매도신호로 간주한다.
- OBV의 장기추세가 상향추세일 경우에 D표시가 나타나면 매입신호가 되고, OBV의 장기추세가 하향추세일 경우에 U표시가 나타나면 매도신호가 된다.

(4) 사 례

1) 사례 1

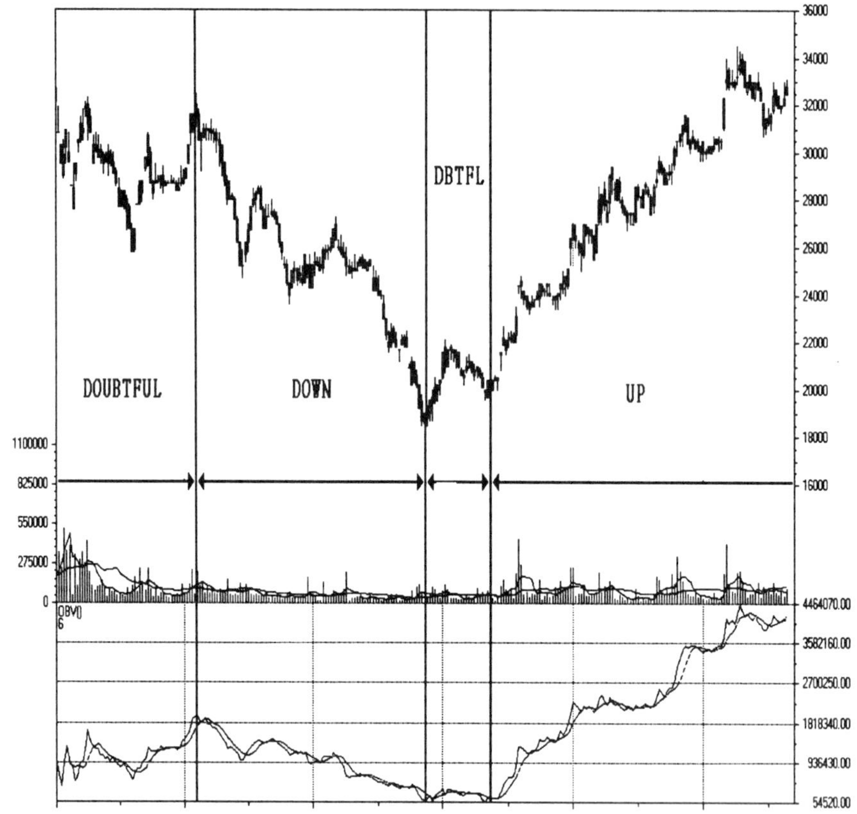

[그림 11-12] OBV

OBV는 상승(up), 하락(down), 혼조(doubtful) 국면으로 구분하고 있다. OBV의 상승국면은 OBV의 고점과 저점이 점점 높아지는 상태를 말하며, 하락국면은 OBV의 고점과 저점이 점점 낮아지는 상태를 말한다. OBV의 혼조국면은 고점과 저점이 상승과 하락국면과는 달리 일정한 방향이 없어 상승국면 · 하락국면을 구분하기가 어려운 상태를 말한다.

2) 사례 2

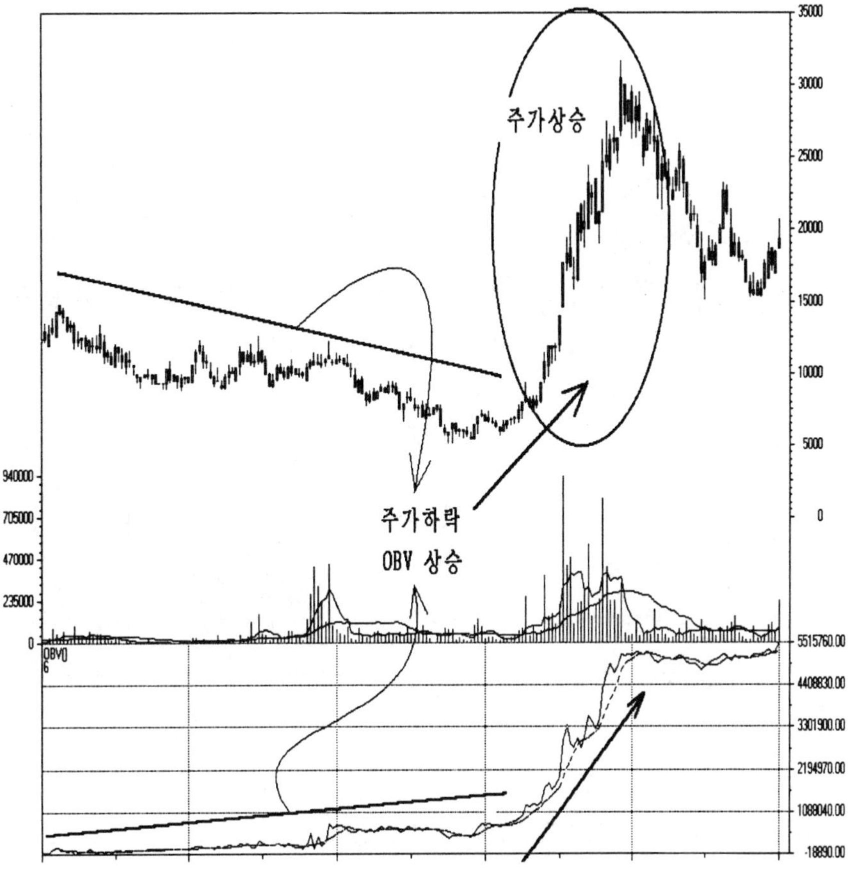

[그림 11-13] OBV

주가의 고점이 점점 낮아지면서 지속적으로 하락하고 있지만 OBV의 저점은 소폭이나마 높아가고 있어 완만하게 상승하고 있음을 볼 수가 있다. 이런 상황은 시장 내부에서 주가 하락에 따른 매집활동이 진행되고 있다고 볼 수 있으므로 조만간 주가 상승을 예상해볼 수 있다. 실제로 6,000원대 주가가 OBV 상승과 거래량 증가와 더불어 30,000원대까지 큰 폭으로 상승하고 있음을 볼 수가 있다.

3) 사례 3

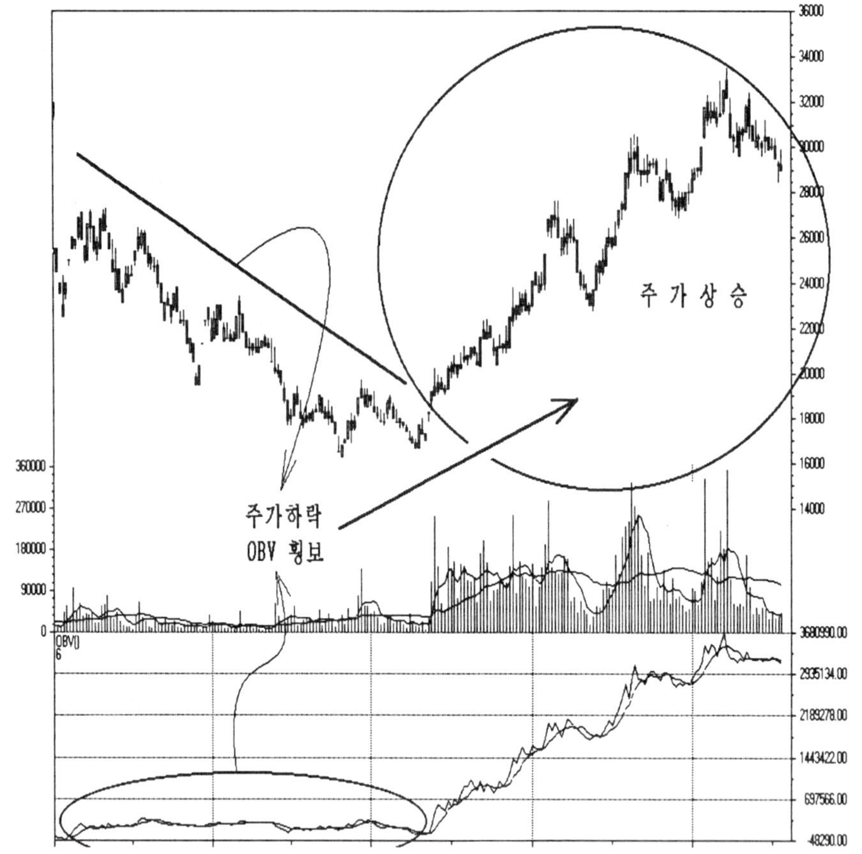

[그림 11-14] OBV

주가는 계속해서 하락하고 있지만 OBV의 저점은 더이상 하락하지 않고 옆으로 횡보하고 있음을 볼 수가 있다. 이런 상황은 주가는 하락하고 있지만 시장 내부에서는 주가 하락에 따른 매집활동이 활발하게 이루어지고 있다고 볼 수 있으므로, 일정 시점 이후 거래량이 증가하고 OBV가 상승하는 시점에서 주가 상승을 예상해볼 수 있다. 실제로 16,000원대 주가가 지속적으로 상승세가 이어지고 있음을 볼 수 있다.

6. Parabolic Stop and Reversal(SAR)

(1) 개 요

Parabolic SAR은 시간의 추이에 따라 주가 움직임을 변수로 하는 함수를 만들어 시간의 경과와 일치하는 주가의 변화가 일어나지 않을 경우 이를 추세의 전환시점으로 보고, 기존의 포지션을 중지(stop)하는 동시에 그와는 반대(reversal) 포지션을 취할 수 있는 기준을 제공해준다.

(2) 계 산

다음과 같은 공식에 의해 산출된다.

$$PAR_t = PAR_{t-1} + af \times (EP - PAR_{t-1})$$

- PAR : parabolic
- af : 가속변수(acceleration factor)
- EP : 중요 시장가격(extreme price)

(3) 설 명

Parabolic SAR은 매수시점과 매도시점을 뚜렷이 나타내준다. 주가가 SAR 밑으로 하락하는 순간이 매수중단시점(close long position)이 되며, 주가가 SAR 위로 상승하는 순간이 매도중단시점(close short position)이 된다. 주가를 보유하고 있다면, 즉 주가가 SAR 위에 위치하고 있다면 SAR은 주가의 이동방향과 관계없이 매일 상향세를 지속한다. 이때 SAR의 이동폭은 주가의 이동폭만큼 움직인다.

(4) 사 례

1) 사례 1

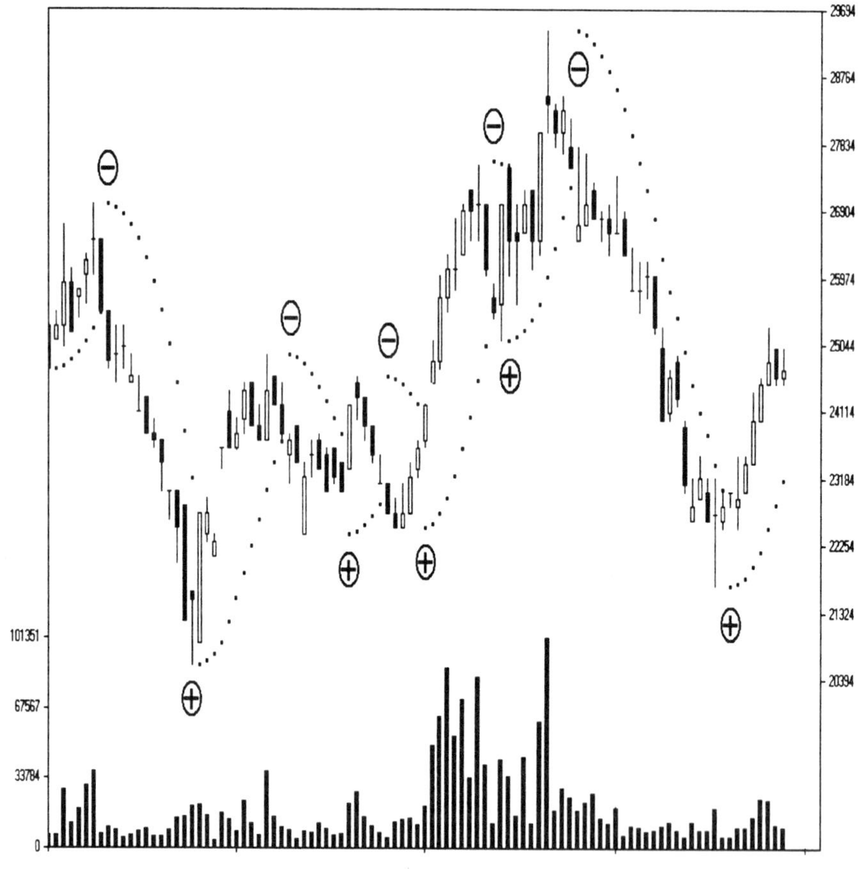

[그림 11-15] Parabolic SAR

Parabolic SAR은 매수시점과 매도시점의 확인이 용이하다. 주가가 SAR 위로 상승하는 순간(+)이 매수시점이 되고, 주가가 SAR 아래로 하락하는 순간(−)이 매도시점이 된다. Parabolic SAR의 매수·매도 시점의 확인은 다른 지표들과 비교하여 간단하게 표현되고 있음을 볼 수가 있다.

2) 사례 2

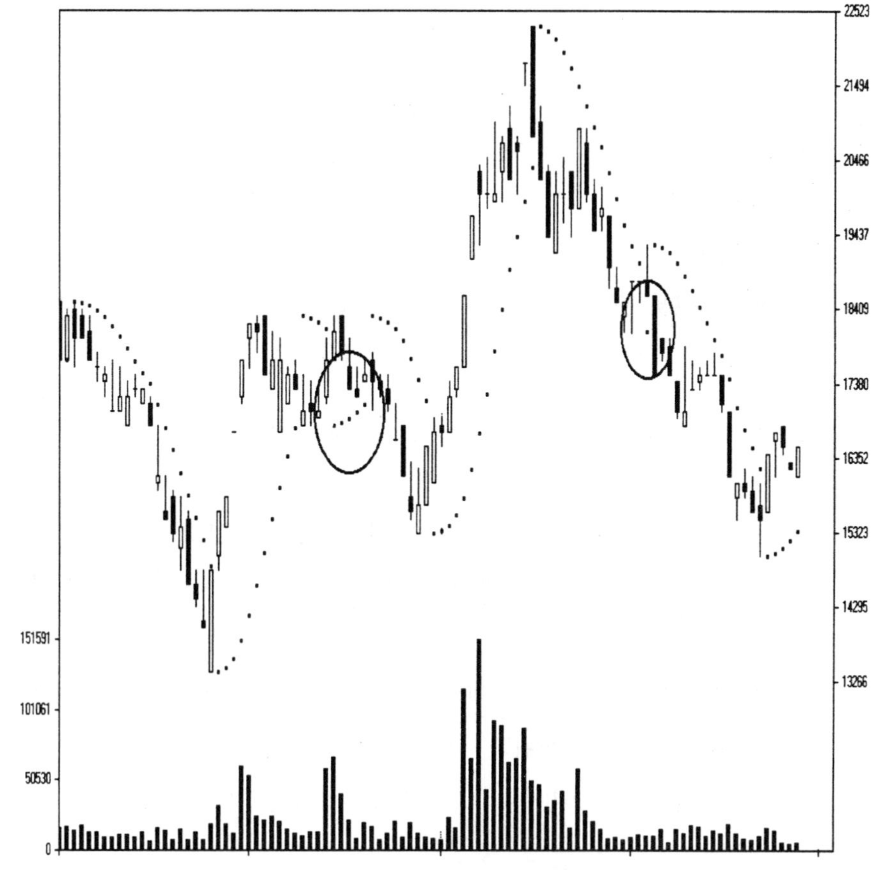

[그림 11-16] Parabolic SAR

SAR이 주가 아래에 위치하고 있다면 SAR은 주가의 이동방향과 관계없이 매일 상승세를 유지하게 된다. 그러다가 주가의 상승세가 멈추거나 하락세로 반전하면서 SAR과 만나게 되면 SAR이 주가 위로 올라서게 되면서 이번에는 하락세를 유지하게 되는데 이때 SAR의 이동폭은 주가의 이동폭만큼 움직인다. ㅇ표시는 일시적인 주가의 변동으로 매수·매도 시점이 잠시 뒤바뀌는 상황을 보여주고 있어 일종의 속임수로 판단된다.

7. Point & Figure Chart(P&F 차트)

(1) 개 념

P&F 차트는 오직 주가의 흐름만을 중요시하고 거래량과 시간의 흐름을 무시하였다. 또한 일정 폭 이하의 사소한 주가 움직임을 제외시켜 중기·장기적인 관점의 주가 추세를 파악하여 투자시점 포착을 쉽게 하기 위한 투자기법이다.

P&F 차트는 오늘날 전세계적으로 널리 활용되고 있는데 그 특징은 다음과 같다.

- P&F 차트는 시간 흐름을 무시하고 주가의 장기적인 흐름만을 중요시하고 있다.
- P&F 차트는 작성법에 따라 차트 모양이 달라질 수 있다.
- 좁은 공간에 장기간의 기록이 가능하여 주가의 장기적인 추세 파악에 유리하다.
- P&F 차트를 통하여 매매시점 및 목표치 계산이 가능하다.
- P&F 차트는 거래량과 시간 흐름이 무시된 단점과 주가의 추세 분석과 패턴 분석이 동시에 가능한 장점을 가지고 있다.

(2) 작성방법

- 주가 상승시는 ×표로, 하락시는 ○표로 표시하고, 주가가 계속 상승할 때는 ×표만을, 계속 하락할 때는 ○표만을 Y축에 표시한다.
- 주가가 상승에서 하락으로 반전할 때는 줄을 바꾸어 ×표에서 ○로 표시하되 한 칸 아래에 표시한다. 반대로 하락에서 상승으로 반전할 때는 ○에서 ×표로 표시하는데 이때에도 줄을 바꾸되 한 칸 위로 표시한다.
- 1칸의 가격폭을 결정한다. Y축의 각 칸의 가격폭은 주가 수준에 따라 달라지는데, 고가주일 경우에는 1칸의 가격폭을 크게 하고 저가

주일 경우에는 작게 한다. 대개 적당한 가격폭은 주가나 주가 지수의 2%에서 3% 정도가 적당하다.

- Y축 상의 1칸(1점도의 경우에는 1칸, 2점도는 2칸, 3점도는 3칸)의 범위를 이탈하였을 때만 새로운 ×표나 ○표가 표시된다. ×표가 계속될 경우 이전의 고점보다 상승하면서 1칸의 범위를 초과하여야만 ×가 표시되며, 주가가 계속 하락할 때는 이전의 저점보다 하락하면서 1칸의 범위를 초과하여야만 ○표가 표시된다.
- 상승에서 하락으로 하락에서 상승으로 전환될 때는 사전에 정해진 가격폭의 변화가 있어야 한다. 즉 1칸을 100원으로 잡았을 경우에 이전의 고점 또는 저점보다 1점도는 100원, 2점도는 200원, 3점도는 300원의 가격 변화가 있어야 줄을 바꾸어 ○표 또는 ×를 할 수 있다.

(3) 패턴 분석

P&F 차트에서 ×표가 계속 이어진다는 것은 매입세력이 지속적으로 유입되면서 가격을 상승시키는 강세장임을 나타내며, 반대로 ○표가 계속 이어지는 경우는 매도세력이 지속적으로 유입되면서 가격을 하락시키는 약세국면에 있음을 나타낸다.

1) 강세 패턴

① 추세적 상승형

자주 나타나는 기본적 패턴으로 주가가 등락을 거듭하면서 저점들이 서서히 상승하는 패턴이며, 고점은 과거의 최고 수준을 상회한다. 이때 ×표가 직전 고점을 한 칸 이상 상향돌파하게 되면 매수시점으로 간주한다.

② 이중천장형

이전에 고점을 형성하고 나서 하락한 이후 다시 반등을 시도하면서 직전 고점까지 접근하는 경우에 완성되며, 직전 고점을 상향돌파하고 올라가는 순간이 매수시점이 된다.

③ 삼중천장형

이전에 이중천장형을 형성하고 나서 하락한 이후 다시 반등을 시도하면서 직전 고점까지 접근하는 경우에 완성되며, 직전 고점들을 상향돌파하고 올라가는 순간이 매수시점이 된다.

④ 다중천장형

고점이 3개 이상 형성되어 있는 경우로서 이 패턴 역시 저항선을 상향돌파하는 순간이 매입시점이 되며, 지지선이 상향할수록 이전에 형성된 천장의 수가 많을수록 신뢰도가 커지며 상승 에너지도 강하게 된다.

⑤ 상승삼각형

주가의 변동폭이 서서히 줄어들면서 나타나는 패턴으로 저항선 역할을 하는 고점들은 일정한 수준을 유지하는 반면, 지지선 역할을 하는 저점들은 매수세력이 매도세력을 압도함에 따라 서서히 상승하게 된다. 상승삼각형에서 최적 매입시점은 주가가 저항선을 상향돌파하는 순간이다.

⑥ 역전상승형(상승반전형)

주가가 하락하는 과정에서도 급격한 반등을 보이는 경우를 볼 수 있다. 그러나 주가가 천장에서는 짧게, 바닥에서는 길게 머무는 속성이 있기 때문에 역전상승형은 역전하락형보다 신뢰도가 낮다. 따라서 성급히 매수하였다가 대기매물에 밀리면 더욱 하락할 위험이 있으므로 이중천장형과 같이 주가 추이를 좀더 지켜보면서 다른 기술적 지표들을 면밀히 검토할 필요가 있다.

2) 약세 패턴

① 추세적 하락형

주가의 하락국면에서 자주 나타나는 기본적인 패턴으로 주가가 등락을 거듭하면서 고점들이 서서히 하락하는 형태이며, 저점은 과거의 최저 수준을 하향한다. 이때 주가가 지지선 역할을 하던 기존의 저점 수준을 돌파하는 순간이 매도시점이 된다.

② 이중바닥형

주가가 이전에 형성한 저점을 하향돌파하는 시점이 매도시점이 되는데, 이중천장형과 마찬가지로 평행국면에 포함된 행의 수가 적어 지지선의 신뢰도가 낮으므로 주가 추이를 좀더 지켜보면서 다른 지표들을 참조하는 것이 유리하다.

③ 삼중바닥형

삼중바닥형 역시 주가가 지지선(직전 저점)을 하향돌파하는 순간을 매도시점으로 본다.

④ 다중바닥형

다중바닥형 역시 지지선(직전 저점들)을 하향돌파하는 순간이 매도시점이 되며, 저항선이 하향할수록 신뢰도는 높아진다.

⑤ 하락삼각형

상승삼각형과 마찬가지로 시장가격의 등락폭이 서서히 감소하면서 나타나는 패턴이다. 지지선 역할을 하는 저점들은 일정한 수준을 유지하는 반면 저항선인 고점들은 서서히 하락하게 된다. 하락삼각형에서 최적 매도시점은 주가가 지지선을 하향돌파하는 순간이다.

⑥ 역전하락형(하락반전형)

상승하던 주가가 천장을 치고 하락함으로써 추세 반전을 일으키는 유형으로 장기간 상승세가 지속되어 주가가 상대적으로 높은 수준을 유지한 후 대기하고 있던 매도세력이 한꺼번에 출현함으로써 형성된다. 역전상승형보다 신뢰도가 높으며 본격적인 하락세로 이어질 가능성도 크다.

3) 중립적 패턴 : 이등변삼각형

매입세력과 매도세력이 팽팽한 균형을 이루고 있는 경우로서, 주가의 등락폭이 점차 줄어들면서 고점들은 하락하고 저점들은 상승하므로 고점들을 이은 저항선과 저점들을 이은 지지선이 한 점에 수렴하게 된다.

이 경우 매수·매도 세력이 균형을 이루고 있는 상태이므로 향후 매수세력이나 매도세력 중 어느 한 세력이 다른 세력을 압도할 때 결정되는데 어느 쪽이나 추세선이 돌파되는 순간이 최적의 거래시점이 된다.

(4) 추세 분석

1) 기본적인 추세선

① 상승지지선

저점들을 연결한 선을 지지선이라 하는데, 지지선이 상승하는 상승지지선의 경우에는 다음 두 가지 중요한 의미를 갖는다. 첫째, 상승지지선의 위쪽에서는 항상 매입세력이 충분히 나타난다. 둘째, 상승지지선이 충분히 돌파된 시점에서는 매도시점을 찾아야 한다.

② 하락저항선

지금까지의 상승추세가 충분히 꺾이고 하락추세가 이어질 경우 상승추세의 끝인 최고점에서 아래로 45°각도의 직선을 그으면 된다. 주가가 하락저항선에 접근하면 패턴에 관계없이 단순하게 매도하는 것이 효과적일 때가 많다. 또한 하락저항선이 돌파된 후 주가 패턴이나 다른 보조적인 방법에 의해 추세반전을 확인하고 매입하는 것이 바람직하다.

③ 상승저항선

상승저항선은 주가의 상승세가 일단 저항을 받아 잠시 멈추는 곳으로 상승저항선이 일단 상향돌파되면 주가의 상승추세는 더욱 가속화된다. 실전투자에서 주가가 저항선 부근에 도달하면 다시 하락할 것에 대비하여 매도준비에 나서야 하나 일단 저항선을 상향돌파하게 되면 즉시 매도 포지션을 줄이고 손실을 최소화해야 한다.

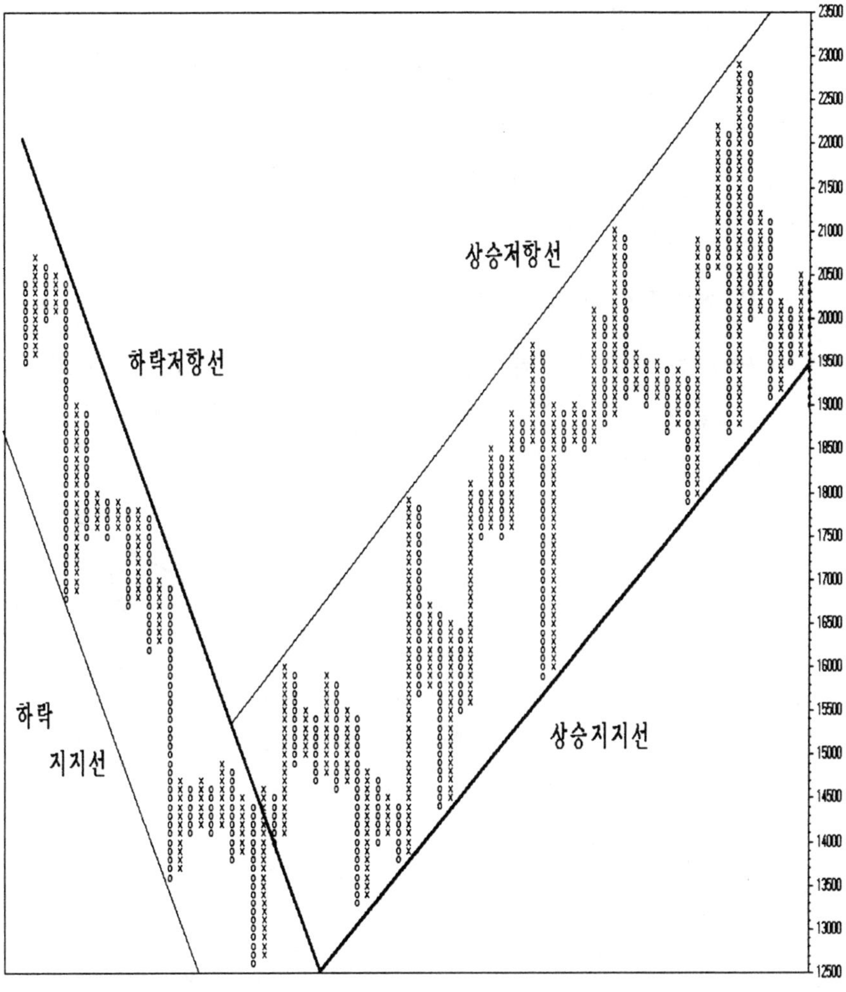

[그림 11-17] P&F 차트 : 기본적인 추세선

④ 하락지지선

상승추세가 끝나는 점에서 시작하여 하락저항선과 평행하도록 45°의 각도로 그린다. 하락지지선은 주가의 하락세가 일시적인 지지를 받아서 잠시 멈추는 곳으로 일단 하락지지선이 돌파되면 주가의 하락추세가 더욱 가속될 수 있음을 의미한다.

2) 실전 적용 추세선

P&F 차트 상의 추세선은 기본적으로 45°각도를 유지하고 있으나 실제로는 그렇지 않을 경우도 많다. 다음의 추세선들은 45°가정을 무시했을 경우 나타나는 추세선들이다.

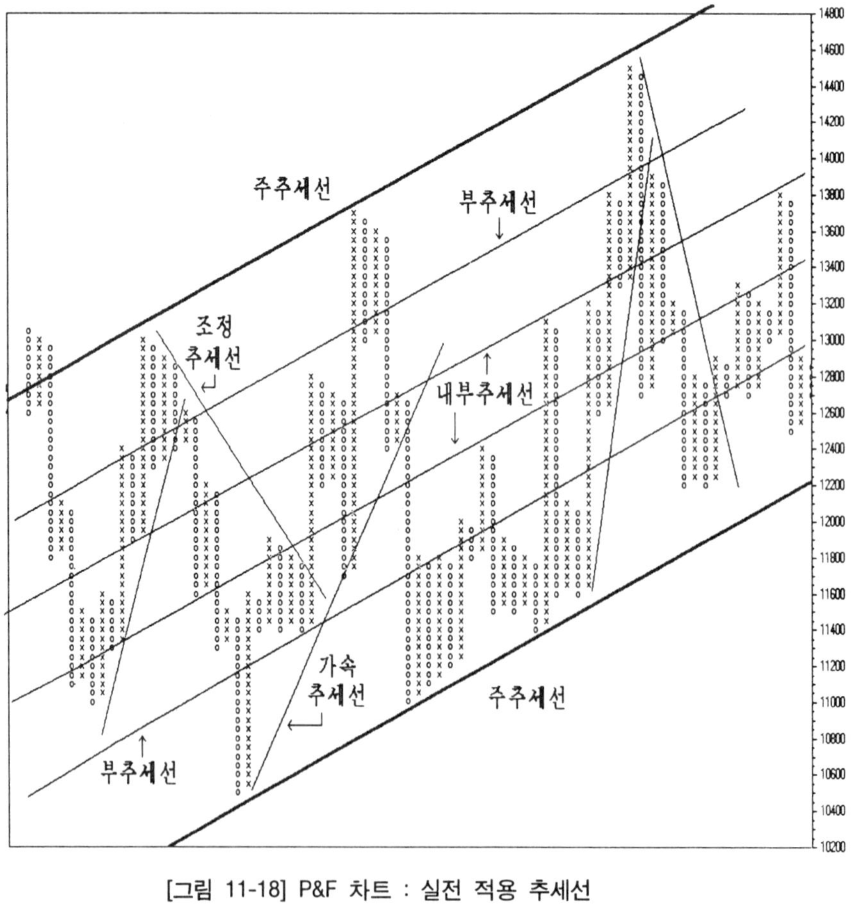

[그림 11-18] P&F 차트 : 실전 적용 추세선

① **주추세선**

상승추세의 경우 저점들을 이어서 그리며 중요한 지지선으로 작용하고, 하락추세의 경우 고점들을 이어서 그리며 중요한 저항선으로 작용한다. 주가가 주추세선을 충분히 돌파하고 나서 추세가 전환되었다고 판단할 수 있다.

② **부추세선**

상승추세의 경우 주추세선과 평행하게 그리되 고점을 연결하여 나타내고, 하락추세의 경우에도 주추세선과 나란히 그리되 저점을 연결하여 나타낸다. 이 부추세선은 주가가 도달할 수 있는 목표 가격으로 간주되므로 상승추세시에는 저항선으로, 하락추세시에는 지지선의 역할을 한다.

③ **내부추세선**

보통 주추세선과 부추세선의 폭이 넓으므로 실전에서는 주가의 등락이 이에 못 미치는 경우가 많다. 따라서 주가 움직임을 용이하게 파악하기 위해서는 주추세선과 부추세선이 평행하도록 안쪽에 임시로 추세선을 그려야 하는데 이를 내부추세선이라 한다.

④ **조정추세선**

주추세선이 움직이는 반대방향으로 내부추세선이 돌파되는 경우 소규모 추세선의 작도가 가능한데 이를 조정추세선이라 한다.

⑤ **가속추세선**

내부추세선이 주추세선의 방향과 같은 방향으로 돌파되는 경우에 나타나는 추세선을 가속추세선이라 하며, 주가 움직임이 주추세선보다 급격하므로 향후의 추세는 더욱 가속화될 것임을 의미한다.

(5) 목표치 계산

P&F 차트는 수평계산법과 수직계산법이라는 독특한 목표치 계산법이 있다. 지지선이나 저항선이 뚜렷이 형성되어 있고, 또 지지선이나 저항선의 돌파가 확실하다면 어떠한 경우라도 목표치 계산을 할 수 있다는 장점을 지닌다.

1) 수평계산법

수평계산법(horizontal count)은 주가가 횡보 국면을 보이면서 머문 길이(경과 시간)에 비례하여 상승 혹은 하락한다는 원리를 이용한 계산법이다. 이 경우 매입시점은 횡보 국면의 저항선을 상향돌파하는 시점이며, 매도시점은 지지선을 하향돌파하는 시점이 된다. 매입시에는 지지선이 상향하는지를 매도시에는 저항선이 하향하는지를 확인하는 것이 좋다.

수평계산법의 상승 가능 목표치 계산은 다음과 같다.

$$P_k = P_t + (W \times B) \times 3$$

P_k : 상승 가능 목표 가격
P_t : 횡보 기간 중 가장 낮은 주가
W : 횡보 기간의 가로 칸 숫자(횡보 국면의 길이)
B : 한 칸의 가격

마찬가지 원리로, 주가가 하락할 때의 목표치는 다음과 같다.

$$P_k = P_t - (W \times B) \times 3$$

P_k : 하락 가능 목표 가격
P_t : 횡보 기간 중 가장 높은 주가
W : 횡보 기간의 가로 칸 숫자(횡보 국면의 길이)
B : 한 칸의 가격

2) 수직계산법

수평계산이 조정의 폭에 의해 잠재적 상승 에너지를 측정하는 데 비해 수직계산은 대세전환 후의 최초의 가격변동폭이 향후 주가 움직임의 강도를 결정해준다는 가정으로부터 출발한다.

수직계산법(vertical count)은 주가가 횡보 국면을 뚫고나가는 상태를 확인한 후 횡보 국면을 벗어나서 형성되는 첫번째 움직임의 칸수를 헤아리면 된다.

수직계산법의 상승 가능 목표치 계산은 다음과 같다.

$$P_k = P_t + (S \times B) \times 3$$

P_k : 상승 가능 목표 가격
P_t : 횡보 기간 중 가장 낮은 주가
W : 최초 상승 움직임의 칸 수
B : 한 칸의 가격

수직계산법의 하락 가능 목표치 계산도 같은 방법으로 구한다.

$$P_k = P_t - (S \times B) \times 3$$

P_k : 하락 가능 목표 가격
P_t : 횡보 기간중 가장 높은 주가
W : 최초 하락 움직임의 칸 수
B : 한 칸의 가격

(6) 사 례

1) 사례 1

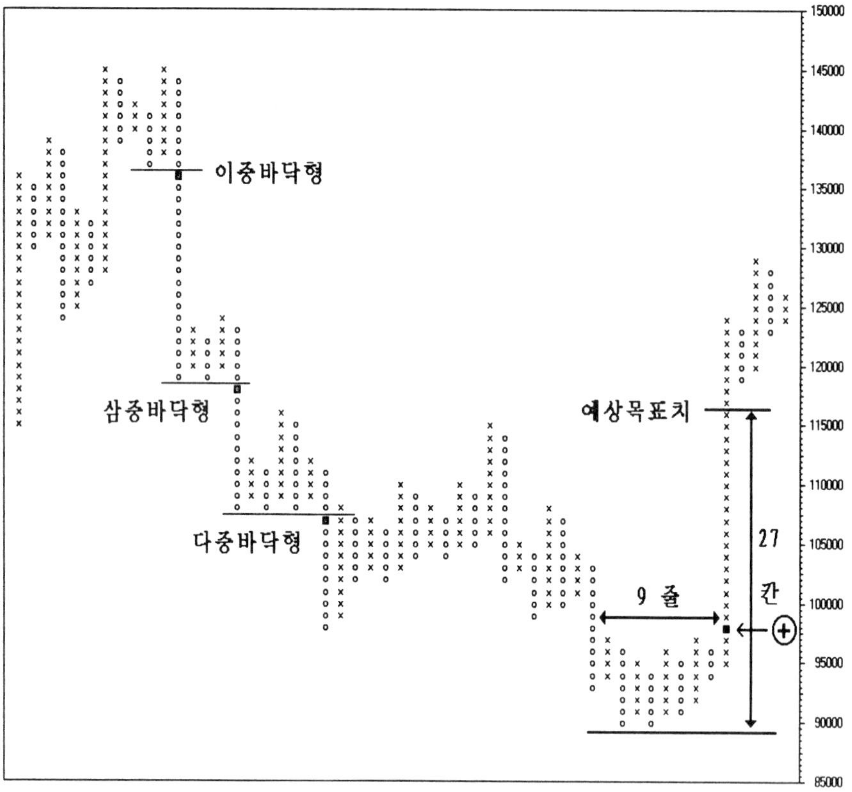

[그림 11-19] P&F 차트 1

P&F 차트의 이중바닥형, 삼중바닥형, 다중바닥형 발생 이후 매도시점과 상승국면에서 수평계산법에 의한 목표치 계산의 사례를 보여주고 있다. 상승국면에서 수평계산법에 의한 목표치 계산은 다음과 같다. 횡보 국면에서 9줄을 형성하여 예상되는 상승 칸수는 9×3=27(칸)이 된다. 따라서 한 칸이 1,000원이므로 예상되는 주가 상승은 27×1,000원=27,000원이 된다. 이때 횡보 국면시 최저값이 88,000원이므로 예상 목표 주가는 115,000원이 된다.

2) 사례 2

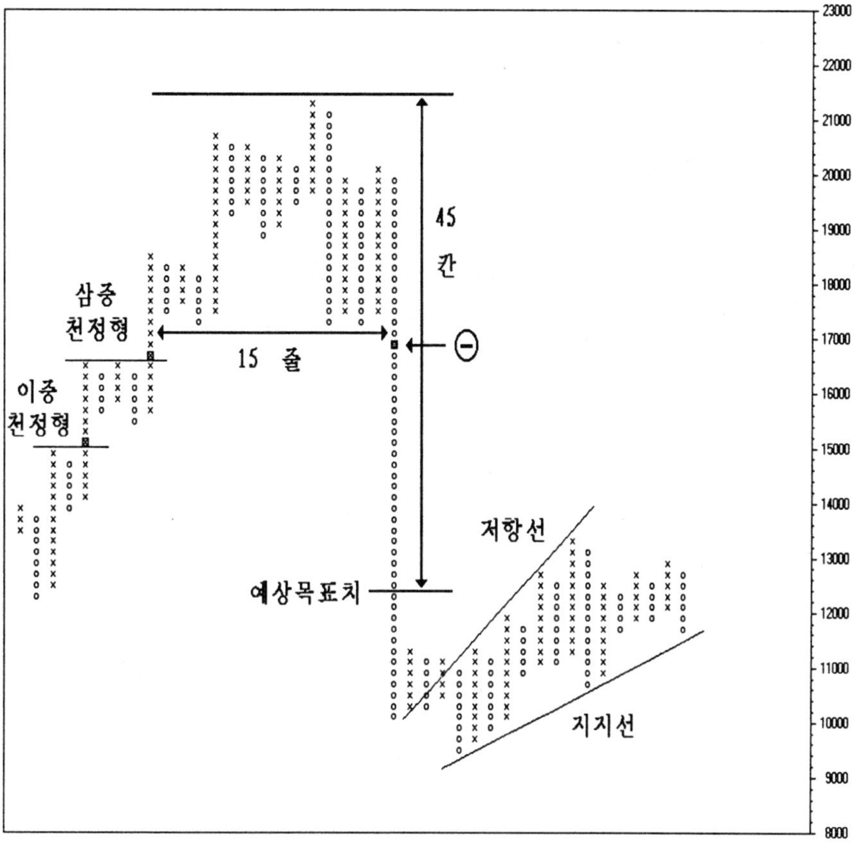

[그림 11-20] P&F 차트 2

P&F 차트의 이중천장형과 삼중천장형, 저항선과 지지선의 사례로서 이중바닥형과 삼중천장형 발생 후에 주가 하락으로 나타난 표시가 매도시점을 말해준다. 하락시 수평계산법에 의한 목표치 계산은 다음과 같다. 주가 천장권에서 15줄의 횡보 국면을 형성하였으므로 15×3=45(칸)의 하락을 예상해볼 수가 있다. 한 칸에 200원이므로 45×200원=9,000원이 고점 대비 하락할 것으로 예상해볼 수가 있다. 즉, 최고가가 22,300원이므로 22,300원−9,000원=13,300원, 즉 하락 예상 목표 주가는 13,300원이 된다.

3) 사례 3

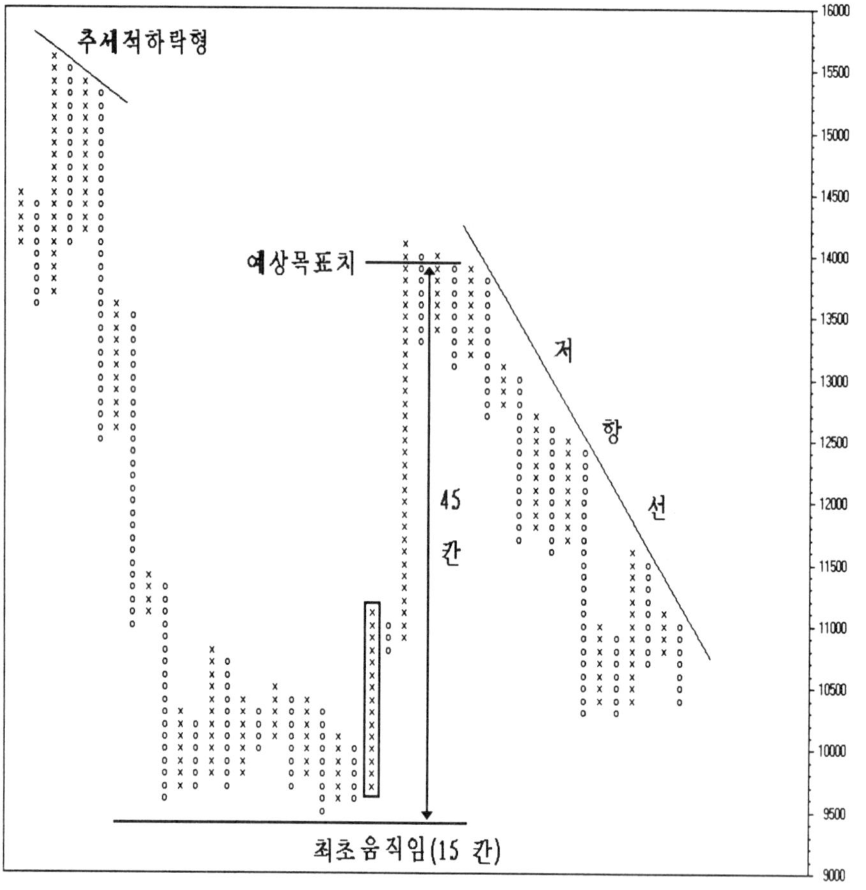

[그림 11-21] P&F 차트 3

P&F 차트로서 추세적 하락형과 저항선, 그리고 상승시 수직계산법에 의한 목표치 계산의 사례를 보여주고 있다. 횡보 국면의 직전 고점을 돌파하고 최초로 15칸이 상승하였다. 따라서 15×3=45(칸)이 저점 대비 상승할 것으로 예상해볼 수가 있다. 한 칸에 100원이므로 총 45×100원=4,500원이 최저점 9,310원에서 상승하리라 예상된다. 즉, 예상되는 상승 목표 주가는 13,810원이 된다.

4) 사례 4

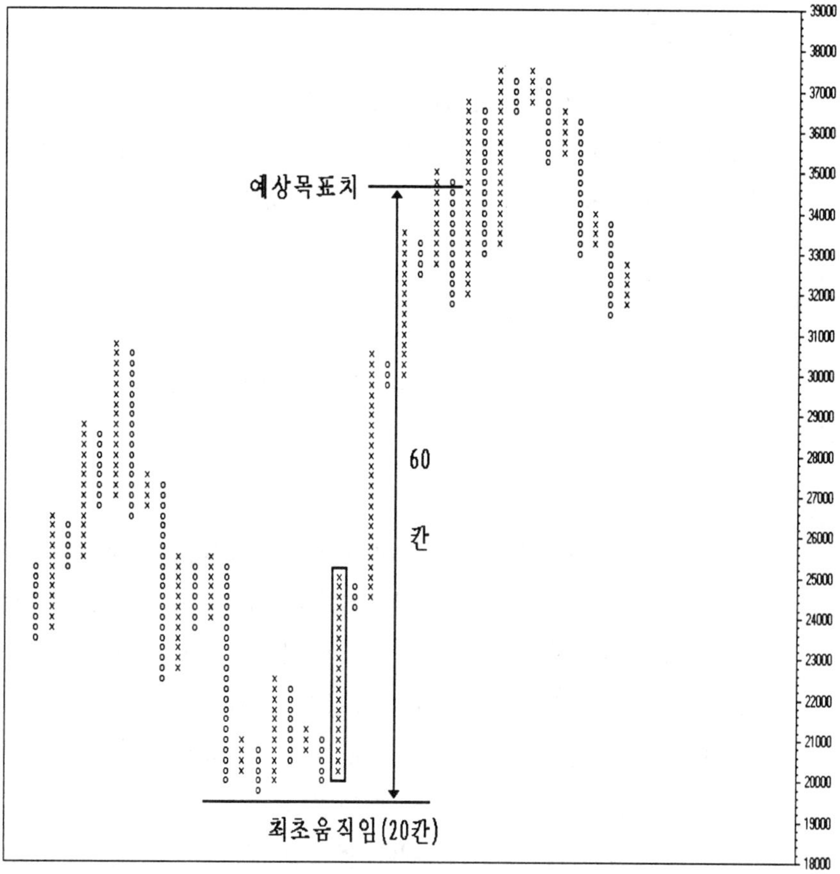

[그림 11-22] P&F 차트 4

P&F 차트의 상승국면에서 수직계산법에 의한 목표치 계산의 사례를 보여주고 있다. 횡보 국면에서 직전 고점을 돌파하고 최초로 20칸이 상승하였다. 따라서 20×3＝60(칸)이 저점 대비 상승할 것으로 예상해볼 수가 있다. 한 칸에 250원이므로 총 60×250원＝15,000원이 최저가 대비 상승하리라 예상된다. 횡보 국면시 최저가가 19,100원이므로 상승 예상 목표 주가는 34,000원(＝19,100원＋15,000원)이 된다.

8. Rate Of Change(ROC)

(1) 개 요

ROC는 금일 주가와 n일 전 주가 사이의 차이(difference)를 나타내는 지표이다. 이 차이는 수치(points) 또는 퍼센트(percentage)로 표시할 수 있지만 일반적으로 비율(ratio)로 표시하고 있다.

(2) 계 산

$$\text{ROC} = \frac{\text{금일 종가} - \text{n일 전 종가}}{\text{n일 전 종가}} \times 100(\%)$$

(3) 설 명

주가는 주기적인 파상운동을 하며 상승과 하락 과정을 반복한다. 이와 같이 주기적인 운동은 주가를 만들어가는 매수·매도 세력이 변화를 기대하고 있기 때문이다. ROC는 주어진 일정 기간 동안 변해온 주가의 양을 측정하여 오실레이터 형태로 파상운동을 표시하는 것이다.

주가가 상승하면 ROC가 상승하고, 주가가 하락하면 ROC가 하락을 한다. 또한 주가가 큰 폭으로 변하게 되면 ROC 역시 큰 폭으로 변하게 된다.

즉 ROC가 0선을 중심으로 위에 있으면 상승추세로 인식하고, 0선을 중심으로 아래 있으면 하락추세로 인식한다. 또한 ROC가 0선에 접근할수록 주가변동폭은 작아지고, 반대로 0선에서 멀어질수록 주가변동폭은 커진다.

(4) 사 례

1) 사례 1

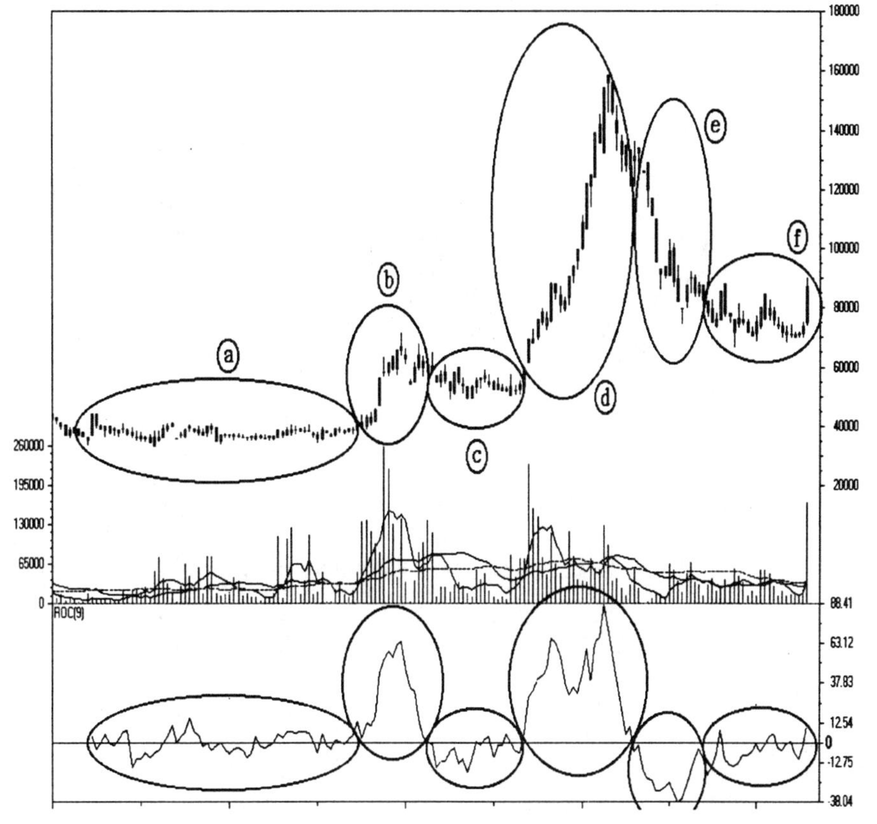

[그림 11-23] ROC 1

ROC가 0선 가까이 놓여진 폭이 작아진 경우에는 주가 ⓐ, ⓒ, ⓕ처럼 주가 움직임에 큰 변화가 없이 횡보하고 있음을 볼 수가 있다. 또한 ROC가 0선에서 강하게 상승하여 진폭이 커진 경우에는 주가 ⓑ, ⓓ처럼 주가가 급상승하고 있음을 보여준다. 또한 ROC가 0선을 강하게 하향돌파하면서 진폭이 커진 경우에는 주가 ⓔ처럼 주가가 급하락하고 있음을 보여준다.

2) 사례 2

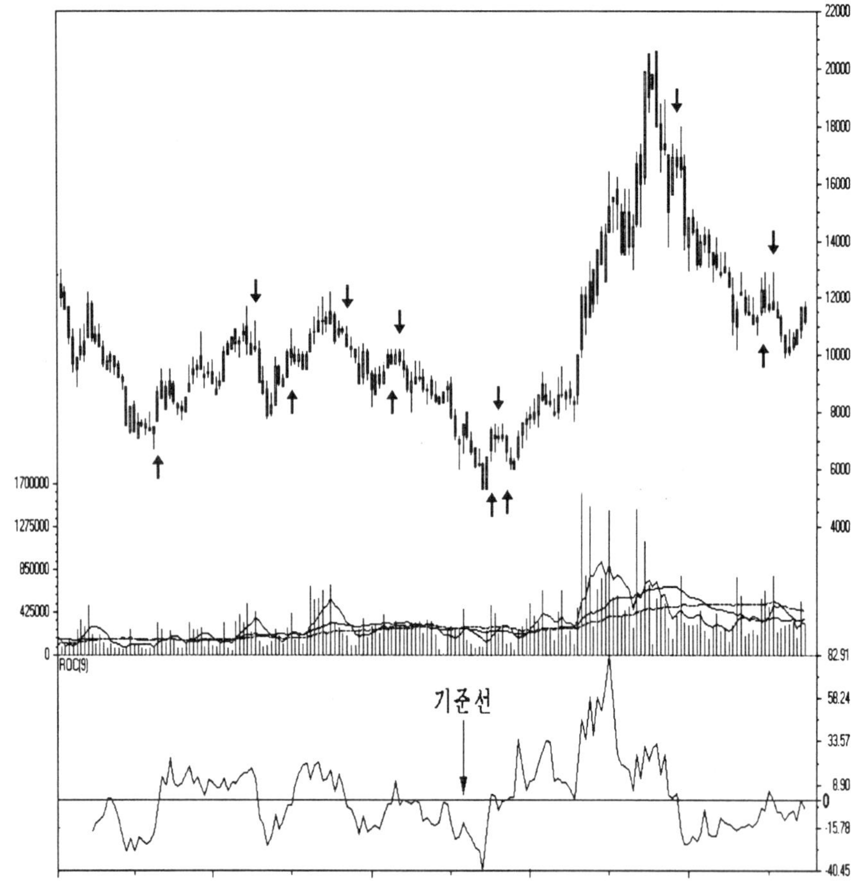

[그림 11-24] ROC 2

ROC가 0선을 중심으로 상승과 하락을 반복하고 있음을 볼 수가 있다. ROC가 0선을 상향돌파하는 순간(↑)을 상승추세로 인식하고 매수시점으로 판단하며, 반대로 ROC가 0선을 하향이탈하는 순간(↓)을 하락추세로 인식하고 매도시점으로 판단한다. ROC가 0선 위에서나 0선 아래에서 움직이는 등락에 대해서는 크게 중요성을 두지 않는다.

9. Relative Strength Index(RSI)

(1) 개 요

RSI는 현재의 가격추세가 상승추세라면 얼마나 강력한 상승추세인지 혹은 하락추세라면 얼마나 강력한 하락추세인지를 백분율로 나타내는 지표로서 1978년 월레스 월더(J. Welles Wilder, Jr.)가 개발하였다. RSI는 현재의 추세 강도를 객관적으로 나타내 언제 주가추세가 전환될 것인가를 정확히 예측하는 데 유용한 지표이다.

(2) 계 산

$$RSI = \frac{n\text{일간의 주가 상승폭 합계}}{n\text{일간의 주가 상승폭 합계} + n\text{일간의 주가 하락폭 합계}} \times 100$$

75% 이상 : 강세,   50% 정도 : 보통,   25% 이하 : 약세

(3) 설 명

- RSI값 판단법 : 75% 이상 강세, 50% 정도 보통, 25% 이하 약세
- RSI와 주가와의 다이버전스 : RSI의 값이 30 이하 또는 70 이상에서 다이버전스가 나타나면 이는 강력한 추세반전 신호로 간주된다.
- RSI의 failure swing : RSI값이 70 이상일 때 top failure swing이 나타나거나 RSI의 값이 30 이하일 때 bottom failure swing이 나타나게 되면 주가의 추세반전이 임박했다는 강력한 신호로 간주할 수 있다.

(4) 사 례

1) 사례 1

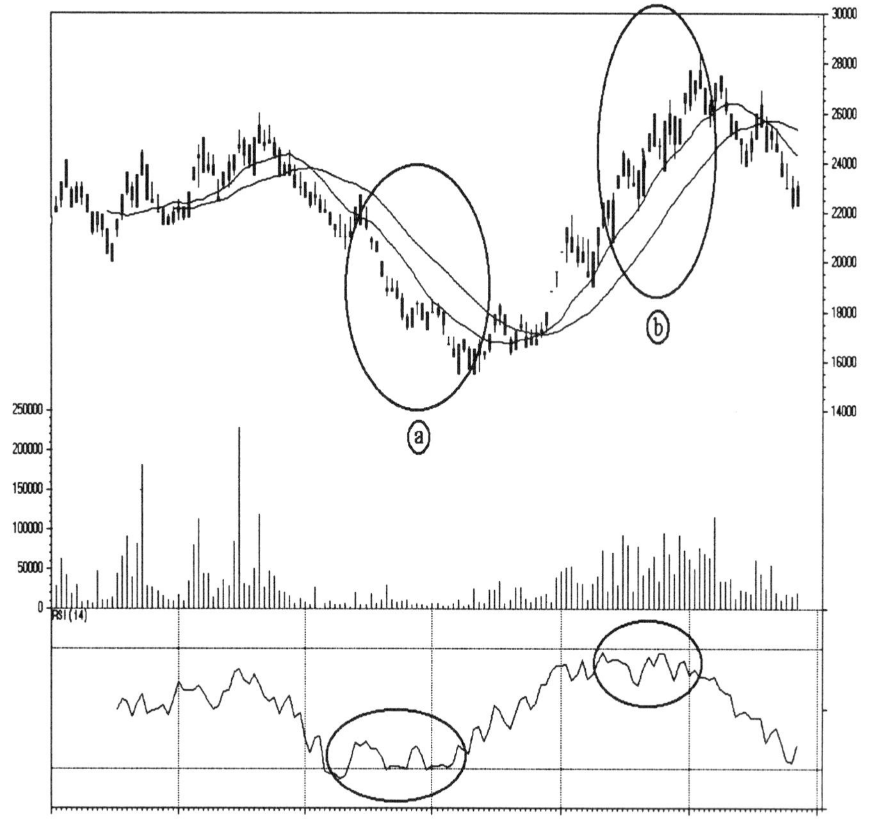

[그림 11-25] RSI 1

RSI는 추세의 강도를 측정함으로써 향후 추세전환 가능성을 미리 예측할 수 있는 기술적 지표이다. 주가의 하락추세가 지속(ⓐ)됨으로써 과다 매도 상태를 나타내고 있고 RSI가 낮은 수치(침체)를 보이고 있다. 따라서 RSI가 반전되는 순간을 상승반전 시점으로 예상할 수가 있어 매수시점을 포착할 수가 있다.

2) 사례 2

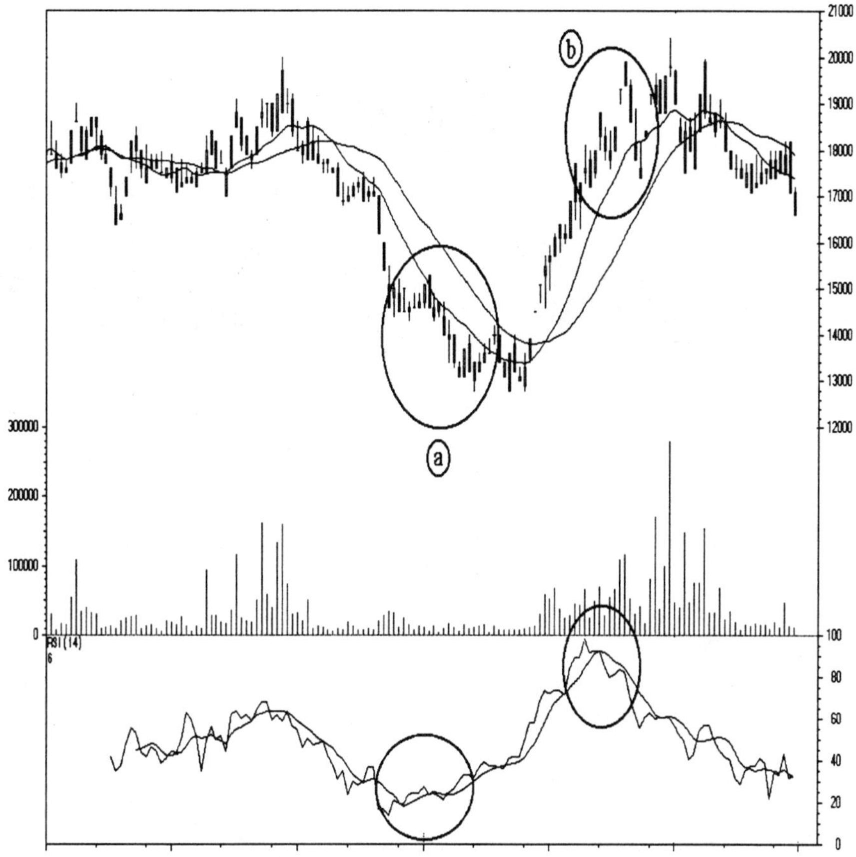

[그림 11-26] RSI 2

RSI값은 이론적으로 0에서 100까지 나올 수 있지만 실제로는 상한 범위가 70에서 80까지 형성되고 하한 범위가 20에서 30까지 형성되는 것이 일반적이다. 그러므로 RSI값이 침체권인 30 이하로 나타나면 주가 ⓐ처럼 과다매도 상태로 판단하여 상향돌파되는 순간을 매수시점으로 포착할 수가 있고, RSI값이 과열권인 70 이상으로 나타나면 주가 ⓑ처럼 과다매수 상태로 판단하여 하향이탈하는 순간을 매도시점으로 포착할 수가 있다.

3) 사례 3

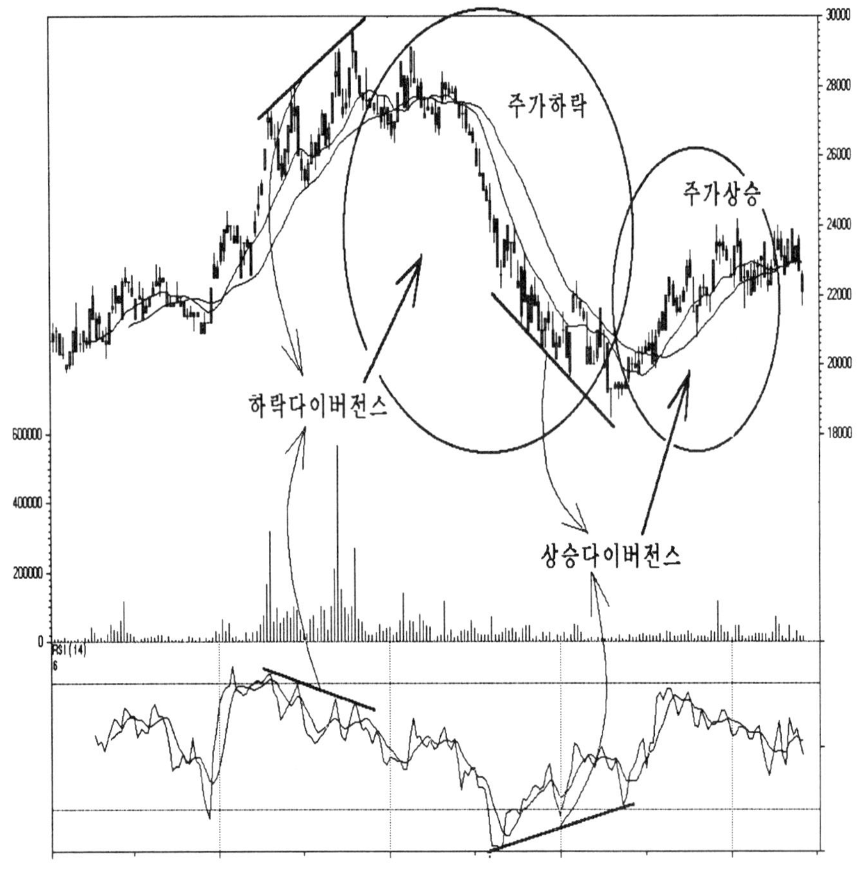

[그림 11-27] RSI 3

RSI값이 30% 이하로 나타날 때나 또는 70% 이상으로 나타날 경우 다이버전스가 발생하면 이는 강력한 추세반전 신호로 간주할 수 있다. 그림 좌측 상단에 주가는 상승하는데 RSI는 하락추세를 나타내고 있어 향후 주가 하락의 가능성을 예고해주고 있으며, 반대로 그림 우측하단에 주가는 하락하는데 RSI는 상승추세를 나타내고 있어 향후 주가 상승의 가능성을 예고해주고 있다.

10. Sonar Momentum(SONAR)

(1) 개 요

SONAR는 1979년 일본 노무라 증권의 기술적 분석가인 오카모도에 의해 개발된 지표로서 주가 사이클의 전환점을 파악하기 위해 개발된 시계열 차트이다. SONAR란 기하학적으로는 곡선 위의 한 점의 기울기를, 경제학적으로는 한계변화율을 의미한다. 따라서 SONAR는 기울기의 변화를 통해 주가의 상승·하락의 강도를 사전에 알 수 있게 해준다. 즉 주가가 상승하더라도 기울기가 둔화되면 향후의 주가는 하락할 가능성이 커지며, 반대로 주가가 하락하더라도 기울기가 상승하면 주가는 상승할 가능성이 높다는 것이다.

(2) 계 산

1) 지수이동평균 산출공식

금일 지수이동평균＝전일 지수이동평균
＋a·(금일 종가지수－전일 지수이동평균)

(단, 0 〈 a 〈 1)

2) SONAR 산출공식

금일의 n일 SONAR＝금일 지수이동평균－n일 전 지수이동평균

(3) 설 명

- SONAR가 0선을 교차하는 순간이 매수·매도를 결정하는 시점이 된다.
- SONAR와 SONAR 이동평균이 서로 교차하는 순간을 매매시점으로 이용하는 방법이 있다.

(4) 사 례

1) 사례 1

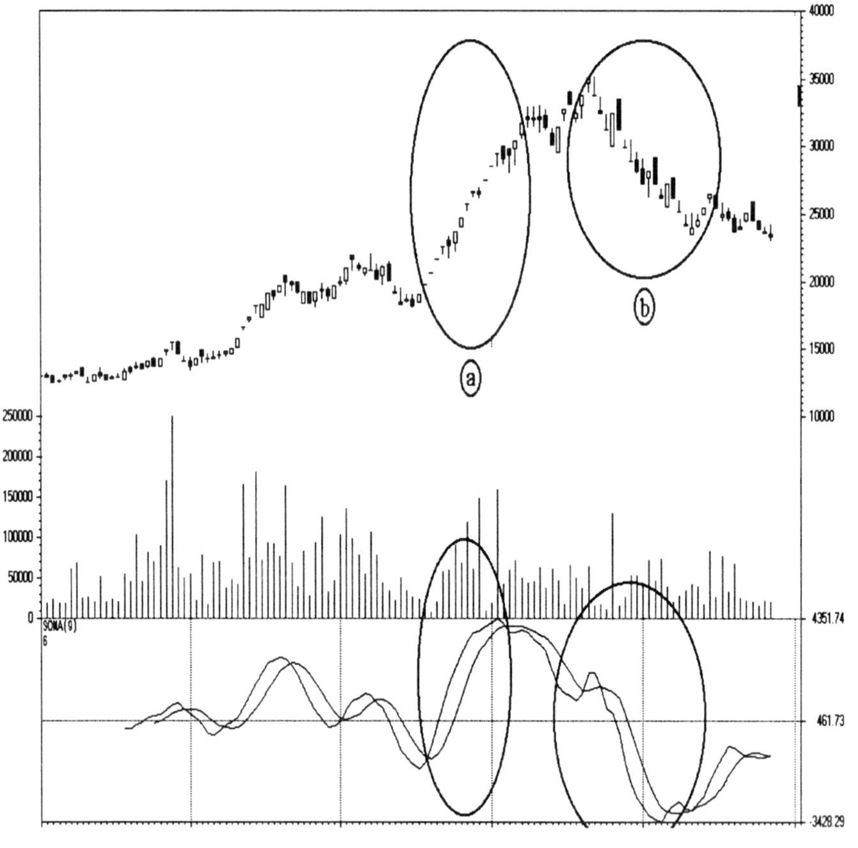

[그림 11-28] SONAR 1

SONAR는 어느 한 시점에서 주가의 기울기 혹은 한계변화율로 정의될 수 있다. 따라서 ⓐ는 SONAR의 급격한 증가는 주가의 급상승을 의미하며, ⓑ는 SONAR의 급격한 하락은 주가의 급하락을 의미한다. 또한 SONAR의 상승세가 둔화되면 조만간 주가의 상승세가 둔화되어 추세전환이 임박하였음을 의미하기도 한다.

2) 사례 2

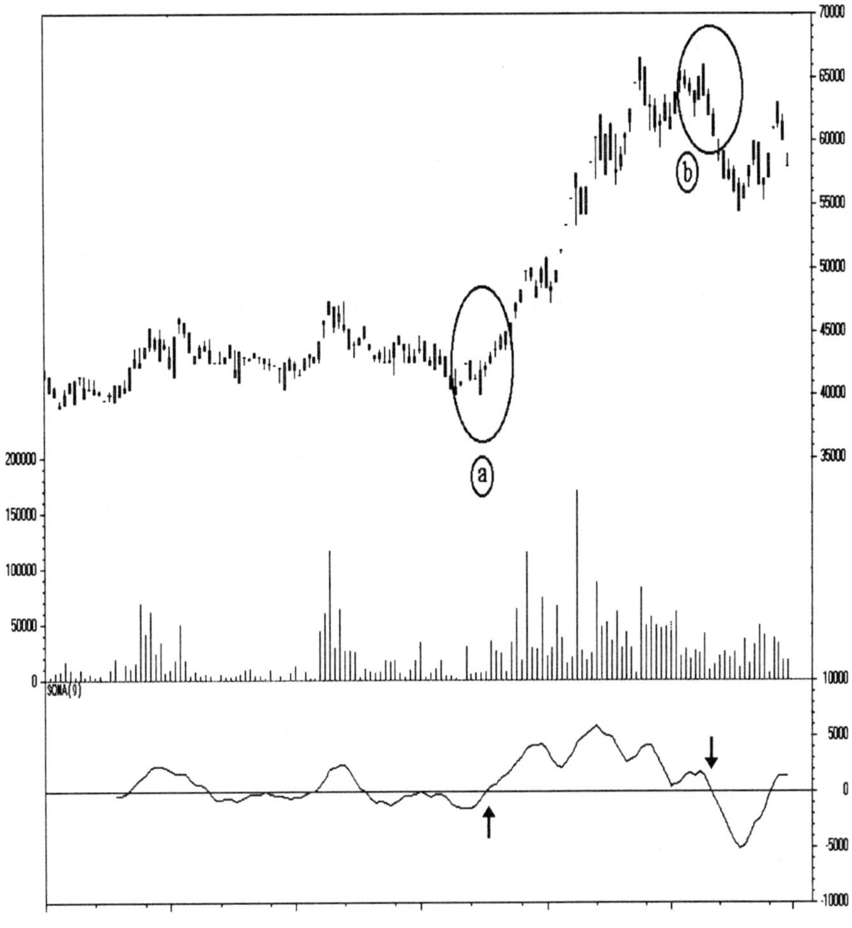

[그림 11-29] SONAR 2

SONAR의 특성을 이용하여 실전매매에 적용하는 전략 중 가장 간단한 방법으로서 SONAR가 0선을 돌파하는 순간을 매매시점으로 이용하는 경우이다.

ⓐ는 SONAR가 0선을 상향돌파하여 상승하는 순간(↑)을 매수시점으로 나타내며, ⓑ는 SONAR가 0선을 하향이탈하여 하락하는 순간(↓)을 매도시점으로 나타내고 있다.

11. Stochastics Oscillator(Stochastics : %K, %D)

(1) 개 요

Stochastics는 주가가 움직이는 특성을 가장 잘 반영하는 지표 중 하나로서 조지 레인(George Lane)에 의해 개발되었다. 일정 기간 동안의 주가 변동폭 중 금일 종가의 위치를 백분율로 나타내는 것이다. 상승중일 때에는 금일 종가가 주가변동폭의 최고가 부근에, 하락중일 때에는 금일 종가가 주가변동폭의 최저가 부근에서 형성된다.

(2) 계 산

$$\%K = \frac{\text{금일 종가} - \text{최근 n일 중 최저가}}{\text{최근 n일 중 최고가} - \text{최근 n일 중 최저가}} \times 100(\%)$$

%D : %K의 이동평균

(3) 설 명

Stochastic은 %K와 %D 두 지표로 나타낸다. 주요선은 %K이며 %K의 이동평균선을 %D라 부른다. Stochastic을 이용하여 분석하는 방법은 다음과 같이 설명할 수가 있다.

- Stochastic이 침체권인 일정 수준(30%) 이하로 내려갔다가 다시 재상승하게 되는 경우에는 매수신호이다. Stochastic이 과열권인 일정 수준(70%) 이상으로 올라갔다가 다시 재하락하게 되는 경우에는 매도신호이다.
- %K선이 %D선을 상향돌파하여 상승하게 되면 매수신호이고, %K선이 %D선을 하향돌파하여 하락하게 되면 매도신호이다.
- 다이버전스를 이용한 매매방법이다. 주가의 고점은 점점 높아지며 신고가를 경신하는데 Stochastic의 고점은 직전 고점을 돌파하지 못하는 경우에 하락 다이버전스가 발생했다 하며 매도신호로 인식한

다. 매수신호는 반대의 경우이다.

- 페일러(Failure)를 분석하는 방법이다. %K값이 과열권인 일정 수준 이상(70%)이거나 침체권인 일정 수준 이하(30%)인 상황에서 %K선과 %D선이 서로 교차하여 매매신호가 발생한 후 머지않아 %K와 %D선이 다시 교차하는 경우가 종종 발생하는데, 이를 페일러라 부른다. 페일러가 발생하면 기존 추세가 더욱 강화된다고 볼 수 있다.

Stochastic은 항상 0%~100% 사이에서 변동하게 된다. Stochastic이 0%이면 금일 종가가 일정 기간 동안의 주가변동폭 중 최저가임을 나타내는 것이며, Stochastic이 100%이면 금일 종가가 일정 기간 동안의 주가변동폭 중 최고가에서 형성된 것을 뜻한다.

(4) 사 례

1) 사례 1

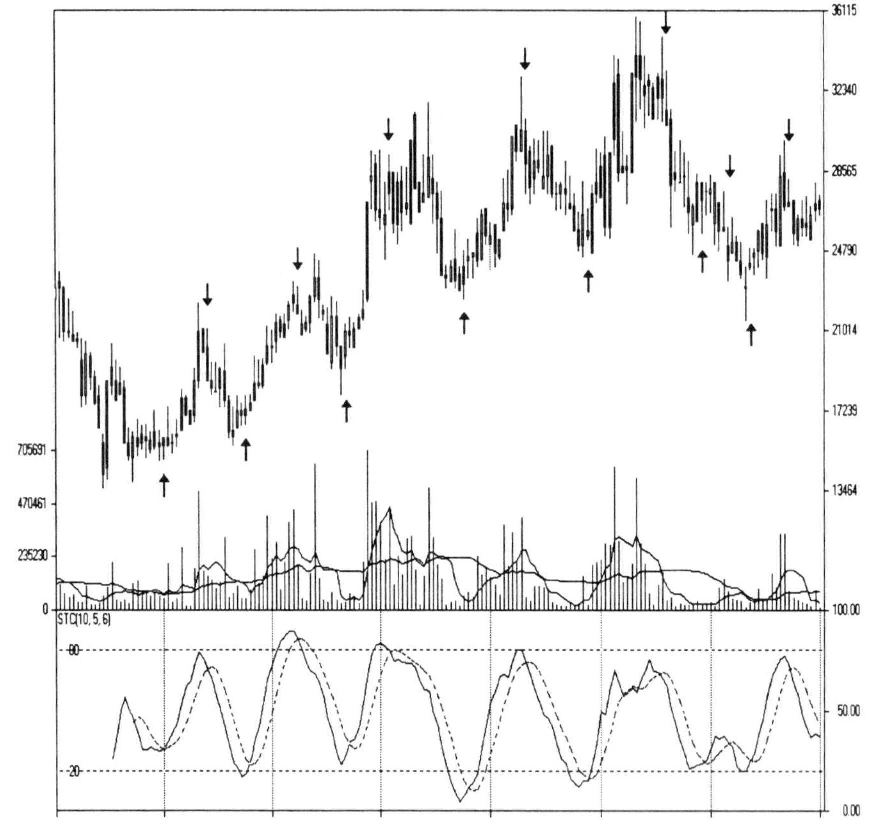

[그림 11-30] Stochastic 1

% K선이 % D선을 상향돌파하는 순간(↑)을 매수신호로 인식하고, 반대로 % K선이 % D선을 하향돌파하는 순간(↓)을 매도시점으로 인식하는 매매방법이다. 이 매매기법은 실전에서 Stochastic을 이용하여 가장 널리 사용하고 있지만 단기지표를 사용할 경우 기복이 너무 심하여 신뢰성이 다소 떨어지는 단점이 있다.

2) 사례 2

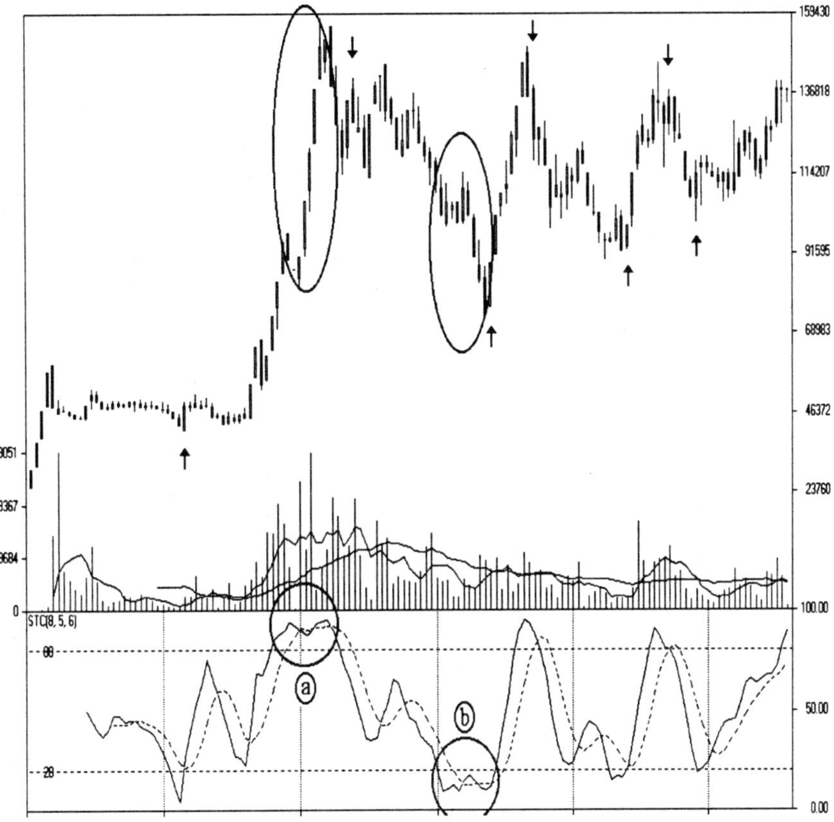

[그림 11-31] Stochastic 2

실선으로 그려진 %K선이 침체권인 20%를 상향돌파하는 순간을 ↑로 표시하며, 매수시점으로 또한 과열권인 80%를 하향이탈하는 순간을 ↓로 표시하며 매도시점으로 인식하고 매매하는 방법이다.

지표 ⓐ는 주가가 상승하는 도중 지표값이 80% 이상에서 발생한 페일러이다. 일반적으로 페일러가 발생하면 기존의 상승추세가 더욱 강화된다고 보며, 반대로 지표 ⓑ는 주가가 하락하는 도중 20% 이하에서 발생한 페일러로서 기존의 하락추세가 더욱 가속화된다고 판단한다.

3) 사례 3

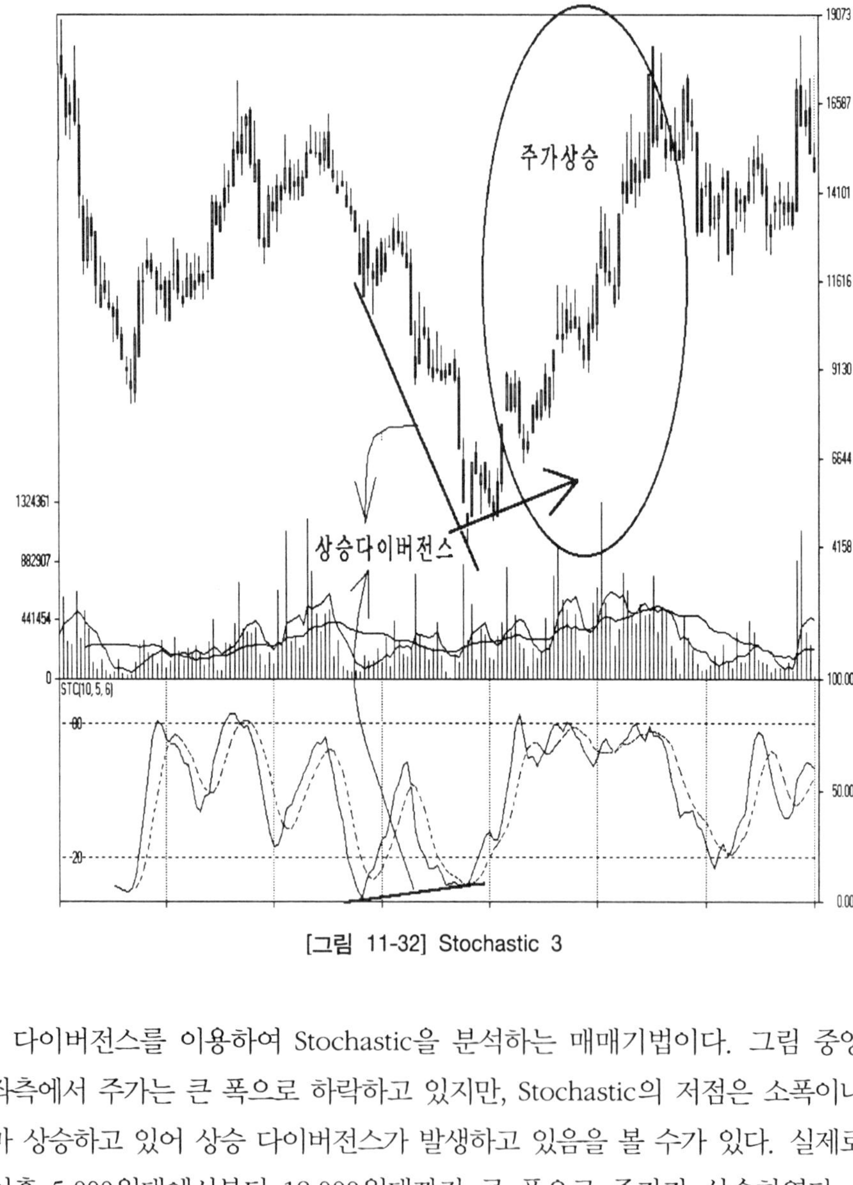

[그림 11-32] Stochastic 3

다이버전스를 이용하여 Stochastic을 분석하는 매매기법이다. 그림 중앙 좌측에서 주가는 큰 폭으로 하락하고 있지만, Stochastic의 저점은 소폭이나마 상승하고 있어 상승 다이버전스가 발생하고 있음을 볼 수가 있다. 실제로 이후 5,000원대에서부터 18,000원대까지 큰 폭으로 주가가 상승하였다.

12. TRIX

(1) 개 요

TRIX는 종가에 대해 세 번 지수이동평균한 후 이 값의 모멘텀, 즉 상승률을 이용하여 매수·매도 시점을 포착하는 지표이다. 이 지표는 주가의 추세기간을 정해진 기간보다 짧거나 같도록 고안되었기 때문에 이 추세를 감지해냄으로써 거래시점을 파악하는 것이다.

(2) 계 산

TRIX를 계산하기 위한 방법은 다음과 같다.

- ①종가의 n일 지수이동평균값을 구한다.
- ①에서 구한 이동평균값에 대해 다시 n일 지수이동평균값을 구한다.
- ②에서 구한 이동평균값에 대해 다시 n일 지수이동평균값을 구한다.
- ③에서 구한 이동평균값의 1일 전 대비 상승률을 구한 것이 TRIX이다.
- 거래시점 포착을 위한 '시그널'을 구하기 위해 TRIX의 이동평균값을 구한다.

(3) 설 명

- 삼중지수이동 평균으로 구성되어 불필요한 변동을 제거한 TRIX는 0선을 축으로 등락을 반복한다.
- TRIX의 방향이 바뀌는 시점을 거래 시점으로 파악한다. 즉 TRIX가 상승반전될 때를 매수신호로 인식하고, 하락반전될 때를 매도신호로 인식한다.
- TRIX의 n일 이동 평균을 '시그널'이라 한다. TRIX가 시그널을 상향돌파하는 순간을 매수시점이라 하며, 하향돌파하는 순간을 매도시점이라 한다.
- TRIX와 주가 사이에 발생한 다이버전스는 주가의 추세전환 시점을 예측하는 데 이용된다.

(4) 사 례

1) 사례 1

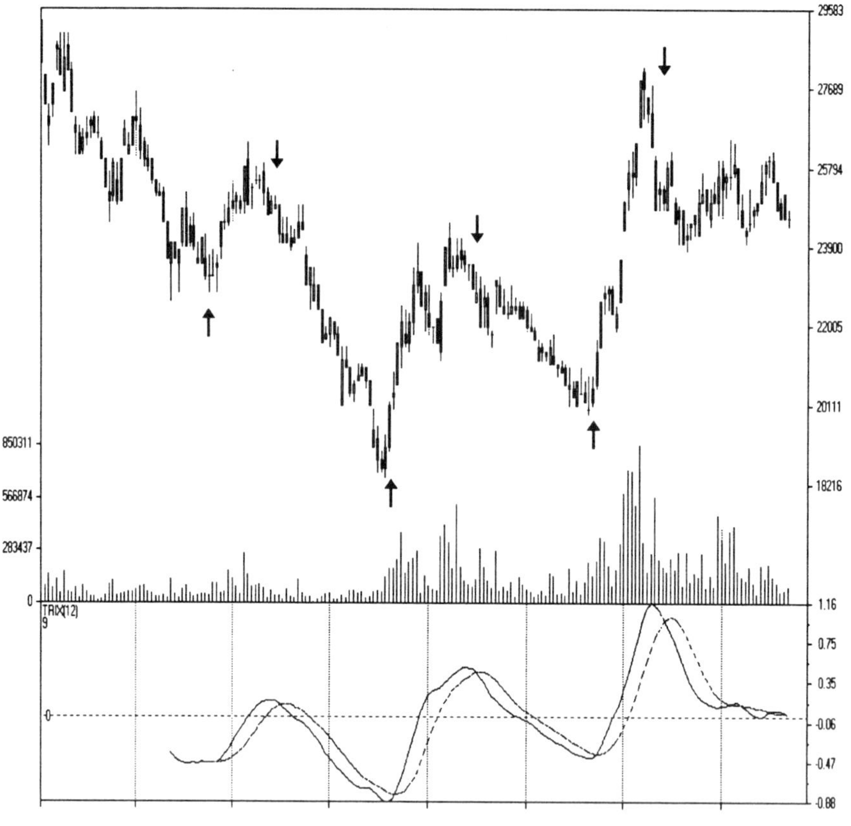

[그림 11-33] TRIX 1

TRIX를 이용한 매매전략은 TRIX와 이동평균선인 시그널이 서로 교차하는 순간을 매매시점으로 판단하는 것이다. 즉 TRIX가 시그널을 상향돌파하는 순간(↑)을 매수시점이라 하고, 하향돌파하는 순간(↓)을 매도시점이라 한다. 12일 지수이동평균선을 이용한 TRIX를 살펴보면 모두 세 번의 매수시점과 매도시점이 발생하였다.

2) 사례 2

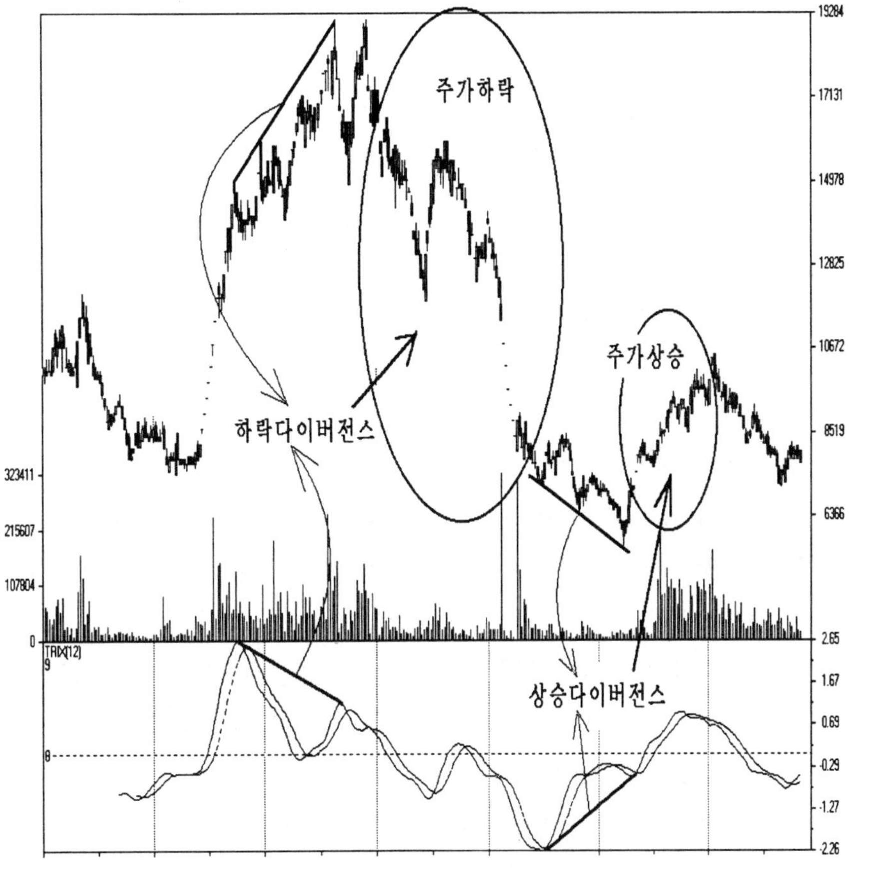

[그림 11-34] TRIX 2

하락 다이버전스와 상승 다이버전스가 동시에 잘 나타나고 있다. 그림 좌측 상단에서 주가는 상승추세인데 TRIX는 하향추세를 보이고 있어 하락 다이버전스가 출현하고 있다. 주가는 하락반전하며, 하락추세가 계속 이어지고 있다. 그러나 우측 하단을 보면 TRIX가 상승추세로 반전하면서 상승 다이버전스가 발생하고 있어 이후 주가는 다시 상승세로 돌아서고 있다.

13. 가격대별 거래량(Volume at Price)

(1) 개 요

X축은 기간으로, Y축은 각 가격대별 누적 거래량을 막대 그래프로 표시하여 특정 가격대가 지지선이나 저항선으로 작용할 것을 분석하여 매매에 활용하는 지표이다.

(2) 계 산

주어진 기간 동안 일정 지수 및 가격대에서 거래된 거래량을 누적한다.

(3) 설 명

일정 가격대에서 거래된 거래량을 누적하여 막대 그래프로 표시한다. 특히 거래가 많이 이루어진 가격대가 지지선 또는 저항선으로 작용하리라고 미리 예상해볼 수 있다.

주가가 상승하는 도중 마주치는 거래량 밀집대는 저항선으로 인식할 수 있지만, 이 밀집대를 상향돌파하여 상승할 경우에는 매수시점으로 파악한다. 반대로 주가가 하락하는 도중 다가오는 거래량 밀집대는 지지선으로 인식할 수 있으며, 이 밀집대를 하향돌파하여 하락할 경우에는 매도시점으로 파악한다.

(4) 사 례

1) 사례 1

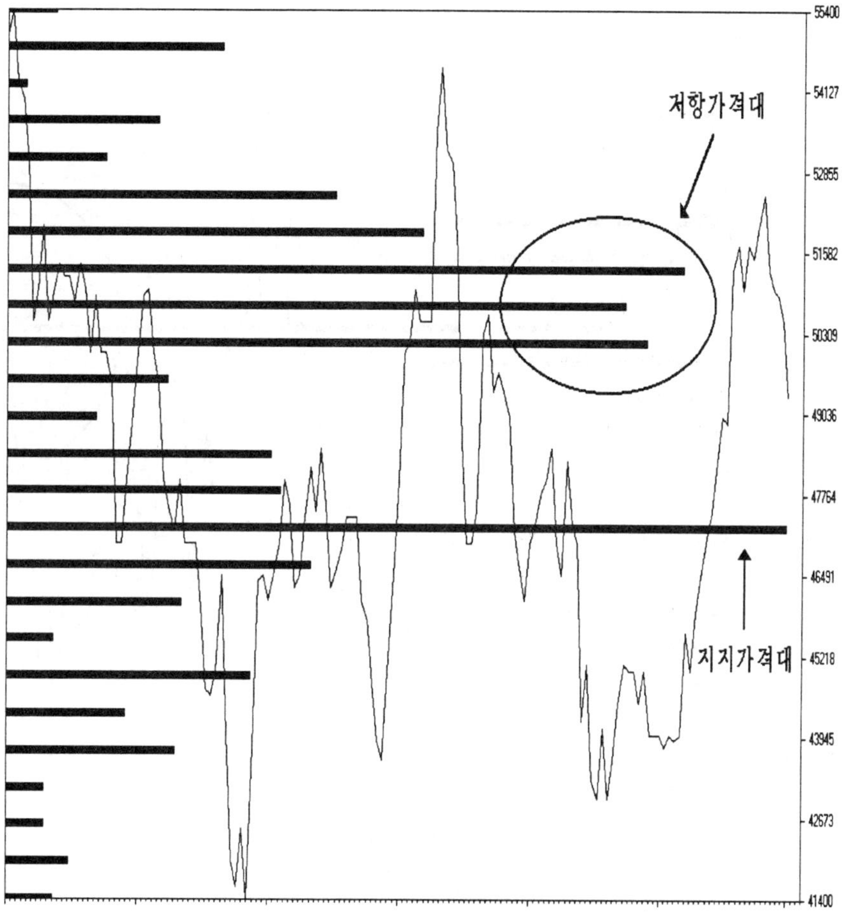

[그림 11-35] 가격대별 거래량 1

가격대별 거래량 사례로서 주가가 50,000~52,000원대의 강한 매물대를 하향돌파하여 하락하고 있으나 47,000원대에서 강한 매물대가 형성되고 있어 하락하고 있는 주가의 지지선 역할을 수행할 것으로 예상해볼 수 있다.

2) 사례 2

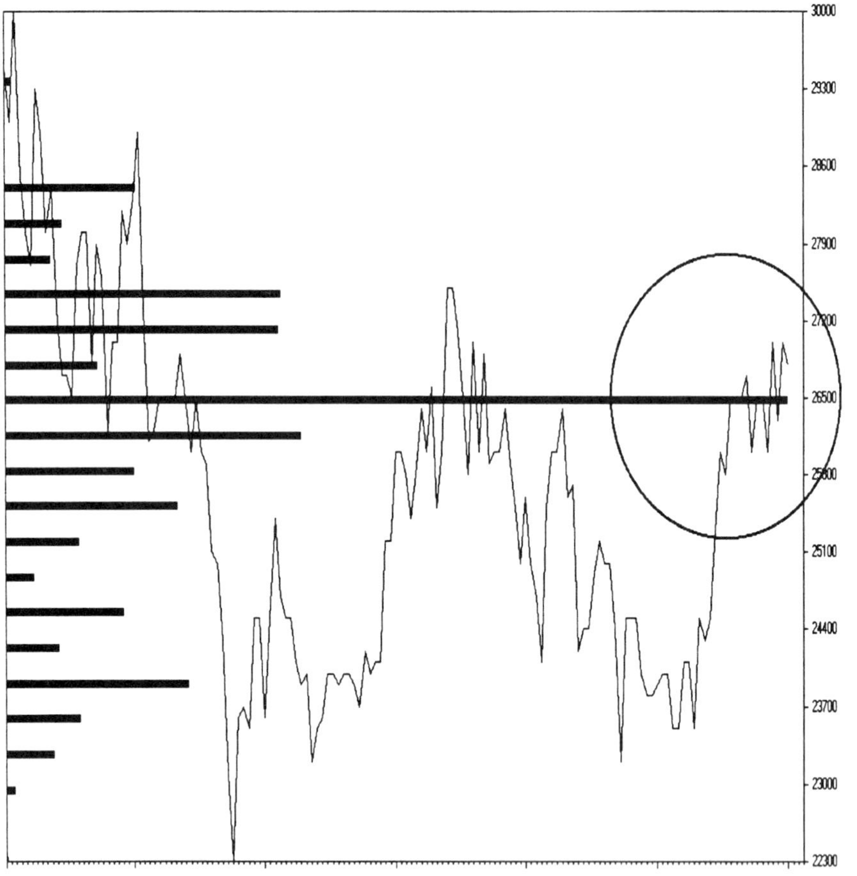

[그림 11-36] 가격대별 거래량 2

가격대별 거래량의 사례로서 26,500원 가격대에서 강한 매물대가 형성되어 있다. 현재 가격이 강한 매물대를 약간 상회하고 있어 당분간은 26,500원의 강한 매물대가 강력한 지지선으로 작용하리라 예상해볼 수 있다. 그러나 27,000원을 넘어서면서 작은 매물대가 위치하고 있어 추가 상승시 매물 압박이 예상되는 시점이다.

3) 사례 3

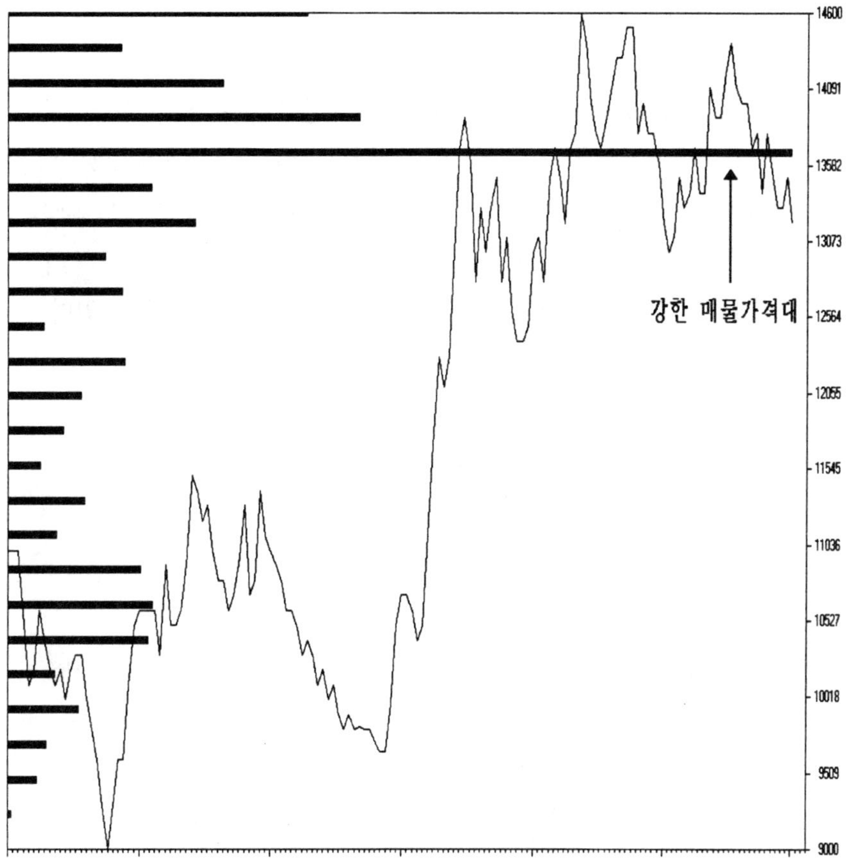

[그림 11-37] 가격대별 거래량 3

13,500원~14,000원의 가격대에서 강한 매물대가 형성되어 있다. 현재 가격이 강한 매물대를 약간 하회하고 있어 당분간은 13,500원의 강한 매물대가 강력한 저항선으로 작용하리라 예상해볼 수 있다. 따라서 13,500원을 재상승하기 전까지는 매수보다는 물량을 줄여나가는 매매전략이 바람직해 보인다. 현 가격대 아래로 지지해줄 가격대가 거의 없어 추가 하락시 큰 폭 하락도 가능해 보인다.

14. 이격도

(1) 개 요

이격도(disparity)는 당일 주가가 당일 이동평균으로부터 떨어져 있는 정도를 나타내는 것으로, 당일 주가를 당일의 이동평균으로 나눈 백분율로 정의된다. 주가는 이동평균선으로부터 멀어지면 언젠가는 다시 이동평균선으로 되돌아오려는 경향이 있다. 즉 이격도가 적정범위로부터 이탈하면 추세전환 시점으로 인식하여 매매시점 포착에 이용할 수 있다.

(2) 계 산

$$\text{이격도} = \frac{\text{당일 종가}}{\text{당일의 n일 이동평균 주가}} \times 100$$

(3) 설 명

이격도가 커지면, 즉 주가가 이동평균선으로부터 멀어지면 주가는 이동평균선으로 되돌아오려는 특성이 있는데, 과거의 경험으로 볼 때 이러한 반복운동은 대체로 다음과 같은 범위 내에서 일어날 가능성이 높다. 이 범위를 초과하면 단기적인 매입 또는 매도시점으로 간주할 수 있다.

국면	25 일	75 일	투자전략	국면	25 일	75 일	투자전략
상승	106% 이상	110% 이상	매도	하락	102% 이상	104% 이상	매도
	98% 수준	98% 수준	매수		92% 수준	88% 수준	매수

(4) 사 례

1) 사례 1

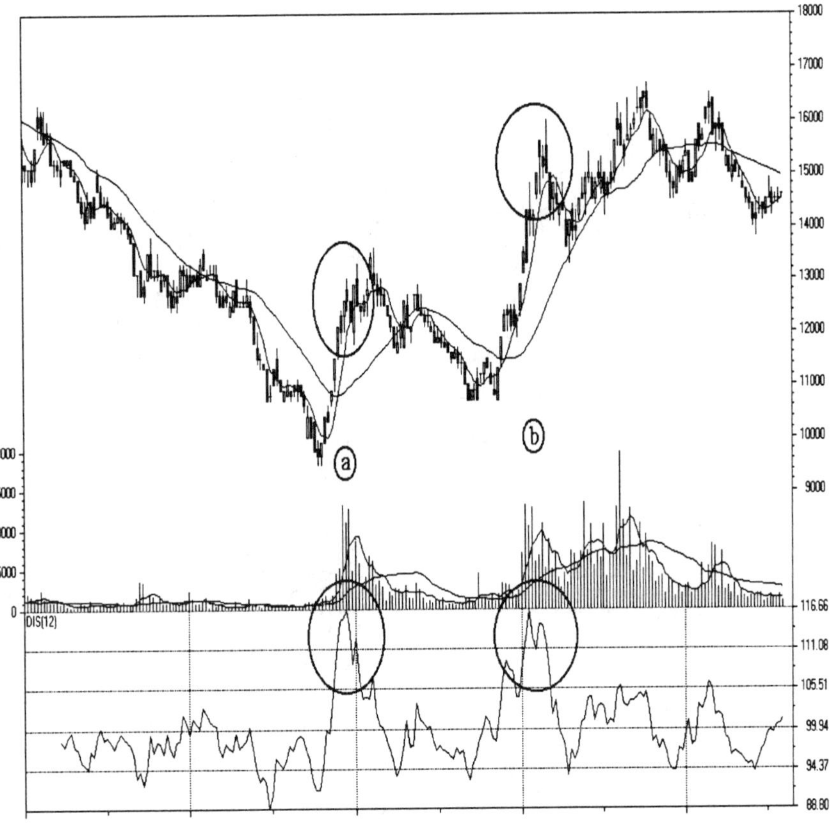

[그림 11-38] 이격도 1

ⓐ, ⓑ는 주가와 25일 주가 이동평균선 사이의 이격도가 110% 이상인 경우이다. 주가는 이동평균선으로부터 멀리 떨어져 있으면 언젠가는 다시 이동평균선으로 되돌아오려는 경향이 있다. 주가가 이동평균선보다 높아 이격도가 110% 이상인 경우에는 다시 이동평균선으로 하향하려는 특성을 지니고 있어 매도시점 포착에 관심을 가지고 있어야 한다.

2) 사례 2

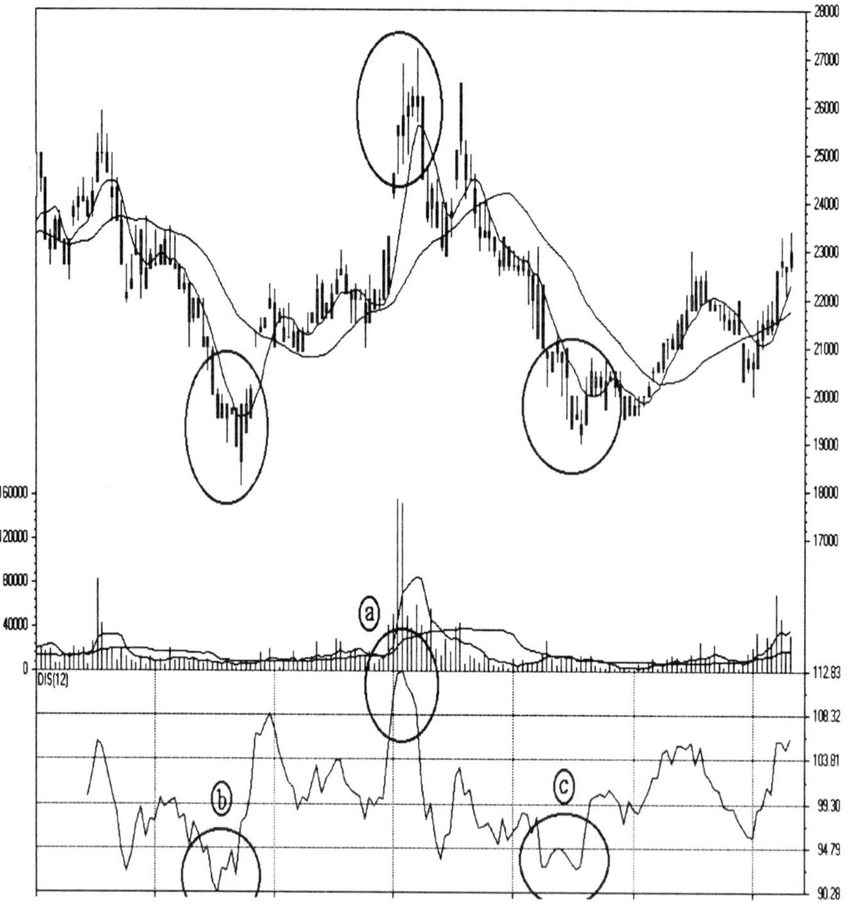

[그림 11-39] 이격도 2

이격도에 의해 매수시점과 매도시점을 동시에 보여주고 있다. ⓐ는 이격도가 110% 이상인 경우로 매도시점 포착에 이용할 수 있고, ⓑ와 ⓒ는 이격도가 93% 이하인 경우로서 매수시점 포착에 이용할 수 있다. 주가와 이동평균선은 서로 떨어져 있다 가까워지는 과정을 반복함으로써 상승과 하락 과정을 되풀이하게 된다. 따라서 이 과정을 이용하여 매매시점을 포착할 수 있다.

15. 일목균형표

(1) 개 요

일목균형표는 1940년대 일본에서 개발된 지표로 차트에서 파동의 종류를 확인하고 각 파동과 현재주가의 추세를 점검하여 변곡점 날짜를 예측한다.

또한 파동과 추세에 따라 가격폭을 계산하여 향후 고점 또는 저점의 가격을 미리 예측하는데 유용한 파동이론이다. 지표론, 파동론, 시간론, 가격론으로 구성되어 있다.

(2) 작성방법

기준선, 전환선, 선행스팬1, 선행스팬2, 후행스팬의 5가지 지표로 구성되어 있다.

- 전환선 : 최근 9일간 최고가과 최저가의 중간값
- 기준선 : 최근 26일간 최고가와 최저가의 중간값
- 선행스팬1 : 당일의 기준선과 전환선의 중간값을 26일 선행하여 표시
- 선행스팬2 : 최근 52일간 최고가와 최저가의 중간값을 26일 선행하여 표시
- 후행스팬 : 오늘 종가를 26일 후행하여 표시
- 구름대 : 선행스팬 1과 2의 구간

(3) 설 명

1) 기준선

- 기준선이 상승추세이면 현재 추세도 상승추세를 의미한다.
- 향후 추세를 예측하는 기준이 되며 주가가 기준선 위에 있으면 상승추세이고 아래 있으면 하락추세로 인식한다.
- 기준선 스스로 주가에 대해 지지선 또는 저항선의 역할을 한다.

2) 전환선

- 주가의 추세전환시점을 제시해 준다.
- 전환선 스스로 주가에 대해 지지선 또는 저항선 역할을 하지만 기준선에 비해 강도가 약하다.
- 기준선과 전환선의 교차를 이용한 매매기법은 이동평균선의 크로스 분석과 유사하다.
- 전환선이 기준선을 상향돌파하면 매수신호로, 하향이탈하면 매도신호로 인식한다.
- 기준선이 하락하는데 전환선이 상승할 때는 매수보류신호로 인식한다.
- 오늘종가가 기준선 아래 있을 때는 전환선이 기준선 위에 있어도 약세시장으로 판단한다.

3) 스 팬

- 일정한 간격 또는 시간을 의미하며 선행스팬1, 선행스팬2, 후행스팬이 있다.
- 선행스팬1 〉 선행스팬2 : 상승추세
선행스팬1 〉 선행스팬2 : 하락추세
- 후행스팬 〉 26일전 주가 : 상승추세
후행스팬 〈 26일전 주가 : 하락추세
- 선행스팬과 후행스팬은 주가의 지지선과 저항선으로 작용하기도 한다.

4) 구름대

- 양운 : 선행스팬1 〉 선행스팬2
음운 : 선행스팬1 〈 선행스팬2
- 구름대가 양운에서 음운으로 바뀌면 하락추세로, 음운에서 양운으로 바뀌면 상승추세로 전환을 의미한다.
- 상승추세일 때 : 주가 〉 전환선 〉 기준선 〉 선행스팬1 〉 선행스팬2
하락추세일 때 : 주가 〈 전환선 〈 기준선 〈 선행스팬1 〈 선행스팬2

- 주가가 구름대 아래에 위치한 종목은 매매하지 마라.
- 구름대가 두꺼울수록 지지대 또는 저항대로서 역할이 강하다.
- 주가는 구름대의 얇은 곳을 이탈하고 내려가는 경향이 있다.
- 구름대를 돌파하지 못하면 기존 추세가 강화되는 것으로 인식한다.
- 엷고 넓게 펼쳐져 있는 구름대를 주가가 상향돌파하면 급등세가 나오는 경향이 많다.

(4) 사 례

1) 사례 1

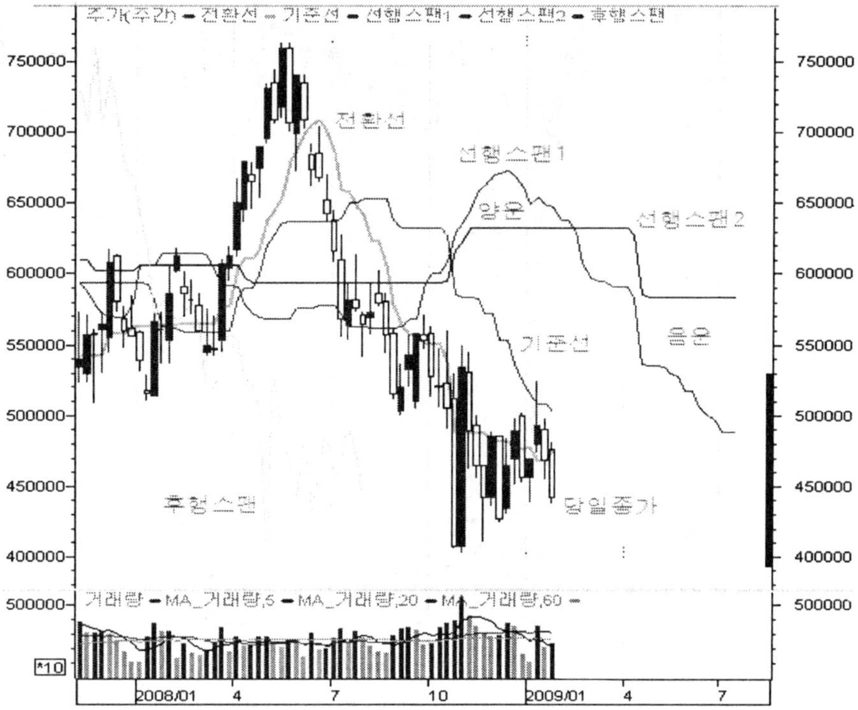

[그림 11-40] 삼성전자 월봉

그림을 보면 주가와 전환선, 기준선, 선행스팬1, 선행스팬2, 후행스팬이 잘 나타나 있으며, 선행스팬1과 선행스팬2에 의해 형성된 양운과 음운이 잘 나타나 있다.

좌측 상단을 보면 전환선과 기준선의 지지를 받으며 상승하다 이후 차례로 하향 이탈한 이후에는 전환선과 기준선의 저항을 받으며 하락세가 이어지고 있는 모습을 볼 수 있다. 최근 선행스팬1의 하락이 커지면서 음운의 폭이 더 커지고 있다.

2) 사례 2

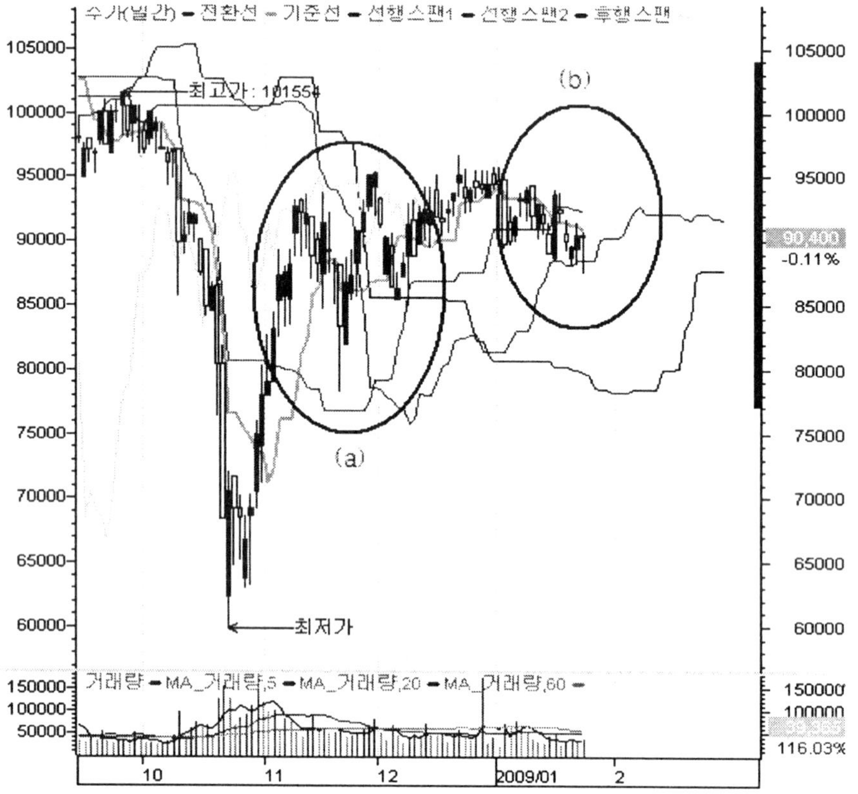

[그림 11-41] 동아제약 일봉

[그림 11-41]을 보면 하락하던 주가가 6만원을 저점으로 급반등하고 있다. 이 과정에서 저항선으로 작용하던 전환선과 기준선을 강하게 상향 돌파한 이후에는 지지선으로 작용하고 있음을 볼 수 있다.

그림에서 (a)를 보면 구름대 중에서 가장 얇은 곳으로 주가가 상승하며 돌파하는 것을 볼 수 있다. (b)를 보면 주가의 상승세가 잠시 멈추고 하락세로 전환하려 하지만 두꺼운 구름대(양운)가 지지대로 받쳐주고 있다.

3) 사례 3

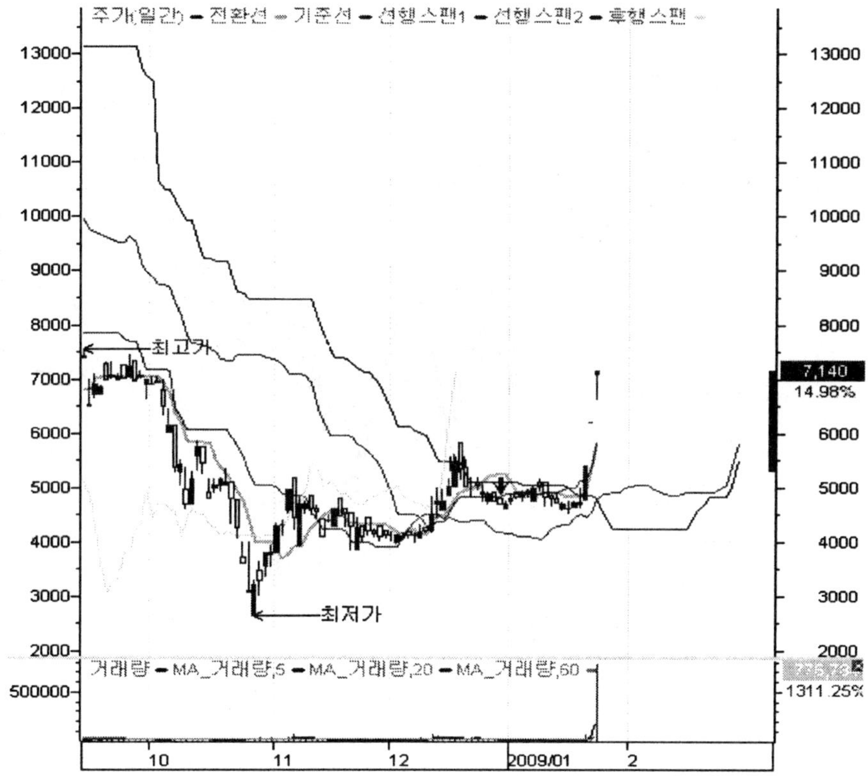

[그림 11-42] 로케트전기 일봉

하락하던 주가가 저점을 확인한 이후 반등을 시도하고 있다. 하락하는 과정에서 전환선과 기준선 그리고 구름대(음운)의 강한 저항을 받고 있음을 볼 수 있다.

반등을 시도한 이후 전환선과 기준선을 계단식으로 올라서고 있으며 구름대를 돌파하면서 상승전환에 성공하고 있다.

또한 음운이 양운으로 전환되면서 상승세로의 전환을 이미 예고하였고 이제는 구름대(양운)가 지지대로 작용하고 있음을 볼 수 있다.

4) 사례 4

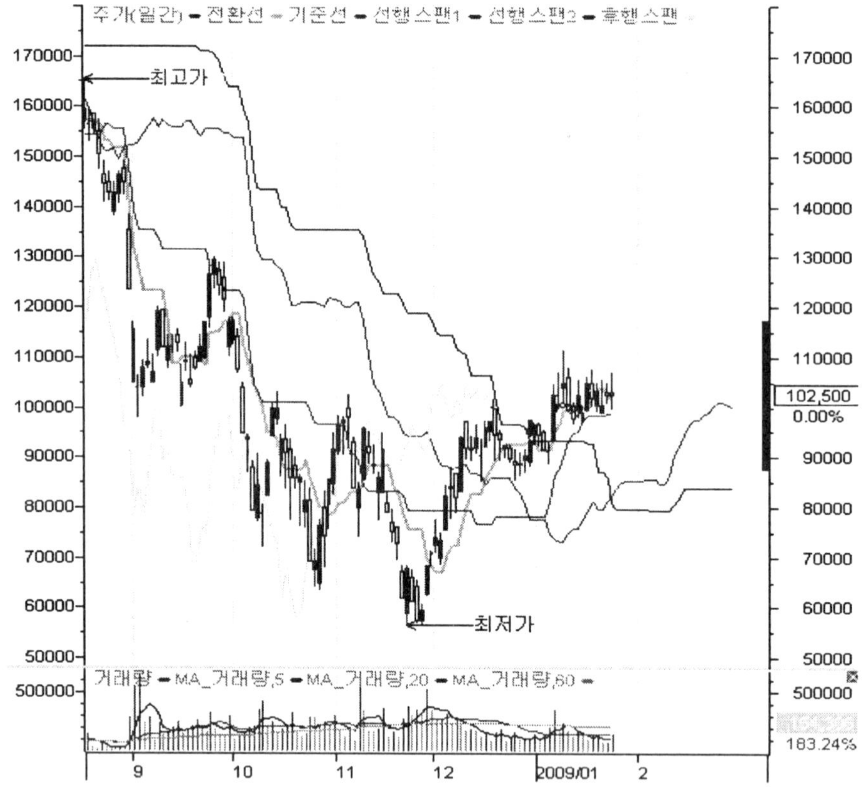

[그림 11-43] 두산 일봉

[그림 11-43]을 보면 전환선, 기준선, 구름대(음운)의 저항을 받으며 하락세를 보이던 주가가 어느 날 강하게 반등을 시도하면서 상승전환에 성공하고 있다.

반등을 시도한 이후 전환선과 기준선의 지지를 받으며 상승세를 이어가고 있으며 음선이 양선으로 전환되면서 두께가 점점 두꺼워지고 있음을 볼 수 있다.

다만 반등과정에서 거래량이 감소하고 있어 매수세가 유입되지 않는 것으로 보아 추가적인 상승폭은 제한적일 것으로 보인다.

5) 사례 5

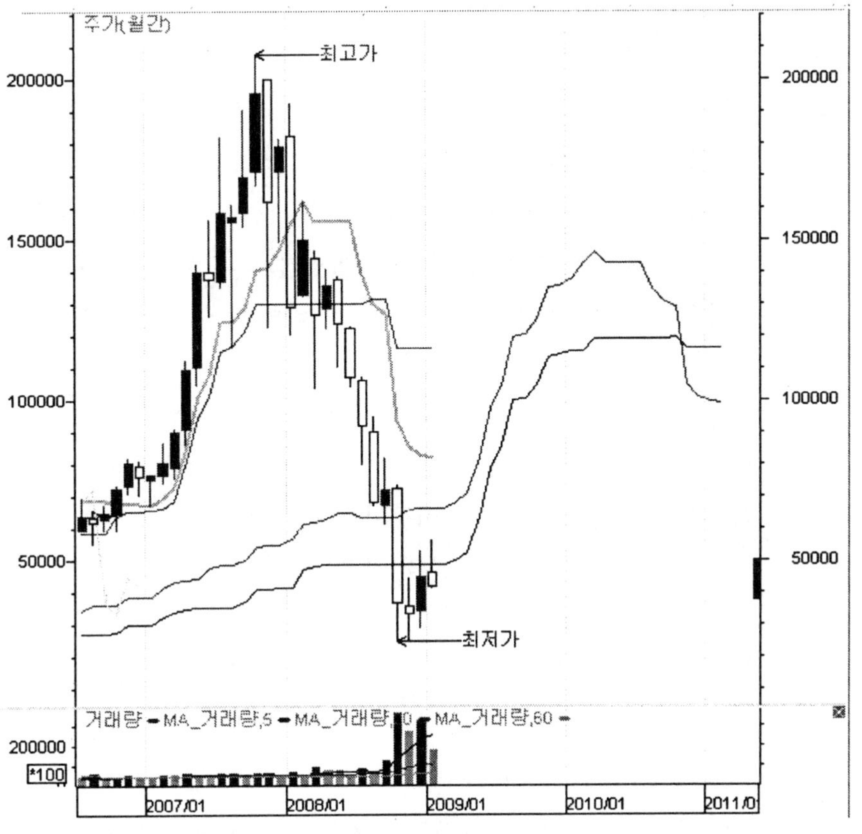

[그림 11-44] 대림산업 월봉

[그림 11-44]를 보면 상승세에서 하락세로 급변하는 주가 움직임이 나타나 있다. 상승과정에서 '주가 〉 전환선 〉 기준선 〉 선행스팬1 〉 선행스팬2'의 순으로 정배열되어 전형적인 강세국면을 보여 주었다.

반면 하락과정에서는 주가와 전환선, 기준선이 역배열상태로 되었으며 지지대로 보였던 구름대(양운)마저 이탈하고 있다. 또한 양운이 음운으로 변하면서 본격적으로 침체국면에 진입하고 있음을 보여주고 있다.

16. 주가와 거래량 상관곡선(역시계방향곡선)

(1) 개 요

거래량은 X축에, 주가는 Y축에 나타내며 주가와 거래량의 n일 이동평균(주로 20일)에 의한 매일매일의 교차점을 선으로 연결한 지표이다. 주가와 거래량의 상관관계가 매우 높다는 이론적 원리를 이용한 지표로서 일반적으로 차트 상에서 보면 시계의 반대방향으로 회전하는 경우가 많다고 해서 역시계방향곡선(counterclockwise curve)이라 부르기도 한다.

(2) 작성방법

① X축에 거래량을, Y축에 주가(주가지수)를 나타낸다.
② 주가와 거래량의 n일 이동평균값을 산출한다.
③ ②에 의해 생긴 교차점을 연결한다.

(3) 설 명

- 주가는 바닥인데 거래량이 증가하기 시작하면 하락으로부터 상승으로 전환이 예상되는 신호이다.
- 거래량이 더욱 증가하고 주가도 상승하기 시작하면 매입신호이다.
- 거래량은 더이상 증가하지 않지만 주가가 계속해서 상승하고 있으면 매입 지속신호이다.
- 거래량은 감소하기 시작하는데 주가만 계속해서 상승하고 있으면 매입 보류신호이다.
- 거래량이 더욱 감소하고 주가도 더이상 상승하지 못하면 하락으로 전환이 예상되는 신호이다.
- 거래량이 더욱 감소하고 주가도 하락하기 시작하면 매도신호이다.
- 거래량은 더이상 감소하지 않지만 주가만 계속해서 하락하고 있으면 매도 지속신호이다.

• 주가는 계속해서 하락하고 있는데 거래량이 증가하기 시작하면 매도 보류신호이다.

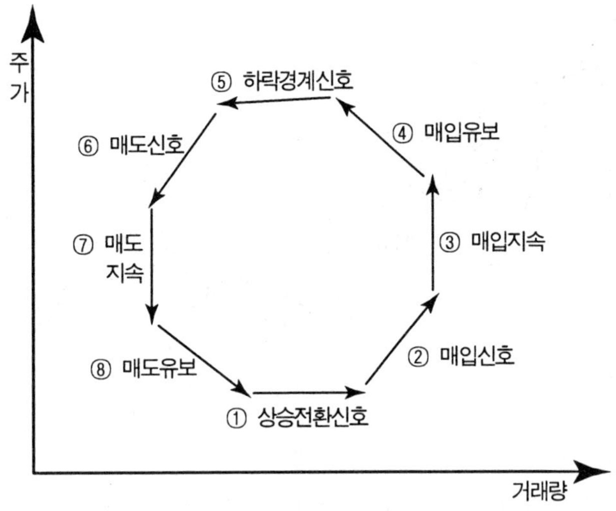

(4) 사 례

1) 사례 1

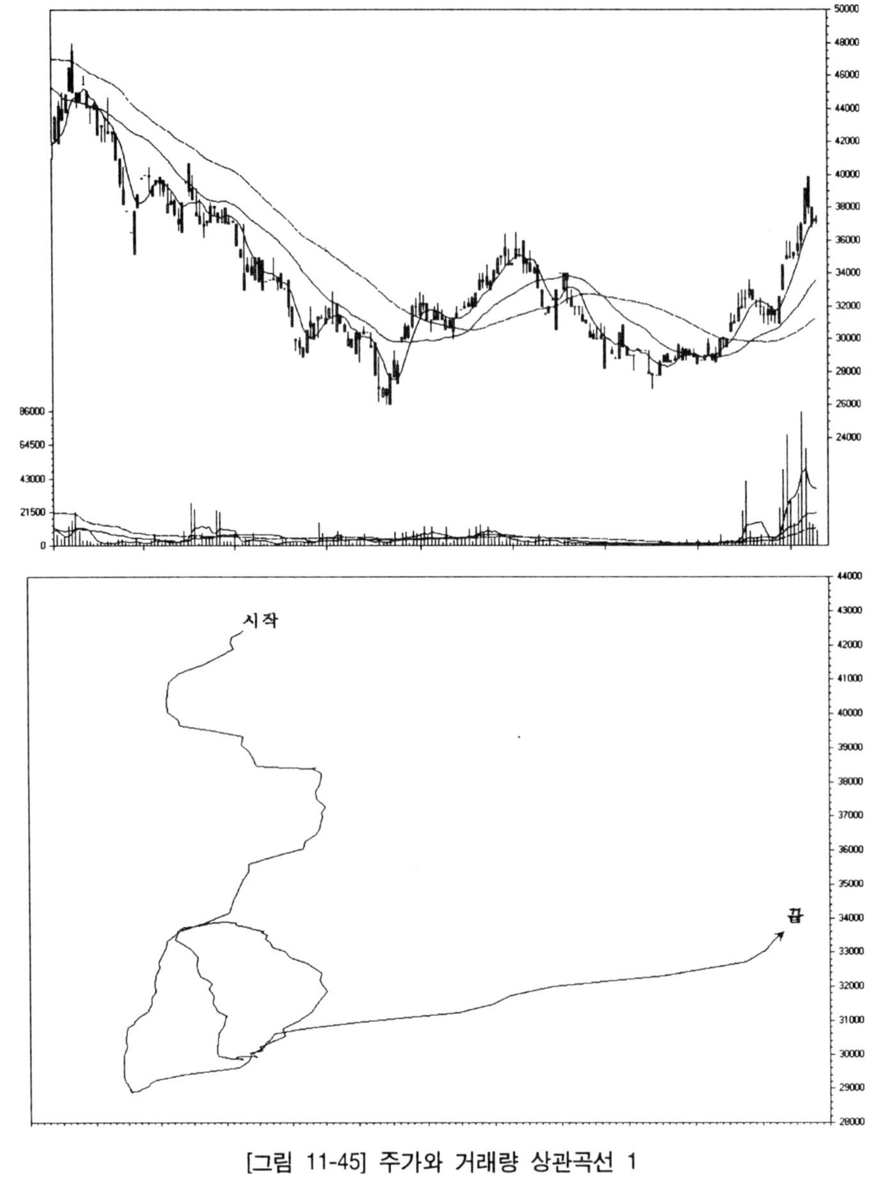

[그림 11-45] 주가와 거래량 상관곡선 1

거래량이 지속적으로 증가하기 시작하면서 주가도 상승하기 시작하는 시점의 매입신호를 보여주고 있다.

2) 사례 2

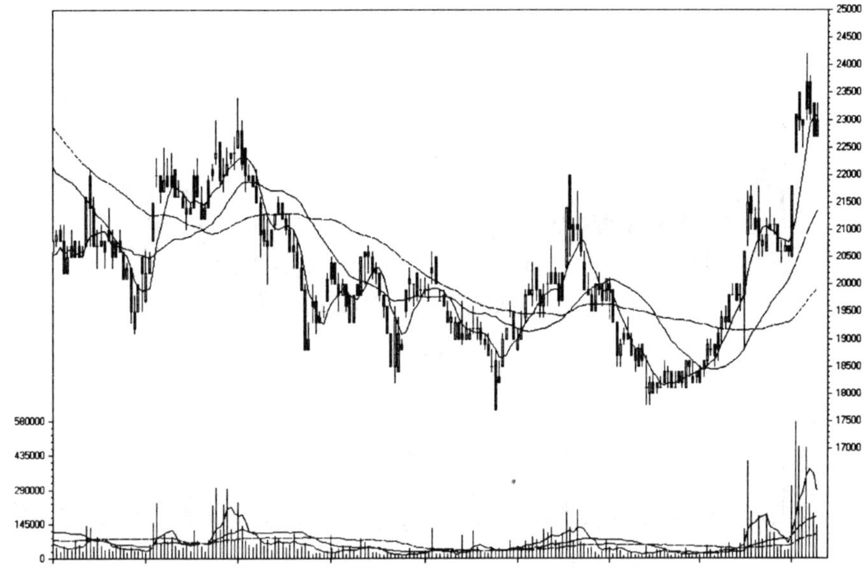

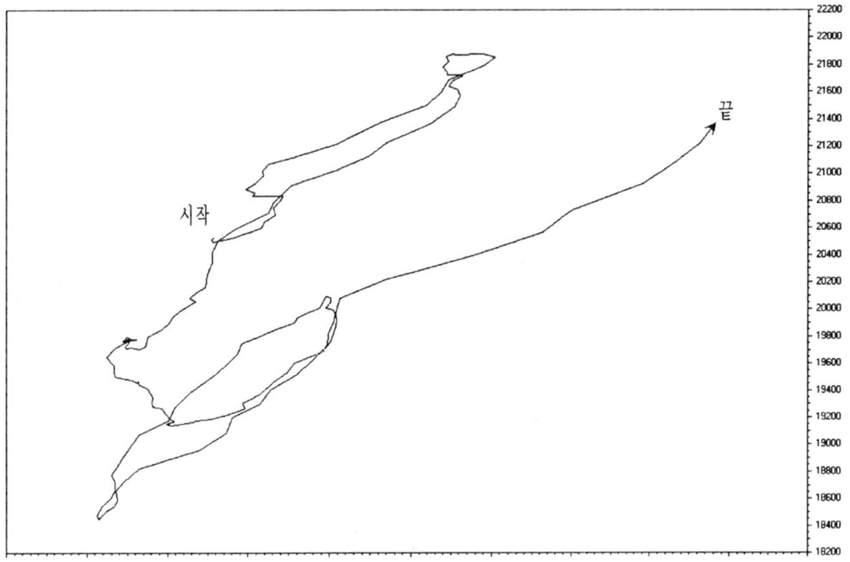

[그림 11-46] 주가와 거래량 상관곡선 2

거래량이 지속적으로 증가하기 시작하면서 주가도 동시에 큰 폭으로 상승하고 있는 시점으로 매입신호를 보여주고 있다.

3) 사례 3

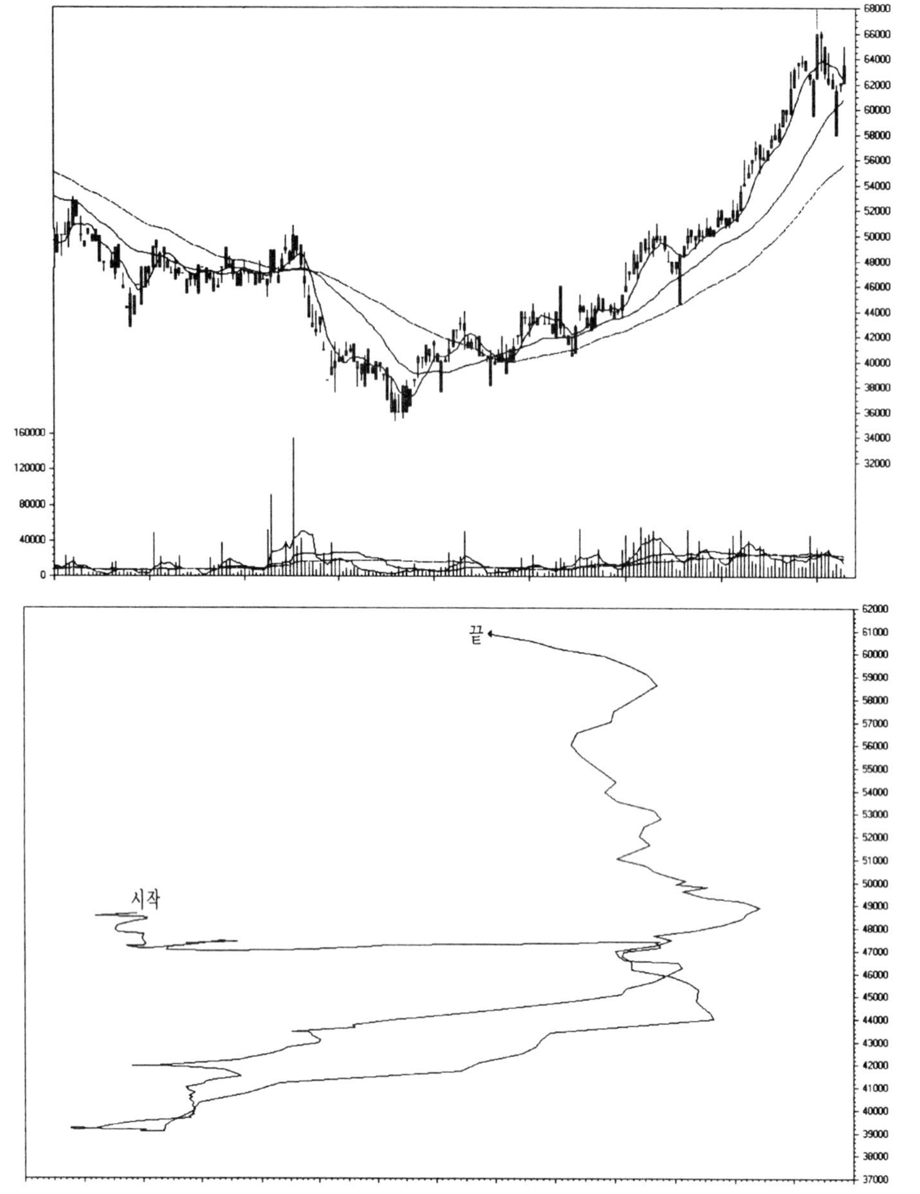

[그림 11-47] 주가와 거래량 상관곡선 3

거래량의 증가세가 멈추면서 감소추세를 보이고 있으나 주가는 여전히 상승하고 있는 시점으로 매입 유보신호를 보여주고 있다.

4) 사례 4

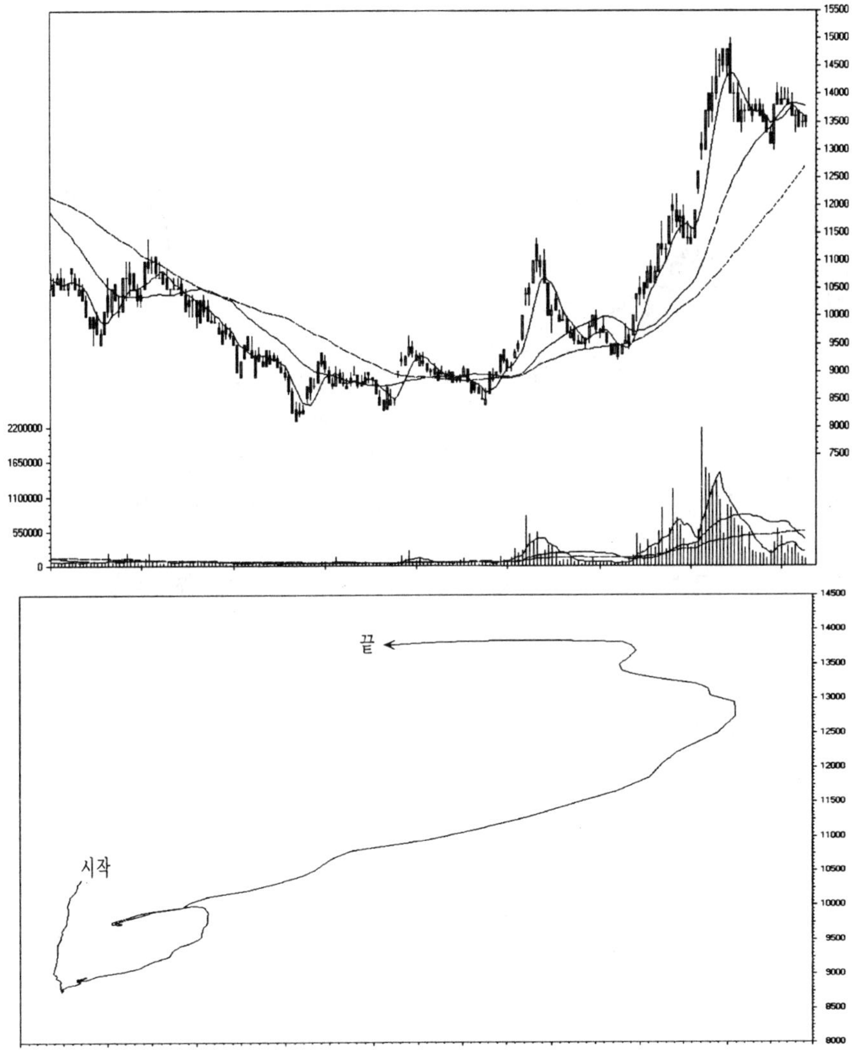

[그림 11-48] 주가와 거래량 상관곡선 4

거래량이 큰 폭 감소하기 시작하면서 주가도 소폭 감소하기 시작하는 시점으로 하락 경계신호에서 매도신호로 전환되는 시점을 보여주고 있다.

5) 사례 5

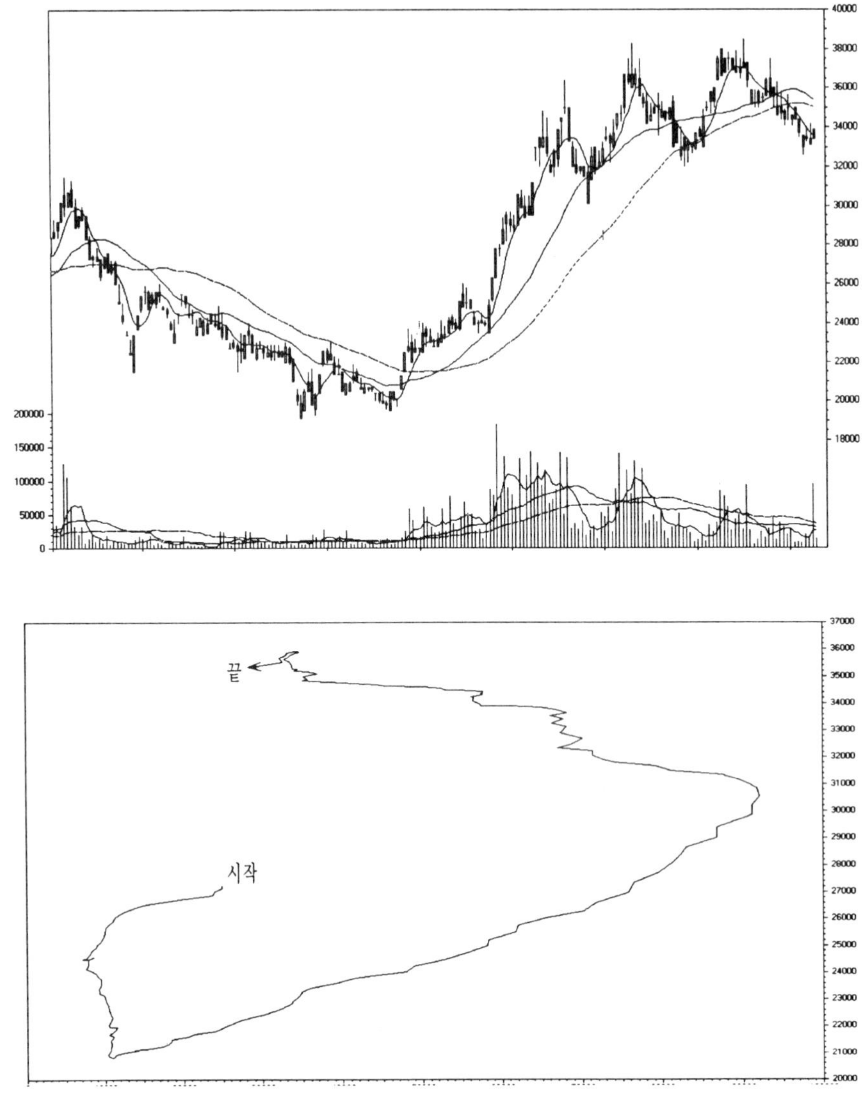

[그림 11-49] 주가와 거래량 상관곡선 5

거래량이 큰 폭 감소한 상태에서 주가도 소폭이나마 감소하기 시작하는 시점으로 하락 경계신호에서 매도신호로 급하게 전환되고 있다.

연습문제

1. 다이버전스의 정의와 형성과정에 대해 설명하세요.
2. 주가지표와 거래량 지표를 구분하여 설명하세요.
3. 볼링거 밴드의 해석방법과 특성에 대해 설명하세요.
4. MACD의 원리와 분석방법에 대해 설명하세요.
5. OBV의 계산과 분석방법에 대해 설명하세요.
6. P&F 차트의 개념과 작성방법에 대해 설명하세요.
7. RSI의 공식과 분석방법에 대해 설명하세요.
8. Stochastic의 공식과 분석방법에 대해 설명하세요.
9. 이격도의 공식과 개념, 그리고 분석방법에 대해 설명하세요.
10. 주가와 거래량 상관곡선의 작성방법과 분석방법에 대해 설명하세요.

찾아보기

≡ 저자약력 ≡

■ 최 정 일

- 경영학박사
- 동서경제연구소 및 동서증권
- 국민은행 파생상품사업본부 자문위원
- 현재) 성결대학교 경영학부 교수

■ 이 옥 동

- 경영학박사
- 벽산그룹 총무 및 관재부장
- 대한부동산연합회 상임이사
- 현재) 성결대학교 도시계획부동산학과 교수

■ 이 준 호

- 경제학박사
- 하나대투증권 경제연구소부장
- 현대경제연구원 금융연구실장
- 현재) 중소기업연구원 연구위원

글로벌 증권투자의 이해

1판 1쇄 발행 2011년 6월 15일

저 자 최정일 · 이옥동 · 이준호
발행인 남 승 우

발행처 남두도서

서울시 동작구 사당로9가길 6(사당동 220-43)
TEL : (02) 595-1692~4
FAX : (02) 595-1394
E-mail : namdoo6@unitel.co.kr
신고 : 5-76호 (1998. 11. 4)

정가 25,000 원

ISBN 978-89-5780-135-2 13320